中国电力行业年度发展报告

2017

中国电力企业联合会 编著

中国市场出版社
· 北京 ·

图书在版编目(CIP)数据

中国电力行业年度发展报告.2017/中国电力企业联合会编著.——北京：中国市场出版社，2017.8

ISBN 978-7-5092-1567-8

Ⅰ.①中… Ⅱ.①中… Ⅲ.①电力工业-研究报告-中国-2017 Ⅳ.①F426.61

中国版本图书馆CIP数据核字（2017）第152248号

中国电力行业年度发展报告2017

ZHANGGUO DIANLI HANGYE NIANDU FAZHAN BAOGAO 2017

作　　者　中国电力企业联合会

责任编辑　许　慧（xu_hui1985@126.com）

出版发行　中国市场出版社

社　　址　北京市西城区月坛北小街2号院3号楼　**邮政编码**　100837

电　　话　**编辑部**（010）68012468　**读者服务部**（010）68022950

发行部（010）68021338 68020340 68053489

68024335 68033577 68033539

总编室(盗版举报)（010）68020336

经　　销　新华书店

印　　刷　河北鑫兆源印刷有限公司

规　　格　210mm×285mm　16开本　**版　　次**　2017年8月第1版

印　　张　24　**印　　次**　2017年8月第1次印刷

字　　数　456千字　**定　　价**　398.00元

《中国电力行业年度发展报告2017》编委会

前言

《中国电力行业年度发展报告》是中国电力企业联合会（以下简称“中电联”）编撰的综合反映电力行业年度发展情况的图书，自2006年首次出版以来，受到电力行业企业和社会各界的广泛关注。

《中国电力行业年度发展报告》充分利用中电联电力行业统计与调查职能优势，在报告中首次全面、系统地面向社会发布电力行业各专业年度统计与调查数据，并通过对各专业统计数据的分析，使报告成为全面反映电力行业年度发展情况的重要载体，形成了报告长期以来的独特风格和优势。

《中国电力行业年度发展报告2017》（以下简称“《报告2017》”）在电力行业年度统计数据基础上，以企业和相关机构提供的资料为补充，从电力行业发展改革的视角出发，对近几年来特别是上年度情况进行研究分析，力求全面、精炼、客观地反映上年度中国电力工业发展与改革全貌。

《报告2017》共13章，重点描述与能源电力行业相关的发展、改革、价格政策与“十三五”规划，以及投资与建设、供应与生产、消费与供需、安全与可靠性、绿色发展、科技与信息化、标准化、企业发展与经营、国际合作与交流、行业文化建设、行业服务等方面的主要情况与成果，并对存在的主要问题提出了相关建议。本报告附录列出了2016电力行业大事记以及电力行业、大型电力企业建设发展与生产运营等的相关数据。

《报告2017》同以往的报告相比有了明显变化。报告以行业发展为主线，重点突出行业发展情况；结合2016年行业发展新形势，增加了新的栏目，丰富了不少内容；在表现形式上也有较大变化，精炼了文字内容，突出特点描述，辅以图表的直观反映。

我们真诚地希望，《报告2017》能够成为为会员单位、为社会服务的重要载体，成为电力从业人员和所有关心电力事业的读者了解中国电力发展情况的重要参考资料。

编委会

2017年8月

目　录

附录

第一章　综　述

2016年是我国“十三五”规划开局之年，也是中央提出供给侧结构性改革的攻坚之年。面对复杂多变的国际环境和繁重艰巨的国内改革发展稳定任务，全国各行业深入贯彻习近平总书记系列重要讲话精神，认真落实党中央的各项决策部署，协调推进全面建成小康社会、全面深化改革、全面依法治国、全面从严治党的“四个全面”战略布局；坚持发展是第一要务，牢固树立和落实创新、协调、绿色、开放、共享的发展理念，以提高发展质量和效益为中心，以供给侧结构性改革为主线，扩大有效供给，满足有效需求；坚持稳中求进工作总基调，坚持新发展理念，坚定推进改革，妥善应对风险，加快形成引领经济发展新常态的体制机制和发展方式，努力实现经济建设、政治建设、文化建设、社会建设、生态文明建设的“五位一体”总体布局，经济社会保持平稳健康发展，实现了“十三五”良好开局。

2016年，国内生产总值实现74.4万亿元，比上年增长6.7%。其中，第一、二、三产业增加值分别同比增长3.3%、6.1%和7.8%；第三产业增加值比重为51.6%，比上年提高1.4个百分点。工业生产平稳增长，规模以上工业增加值比上年增长6.0%。固定资产投资比上年实际增长8.6%，增速有较大回落，但仍保持较快增长；基础设施固定资产投资名义增长17.4%，比固定资产投资增长率高9.3个百分点，支撑作用增强。全社会消费品零售总额比上年实际增长9.6%，全年居民消费价格比上年上涨2.0%；最终消费对经济增长的贡献率为64.6%，比上年提高4.9个百分点，比资本形成总额贡献率高22.4个百分点。外贸进出口总额24.3万亿元，比上年下降0.9%；全年累计顺差3.35万亿元。全国能源生产总量34.6亿吨标准煤，比上年下降4.3%，其中原煤生产34.6亿吨，同比下降9%；能源消费总量43.6亿吨标准煤，比上年增长1.4%，煤炭消费占能源消费比重为62%。

电力行业积极推进实施能源“四个革命、一个合作”发展战略，以五大发展理念为指引，大力转变发展方式，积极推进供给侧结构性改革，加快深化电力市场化改革，加大科技进步和环保工作力度，不断提升“走出去”战略的广度与深度，持续扩大国际合作，有效保障了电力系统安全稳定运行和可靠供应，为经济社会发展和能源转型升级做出了积极贡献。

一、电力供应能力再上新台阶，结构调整取得新进展

发电装机容量突破16亿千瓦，增速趋缓，非化石能源装机比重持续提高　截至

2016年年底，全国全口径发电装机容量165051万千瓦，比上年增长8.2%，增速比上年降低2.4个百分点。其中，水电33207万千瓦，增长3.9%（其中抽水蓄能2669万千瓦，增长15.8%）；火电106094万千瓦，增长5.5%（其中煤电装机容量94624万千瓦，增长5.1%；燃气7011万千瓦，增长6.2%）；核电3364万千瓦，增长23.8%；并网风电14747万千瓦，增长12.8%；并网太阳能发电7631万千瓦（其中分布式光伏发电1032万千瓦），增长80.9%。非化石能源发电装机容量占全国总装机容量的36.6%，分别比上年和2010年提高1.7个和9.5个百分点；全国人均装机规模1.19千瓦，比上年增加0.08千瓦。对全国100885万千瓦火电机组统计显示:火电机组平均单机容量13.19万千瓦，比上年增加0.30万千瓦；火电大容量高参数高效机组比重继续提高，全国100万千瓦级火电机组达到96台，60万千瓦及以上火电机组容量所占比重达到43.4%，比上年提高0.5个百分点。

新增发电装机中水、火电规模下降明显，非化石能源占比接近60%　全国基建新增发电生产能力12143万千瓦，比上年少投产1041万千瓦。其中，水电新增1179万千瓦（含抽水蓄能366万千瓦），比上年少投产196万千瓦，已经连续三年投产规模缩小，仅为2013年投产规模的38.1%；火电新增5048万千瓦，比上年少投产1630万千瓦（其中常规煤电3998万千瓦，比上年少投产1448万千瓦），全年新投产100万千瓦级机组10台；核电新投产7台机组合计720万千瓦。新增并网风电2024万千瓦，项目地区布局进一步优化；加速发展光伏发电，全面启动光伏领跑者计划、光伏扶贫计划和分布式光伏，积极发展“光伏+”特色产业，启动太阳能热发电第一批示范项目，我国首座规模化储能光热电站——青海德令哈10兆瓦塔式熔盐储能光热电站并网发电，全年新增并网太阳能发电3171万千瓦（其中分布式光伏424万千瓦），创年度新增规模纪录。在新增发电装机容量中，非化石能源发电装机占比为59.2%，比上年提高9.5个百分点。全年退役、关停火电机组容量571万千瓦。

电网规模稳步增长，跨省区输送和中低压配电能力大幅提升　截至2016年底，全国电网35千伏及以上输电线路回路长度175.6万千米，比上年增长3.5%；变电设备容量63.0亿千伏安，比上年增长10.5%。其中，220千伏及以上线路长度64.5万千米，增长5.9%；变电设备容量36.9亿千伏安，增长9.7%。全年新增跨区输电能力800万千瓦，全国跨区输电能力达到8095万千瓦。其中，交直流联网跨区输电能力6751万千瓦，跨区点对网送电能力1344万千瓦。特高压线路回路长度和变电设备容量分别比上年增长42.7%和66.5%，35～110千伏电压等级的配电设备容量增长11.8%，均远高于高压和超高压电网增速。

电源投资负增长，重点建设领域投资增长强劲　全国电力工程建设完成投资[1]8840亿元，比上年增长3.1%。其中，电源投资3408亿元，比上年下降13.4%；电网投资5431亿元，比上年增长17.1%。在电网投资中，配电网和特高压项目成为重点，全年分别完成投资3117亿元和870亿元，分别比上年增长32.8%和87.5%；新一轮农网升级改造工程全面启动，总投资约1900亿元，惠及2416个县、8.5万个小城镇和中心村，覆盖150万个机井、2.1亿亩农田，改造后农村用电保障能力将大幅提高。在电源投资中，除太阳能发电增长10.1%外，水电、火电、核电、风电投资均为负增长；国家严控煤电投资建设取得明显效果，通过建立风险预警机制，采取“取消一批、缓核一批、缓建一批”等措施，严控项目建设，规范开工秩序，加大落后产能淘汰力度，有效控制了煤电产能规模，全年取消1240万千瓦不具备核准条件的项目，煤电基地配套项目和电网送出规划建设实现按需推进，常规煤电完成投资973亿元，比上年下降8.3%。

新增交流110千伏及以上输电线路长度增速下降，特高压及配电网投产规模不断扩大 全国新增交流110千伏及以上输电线路长度和变电设备容量56679千米和34585万千伏安，分别比上年下降0.8%和增长17.5%；新增直流输电线路长度和换流容量分别为3391千米和3240万千瓦。2016年，1000千伏和110千伏交流输电线路长度分别比上年多投产4247千米和1208千米、变电容量多投产5100万千伏安和2661万千伏安；±800千伏直流线路长度和换流容量分别多投产1720千米和1350万千瓦，而220～750千伏各电压等级的交流输电项目投产规模均较上年缩小。

系统调峰能力建设加快 针对发电供应调节能力严重不足、影响新能源更大规模消纳的情况，加快调峰能力建设，加快核准、加大新开工抽水蓄能电站规模，连续两年抽水蓄能电站投资额占水电投资比重达到13.6%左右，全年新开工抽水蓄能电站容量达到715万千瓦，主要布局在辽宁、江苏、福建、陕西、新疆等核电、火电、新能源发电比重较高地区。全面组织实施“三北”地区煤电机组调峰能力提升工程，组织开展热电机组储热改造和纯凝机组灵活性改造试点示范，部分项目已经投运，调峰效果有所显现，部分地区冬季风电消纳有所改观。

二、电力生产供应平稳，发电设备利用小时持续下降

全国发电量增速显著回升，非化石能源发电量占比已近30% 全国全口径发电量60228亿千瓦时，比上年增长4.9%，增速比上年提高3.9个百分点。其中，水电11748亿千瓦时，增长5.6%；火电42273亿千瓦时，增长2.3%（增速提高4.0个百分点）；核电2132亿千瓦时，增长24.4%；并网风电2409亿千瓦时，增长29.8%；并网太阳能发电665亿千瓦时，增长68.5%。2016年，水电、核电、并网风电和太阳能发

[1] 本报告中的投资数据均为大型电力企业投资数据；电力行业数据摘自《2016年电力工业统计资料汇编》。

电等非化石能源发电量合计比上年增长12.3%，增速比上年提高2.1个百分点；非化石能源发电量占全口径发电量的比重为29.3%，较上年提高2.1个百分点。

全国发电设备利用小时持续下降，火电设备利用小时为50余年来新低 全国6000千瓦及以上电厂发电设备利用小时3797小时，比上年降低191小时，自2011年以来持续下降。其中，水电3619小时，比上年增加29小时；火电4186小时，比上年降低179小时，为1964年以来的年度最低值；核电7060小时，比上年降低343小时；风电1745小时，比上年增加20小时；太阳能发电1129小时，比上年降低96小时。

电力生产运行安全可靠 电力系统安全稳定运行和电力可靠供应能力进一步增强。全国没有发生重大电力安全事故，没有发生较大电力设备事故，没有发生电力系统水电站大坝垮坝、漫坝以及对社会造成重大影响的事件，发生电力建设特别重大事故1起，死亡73人。10万千瓦及以上燃煤发电机组等效可用系数为92.77%，比上年提高0.20个百分点；4万千瓦及以上水电机组等效可用系数为92.44%，比上年提高0.39个百分点；核电机组等效可用系数为88.77%，比上年降低0.3个百分点。架空线路、变压器、断路器三类主要设施的可用系数分别为99.570%、99.867%、99.958%，变压器、架空线路可用系数分别比上年下降0.020、0.030个百分点，断路器上升0.005个百分点。直流输电系统合计能量可用率、能量利用率分别为94.67%、54.17%，能量可用率比上年下降0.55个百分点，能量利用率提高3.57个百分点；总计强迫停运40.5次，比上年增加12.5次。全国10(6、20) 千伏供电系统户均供电可靠率RS1为99.805%，比上年下降0.075个百分点；户均停电时间17.11小时，比上年增加6.61小时，户均停电次数3.57次，比上年增加1.05次。

三、电力消费需求逐步回升，电力供需形势进一步宽松

电力消费需求增速回升 受工业生产恢复、夏季高温天气和上年同期低基数等因素影响，全国全社会用电量59747亿千瓦时，比上年增长4.9%，增速比上年提高4.0个百分点，但增速仍连续3年低于5%。第一产业用电量1092亿千瓦时，比上年增长5.0%。第二产业用电量42615亿千瓦时，比上年增长2.8%，增速比上年提高3.6个百分点，下半年第二产业用电恢复，分别拉动第三、第四季度全社会用电量3.3和3.9个百分点，拉动全年全社会用电量2.1个百分点，是全社会用电量增速提高的最主要动力。其中，黑色金属冶炼及压延加工业、有色金属冶炼及压延加工业、非金属矿物制品业和化学原料及化学制品业四大高耗能行业合计用电量与上年持平，而装备制造、新兴技术和大众消费品业增长势头良好，反映出制造业产业结构调整和转型升级效果继续显现。第三产业用电量7970亿千瓦时，比上年增长11.2%（其

中信息传输、计算机服务和软件业增长15.1%）；城乡居民生活用电量8071亿千瓦时，比上年增长10.8%，均拉动全社会用电量增长1.4%，服务业和居民消费对用电增长的稳定作用更加突出。2016年，全国人均用电量和人均生活用电量分别为4321千瓦时和584千瓦时，分别比上年增加179千瓦时和54千瓦时。

电能替代成效显现 为确保完成“十三五”期间电能替代散烧煤、燃油1.3亿吨标煤的目标，行业企业按照“成熟领域全覆盖、新兴领域大力推、创新领域抓试点”的工作布局，大力推进电能替代。抓住电动汽车充电基础设施互联互通、居民区与单位建桩、重点区域城际高速公路建设快充网络等关键点，加快推动电动汽车充电基础设施建设，全国累计建成公共充电桩超过15万个，私人充电桩总数超过20万个；在内蒙古、河北、吉林等省份大力推动各类可再生能源清洁供热示范工程。据调查统计，国家电网公司（以下简称“国家电网”）、中国南方电网有限责任公司（以下简称“南方电网”）、内蒙古电力（集团）有限责任公司（以下简称“内蒙古电力”）和陕西省地方电力（集团）有限公司（以下简称“陕西地电”）共推广电能替代项目4.1万个，完成替代电量1079亿千瓦时。其中，居民、机关、学校、商业采热、采暖领域替代电量121亿千瓦时，工业生产领域480亿千瓦时，农业生产领域56亿千瓦时，交通运输领域130亿千瓦时。

积极推进电力需求侧管理 根据国家制定的“十三五”能源转型目标要求，结合电力市场化建设、电力供需新形势需要，创新电力需求侧管理工作机制和工作领域，国家、行业企业和社会共同加大推进电力需求侧管理工作力度。政府有关部门总结北京、苏州、唐山、佛山电力需求侧管理城市综合试点经验，持续组织电网企业电力需求侧管理目标考核；部分省份电力需求侧管理平台基本实现了用电在线监测、产业经济运行分析等方面的数字化、网络化、可视化，加强对参与用电直接交易、执行差别电价的重点企业引导。行业企业积极推进电力需求侧管理工作，截至2016年年底，全国已有30家工业企业通过电力需求侧管理评价。国家电网、南方电网、内蒙古电力和陕西地电超额完成年度电力需求侧管理目标任务，共节约电量147亿千瓦时、电力352万千瓦，有力保障了电力供需平衡和促进资源优化配置。

电力供需形势进一步宽松 受装机增长持续快于用电增长影响，全国电力供需形势进一步宽松，部分地区相对过剩，仅局部地区在部分时段有少量错峰。分区域看，华北区域电力供需总体平衡，其中蒙西和山西电力供应能力富余，迎峰度夏期间高峰时段，山东、河北均出现电力缺口（最大电力缺口分别为203、50万千瓦）；华东、华中、南方区域电力供需总体宽松；东北、西北区域电力供应能力富余较多。

四、电力科技创新水平不断提升，污染物排放持续较大幅度下降

科技创新成果丰硕 电网科技创新方面，新开工±1100千伏准东至皖南特高压直流输电工程，是目前世界上电压等级最高、输送容量最大、输送距离最远、技术水平最先进的特高压输电工程；鲁西背靠背直流工程是目前世界上首次采用我国自主研发的柔性直流与常规直流组合技术模式的背靠背工程，具有电能质量更高、控制更为灵活、配套换流站占地小等优势；世界首个特高压GIL综合管廊工程——苏通GIL综合管廊工程已开工建设；自主研发的世界首个200千伏高压直流断路器投入工程应用。电源科技创新方面，核电、超超临界火电等重大电力装备自主研制和示范应用取得积极进展，100万千瓦二次再热燃煤发电机组示范工程全面投产，机组发电效率超过45%，达到国际先进水平；世界首台60万千瓦超临界循环流化床锅炉机组投入商业运行。CAP1400通过国际原子能机构通用反应堆安全审评，“华龙一号”首堆示范工程建设有序，核岛安装工程已正式开始，模块化小型核反应堆技术成为世界小堆发展的一个重要里程碑；我国首座拥有完全自主知识产权的浙江仙居抽水蓄能电站，其机组的核心部件及自动控制系统，均由我国完全自主设计开发、制造。低风速风电技术和风机超长柔性叶片应用，实现了发电能力与载荷的最佳匹配，大幅提高了风电机组的技术经济性。

中国电力工业科技创新成果获多项大奖 2016年，“互联电网动态过程安全防御关键技术及应用”荣获国家科学技术进步一等奖，另有12个项目分别荣获国家技术发明、国家科学技术进步二等奖。张家口风光储输示范工程获得中国工业大奖。“多端柔性直流输电关键技术研究、设备研制与示范应用”等5个项目获得中国电力创新奖一等奖。溪洛渡水电站获得“菲迪克2016年工程项目杰出奖”，小湾水电站拱坝工程获得“第二届碾压混凝土坝国际里程碑工程奖”。

能效水平持续提高 大容量、高参数、节能环保型煤电机组比重稳步提升，电力能效水平持续提高。2016年，全国6000千瓦及以上火电厂供电标准煤耗312克/千瓦时，比上年降低3克/千瓦时，煤电机组供电煤耗继续保持世界先进水平；输电线路损失率6.49%，比上年降低0.15个百分点，处于同类国家先进水平。在电力供需放缓以及脱硫、脱硝等环保设施大规模进行超低排放改造的情况下，6000千瓦及以上火电厂厂用电率6.01%，比上年下降0.03个百分点。

污染物排放持续下降 全国电力烟尘、二氧化硫和氮氧化物排放量分别约为35万、170万和155万吨，分别比上年下降12.5%、15.0%和13.9%；每千瓦时火电发电量烟尘排放量、二氧化硫排放量和氮氧化物排放量分别为0.08、0.39和0.36克，

每千瓦时比上年分别下降0.01、0.08和0.07克；每千瓦时火电发电量二氧化碳排放约822克，比2005年下降21.6%。截至2016年年底，全国已投运火电厂烟气脱硫机组容量约8.8亿千瓦，占全国煤电机组容量的93.0%，如果考虑具有脱硫作用的循环流化床锅炉，全国脱硫机组占煤电机组比例接近100%；已投运火电厂烟气脱硝机组容量约9.1亿千瓦，占全国火电机组容量的85.8%。全国火电厂每千瓦时发电量耗水量1.3千克，每千瓦时比上年降低0.1千克；每千瓦时发电量废水排放量为0.06千克，比上年降低0.01千克。

五、电力市场化建设有序推进，电价调控发挥积极作用

积极推动电力市场体系和试点建设 2016年，在《关于进一步深化电力体制改革的若干意见》（中发〔2015〕9号）及相关配套文件的基础上，国家发展改革委、国家能源局又出台了一系列有关电力市场化建设的政策文件，有序推进电力市场建设，加大电力交易规模，增加交易品种，加快推进输配电价改革，引导加强售电侧管理，推动增量配电试点业务开展，有力地支持和推动了电力市场化体系构建和电力市场交易试点工作。各省级政府主管部门结合各地实际，研究制定电力改革试点方案，重点推进电力改革相关工作，取得较大成效；截至2016年年底，已有21个省份获批电力改革综合试点，9个省份获批售电侧改革试点，1个区域电网和全部32个省级电网获批输配电价改革试点，开展首批增量配电业务试点105项，东北区域还开展了电力辅助服务市场专项改革试点。

市场交易中心相继组建，市场化交易在探索中前行 2016年3月，北京、广州两大电力交易中心成立，标志着电力市场建设迈出关键一步。截至2016年年底，除海南省外，我国已挂牌成立31家省级电力交易中心。在中央和地方共同推动下，发用电计划加快放开，发售电企业和电力用户积极参与，各省级市场化电力交易陆续启动，初步统计，全年市场化交易电量约1万亿千瓦时，比上年增长超过1倍，占全国全社会用电量的比重达到19%左右。

积极发挥电价调控作用 为降低社会企业生产成本，自2016年1月1日起，全国燃煤发电上网电价平均下调3分/千瓦时，全国一般工商业销售电价平均下调约3分/千瓦时，大工业用电价格不做调整。调整了两部制电价用户基本电价计费方式。加大可再生能源支持力度，提高可再生能源基金征收标准，自2016年1月1日起，各省（除新疆、西藏外）居民生活和农业生产以外全部销售电量的基金征收标准由1.5分/千瓦时提高到1.9分/千瓦时。核定全国统一的太阳能热发电标杆上网电价为1.15元/千瓦时（含税）。降低2017年1月1日后新建光伏发电和2018年1月1日后新核准建设的陆上风电标杆电价；对非招标的海上风电项目，区分近海风电和潮

间带风电两种类型确定上网电价。电价在降成本、调结构、促减排中的调控作用更加突出。

六、电力企业主营业务收入增长低迷甚至负增长，经营状况不容乐观

电网企业资产增长快于主业收入及利润增长 截至2016年年底，国家电网、南方电网、内蒙古电力、陕西地电资产总额合计4.21万亿元，比上年增长9.4%，主要是受电网投资规模扩大（投资5930亿元，增长11.2%）因素影响；但售电量仅增长2.7%，主要是受用电低速增长、市场交易电量比重快速增加、自备电厂快速扩张挤占市场份额等因素影响，加之售电价格下降，导致主营业务收入仅增长1.0%，全年实现主营业务利润1380亿元，比上年增长4.9%；企业资产负债率56.8%，比上年升高0.5个百分点。

发电企业资产增速回落，火电利润大幅下降 截至2016年年底，中国华能集团公司（以下简称“华能集团”）等五大发电集团资产总额合计4.16万亿元，比上年增长3.5%，主要受电源投资负增长影响，资产增速逐年回落。受上游电煤价格迅猛上涨、环保投入持续增加，以及上网标杆电价连续下调、市场交易电量比重快速增加且交易电价大幅下降等多重不利因素交织影响，火电生产经营形势急剧恶化，五大发电集团电力业务尤其是火电业务利润出现“断崖式”下降。2016年，五大发电集团综合业务收入合计9693亿元，比上年下降4.6%，其中电力业务收入7558亿元、比上年下降7.3%；全年综合利润总额641亿元、比上年下降41.7%。其中，电力业务利润总额701亿元，比上年下降42.6%（主要是火电业务利润总额为367亿元，创4年来最低，比上年下降58.4%）；企业资产负债率82.0%，仍处于高位；参与市场交易电量6374亿千瓦时，比上年增长69.6%，占同口径总发电量的比重为25.6%，比上年提高10.3个百分点。另据对多家其他大型发电企业的调查显示，2016年电力业务合计实现利润同比下降，但下降幅度低于五大发电集团；合计参与市场交易电量比上年增长41.7%，占同口径总发电量的比重为11.7%，比上年提高2.5个百分点。

七、全球能源互联网逐步达成国际共识，国际交流合作取得新成绩

推进构建全球能源互联网 2016年3月，由我国主持与主导的全球能源互联网发展合作组织在北京成立，系统组织开展了全球清洁能源资源、电网现状调研和亚洲、非洲、欧洲、美洲电网互联研究，编制了全球能源互联网发展战略白皮书和技术装备规划，成功发布了系列研究成果，有力支撑了全球能源互联网推动工作，全球能源电网互联理念正逐步成为国际共识。

国际交流进一步加强 电力企业积极参与国际电力行业交流，先后参与、主导、组织各类国际组织交流活动60余场，参加各类境内外国际会议186场、境内外国际展览55个，对外签署重要协议及备忘录31项。截至2016年年底，电力行业已有数十家机构和企业参加国际组织，总数超过60个，同时还有近40位各类专家、学者在上述组织担任主要职务；国内电力企业共设立海外分支机构或办事处828个，遍布世界各地。中电联牵头成立了中国电力国际产能合作企业联盟，积极搭建电力国际产能合作服务平台。电力行业企业在国际能源事务中的影响力和话语权进一步提升，交流合作进一步深入。

国际合作取得新突破，“一带一路”成为投资亮点 2016年，我国电力企业与英国、阿根廷、沙特阿拉伯等国家签署一系列核电站项目开发、建设、技术等合作协议，核电“走出去”取得重要成果；签署埃及EETC500千伏输电线路项目合同，中埃产能合作首个能源项目正式落地；中国在海外已建的最大水电站——装机150万千瓦的厄瓜多尔辛克雷水电站正式竣工；中国第一个海外100万千瓦级IPP火电项目——印度尼西亚爪哇7号（2×105万千瓦）项目顺利开工；三峡国际海外投资发电装机超过1000万千瓦，中国电力建设集团有限公司（以下简称“中国电建”）海外在建水利水电工程合同金额超过2000亿元。大型电力企业对外投资项目、新签对外承包及年底在建合同额均较上年有所增长。“一带一路”建设投资成为投资亮点，我国电力企业已在52个“一带一路”沿线国家开展投资业务和项目承包工程，其中大型承包项目120个，涉及国家29个，合同金额达275亿美元。

八、问题与挑战

2016年，我国电力行业改革发展面临严峻形势和诸多挑战：

电力系统安全面临挑战 电源、电网没有统一规划，各类电源建设发展缺乏统筹，新能源机组大规模集并网带来一系列安全问题，而灵活调峰电源比重严重不足；交直流电网发展不协调，“强直弱交”安全风险加大，部分地区主网架、配电网建设滞后，电网运行过度依赖安全控制装置，生产运行中安全隐患较大；电力建设方面的安全风险也开始逐步显现，必须警钟长鸣、高度重视。

清洁能源发展任务艰巨 近年来，我国清洁能源发展取得显著成效，但也带来大量清洁能源无法消纳的问题，2016年，全国弃水弃风弃光电量高达1000亿千瓦时。为实现我国碳排放对外承诺目标，未来较长时期内清洁能源需要保持较快增长；而我国水能、风能、太阳能发电大基地与用电负荷地区逆向分布的特点，决定了清洁能源资源富集地区的大规模开发需要在全国范围配置消纳，必须尽快扭转当前重开发轻消纳、源网不协调、大范围配置能力不强的局面，才能够实现清洁能源的可持续发展。

电力产能过剩问题日益显现，电力企业经营面临挑战 随着我国经济发展进入新常态，电力需求增速明显回落，而发电装机容量仍快速增长，导致电力产能过剩问题日益凸显，加之受煤价上涨、发用电计划放开、宏观经济等多种因素影响，电力行业特别是火电企业经营压力增大。另外，受常规电源建设项目减少影响，电力建设企业、常规电力装备企业的国内市场竞争压力持续加大。

推进改革进入深水区 目前，电力体制改革取得阶段性成果，但在改革过程中也暴露出很多问题和矛盾，市场交易存在区域壁垒、行政壁垒，市场化定价面临行政强行干预，以改革名义违规建设专用供电线路情况加重；市场化消纳可再生能源机制和手段亟需建设；公共电厂与自备电厂不对等的市场定位与责任，影响了全局性系统运行效益；政府对市场监管缺乏有效途径和手段。这些问题都在影响行业可持续发展。

面对上述问题和挑战，电力行业必须遵循能源“四个革命、一个合作”战略构想，全面把握经济发展规律，努力适应电力发展环境新要求，继续推进电力供给侧结构性改革，持续优化供给结构、提高供给质量、满足有效需求，着力解决煤电产能阶段性相对过剩、清洁能源消纳不畅、企业经营困难、市场化建设不规范和监管不到位等突出矛盾和问题，不断提高电力行业发展的质量效益，努力实现电力行业平稳健康发展。

第二章　电力发展与改革

第一节　电力发展政策

一、中央财经领导小组会议

1月26日第十二次会议，研究供给侧结构性改革方案、长江经济带发展规划、森林生态安全工作　习近平总书记强调，供给侧结构性改革的根本目的是提高社会生产力水平，落实好以人民为中心的发展思想。要在适度扩大总需求的同时，去产能、去库存、去杠杆、降成本、补短板，从生产领域加强优质供给，减少无效供给，扩大有效供给，提高供给结构适应性和灵活性，提高全要素生产率，使供给体系更好地适应需求结构变化。

5月16日第十三次会议，研究落实供给侧结构性改革、扩大中等收入群体工作　习近平总书记强调，推进供给侧结构性改革，是综合研判世界经济形势和我国经济发展新常态做出的重大决策，各地区各部门要把思想和行动统一到党中央决策部署上来，重点推进"三去一降一补"，坚定不移地把这项工作向前推进。供给侧结构性改革关系全局、关系长远，一定要切实抓好。供给侧改革的根本目的、主攻方向及本质属性见图2-1。

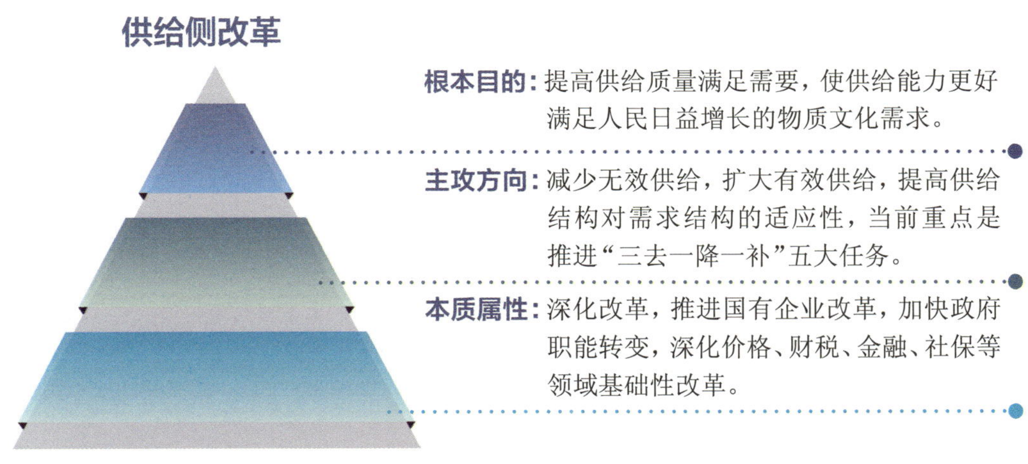

图2-1　供给侧改革图示

12月21日第十四次会议，研究"十三五"规划纲要确定的165项重大工程项目进展工作和解决好人民群众普遍关心的突出问题等工作　习近平总书记强调指出，准确把握全面建成小康社会内涵，对实现第一个百年奋斗目标至关重要。全面建成小康社会，在保持经济增长的同时，更重要的是落实以人民为中心的发展思想，想群众之所想、急群众之所急、解群众之所困，在学有所教、劳有所得、病有所医、老有所养、住有所居上持续取得新进展。推进北方地区冬季清洁取暖等6个问题，都是大事，关系广大人民群众生活，是重大的民生工程、民心工程。推进北方地区冬季清洁取暖，关系北方地区广大群众温暖过冬，关系雾霾天能不能减少，是能源生产和消费革命、农村生活方式革命的重要内容。要按照企业为主、政府推动、居民可承受的方针，宜气则气，宜电则电，尽可能利用清洁能源，加快提高清洁供暖比重。

二、十二届全国人大四次会议《政府工作报告》

2016年第十二届全国人大四次会议审议通过《政府工作报告》：

回顾过去一年，我国发展面临国内外诸多矛盾叠加、风险隐患交汇的严峻挑战 我们面对的是世界经济和贸易增速7年来最低、国际金融市场波动加剧、地区和全球性挑战突发多发的外部环境，面对的是国内结构性问题突出、风险隐患显现、经济下行压力加大的多重困难，面对的是改革进入攻坚期、利益关系深刻调整、影响社会稳定因素增多的复杂局面。

对今后我国发展形势进行了判断 世界经济增长低迷态势仍在延续，“逆全球化”思潮和保护主义倾向抬头，主要经济体政策走向及外溢效应变数较大，不稳定不确定因素明显增加。我国发展处在爬坡过坎的关键阶段，经济运行存在不少突出的矛盾和问题。困难不容低估，信心不可动摇。我国物质基础雄厚、人力资源充裕、市场规模庞大、产业配套齐全、科技进步加快、基础设施比较完善，经济发展具有良好的支撑条件，宏观调控还有不少创新手段和政策储备。

2016年《政府工作报告》部署的有关能源电力重点工作见表2-1。加强环境保护（蓝天保卫战）具体措施见图2-2。

表2-1 2016年《政府工作报告》部署的有关能源电力重点工作

重点工作	具体内容
扎实有效去产能	再压减钢铁产能5000万吨左右，退出煤炭产能1.5亿吨以上。淘汰、停建、缓建煤电产能5000万千瓦以上
深入推进国企国资改革	基本完成公司制改革。深化混合所有制改革，抓好电力和石油天然气体制改革，开放竞争性业务
加快培育壮大新兴产业	全面实施战略性新兴产业发展规划，加快新材料、新能源、人工智能、集成电路、生物制药、第五代移动通信等技术研发和转化，做大做强产业集群。支持和引导分享经济发展，提高社会资源利用效率

续表

重点工作	具体内容
大力改造提升传统产业	深入实施《中国制造2025》，加快大数据、云计算、物联网应用，以新技术、新业态、新模式，推动传统产业生产、管理和营销模式变革。把发展智能制造作为主攻方向，推进国家智能制造示范区、制造业创新中心建设，深入实施工业强基、重大装备专项工程，大力发展先进制造业，推动中国制造向中高端迈进
坚决打好蓝天保卫战	二氧化硫、氮氧化物排放量要分别下降3%，重点地区细颗粒物（PM2.5）浓度明显下降

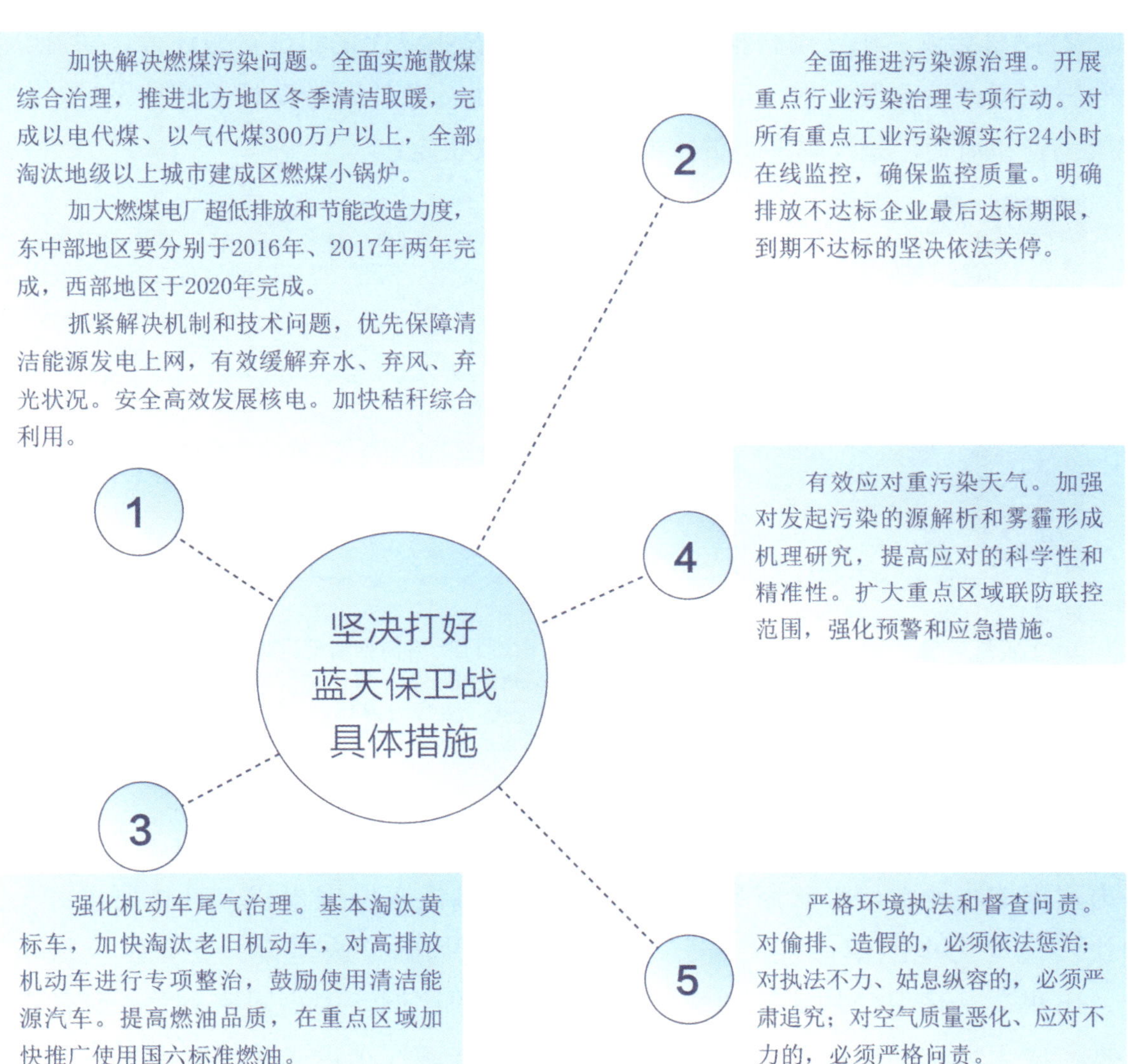

图2-2　蓝天保卫战具体措施

三、国务院常务会议

2016年，国务院常务会议共召开39次，其中11次会议研究决定的事项涉及电力行业或与电力行业相关。

1月22日会议 提出以更加严格的安全、环保、质量、能耗等标准，依法依规推动落后产能限期退出，引导企业通过兼并重组、转型转产、搬迁改造等主动退出产能。在近几年淘汰落后钢铁产能9000多万吨的基础上，再压减粗钢产能1亿~1.5亿吨；较大幅度压缩煤炭产能。严控新增产能。严格督查落实国家2013年有关停止备案新增产能钢铁项目的决定。原则上停止审批新建煤矿、新增产能的技改和产能核增项目。设立工业企业结构调整专项奖补资金，按规定对地方化解过剩产能中的人员分流安置给予奖补。

2月3日会议 确定结合推进新型城镇化、农业现代化和扶贫搬迁等，实施新一轮农村电网改造升级工程，可以改善农村生产生活条件、带动相关产业发展、拉动有效投资和消费，是一举多得的重要举措。会议决定：

1 加快西部及贫困地区农网改造升级，以集中连片特困地区、革命老区等为重点，着力解决电压不达标、不通动力电等问题。提高接纳分布式新能源发电的能力。

2 结合高标准农田建设和推广农业节水灌溉等，推动平原村机井用电全覆盖。对接农产品加工、农村电商发展、农民消费升级的新需求，加大中心村电网改造力度。

3 开展西藏、新疆及四川、云南、甘肃、青海四省藏区农网建设攻坚，集中力量加快孤网县城的联网进程。实施上述工程，预计总投资7000亿元以上。要在继续安排中央预算内投资的基础上，结合电力体制改革拓宽融资渠道，用商业机制吸引社会资本参与农网建设改造。

2月24日会议 决定要坚持市场导向和创新驱动，依托大众创业、万众创新，努力攻克核心技术，打破瓶颈制约，加速新能源汽车发展步伐。具体要求：一是加快实现动力电池革命性突破。二是加快充电基础设施建设。三是扩大城市公交、出租车、环卫、物流等领域新能源汽车应用比例。中央国家机关、新能源汽车推广应用城市的政府部门及公共机构购买新能源汽车占当年配备更新车辆总量的比例，要提高到50%以上。四是提升新能源汽车整车品质。完善准入标准，加强质量安全监管，发展“新能源汽车+物联网”，强化生产企业对新能源汽车的安全监控、动态检查，建立惩罚性赔偿和市场退出等机制。五是完善财政补贴等扶持政策。

5月4日会议 部署推动互联网与制造业深度融合，推进中国制造2025。

7月7日会议 部署推广政府和社会资本合作模式。要求如下：

1　以推政府和社会资本合作促投融资体制改革，在公共服务和基础设施等领域进一步放宽市场准入，推进简政放权、放管结合、优化服务，对各类社会资本一视同仁。

2　积极推进供水、供气、供热等价格改革，根据政府和社会资本合作不同付费方式、运作模式，完善财税优惠、用地招拍挂、融资支持、资本退出等配套政策，探索项目经营权、收益权资产证券化，建立合理回报机制。

3　强化合作双方契约意识，规范履约行为。加强规范和监管，防范地方政府变现举债行为，避免形成过度的政府支出责任。

4　加快完善法律法规，加快推进政府和社会资本合作领域立法进展，以更好的法制环境更大激发社会投资活力。

7月20日会议　通过了“十三五”国家科技创新专项规划，确定以下主要任务：一是增强原始创新能力，使国家综合创新能力世界排名明显提升。二是构筑先发优势，在量子通信、精准医疗等重点领域启动一批新的重大科技项目，强化种业、煤炭清洁高效利用、第五代移动通信、智能机器人等重大产业技术开发，推进颠覆性技术创新，使科技进步贡献率达到60%。三是依托大众创业、万众创新平台，强化企业在科技创新中的主导作用，打造高效协同的创新生态链。四是加快科技体制机制改革步伐。

7月27日会议　部署建立法治化市场化去产能机制，推动产业升级。要求如下：

1　继续以钢铁、煤炭行业为重点，对环保、能耗、安全等不达标，生产不合格或淘汰类产品的企业和产能，坚决依法依规处置或关停。落实差别化水、电价格和严控新增授信等措施，推动企业淘汰落后产能。注重运用法制化、市场化手段，支持企业加快兼并重组，提高产业集中度，并妥善做好职工转岗等工作。多措并举，确保完成今年化解过剩粗钢产能4500万吨左右、煤炭产能2.5亿吨以上的硬目标。

2　改造和提升传统产能，提高环保、质量、安全等标准和工艺水平，对仍在使用落后设备和工艺的企业不批新增用地，不办理生产、排污等许可。

3　抓典型严问责。对违反国务院及有关部门明令，在产能过剩领域新上项目、新增产能或淘汰产能死灰复燃的，国务院有关部门要派出调查组深入了解、严肃问责。对企业偷排偷放、超标排放，要依法按日计罚、限产停产、查封扣押。对不达标和淘汰落后产能不力的企业，要向社会公开，实施信用约束和惩戒。

8月16日会议 部署在全国开展一次对钢铁煤炭行业化解过剩产能的专项督查，确保全年目标任务严格按进度要求和时间节点顺利完成。

11月15日会议 通过《全国“十三五”脱贫攻坚规划》，确保农村贫困人口同步进入全面小康。

11月23日会议 部署以钢铁煤炭行业为重点推进去产能，深化供给侧结构性改革，落实“三去一降一补”任务。明确下一步任务：

1. 指导各地和中央企业严格按标准对今年化解淘汰过剩落后产能任务开展验收。特别是对落后产能必须坚决淘汰，不得搞等量置换。
2. 深入细致做好职工安置工作。
3. 支持产钢产煤地区将去产能与产能优化布局、转型升级相结合，进一步落实有保有压的金融政策，尽快出台去产能相关债务处置、资产处理等政策措施。
4. 强化绩效考核。

11月29日会议 听取了国有重点大型企业监事会对中央企业监督检查情况的汇报。指出，2016年以来，监事会依法履职，改革创新监督机制，监督检查的针对性和有效性不断增强。监事会要围绕促进国有资本保值增值、防止国有资产流失和推进国有企业提质增效，在国资监管中发挥更大作用。

四、“十三五”能源电力规划

（一）电力发展“十三五”规划主要内容

- **“十二五”发展成就**

电力发展规模迈上新台阶

- 全社会用电量5.69万亿千瓦时，人均用电量4142千瓦时；
- 跨区电力资源配置规模达到2亿千瓦，电网西电东送能力约1.4亿千瓦；
- 全国实现联网，六个区域电网和省级电网主网框架不断加强，城市配电网、农村用电条件得到全面改善，全面解决无电人口用电问题。

结构调整取得新成就

- 非化石能源发展明显加快，水电新增超1亿千瓦，风电装机占比提高至8.6%，光伏发电达4200万千瓦，核电在运装机容量规模居世界第四；
- 非化石能源在一次能源消费中的比重从2010年的9.4%提高到2015年的12%。

节能减排达到新水平

- 累计关停小火电机组2800万千瓦，实施节能改造约4亿千瓦，全国火电机组平均供电煤耗降至315克标煤/千瓦时；
- 煤电机组二氧化碳排放强度下降到890克每千瓦时，年节约标煤7000万吨以上，减排二氧化碳约2亿吨。

装备技术创新取得新突破	•世界上最高的大坝——锦屏电站大坝，三代核电技术，百万千瓦二次再热机组、百万空冷发电机组、IGCC机组； •特高压输电技术、柔性直流输电技术。
电力国际合作拓展新局面	•对外核电、火电、水电、新能源发电及输变电合作不断加强，投资形式日趋多样化，投资布局全球化。
体制改革开启新篇章	•9号文件发布及相关配套文件相继出台； •简政放权深入推进，颁布或修改一大批电力法律法规、产业政策和行业标准； •组件中国电建、中国能建两家特大型能源建设集团，主辅分离取得了阶段性成果； •基本取消了县级供电企业代管体制，基本实现了城乡用电同网同价。

● “十三五”面临的机遇

电力行业“十三五”面临的机遇见图2-3。

供应宽松常态化

电源结构清洁化

电力系统智能化

电力发展国际化

体制机制市场化

图2-3 电力行业“十三五”面临的机遇

● “十三五”面临的挑战

1	电力需求放缓，局部偏紧的状态转向局部过剩，存在潜在的装机过剩风险。
2	可再生能源快速发展的同时，局部地区弃风、弃光、弃水问题比较突出。
3	电网调峰能力严重不足，尤其北方冬季采暖期调峰困难，进一步加剧了非化石能源消纳的矛盾。
4	电力设备利用率不高，火电利用小时数持续下降，输电系统利用率偏低。
5	区域电网结构有待优化，电网稳定运行压力大，安全风险增加。
6	生态环保要求不断提高，电力结构优化调整任务艰巨。
7	电力市场在配置资源中发挥决定性作用的体制机制尚未建立，电力结构优化及转型升级的调控政策亟待进一步加强。

"十三五"总体要求

指导思想

着力调整电力结构，着力调整电源布局，着力升级配电网；着力增强调节能力，着力提高能源效率，着力推进电力体制改革；加强统筹协调，加强科技创新，加强国际合作。

总体目标

加快调整优化转型升级，构建清洁低碳、安全高效的现代电力工业体系，惠及广大电力用户，为全面建成小康社会提供坚强的支撑和保障。

发展原则

统筹兼顾，协调发展；清洁能源，绿色发展；
优化布局，安全发展；智能高效，创新发展；
深化改革，开放发展；保障民生，共享发展。

"十三五"发展目标

供应能力

全国电源装机达到20亿千瓦，满足6.8万~7.2万亿千瓦时全社会用电需求，人均用电量接近中等发达国家水平，电力占终端能源消费比重达到27%。

电源结构

非化石能源装机占比达到39%，煤电装机占比下降至55%。

电网发展

西电东送规模新增1.3亿千瓦，2020年达到2.7亿千瓦左右。区域主网架要进一步优化，省间联络线进一步加强，合理布局能源富集地区外送，确保安全运行。完成配电网的建设和新一轮农网改造，基本建成城乡统筹、与小康社会相适应的现代配电网。

综合调节能力

抽水蓄能电站装机在"十二五"末达到4000万千瓦，单循环调峰气电新增规模500万千瓦，热电联产机组和常规煤电灵活性改造分别达到1.33亿千瓦和8600万千瓦，将弃风、弃光率控制在合理水平。

节能减排

力争在"十三五"期间淘汰火电落后产能2000万千瓦以上。30万千瓦以上具备条件的燃煤机组全部实现超低排放。

民生用电保障

电能替代新增用电量达到4500亿千瓦时。

电源发展重点任务

积极发展水电，统筹开发与外送　"十三五"投产4000万千瓦，开工6000万千瓦，2020年达到3.4亿千瓦。

大力发展新能源，优化调整开发布局 按照集中开发与分散开发并举、就近消纳为主的原则优化风电布局，统筹开发与市场消纳，有序开发风光电。其中：

风电。按照集中开发与分散开发并举、就近消纳为主的原则，优化风电布局。力争中东部及南方区域风电占全国新增规模的一半，在江苏、广东、福建等地因地制宜推进海上风电项目的建设。预计“十三五”投产0.79亿千瓦，到2020年达到2.1亿千瓦以上，其中海上风电500万千瓦。

光伏发电。全面推进分布式光伏发电建设，“十三五”投产0.68亿千瓦，2020年达到1.1亿千瓦及以上，其中光热示范项目500万千瓦。“三北”地区有4000万千瓦通过外送通道跨区消纳。

鼓励多元化能源利用，因地制宜试点示范 推动沼气发电、生物质发电和分布式生物质气化发电，到2020年达到1500万千瓦。开展燃煤与生物质耦合发电、燃煤与光热耦合发电示范与应用。推进“万千瓦级”高温地热发电项目建设，因地制宜发展中小型分布式中低温地热发电项目。开展海洋能等综合技术集成应用示范。开展风光储输多元化技术综合应用示范。

安全发展核电，推进沿海核电建设 加大自主核电示范工程建设力度，着力打造核心竞争力。加快推进沿海核电项目建设。深入开展内陆核电研究论证和前期准备工作，认真做好核电厂址资源保护工作。“十三五”投产3100万千瓦，开工3000万千瓦，到2020年达到5800万千瓦。

有序发展天然气发电，大力推进分布式气电建设 充分发挥现有天然气电站调峰能力，推进天然气调峰电站建设。“十三五”新投产气电5000万千瓦，2020年达到1.1亿千瓦以上，其中热电冷多联供1500万千瓦，单循环500万千瓦。

加快煤电转型升级，促进清洁有序发展 严格控制煤电规划建设，合理控制煤电基地建设，因地制宜规划建设热电联产和低热值煤发电项目，积极促进煤电转型升级。煤电规划投产2亿千瓦，到2020年达到11亿千瓦以内，取消和推迟正在规划建设的项目1.5亿千瓦以上。

●系统调峰发展任务

加快灵活调节电源建设和改造 建设抽水蓄能电站，“十三五”投产1700万千瓦，开工6000万千瓦，到2020年达到4000万千瓦；加快调峰气电建设；实施煤电的灵活性改造，增加调峰能力4600万千瓦，其中“三北”地区增加4500万千瓦；优化电力调度运行，努力消纳可再生能源，减少能源、资源消耗和污染物排放；大力提高电力需求侧响应能力，建立健全基于价格激励的负荷侧响应措施，进一步优化推广发电侧和用户侧峰谷电价机制，探索实行可中断负荷电价。

●电网发展重点任务

建设跨区输电通道 主要是依托大气污染防治的12条通道建设，着力解决能源富集地区的跨区域外送问题。“十三五”期间，新增“西电东送”输电能力1.3亿千瓦，2020年达到2.7亿千瓦。

优化电网结构 坚持分层分区、结构清晰、安全可控、经济高效原则，充分论证全国同步电网格局，进一步调整完善区域电网主网架，解决区域内省间联络和省间的互济问题，探索大电网之间的柔性互联。

升级改造配电网，推进智能电网建设 加强城镇配电网建设。实施新一轮农网改造升级工程。推进“互联网+”智能电网建设。提升电源侧智能化水平，推进配电自动化建设，加快构建现代配电网。

●能源升级替代利用重点任务

实施电能替代，优化能源消费结构 2020年，实现能源终端消费环节电能替代散烧煤、燃油消费总量约1.3亿吨标煤，提高电能占终端能源消费比重。

加快充电设施建设，促进电动汽车发展 到2020年，新增集中式充换电站超过1.2万座，分散式充电桩超过480万个，基本建成适度超前、车桩相随、智能高效的充电基础设施体系，满足全国超过500万辆电动汽车的充电需求。

推进集中供热，逐步替代燃煤小锅炉 到2020年，实现北方大中型以上城市热电联产集中供热率达到60%以上，形成规划科学、布局合理、利用高效、供热安全的热电联产产业健康发展格局。

积极发展分布式发电 鼓励能源就近高效利用加快分布式电源建设。

●电力市场建设重点任务

电力市场建设重点任务见图2-4。

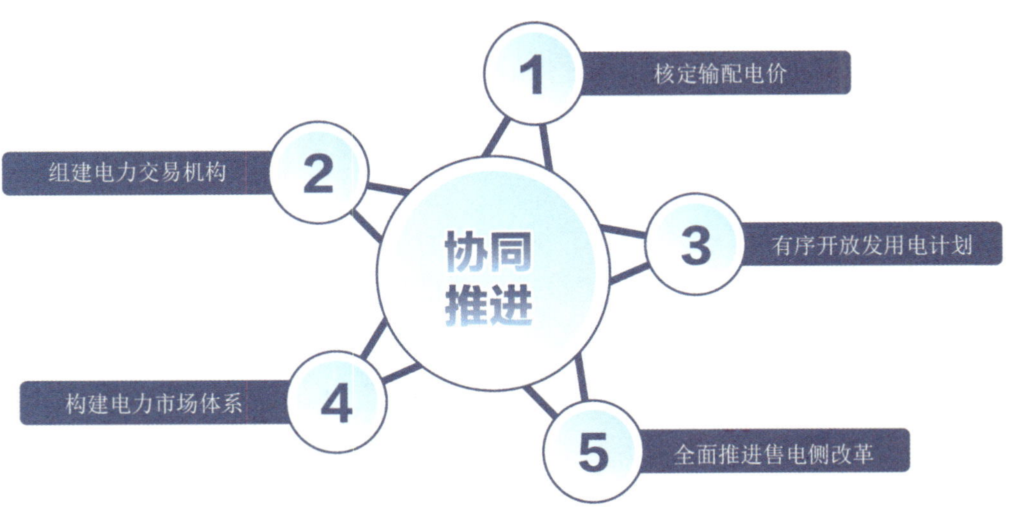

图2-4 电力市场建设重点任务

（二）能源“十三五”发展规划基本内容

● “十二五”期间发展成就

“十二五”期间发展成就见表2-2。

表2-2 “十二五”期间发展成就

指　标	单　位	2010年	2015年	年均增长率
一次能源生产量	亿吨标准煤	31.2	36.2	3%
其中：煤炭	亿吨	34.3	37.5	1.8%
原油	亿吨	2	2.15	1.1%
天然气	亿立方米	957.9	1346	7.0%
非化石能源	亿吨标准煤	3.2	5.2	10.2%
电力装机规模	亿千瓦	9.7	15.3	9.5%
其中：水电	亿千瓦	2.2	3.2	8.1%
煤电	亿千瓦	6.6	9.0	6.4%
气电	亿千瓦	2642	6603	20.1%
核电	亿千瓦	1082	2717	20.2%
风电	亿千瓦	2958	13075	34.6%
太阳能发电	亿千瓦	26	4318	177%
能源消费总量	亿吨标准煤	36.1	43	3.6%
能源消费结构　其中：煤炭	%	69.2	64	(-5.2)
石油	%	17.4	18.1	(0.7)
天然气	%	4	5.9	(1.9)
非化石能源	%	9.4	12	(2.6)

注：( )内为5年累计值。

● “十三五”规划主要目标

能源消费总量

能源消费总量控制在50亿吨标准煤以内，煤炭消费总量控制在41亿吨以内。全社会用电量预期为6.8万亿~7.2万亿千瓦时。

能源安全保障

能源自给率保持在80%以上，增强能源安全战略保障能力，提升能源利用效率，提高能源清洁替代水平。

能源供应能力

保持能源供应稳步增长，国内一次能源生产量约40亿吨标准煤，其中煤炭39亿吨，原油2亿吨，天然气2200亿立方米，非化石能源7.5亿吨标准煤。发电装机20亿千瓦左右。

能源消费结构

非化石能源消费比重提高到15%以上，天然气消费比重力争达到10%，煤炭消费比重降低到58%以下。发电用煤占煤炭消费比重提高到55%以上。

能源系统效率

单位国内生产总值能耗比2015年下降15%，煤电平均供电煤耗下降到每千瓦时310克标准煤以下，电网线损率控制在6.5%以内。

能源普遍服务

能源公共服务水平显著提高，实现基本用能服务便利化，城乡居民人均生活用电水平差距明显缩小。

●主要指标

"十三五"时期能源发展主要指标见表2-3。

表2-3 "十三五"时期能源发展主要指标

类别	指标	单位	2015年	2020年	年均增长	属性
能源总量	一次能源生产量	亿吨标准煤	36.2	40	2.0%	预期性
	电力装机总量	亿千瓦	15.3	20	5.5%	预期性
	能源消费总量	亿吨标准煤	43	<50	<3%	预期性
	煤炭消费总量	亿吨原煤	39.6	41	0.7%	预期性
	全社会用电量	亿万千瓦时	5.69	6.8~7.2	3.6%~4.8%	预期性
能源安全	能源自给率	%	84	>80		预期性
能源结构	非化石能源装机比重	%	35	39	(4)	预期性
	非化石能源发电量比重	%	27	31	(4)	预期性
	非化石能源消费比重	%	12	15	(3)	约束性
	天然气消费比重	%	5.9	10	(4.1)	预期性
	煤炭消费比重	%	64	58	(-6)	约束性
	电煤占煤炭生产消费比重	%	49	55	(6)	预期性
能源效率	单位国内生产总值能耗降低	%	-	-	(15)	约束性
	煤电机组供电煤耗	克标准煤/千瓦时	318	<310		约束性
	电网线损率	%	6.64	<6.5		预期性
能源环保	单位国内生产总值二氧化碳排放降低	%	-	-	(18)	约束性

注:( )内为五年累计值。

●主要任务

高效智能，着力优化能源系统

优化能源开发布局，能源消费地区因地制宜，加强电力系统调峰能力建设，实施能源需求响应能力提升工程、多能互补集成优化工程，积极推动"互联网+"智慧能源发展。

节约低碳，推动能源消费革命

实施能源消费总量和强度"双控"，开展煤炭消费减量行动，拓展天然气消费市场，实施电能替代工程，开展成品油质量升级专项行动，创新生产生活用能模式。

多元发展，推动能源供给革命

着力化解和防范产能过剩，推进非化石能源可持续发展，夯实油气资源供应基础，补齐能源基础设施短板。

创新驱动，推动能源技术革命

加强科技创新能力建设，推进重点技术与装备研发，实施科技创新示范工程。

公平效能，推动能源体制革命

完善现代能源市场，推动能源价格改革，深化电力体制改革，推进油气体体制改革，加强能源治理能力建设。

互利共赢，加强能源国际合作

推动能源基础设施互联互通，加大国际技术装备和产能合作，积极参与全球能源治理。

惠民利民，实现能源共享发展

完善居民用能基础设施，精准实施能源扶贫工程，提高能源普遍服务水平，大力发展农村清洁能源。

第二节 电力改革与市场化建设

2016年，在《关于进一步深化电力体制改革的若干意见》（中发〔2015〕9号）文件及相关配套文件的基础上，国家发展改革委、国家能源局又制定出台了一系列有关电力市场化建设的政策文件，规范有序推进电力市场建设，加大电力交易规模、增加交易品种，加快推进输配电价改革，引导售电侧开放进程，加强对售电主体的管理，开展增量配电试点，推动增量配电业务开展，有力地推动了电力市场化体系建设。各省级政府主管部门结合各地实际，研究制定电力改革试点方案，重点推进电力改革相关工作，取得了较大成效。

一、电力改革相关政策文件

2016年，国家发展改革委、国家能源局印发电力改革系列文件，明确了电力市场建设主要领域的政策目标和工作内容。同时，国家发展改革委引入大公国际作为第三方征信机构，并与中电联和电力交易机构沟通协同，以售电公司信用备案为突破口，逐步建设与完善行业信用体系。各试点省市认真贯彻落实文件精神，大胆创新和尝试，因地制宜制定本省电力中长期交易规则并不断完善。2016年电力改革重要政策文件见表2-4。

表2-4　2016年电力改革重要政策文件汇总表

政策目标	文件名称	主要内容
推进输配电价改革	《关于扩大输配电价改革试点范围有关事项的通知》	将北京、天津、冀南、冀北、山西、陕西、江西、湖南、四川、重庆、广东、广西等12个省级电网，以及国家电力体制改革综合试点的4个省级电网和华北区域电网一并列入输配电价改革试点范围。 提出在扩大输配电价改革试点范围基础上，研究制定科学合理的输配电价管理办法，进一步加强对电网成本的监管
	《关于全面推进输配电价改革试点有关事项的通知》	在蒙东、辽宁、吉林、黑龙江、上海、江苏、浙江、福建、山东、河南、海南、甘肃、青海、新疆等14个省级电网启动输配电价改革试点。 提出要结合试点进展情况，加快建立独立输配电价体系，重点就电网投资、电量增长与输配电价关系，分电压等级、分用户类别归集核算输配电成本，妥善处理政策性交叉补贴等重大问题开展研究
规范售电公司管理	《售电公司准入与退出管理办法》	对售电公司准入、退出、权利和义务，以及售电公司信用体系建设做出详细规定。 提出售电公司是指提供售电服务或配售电服务的市场主体，具体分为三类：一是由社会资本组建的仅提供售电服务的售电公司；二是拥有配电网运营权的售电公司；三是电网企业成立的售电公司
规范增量配电业务	《有序放开配电网业务管理办法》	对增量配电网项目管理、运营、供电服务范围、配电网运营者的权利及义务做出详细规定。 指出配电网原则上指110千伏及以下电压等级电网和220（330）千伏及以下电压等级工业园区（经济开发区）等局域电网
	《关于规范开展增量配电业务改革试点的通知》	确定了共105个项目为第一批增量配电业务改革试点项目。 明确增量配电网原则上指110千伏及以下电压等级电网和220（330）千伏及以下电压等级工业园区（经济开发区）等局域电网，不涉及220千伏及以上输电网建设
指导输配电价核定	《关于印发〈省级电网输配电价定价办法（试行）〉的通知》	与2015年颁布的《输配电定价成本监审办法（试行）》共同构成了对电网企业的成本价格监管制度框架，明确了输配电价的形成机制、计算方法等内容。 对输配电价的计算做出了具体规定：准许收入=准许成本+准许收益+价内税金
指导中长期交易规则制定	《关于印发〈电力中长期交易基本规则（暂行）〉的通知》	详细描述了“计划调度+直接交易为主的中长期”交易模式的操作方法和流程，对地方开展直接交易为主的中长期交易具有指导和推动作用。 明确了目前电力中长期交易品种，包括电力直接交易、跨省跨区交易、合同电量转让交易、辅助服务补偿交易等

二、电力改革试点

截至2016年年底，已有21个省份获批电力改革综合试点，9个省份获批售电侧改革试点，32个省级电网和1个区域电网获批输配电价改革试点。

综合改革试点　在已批复的电力体制改革综合试点中，各地均按照中发〔2015〕9号文件要求，结合各地区自身经济发展状况、电力市场基本情况，因地制宜制定了相应的试点方案。

输配电价改革试点　深圳、蒙西、云南、贵州、安徽、湖北、宁夏等7个省市（其中深圳市为城市电网）的具体输配电价方案已获国家发展改革委批复。按“准许成本加合理收益”原则核定独立的输配电价，为现行电价机制与市场机制顺利衔接奠定了基础，构筑了电力市场化的基石。

售电侧改革试点　广东省连续进行7次月度电力集中竞价交易，交易电量160亿千瓦时，超额完成规划目标，市场化进展领先全国。在重庆市售电侧改革试点中，两江长兴电力有限公司通过创新配售电模式、提供差异化供用电服务等方式，让18家大用户共享了电力改革带来的实惠。贵州贵安新区组建由贵州电网公司、贵安新区开投公司和社会资本投资的配售电公司，开展增量配售电业务。

电力交易机构建设　北京、广州两大电力交易中心的成立，标志着电力市场建设迈出关键的一步。截至2016年年底，我国已挂牌成立31家省级电力交易中心，仅海南省尚未组建电力交易中心。

电力改革试点地区见表2-5。

表2-5　电力改革试点地区一览

类别	数量	地区
电力改革综合试点	21个	云南、贵州、山西、广西、北京、海南、甘肃、河南、新疆、山东、湖北、四川、辽宁、陕西、安徽、宁夏、上海、内蒙古、湖南、天津、青海
输配电价改革试点	32个省级电网和1个区域电网	蒙西、安徽、湖北、宁夏、云南、贵州、北京、天津、冀南、冀北、山西、陕西、江西、湖南、四川、重庆、广东、广西、蒙东、辽宁、吉林、黑龙江、上海、江苏、浙江、福建、山东、河南、海南、甘肃、青海、新疆；华北区域电网
售电侧改革试点	9个	重庆、广东、新疆、福建、黑龙江、河北、浙江、吉林、江西
增量配电业务试点	105项	全国

典型省份电力改革试点　本报告选取具有典型意义的广东、重庆、云南、贵州、江苏5个试点省（直辖市）进行情况比较分析。这些省（直辖市）在资源禀赋、能源结构、经济发展水平和电力工业发展状况等方面差异很大，对我国不同区域具有一定的代表性，其在电力市场化改革过程中的实践经验，对其他省份具有借鉴意义。

2016年典型五省份电力改革试点情况见表2-6。

表2-6 2016年典型五省份电力改革试点情况一览表

情况	广东	重庆	云南	贵州	江苏
试点类型	输配电价试点；售电侧改革试点	输配电价试点；售电侧改革试点	输配电价试点；电力改革综合试点	输配电价试点；电力改革综合试点	输配电价试点；电力改革综合试点
电力市场交易主体	发电企业为省调以上全部燃煤电厂；售电公司256家；电力用户665家	发电企业11家；售电公司5家；电力用户638家	发电企业11家；售电公司36家；电力用户638家	发电企业21家；售电公司4家；电力用户1128家	发电企业21家；电力用户647家
电力市场交易方式	年度双边协商、月度集中竞价	年度双边协商	年度双边协商、集中撮合、发电权交易、挂牌交易	年度双边协商、集中竞价、发电权交易、挂牌交易	年度双边协商、月度集中竞价
电力交易规模	440亿千瓦时，其中：长协280亿千瓦时，竞价160亿千瓦时	88亿千瓦时	省内：590亿千瓦时；跨省跨区：134.5亿千瓦时	353亿千瓦时	584亿千瓦时，其中：长协534亿千瓦时，竞价50亿千瓦时
输配电价改革进展	输配电价核定方案已上报，待批复	输配电价核定方案已上报，待批复	已批复，2016年3月15日开始执行	已批复，2016年3月15日开始执行	输配电价核定方案已上报，待批复
增量配网项目	广东广州开发区、珠海金湾东、深圳前海、深圳国际低碳城分布式能源	重庆两江新区工业开发区、永川港桥工业园区、万州经开区、合川区工业园区（渭沱拓展区、天顶拓展区）、石柱生态工业园	云南省禄丰工业园区、红河综合保税区、华坪工业园、陆良县工业园区、西双版纳州嘎洒旅游度假区	贵州省瓮安县工业园区、铜仁锰钡新材料产业聚集区、清镇市经济开发区、贵安新区、兴义市	江苏南京江北开发区、南通通州湾、宿迁港园区、连云港徐圩新区、扬中开发区
试点特色	1.率先实现售电公司参与的集中竞价交易； 2.尝试并逐步完善电力交易规则等	1.交易用户年用电量准入门槛放宽至500万千瓦时，允许售电公司组织年用电量300万千瓦时以上的用户“打捆”参与直接交易； 2.两江长兴电力公司通过创新配售电模式、提供差异化供用电服务等方式，让18家新增大用户共享了电力改革带来的实惠	1.首创“三个主体+一个平台+三个市场+四种模式”的“3134”电力市场模式； 2.规定电网企业的售电公司，不得拥有配电网经营权，由电网企业直接经营配电网	1.明确指出解除地方电力代管体制，推进兴义市、贵安新区等改革试点； 2.率先成立电力市场管理委员会，建立了首个电力交易指数； 3.集中竞价交易制定最高(0.5元/千瓦时)、最低限价（0.1元/千瓦时）	1.在全国首次采用统一出清规则的集中竞价交易，在广东省电力交易规则的基础上改进，取消价差返还机制； 2.江苏省电力行业协会作为市场第三方成为当选第一届江苏电力市场管理委员会主任单位

电力辅助服务市场试点 国家能源局印发《关于同意开展东北区域电力辅助服务市场专项改革试点的复函》，同意东北地区开展电力辅助服务市场专项改革试点工作。目的是在东北地区建立电力辅助服务分担共享市场机制，保障东北电力系统安全、稳定、经济运行，缓解热、电之间的矛盾，促进东北风电、核电等清洁能源消纳。东北电力辅助服务市场拟开展多品种、多形式、多主体的辅助服务市场化交易，具体有实时深度调峰交易、火电停机备用交易、可中断负荷调峰交易、电储能调峰交易、火电应急启停调峰交易、跨省调峰交易等交易品种。

三、电力市场交易

2016年，在中央和地方共同推动下，发电、售电企业和电力用户积极参与，全国电力交易更加活跃，市场化电力交易规模进一步扩大。据国家发展改革委统计，全年电力市场交易电量约1万亿千瓦时，约为上年的2.5倍，占全国全社会用电量的比重达到19%左右。

国家电网经营区域 全年完成市场化交易电量7907亿千瓦时，同比增长58.8%，其中，北京电力交易中心组织跨省、跨区市场化交易电量1918亿千瓦时，各省级交易机构组织省内市场化交易电量5989亿千瓦时。

北京电力交易中心交易案例

2016年3月1日，北京电力交易中心交易平台组织了银东直流省间电力直接交易，来自山东的30家电力用户和陕甘宁青等地824家发电企业直接交易，达成交易电量90亿千瓦时，降低购电成本5.4亿元。此次交易探索了市场化交易的新机制，为推进省间送受电计划放开和用户直接参与电力交易积累了宝贵经验。

南方电网经营区域 全年完成市场化交易电量1654亿千瓦时，其中，广州电力交易中心组织跨省、跨区市场化交易（云南送广东）电量135亿千瓦时，各省级交易机构组织省内市场化交易电量1519亿千瓦时。南方经营区域省内市场化电量交易情况见表2-7。

表2-7　南方经营区域省内市场化电量交易情况

省份	交易电量（亿千瓦时）	平均输配电价（元/千瓦时）	用户平均降价幅度（元/千瓦时）	电厂平均降价幅度（元/千瓦时）
广东	439.8		0.034	0.034
广西	136.17	/	0.1173	0.1135
云南	589.98	0.089	0.153	0.119
贵州	353.12	0.0867	0.1292	0.0886

四、电力市场信用体系建设

（一）完善社会信用体系建设制度，建立能源电力市场信用体系

1　国务院印发《关于建立完善守信联合激励和失信联合惩戒制度加快推进社会诚信建设的指导意见》

目的：建立完善守信联合激励和失信联合惩戒制度。

要求：加快推进社会信用体系建设，加强信用信息公开和共享。依法依规运用信用激励和约束手段，构建政府、社会共同参与的跨地区、跨部门、跨领域的守信联合激励和失信联合惩戒机制，鼓励行业协会商会完善会员企业信用评价机制。

2　中共中央办公厅、国务院办公厅印发《关于加快推进失信被执行人信用监督、警示和惩戒机制建设的意见》

目的：加快推进失信被执行人信用监督、警示和惩戒机制建设。

要求：加快推进失信被执行人信用信息共享体制机制建设。建立健全政府与征信机构、信用评级机构、金融机构、社会组织之间的信用信息共享机制。建立社会信用档案制度，将失信被执行人信息作为重要信用评价指标纳入社会信用评价体系。

3　国务院印发《关于加强政务诚信建设的指导意见》等文件

目的：加强政务诚信、个人诚信、电子商务诚信建设。

要求：提出建立社会监督和第三方机构评估机制。加强政府部门、有关社会组织联动，建立覆盖线上、线下，贯穿生产、交易、支付、物流、客服全流程的电子商务协同监管机制。建立监督机制，发挥社会组织作用，形成工作合力。

4　国家发展改革委、国家能源局发布《售电公司准入与退出管理办法》

目的：加强售电侧信用体系建设，要求售电公司做出信用承诺。

要求：建立完善售电公司信用评价制度。建立企业法人及其负责人、从业人员信用记录，将其纳入全国信用信息共享平台，确保各类企业的信用状况透明，可追溯、可核查。建立电力行业违法失信行为联合惩戒机制，对纳入涉电严重失信企业黑名单的售电公司及负有责任的法定代表人、自然人股东、其他相关人员采取惩戒措施。

5　国家能源局发布《能源行业信用体系建设实施意见(2016－2020年)》

目的：加强能源行业信用体系建设，推动行业组织表彰诚信会员。

要求：鼓励行业组织积极参与能源行业信用体系建设，在信用信息归集、信用评价、标准制订、联合奖惩等方面发挥作用。发挥行业组织的协调和监督作用，推动行业组织指导和督促会员单位积极参与信用建设。

（二）电力行业信用体系建设概况

1.行业信用体系建设

电力行业信用体系建设取得重大进展。在信用标准制度、信用评价、宣传教育、组织机构、信用平台等方面取得了新突破。

标准制度

电力行业印发了《售电企业及电力大用户信用评价指标体系（试行）》，为行业信用评价奠定了工作基础。

信用评价

电力行业100家企业获得A级以上信用等级，其中AAA级84家，AA级16家。

宣传教育

开展“信用电力”知识竞赛活动，近9000家电力企业参加了竞赛活动，参与人数达到70万人次，比2015年增加近30万人次。

组织机构

在中电联电力行业信用体系建设领导小组的领导下，电力行业信用体系建设办公室在全国设立了22个分支机构，指导各地区信用建设工作。

信用平台

发挥“信用电力”信息平台作用，采集电力企业资质、纳税、合同履约及政府监管记录等信用信息，为市场主体、政府及社会提供信用服务。

截至2016年年底，中电联对338家电力企业开展了信用评价，其中发电企业占39%，施工企业占37%，设计企业占18%，电网企业占6%。已进行信用评价的电力企业分类统计情况见图2-5。

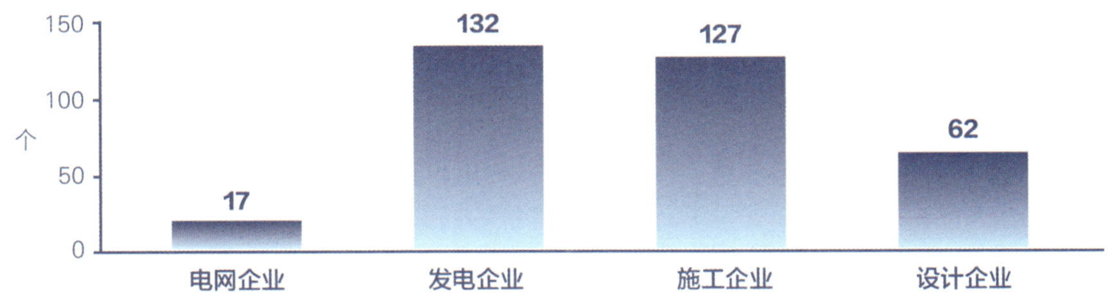

图2-5　已进行信用评价的电力企业分类统计情况

2.企业信用体系建设

电力企业认真落实党中央、国务院及有关部委关于行业信用体系建设要求，积极参与政策文件、行业标准制定，参加电力行业信用评价；加强自身信用体系能力建设，提升从业人员信用意识，在资本市场运作、资金管理、物资招标、安全生产、工程建设、节能环保、市场交易、数据统计、社会责任等方面提升信用管理水平。截至2016年底，共有100家电力企业取得电力行业A级以上信用等级。

案例一：国家电网公司青岛供电公司构建电费诚信管理体系

公司将非居民电力客户的用电违约和电费缴费失信记录纳入中国人民银行征信系统，实现了拖欠电费、窃电等行为和企业信用记录进行挂钩，为公司电费回收工作创造安全诚信环境。

积极协调沟通。与中国人民银行青岛市中心支行签订《青岛市非居民用电客户电力交费信用信息纳入青岛市金融信用信息服务平台合作协议》，金融双方协商确定数据共享接口规范，建立跨部门信用信息共享机制。

明确征信范围，规范推进周期。通过分析欠费客户综合信用情况，确定征信范围，将违约客户每月形成的信用数据按期推送至人行，作为各商业银行信贷决策的重要参考依据。

做好客户告知。统一印制《电力客户纳入征信告知书》，实施客户签收回执制，对非居民客户进行集中发放。同时，通过电视、报纸等地方主流媒体进行公开宣传。

规范数据审核、确保公正公开。对于失信客户，实施三级审核机制。

案例二：南方电网公司建立物资供应商信用管理体系

公司通过完善“统一制度、统一标准、统一流程、统一平台”的一体化供应商管理，建立了物资供应商信用管理体系。

供应商管理	•供应商分类、分层、分级、分等管理。统一编制发布公司供应商分类目录，对各类供应商实行统一登记、统一编码管理。
资质能力评估	•对登记供应商的必备资质条件和硬件综合开展常态化的评估活动。资质能力评估工作遵循统一的评估标准，全网统一的资质能力评估结果在公司全范围内共享应用。
绩效评价	•根据设备全生命周期管理模式，从供应商签约、设备监造、设备运输、安装调试、竣工投产和设备运行使用全过程对供应商进行绩效评价。通过对供应商的履约和所提供物资的实际情况评定签约供应商的绩效表现。
激励和处罚	•建立激励和处罚机制，对存在严重不良行为的供应商实行“黑名单”管理，对存在行贿行为实施市场禁入。

案例三：华能国际电力股份有限公司的信用承诺

公司在建设、经营管理发电厂和其他与发电相关的产业，电力业务相关的技术服务、信息咨询中，将信用建设运用于各个管理环节，被评为首批电力行业AAA级信用企业，荣获全国五一劳动奖状、全国精神文明建设工作先进单位等多项荣誉称号，成为“信用电力”的推动者。

1　加强组织领导，强化措施保障，加大诚信宣传教育力度，充分运用多种方式普及信用知识，提高公司信用风险防范意识,增强自我保护能力。

2　建立风险管理相关制度，完善风险管理系统和流程，组织开展公司系统诚信信息采集、核实、管理及服务工作，有效规避和防范信用风险。

3　加强诚信文化建设，注重诚信知识培训，全面提高从业人员的综合素质。自觉服从相关政府部门管理和行业协会协调，接受社会监督，履行社会义务，担当社会责任。

信用承诺：

1 无超范围经营行为，无拒报、虚报统计数据行为。

2 无低价竞争、扰乱市场经济秩序的行为。

3 未发生重大安全生产的环境和污染事故。

4 未发生重大决策失误、危害公共安全、影响社会稳定事件。

第三节　电价政策与电价水平

2016年，国家价格主管部门相继出台了一系列电价政策文件，发挥电价调控在推进电力改革、调整产业结构、促进节能减排中的重要作用。

一、电价政策

2016年出台的电价政策：

降低燃煤发电上网电价、工商业用电价格

《关于降低燃煤发电上网电价和一般工商业用电价格的通知》：明确了全国燃煤发电上网电价每千瓦时平均下调3分钱，全国一般工商业销售电价每千瓦时平均下调3分钱，大工业用电价格不做调整，自2016年1月1日执行。

完善基本电价执行方式

《关于完善两部制电价用户基本电价执行方式的通知》：将基本电价计费方式变更周期由按年调整改为按季调整，电力用户选择按最大需量方式计收基本电费的，最大需量核定值变更周期从现行按半年调整改为按月调整，电力用户也可以根据企业实际需要选择对其最有利的计算方式。

调整太阳能热发电标杆上网电价

《国家发展改革委关于太阳能热发电标杆上网电价政策的通知》：核定全国统一的太阳能热发电（含4小时以上储热功能）标杆上网电价为每千瓦时1.15元（含税），2018年12月31日以前全部投运的太阳能热发电项目执行上述标杆上网电价。

提高可再生能源发展基金征收标准

《关于提高可再生能源发展基金征收标准等有关问题的通知》：明确自2016年1月1日起，将各省（自治区、直辖市，不含新疆维吾尔自治区、西藏自治区）居民生活和农业生产以外全部销售电量的基金征收标准，由每千瓦时1.5分提高到每千瓦时1.9分。

调整光伏发电陆上风电标杆上网电价

《国家发展改革委关于调整光伏发电陆上风电标杆上网电价的通知》明确：

- 降低2017年1月1日之后新建光伏发电和2018年1月1日之后新核准建设的陆上风电标杆上网电价；
- 对非招标的海上风电项目，区分近海风电和潮间带风电两种类型确定上网电价；
- 国家鼓励各地通过招标等市场竞争方式确定光伏发电、陆上风电、海上风电等新能源项目业主和上网电价，但通过市场竞争方式形成的价格不得高于国家规定的同类资源区光伏发电、陆上风电、海上风电标杆上网电价。

二、电价水平

（一）标杆上网电价

燃煤发电标杆电价和工商业电价 2016年1月1日，国家发展改革委分别下调全国上网电价、一般工商业用电价格平均约3分/千瓦时。各省燃煤发电上网电价调整情况见图2-6，各省（自治区、直辖市）燃煤发电上网电价和一般工商业用电价格调整表见附录2。

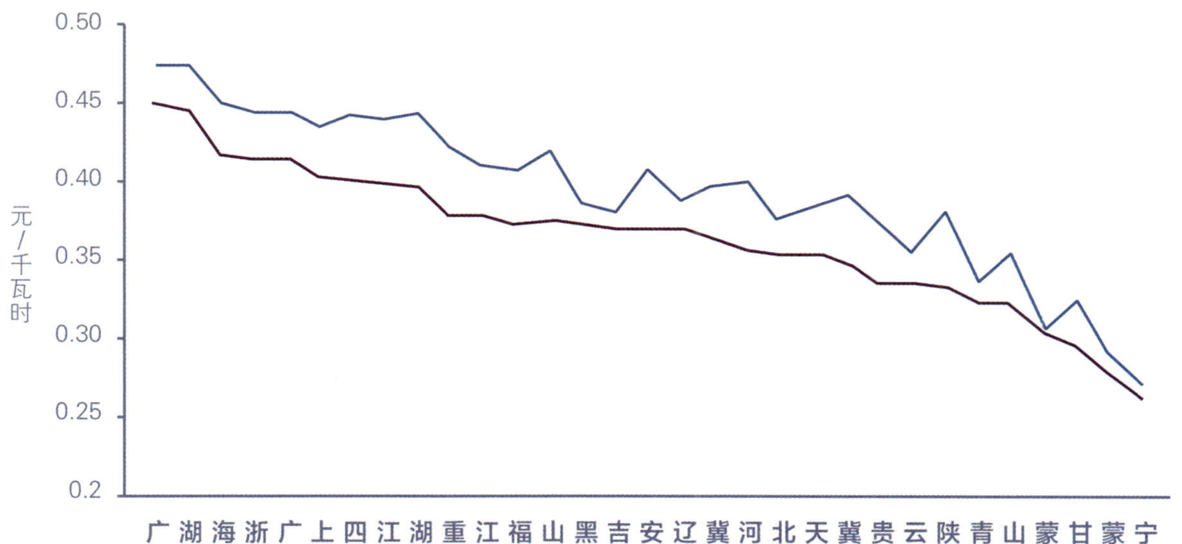

图2-6 各省燃煤标杆电价调整情况

陆上风电标杆电价 2016年12月26日，国家发展改革委发文明确降低2018年1月1日之后新核准建设的陆上风电标杆上网电价。全国陆上风电上网标杆电价变化情况见表2-8。

表2-8　全国陆上风电标杆电价表

单位：元/千瓦时（含税）

资源区	陆上风电标杆上网电价			各资源区所包括的地区
	2015年	2016年	2018年	
Ⅰ类资源区	0.49	0.47	0.4	内蒙古自治区除赤峰市、通辽市、兴安盟、呼伦贝尔市以外其他地区；新疆维吾尔自治区乌鲁木齐市、伊犁哈萨克族自治州、克拉玛依市、石河子市
Ⅱ类资源区	0.52	0.5	0.45	河北省张家口市、承德市；内蒙古自治区赤峰市、通辽市、兴安盟、呼伦贝尔市；甘肃省嘉峪关市、酒泉市；云南省
Ⅲ类资源区	0.56	0.54	0.49	吉林省白城市、松原市；黑龙江省鸡西市、双鸭山市、七台河市、绥化市、伊春市，大兴安岭地区；甘肃省除嘉峪关市、酒泉市以外其他地区；新疆维吾尔自治区除乌鲁木齐市、伊犁哈萨克族自治州、克拉玛依市、石河子市以外其他地区；宁夏回族自治区
Ⅳ类资源区	0.61	0.6	0.57	除Ⅰ类、Ⅱ类、Ⅲ类资源区以外的其他地区

注：2018年1月1日以后核准并纳入财政补贴年度规模管理的陆上风电项目执行2018年的标杆上网电价。2年核准期内未开工建设的项目不得执行该核准期对应的标杆电价。2018年以前核准并纳入以前年份财政补贴规模管理的陆上风电项目但于2019年年底前仍未开工建设的，执行2018年标杆上网电价。2018年以前核准但纳入2018年1月1日之后财政补贴年度规模管理的陆上风电项目，执行2018年标杆上网电价。

光伏发电标杆电价　2016年12月26日，国家发展改革委明确降低2017年1月1日之后新建光伏发电上网标杆电价。全国光伏发电上网标杆电价见表2-9。

表2-9　全国光伏发电上网标杆电价表

单位：元/千瓦时（含税）

资源区	光伏电站标杆电价		各资源区所包括的地区
	2016年	2017年	
Ⅰ类资源区	0.8	0.65	宁夏，青海海西，甘肃嘉峪关、武威、张掖、酒泉、敦煌、金昌，新疆哈密、塔城、阿勒泰、克拉玛依，内蒙古除赤峰、通辽、兴安盟、呼伦贝尔以外地区
Ⅱ类资源区	0.88	0.75	北京，天津，黑龙江，吉林，辽宁，四川，云南，内蒙古赤峰、通辽、兴安盟、呼伦贝尔，河北承德、张家口、唐山、秦皇岛，山西大同、朔州、忻州、阳泉，陕西榆林、延安，青海、甘肃、新疆除Ⅰ类外其他地区
Ⅲ类资源区	0.98	0.85	除Ⅰ类、Ⅱ类资源区以外的其他地区

注：1.西藏自治区光伏电站标杆电价为1.05元/千瓦时。
2.2017年1月1日以后纳入财政补贴年度规模管理的光伏发电项目，执行2017年光伏发电标杆上网电价。

3.2017年以前备案并纳入以前年份财政补贴规模管理的光伏发电项目，但于2017年6月30日以前仍未投运的，执行2017年标杆上网电价。

4.今后，光伏发电标杆上网电价暂定每年调整一次。

（二）输配电价

2016年，国家发展改革委依据《输配电定价成本监审办法（试行）》（发改价格〔2015〕1347号），按照“准许成本加合理收益”的原则，核定并批复公布了深圳、蒙西、云南、贵州、安徽、湖北、宁夏等7个省市（其中深圳市为城市电网）的输配电价。7省市输配电价情况见附录3。

（三）用户目录销售电价

分别选择了广州、珠海、佛山、中山、东莞、河北省南部、湖北、陕西、辽宁作为东、中、西、东北区域部分代表省、市用户目录电价供参考，具体见附录4。

第三章　电力工程建设

第一节　电力工程建设投资

全国电力工程建设完成投资[1]8840亿元，比上年增长3.1%。其中，电源投资3408亿元，比上年下降13.4%；电网投资5431亿元，比上年增长17.1%。

一、电源工程

（一）总体情况

主要受电力需求增速放缓影响，加之国家采取有力措施减缓煤电建设节奏，全国电源工程建设完成投资3408亿元，创2010年以来最低水平，比上年下降13.4%。

2010—2016年电源工程建设完成投资情况见图3-1。

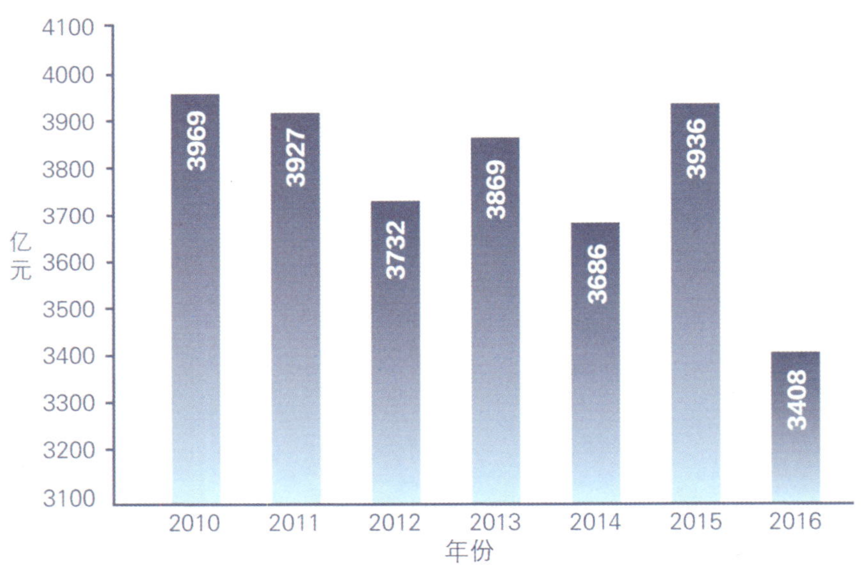

图3-1　2010—2016年电源工程建设完成投资情况

[1]纳入中电联统计口径的26家大型发电企业为：华能集团、中国大唐集团公司（以下简称“大唐集团”）、中国华电集团公司（以下简称“华电集团”）、中国国电集团公司（以下简称“国电集团”）、国家电力投资集团公司（以下简称“国家电投集团”）、中国长江三峡集团公司（以下简称“三峡集团”）、神华集团有限责任公司（以下简称“神华集团”）、中国核工业集团公司（以下简称“中核集团”）、中国广核集团有限公司（以下简称“中广核”）、广东省粤电集团有限公司（以下简称“粤电集团”）、浙江省能源集团有限公司（以下简称“浙能集团”）、北京能源投资（集团）有限公司（以下简称“北京能源”）、申能股份有限公司（以下简称“申能股份”）、河北省建设投资集团有限公司（以下简称“河北建投”）、华润电力控股有限公司（以下简称“华润电力”）、国投电力控股股份有限公司（以下简称“国投电力”）、新力能源开发有限公司（以下简称“新力能源”）、甘肃省电力投资集团公司（以下简称“甘肃省投”）、安徽省皖能股份有限公司（以下简称“皖能电力”）、江苏省国信资产管理集团有限公司、江西省投资集团公司、广州发展集团有限公司（以下简称“广州发展”）、深圳能源集团股份有限公司、黄河万家寨水利枢纽有限公司、中铝宁夏能源集团公司、山西国际电力集团有限公司。

（二）分类型投资情况

分类型看，除太阳能发电投资增长10.4%外，水电、火电、核电、风电均为负增长。核电与新能源（风电与太阳能合计）投资额占比较上年均有提高。2015年、2016年分类型电源工程建设完成投资情况见图3-2，2015年、2016年分类型电源工程建设完成投资占总投资比重情况见图3-3。

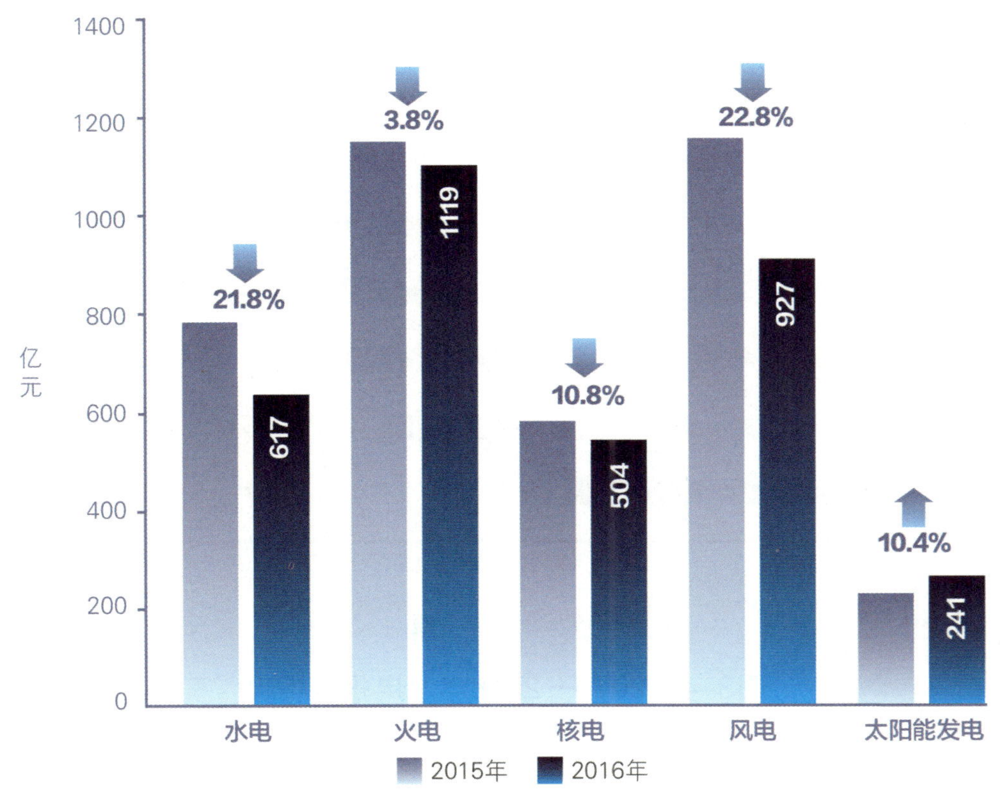

图3-2 2015年、2016年分类型电源工程建设完成投资情况

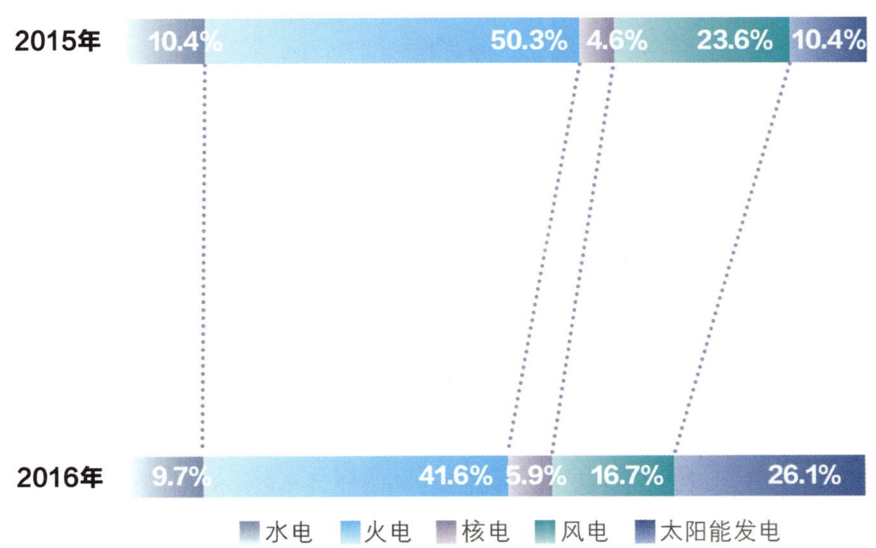

图3-3 2015年、2016年分类型电源工程建设完成投资占总投资比重情况

水电投资持续下降，抽水蓄能投资比重大幅提升 受近几年水电大规模集中投产、新开工规模较小等因素影响，全年水电投资617亿元，投资规模连续四年下降，仅为2012年最高峰时的50%，比上年下降21.8%。2016年系统调峰能力建设加快，全年抽水蓄能核准、新开工规模扩大，完成抽水蓄能建设投资84亿元，占全国水电投资的13.7%，与上年比重基本持平。2010—2016年水电投资情况见图3-4，2010—2016年抽水蓄能投资占水电投资比重情况见图3-5。

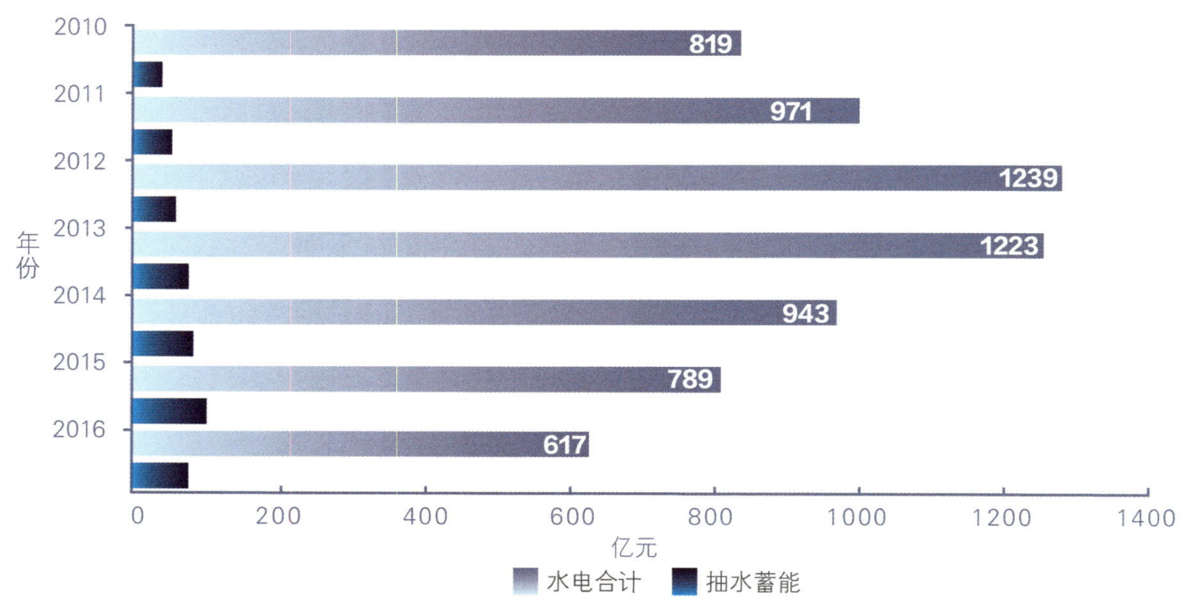

图3-4 2010—2016年水电投资情况

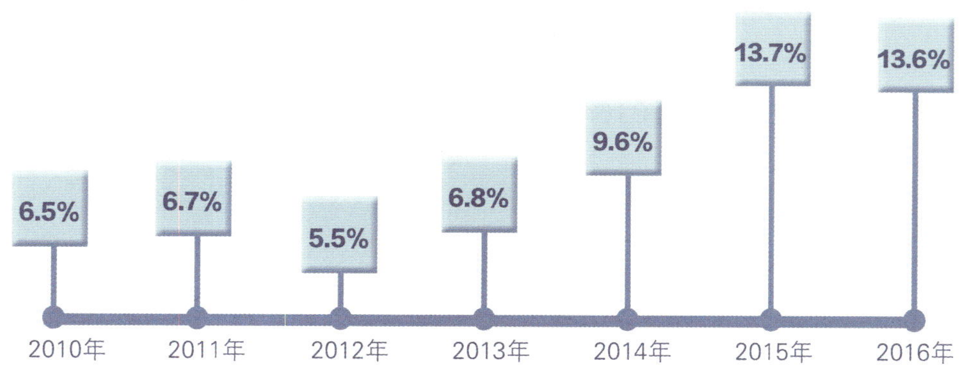

图3-5 2010—2016年抽水蓄能投资占水电投资比重情况

火电及其煤电投资规模有所缩小 “十二五”期间，火电投资基本稳定在1000亿~1200亿元的水平。2016年，国家严控煤电投资建设取得明显效果，通过建立风险预警机制，采取“取消一批、缓核一批、缓建一批”等措施，严控项目建设，规范开工秩序，全年火电投资完成1119亿元，同比下降3.8%；其中，燃煤发电投资完成973亿元，同比下降8.3%；气电投资完成145.6亿元，比上年大幅增长43.2%。2010—2016年火电投资情况见图3-6。

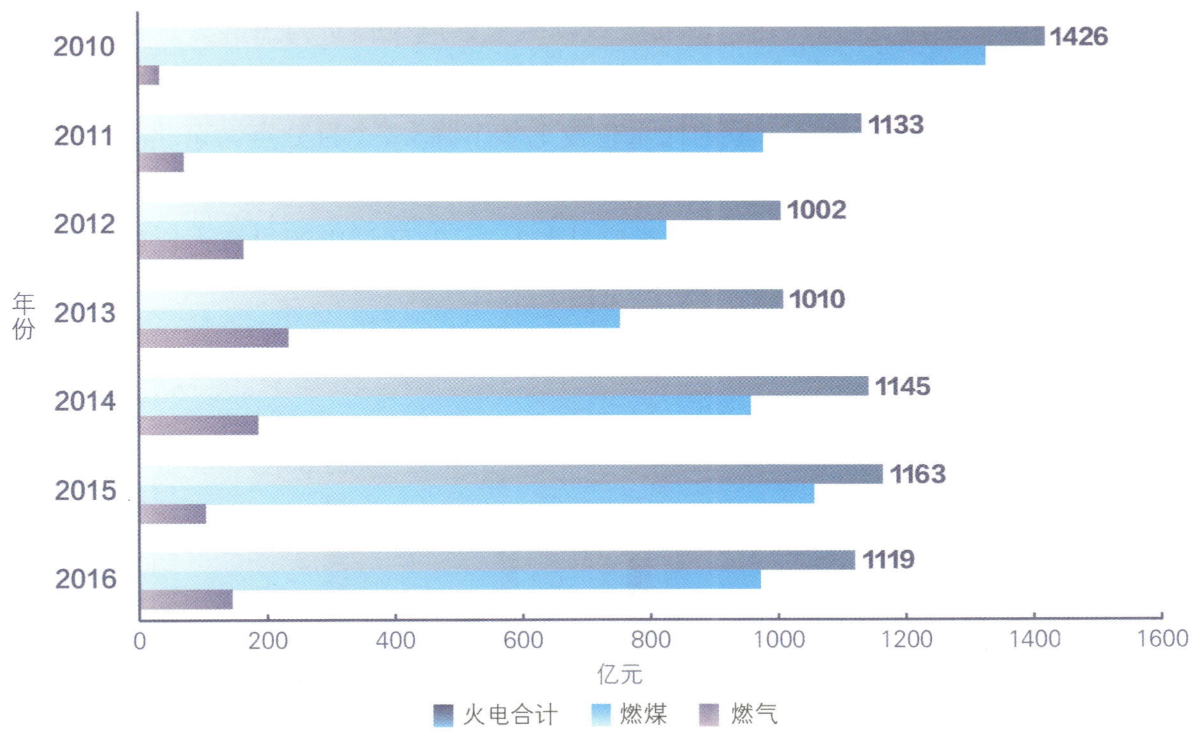

图3-6　2010—2016年火电投资情况

核电投资持续减少　核电投资完成504亿元，同比下降10.8%。随着投产规模逐步扩大，核电投资自2012年持续减少，2016年核电投资仅为2012年的64.3%，下降幅度较大。

风电投资向东中部地区转移　风电投资927亿元，同比下降22.8%，是近五年首次出现下降。从地区上看，东部地区风电投资所占比重达到35.3%，同比提高16.3个百分点；中部地区风电投资占比达19.0%，同比提高6.1个百分点。

太阳能发电投资持续增长　太阳能发电完成投资241亿元，同比增长10.4%，连续三年持续增长。

（三）分区域投资情况

除华北区域投资比上年增长3.0%外，其他五个区域投资均有所下降。华北、南方区域投资规模最大、占全国比重均超过20%。华北区域投资占全国投资比重比上年提高3.3个百分点。华北区域以火电（其中常规气电投资占火电投资比重达到10.5%）和风电投资为主（分别占全国同类型投资总额比重的31.8%和24.8%，均为各区域中最大）。南方区域火电（其中常规气电投资占火电投资比重达38.4%）投资规模仅高于东北区域，水电、核电和风电投资规模基本相当。华东区域火电（其中常规气电投资占火电比重达到31.2%）、核电和风电投资规模基本相当，核电投资规模在各区域中最大（占全国核电投资的46.7%），风电投资同比增长40.5%，占华东区域投资比重的26.0%，同比提高8个百分点。华中区域投资以水电为主，占全国水电投资的47.7%。西北区域以火电、风电投资为主（分别占全国同类型发电投资总额比重的21.3%和21.4%），但其大幅下降，带动西北区域电源投资大幅下降29.8%，占全国投资总额的比重也较上年下降3.7个百分点。东北区域投资规模最小，同比下降9.4%。

2015年、2016年分区域电源投资情况见图3-7，分区域电源投资占比情况见图3-8；2016年分区域分类型电源投资情况见图3-9。

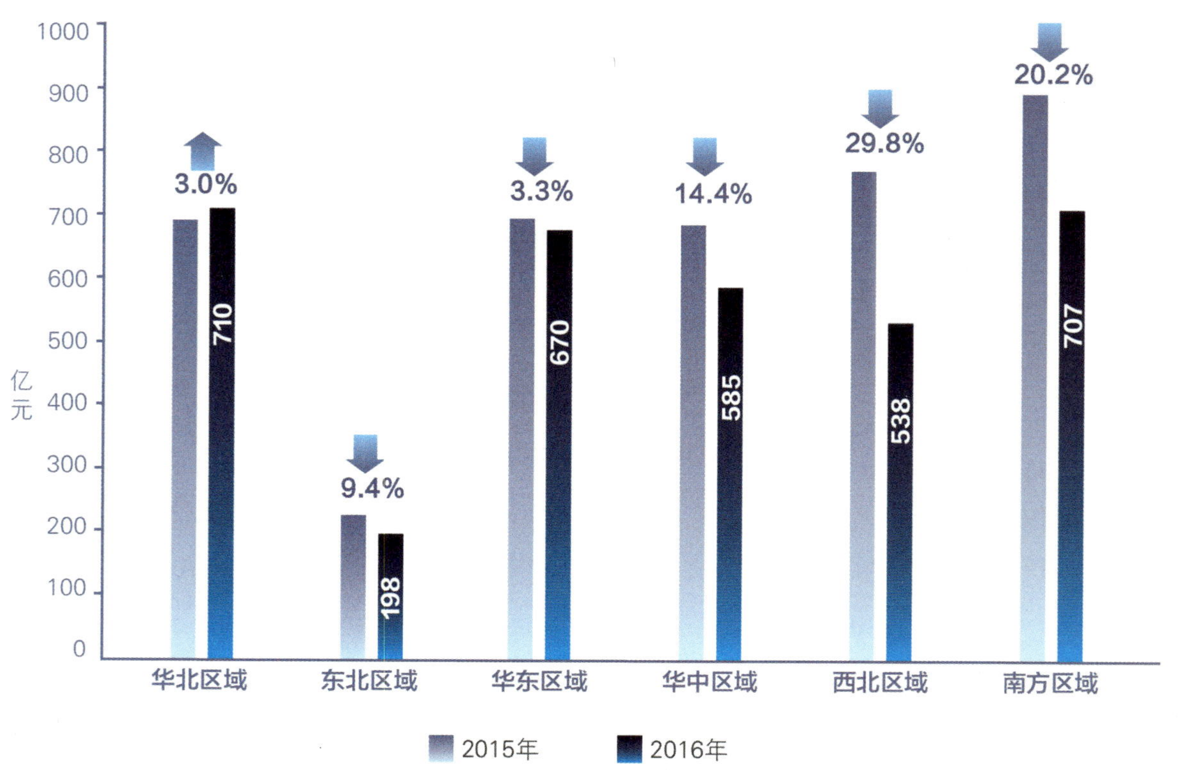

图3-7　2015年、2016年分区域电源投资情况

注：西藏计入西北区域，蒙东计入东北区域，蒙西计入华北区域，下同。

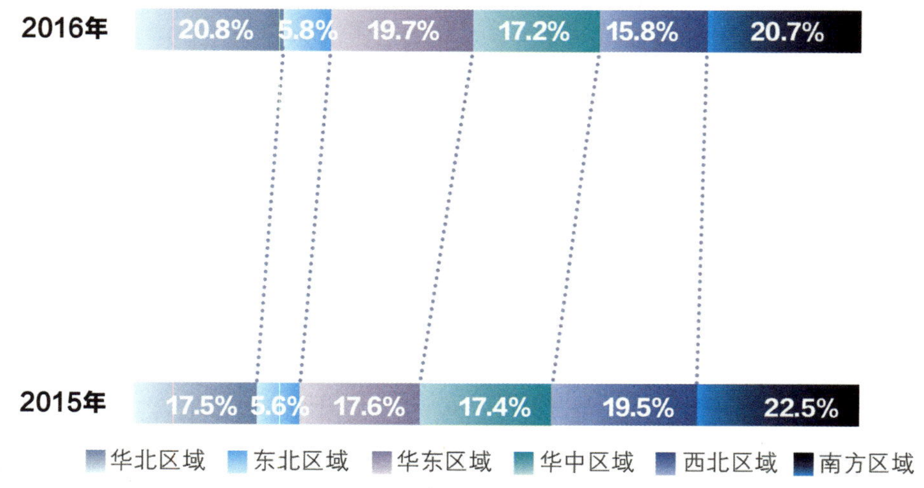

图3-8　2015年、2016年分区域电源投资占比情况

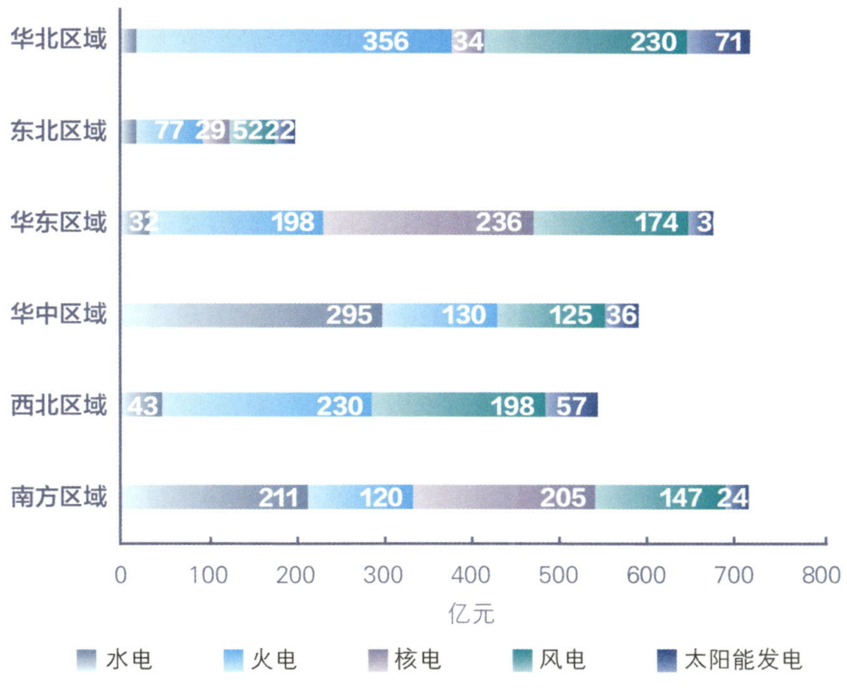

图3-9 2016年分区域分类型电源投资情况

（四）分省份投资情况

2016年，共有四川、江苏等14个省份电源投资超过100亿元，主要集中在华北、西北和西南等资源比较丰富的地区以及东部电力消费规模较大的省份，其合计投资占全国电源投资的77.1%。其中，四川、云南以水电投资为主，江苏、广东以核电投资为主，山东以火电投资为主。

2016年分省份电源完成投资情况见图3-10。

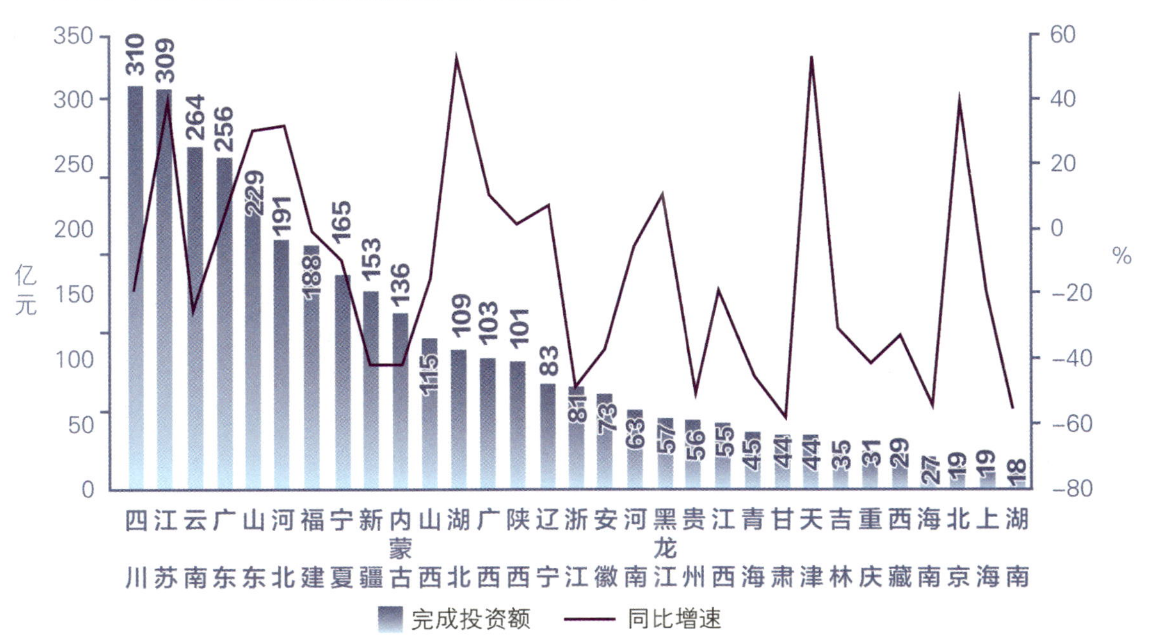

图3-10 2016年分省份电源完成投资情况

水电投资重点在四川、云南 四川、云南水电投资合计448亿元，占全国水电投资的72.6%，西藏、安徽水电投资超过20亿元，广东、安徽、河北、山东、江西、浙江、海南水电投资以抽水蓄能为主。

2016年水电投资规模较大的四川、云南、西藏、安徽4省份水电投资规模与同比增长情况见图3-11，2016年抽水蓄能投资超过7亿元的7个省份投资规模及其比重情况见图3-12。

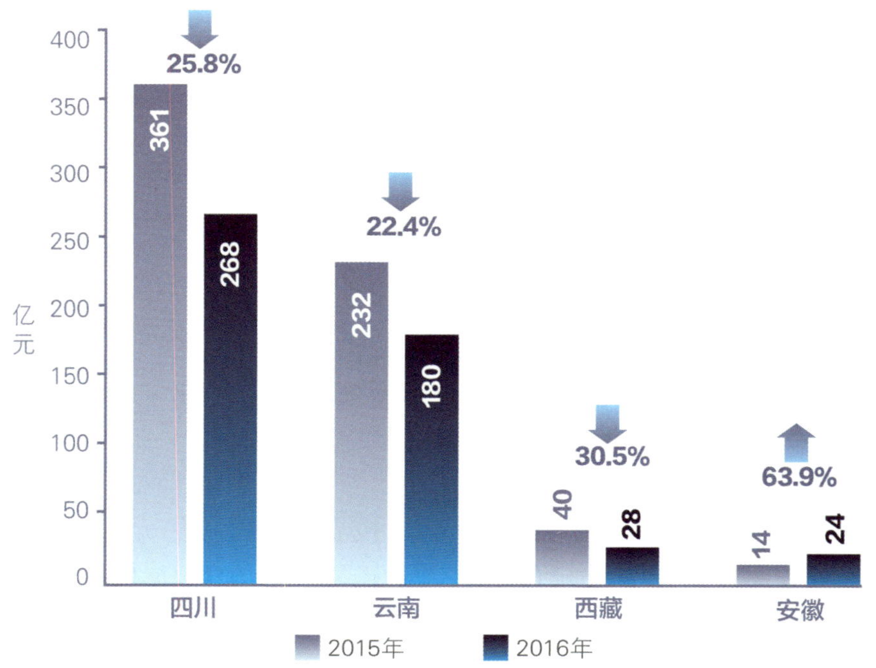

图3-11 2016年4省份水电投资规模与同比增长情况

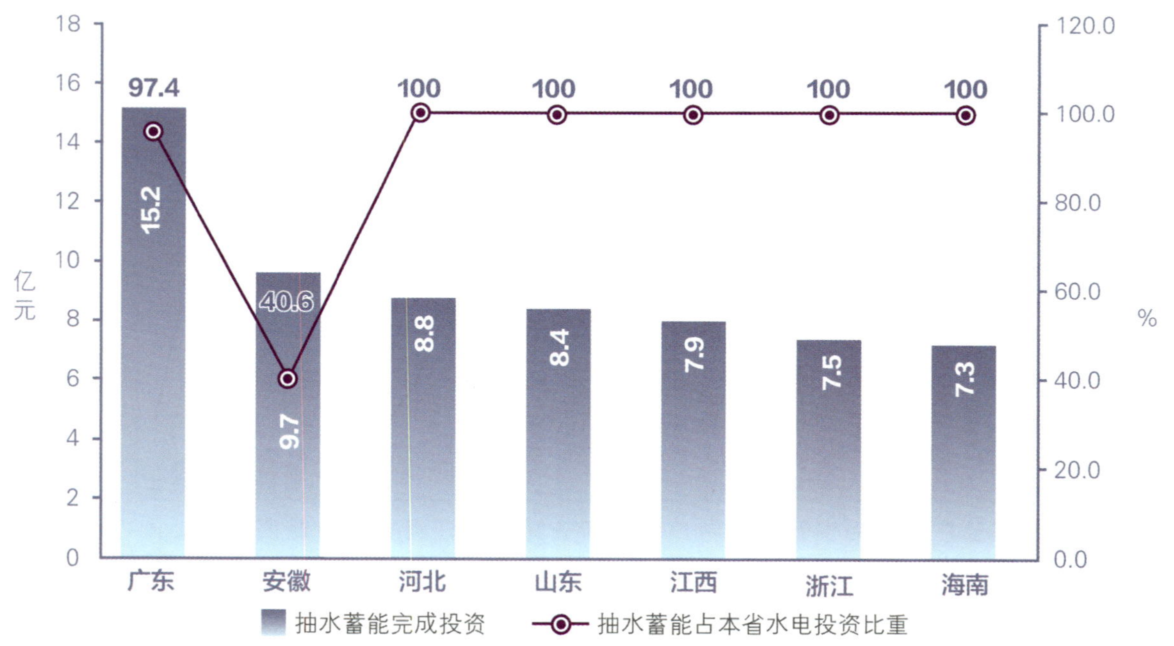

图3-12 2016年抽水蓄能投资规模超过7亿元的7省份投资及其比重情况

火电投资集中在宁夏、内蒙古及东部地区5省份　宁夏火电投资超过100亿元，山东、内蒙古、江苏、河北、广东、福建超过50亿元，这7个省份的火电投资合计628亿元，占全国火电投资的56.1%。其中江苏、广东以及京津冀地区省份气电投资规模较大。

2016年7省份火电投资及占比情况见图3-13，2016年分省份常规气电投资完成情况见图3-14。

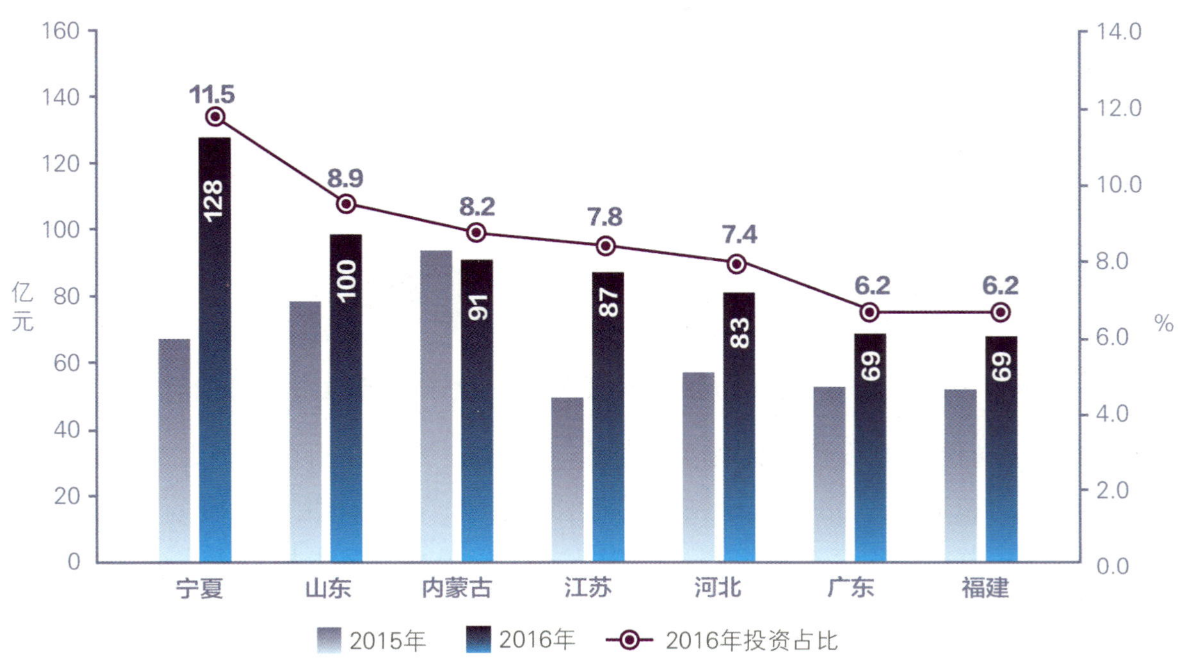

图3-13　2016年7省份火电投资及占比情况

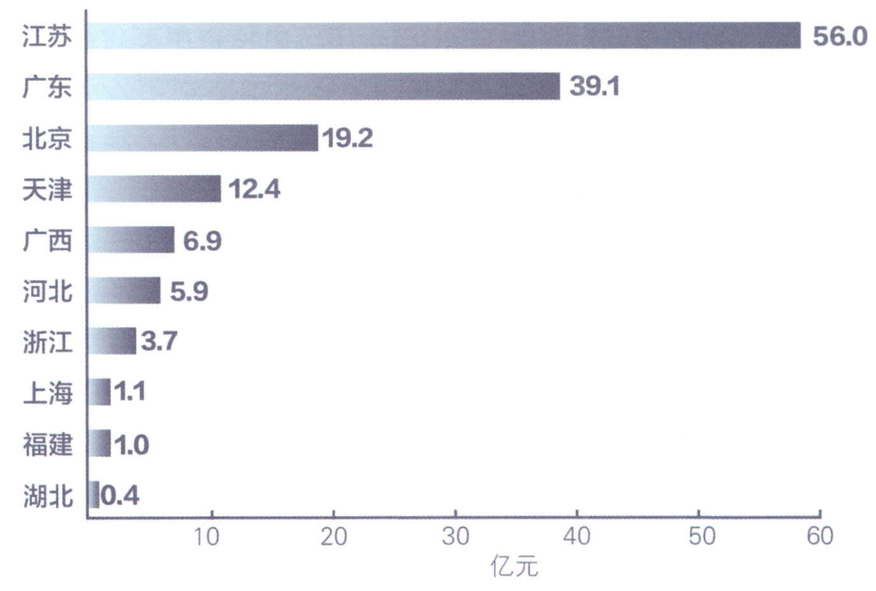

图3-14　2016年分省份常规气电投资完成情况

广东、江苏、福建核电投资占比较大　在全国8个省份的核电投资中，广东、江苏、福建投资较大，3省份投资合计占全国核电投资的比重为65.6%。

2016年广东、江苏、福建等8省份核电投资及其占全国核电投资比重情况见图3-15。

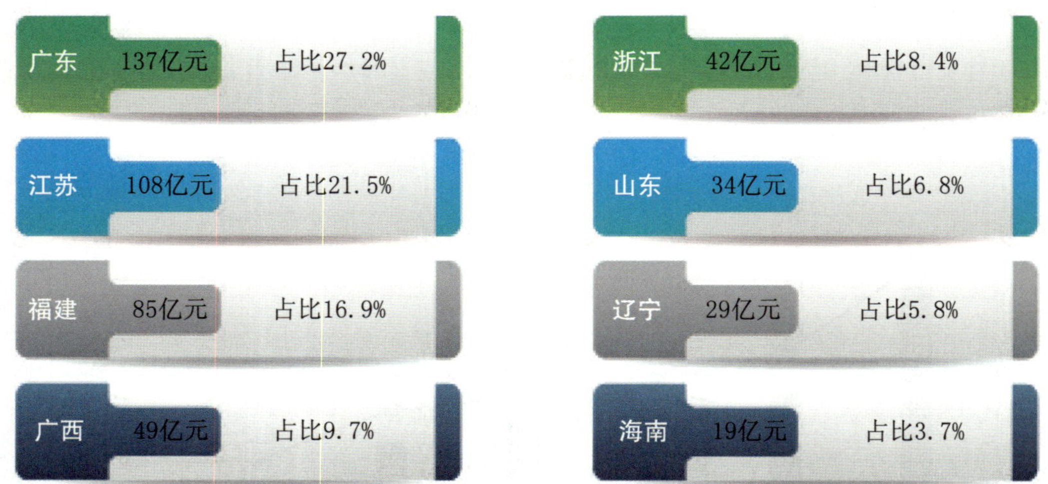

图3-15　2016年8省份核电投资及其占全国核电投资比重情况

中东部7省份风电投资占比提高　江苏、新疆、云南、山东、河北、山西、陕西风电投资均超过50亿元，合计风电投资552亿元，占全国风电投资的59.6%；与2010年比较，中东部地区风电投资占全国比重大幅提高，风电投资大省向中东部地区转移的趋势十分明显。

2010年、2015年、2016年全国风电投资主要省份风电完成投资及占全国风电投资比重情况见表3-1。

表3-1　2010年、2015年、2016年全国风电投资主要省份风电完成投资及占全国风电投资比重情况

年份	主要省份完成投资（亿元）和占比（%）						
2010年	内蒙古	甘　肃	河　北	辽　宁	山　东	吉　林	黑龙江
	278(26.8%)	138(13.3%)	107(10.4%)	92(8.8%)	82(7.9%)	69(6.7%)	51(5%)
2015年	新　疆	内蒙古	云　南	宁　夏	甘　肃	山　西	江　苏
	195(16.2%)	125(10.5%)	125(10.4%)	94(7.8%)	82(6.8%)	66(5.5%)	61(5.1%)
2016年	江　苏	新　疆	云　南	山　东	河　北	山　西	陕　西
	97(10.5%)	95(10.3%)	81(8.7%)	77(8.3%)	76(8.2%)	63(6.8%)	62(6.7%)

太阳能发电投资省份相对集中　山西、青海、河北等9个省份太阳能发电投资均超过10亿元，合计投资177亿元，占全国太阳能发电投资的73.4%。9省份太阳能发电完成投资及占全国太阳能发电投资比重情况见图3-16。

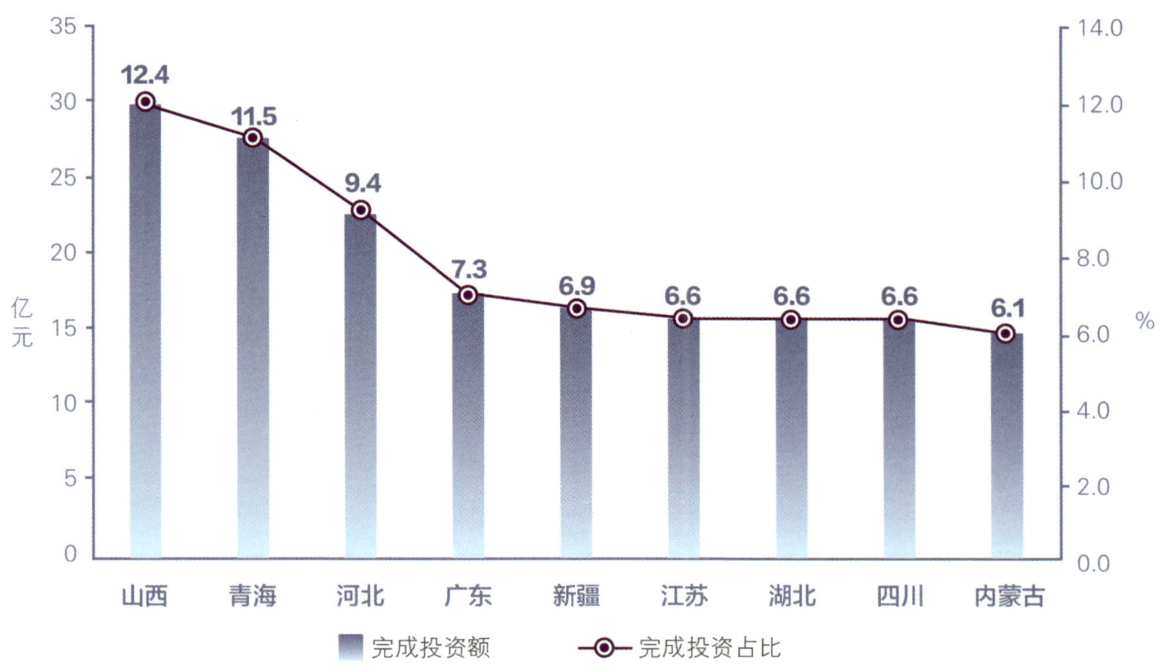

图3-16　2016年9省份太阳能发电完成投资及占全国太阳能发电投资比重情况

二、电网工程

（一）总体情况

电网工程建设完成投资5431亿元，投资规模连年扩大，且首次超过5000亿元，比上年增长17.1%，投资增速连续4年提高。其中，直流工程495亿元，占电网工程总投资的9.1%，拉动电网工程投资增长6.0个百分点。

电网工程完成投资情况见图3-17，2010—2016年全国电网投资及增长情况见图3-18。

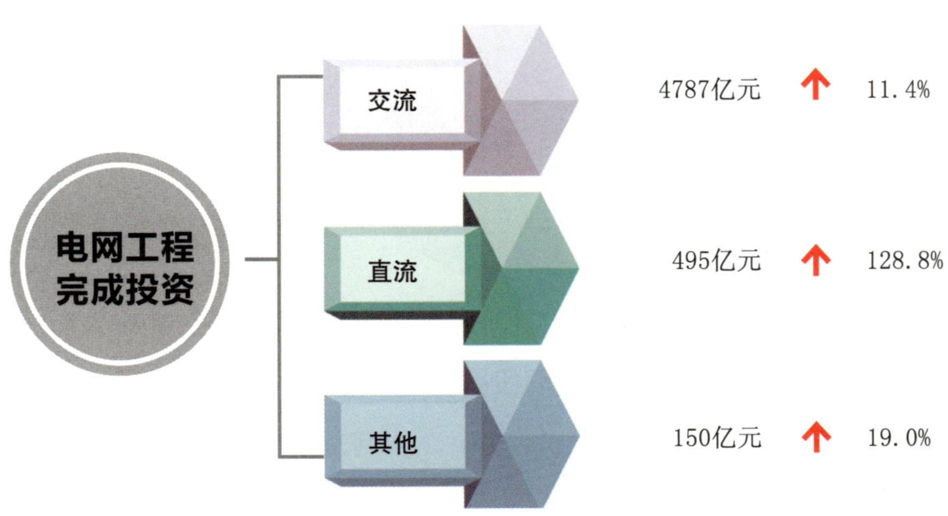

图3-17　电网工程完成投资情况

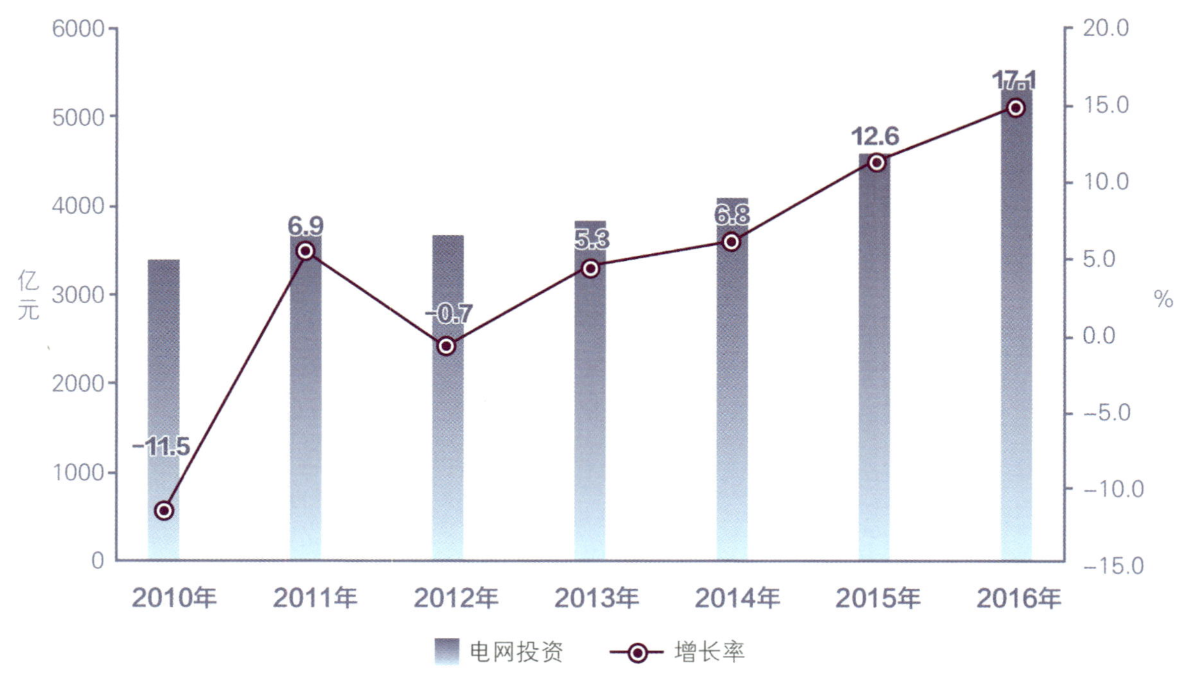

图3-18　2010—2016年全国电网投资及增长情况

（二）分地区情况

华北、华中和华东区域电网投资超过1000亿元，分别为1308亿、1177亿和1166亿元，其中，华中区域首次超过1000亿元。华东、西北和南方区域电网投资占全国电网投资比重比上年有所回落。2016年分区域电网投资占全国电网投资比重情况见图3-19。

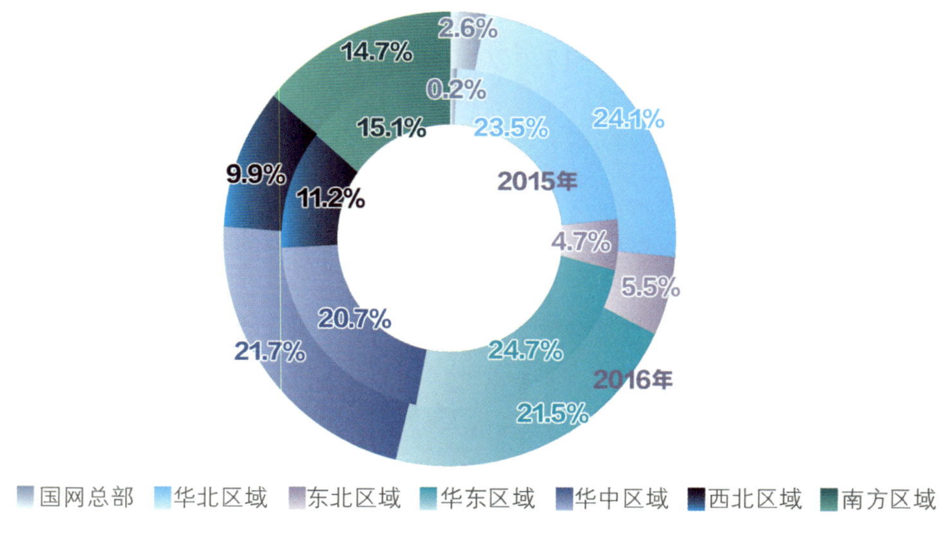

图3-19　2016年分区域电网投资占全国电网投资比重情况

各区域电网投资均有不同程度增加。其中，国网总部、东北和华中区域增速超过20%；由于准东—皖南特高压直流工程、扎鲁特—青州特高压直流工程、锡盟—山东1000千伏特高压交流输变电工程等特高压项目相继开工建设，带动国网总部、华北区域和华中区域投资增速大幅提高，西北和南方区域投资增速比上年有所回落。2016年分区域电网投资及增长情况见图3-20。

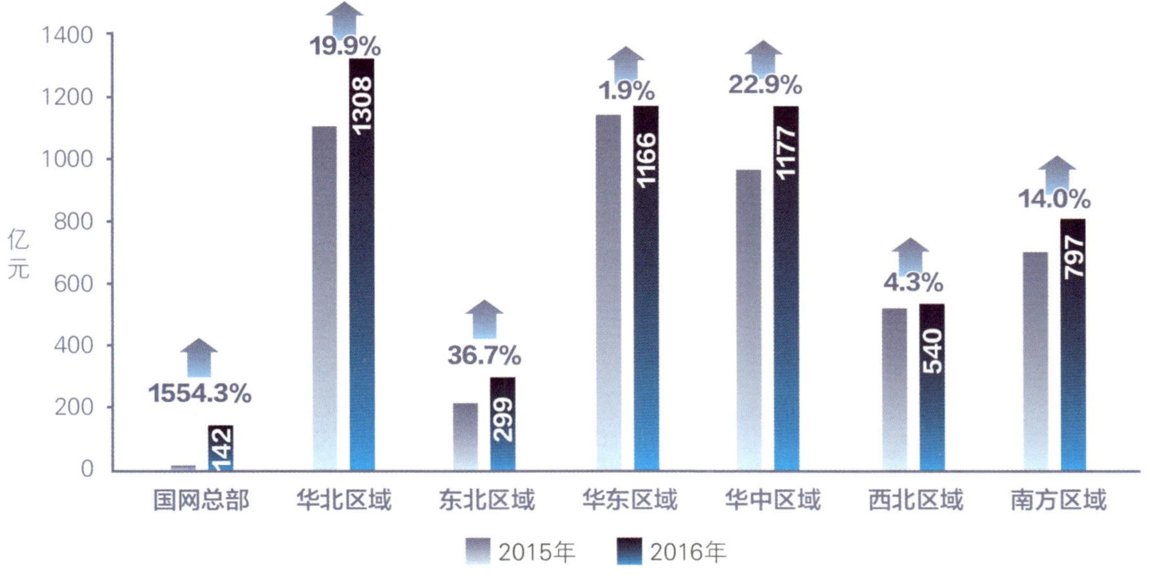

图3-20　2016年分区域电网投资及增长情况

（三）分电压等级情况

特高压输电项目建设提速　220千伏及以上电压等级电网工程完成投资2132亿元，同比增长2.9%。±800千伏、±1100千伏和1000千伏等级完成投资同比增长。其他电压等级完成投资同比均有不同程度下降，其中，220千伏、500千伏电压等级电网投资分别下降25.3%和7.6%，占电网投资的比重分别比上年降低6.9和2.1个百分点。

2016年全国分电压等级电网投资占全国电网投资比重情况见图3-21，2015年、2016年分电压等级电网投资情况见图3-22。

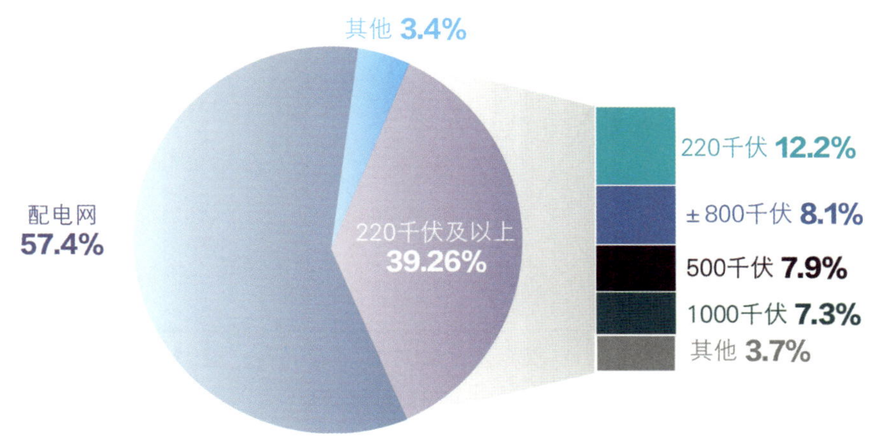

图3-21　2016年全国分电压等级电网投资占全国电网投资比重情况

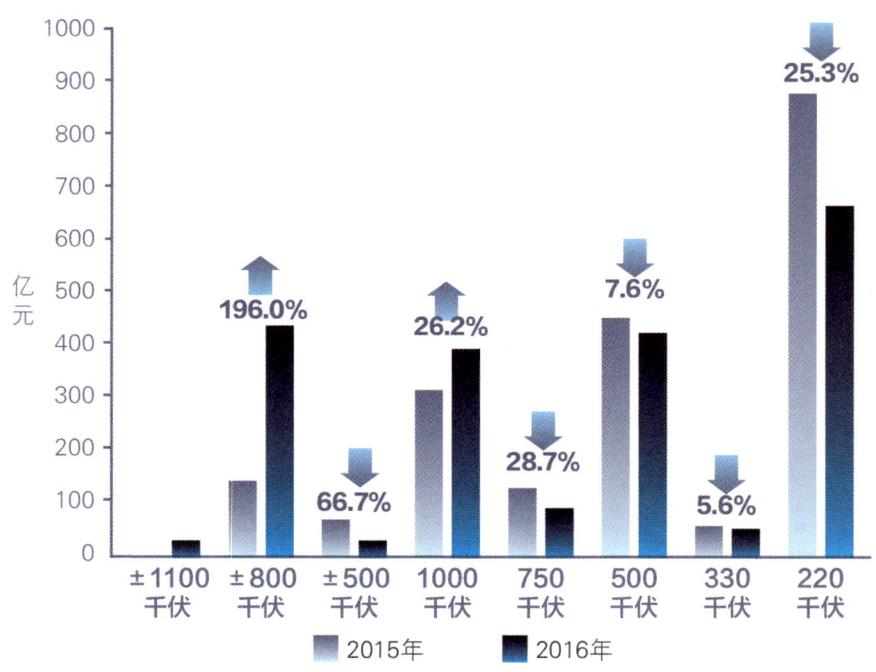

图3-22　2015年、2016年分电压等级电网投资情况

配电网投资成为电网投资重点　近年来配电网投资力度加大，新一轮农网升级改造工程全面启动。2016年完成配电网投资3117亿元，同比增长32.8%，增速逐年提高；拉动全国电网投资增长16.6个百分点。中低压配电网投资占电网投资的比重为42.7%。

2011—2016年配电网投资及其增长情况见图3-23，2016年110千伏及以下配电网投资情况见图3-24。

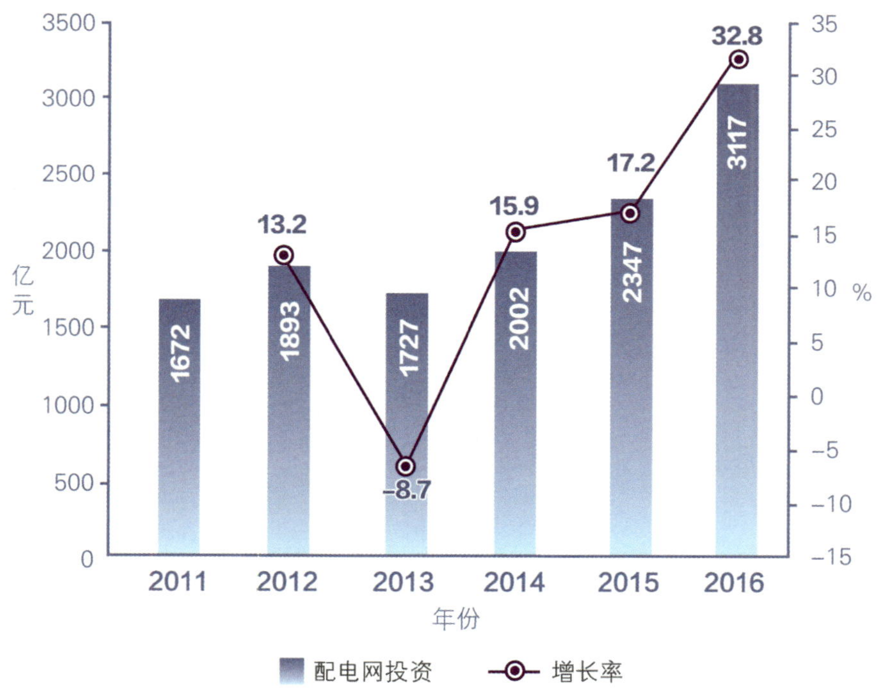

图3-23　2011—2016年配电网投资及其增长情况

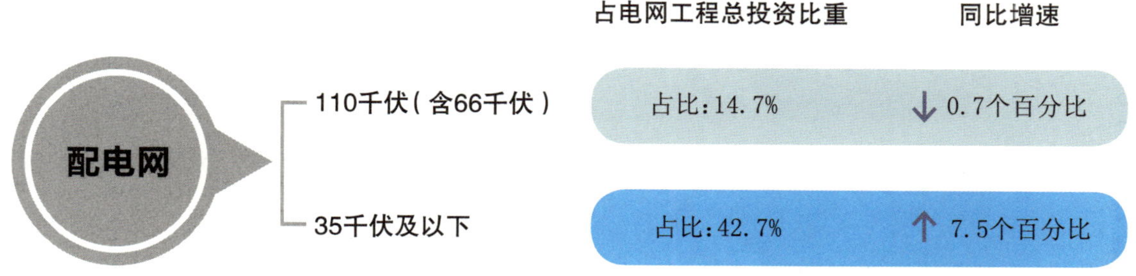

图3-24 2016年110千伏及以下配电网投资情况

第二节 电源工程建设

一、新增装机

（一）全国及分类型新增装机情况

全国发电新增生产能力(正式投产)12143万千瓦，比上年少投产1041万千瓦。火电、风电新增规模比上年大幅下降，所占比重分别下降9.1和7.1个百分点；新增太阳能发电装机比上年多投产1791万千瓦，是投产规模最大的一年，所占比重比上年提高15.7个百分点。新能源（风电和太阳能发电）合计新增装机所占比重超过火电新增。

2010—2016年全国新增发电装机情况见图3-25，2016年全国分类型新增发电装机情况见图3-26，2015年、2016年全国分类型新增装机容量占比情况见图3-27。

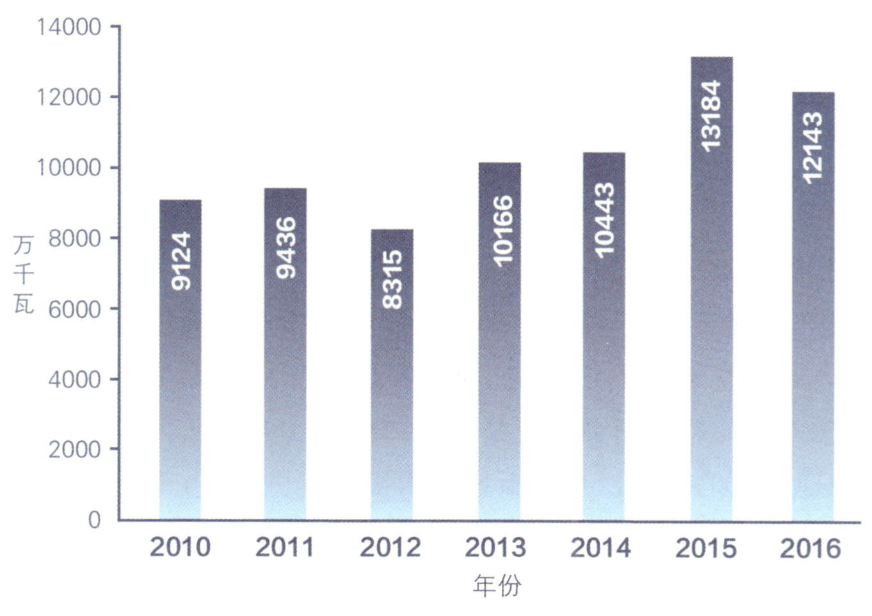

图3-25 2010—2016年全国新增发电装机情况

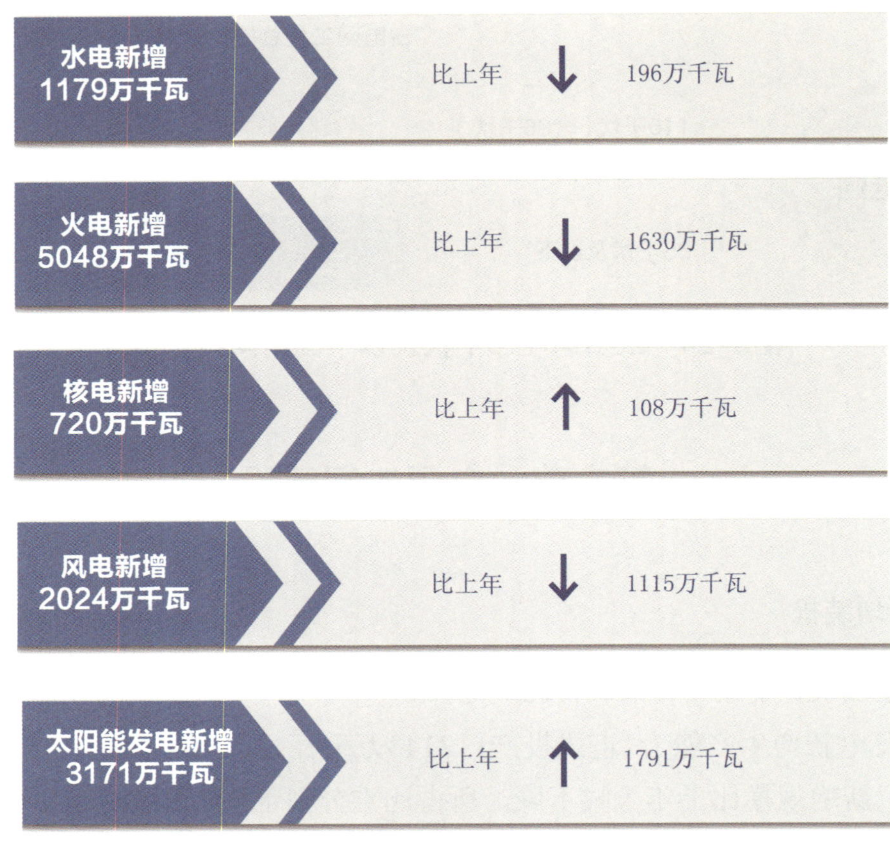

图3-26　2016年全国分类型新增发电装机情况

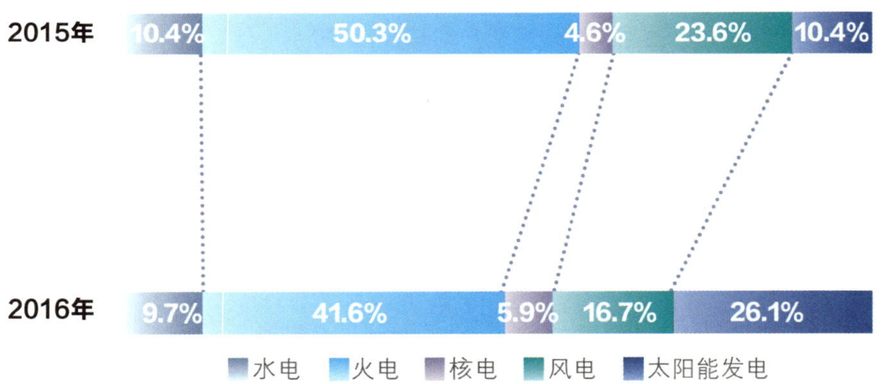

图3-27　2015年、2016年全国分类型新增装机容量占比情况

水电新投产规模连续3年缩小　2016年水电新投产规模仅为2013年投产规模的38.1%，新投产大型水电项目主要有：四川大渡河猴子岩1台42.5万千瓦、云南金沙江观音岩1台60万千瓦和云南金沙江梨园2台合计120万千瓦机组。2016年是抽水蓄能发电投产规模最大的一年，全年新增抽水蓄能装机366万千瓦。全年新投产抽水蓄能电站有：浙江仙居4台合计150万千瓦、江西洪屏4台合计120万千瓦、广东清远3台合计96万千瓦机组。

2010—2016年全国新增水电装机情况见图3-28。

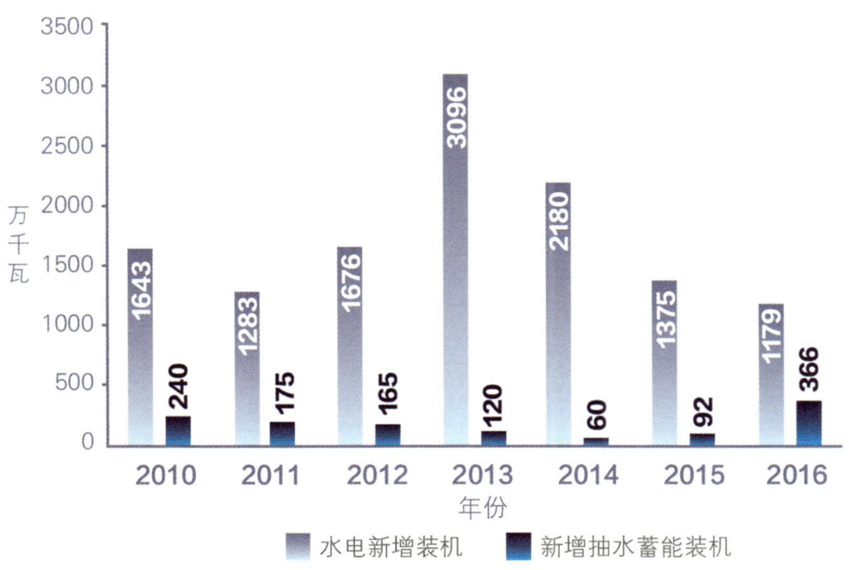

图3-28 2010—2016年全国新增水电装机情况

火电新增规模大幅缩小 火电新增装机容量比上年少投产1630万千瓦（其中常规煤电3998万千瓦，比上年少投产1448万千瓦），反映出2016年出台的促进煤电有序发展系列政策措施效果明显。全年新投产100万千瓦级机组包括：国电江苏泰州1台、国投新集电力利辛有限公司2台、大唐江西抚州1台、神华山东寿光2台、华能山东莱芜1台、国电湖北汉川三期1台、国投广西钦州二期2台共计10台。

2010—2016年全国新增火电装机容量情况见图3-29。

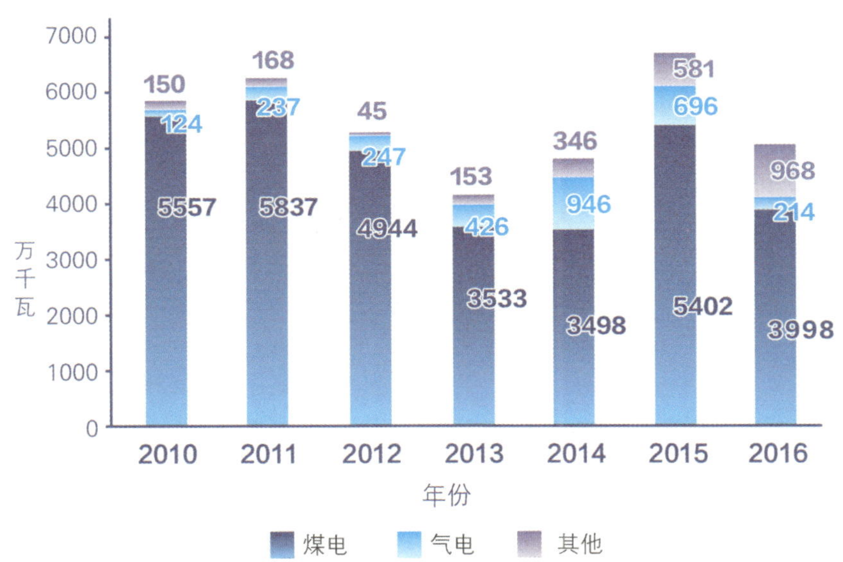

图3-29 2010—2016年全国新增火电装机容量情况

核电新增规模连续5年增加 新增核电装机容量720万千瓦，比上年同期多投产108万千瓦，新增规模连续五年扩大。核电新投产机组分别为辽宁红沿河一期、福建宁德一期、福建福清一期、海南昌江、广东阳江各1台，以及广西防城港2台机组。

2010—2016年全国新增核电装机容量情况见图3-30。

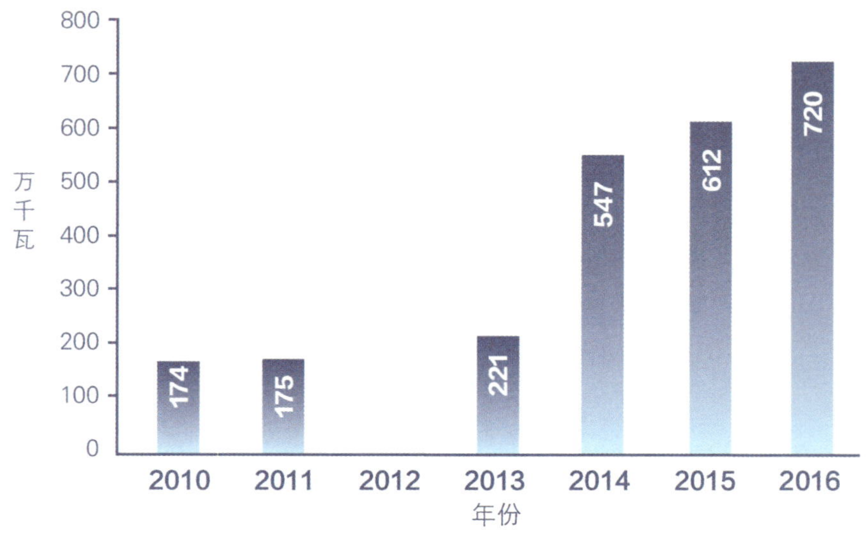

图3-30　2010—2016年全国新增核电装机容量情况

风电新增装机容量减少，地区布局逐步优化　新增风电装机容量2024万千瓦，比上年少投产1115万千瓦，但规模仍高于2014年以前各年。风电投产区域逐步向东中部地区转移，2016年华北、华中、华东区域风电新增装机占全国风电新增装机的比重由2015年的33.9%提升为54.2%，较前几年明显提高。西北区域新增装机容量占比由2015年的44.5%下降到2016年的28.9%。

2010—2016年全国新增风电装机容量情况见图3-31，2015年、2016年全国分区域新增风电装机比重情况见图3-32。

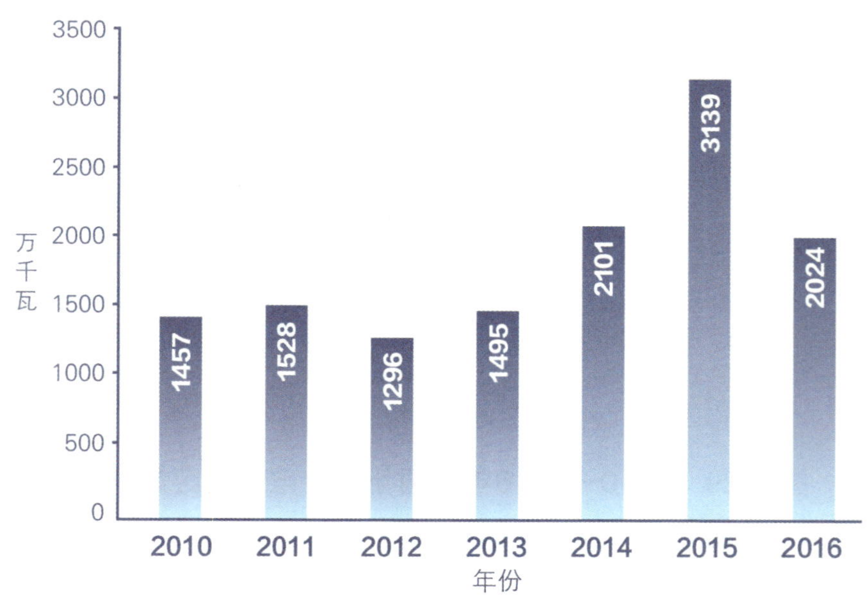

图3-31　2010—2016年全国新增风电装机容量情况

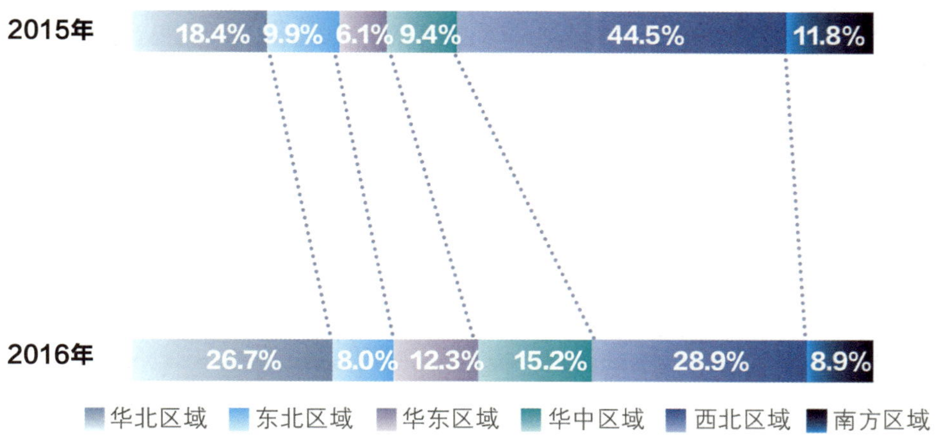

图3-32　2015年、2016年全国分区域新增风电装机比重情况

新增太阳能发电装机容量大幅增加　国家加速发展分布式光伏，全面启动光伏领跑者计划和光伏扶贫计划，积极发展光伏+特色产业，全年新增并网太阳能发电3171万千瓦，创年度新增最高规模，占全国新增装机比重比上年提高15.6个百分点。华北、华中、华东区域太阳能发电新增装机占全国太阳能新增发电装机比重由2015年的47.5%上升到65.4%；西北区域新增装机占比由2015年的47.4%下降到30.4%。

2010—2016年全国新增太阳能发电装机容量情况见图3-33，2015年、2016年全国分区域新增太阳能装机比重情况见图3-34。

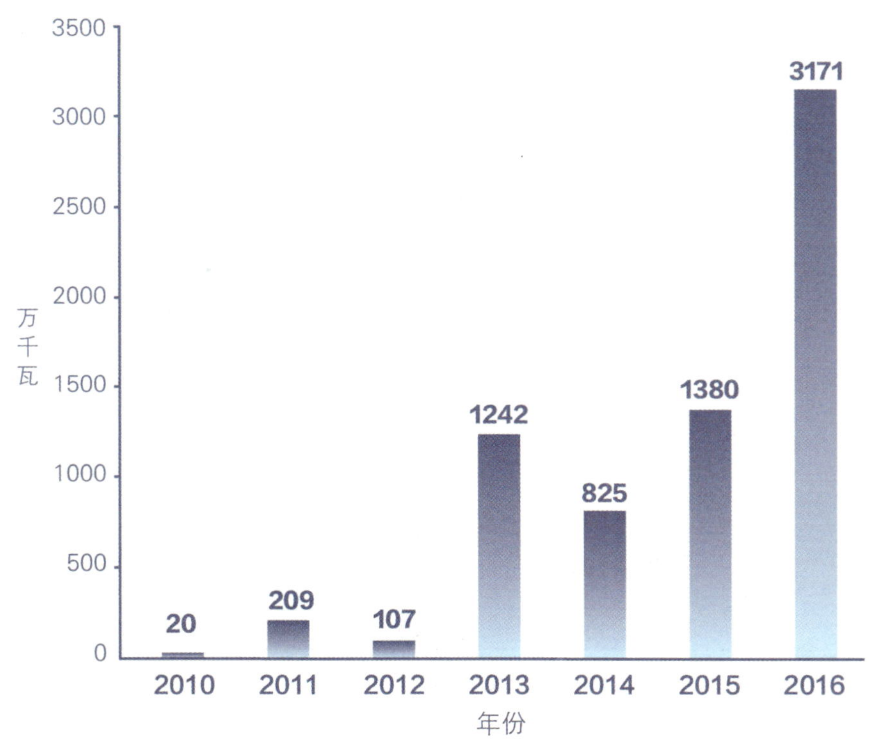

图3-33　2010—2016年全国新增太阳能发电装机容量情况

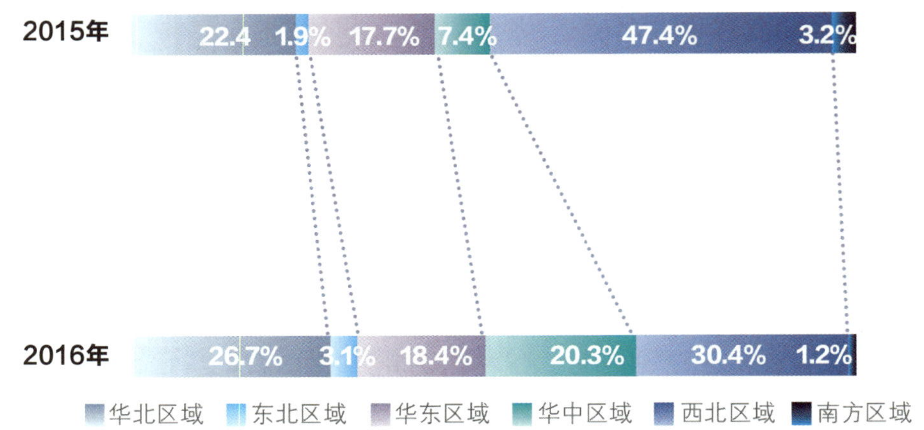

图3-34　2015年、2016年全国分区域新增太阳能装机比重情况

（二）分区域新增装机情况

华北区域新增装机容量最多，占全国新增装机容量的27.0%，且以火电新增为主（火电新增1892万千瓦，占全国火电新增总量的37.5%），风电和太阳能发电新增规模也较大。受供需过剩影响，东北区域新增规模连年下降，且新增以风电和太阳能发电为主。华东、华中和南方区域新增规模基本相当，其中，华东区域新增火电规模较上年大幅回落1293万千瓦；华东、华中区域新增新能源发电规模较大，南方区域新增核电占全国新增核电装机比重最高（为54.2%）。西北区域新增风电、太阳能发电装机比重最高，两者占全国新能源新增装机容量的29.8%。

2015年、2016年分区域电源新增装机容量情况见图3-35，2016年分区域分类型新增装机容量情况见图3-36。

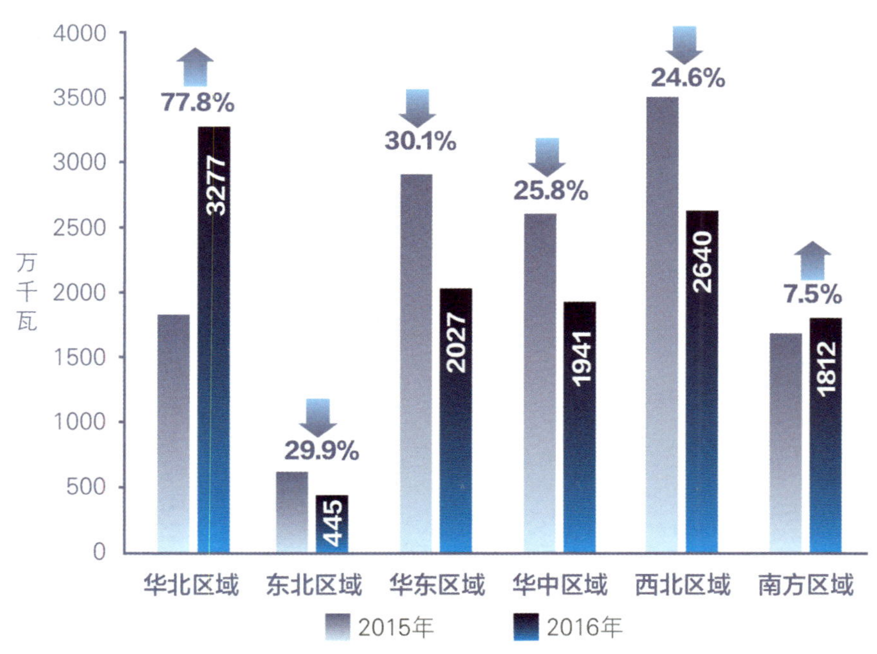

图3-35　2015年、2016年分区域电源新增装机容量情况

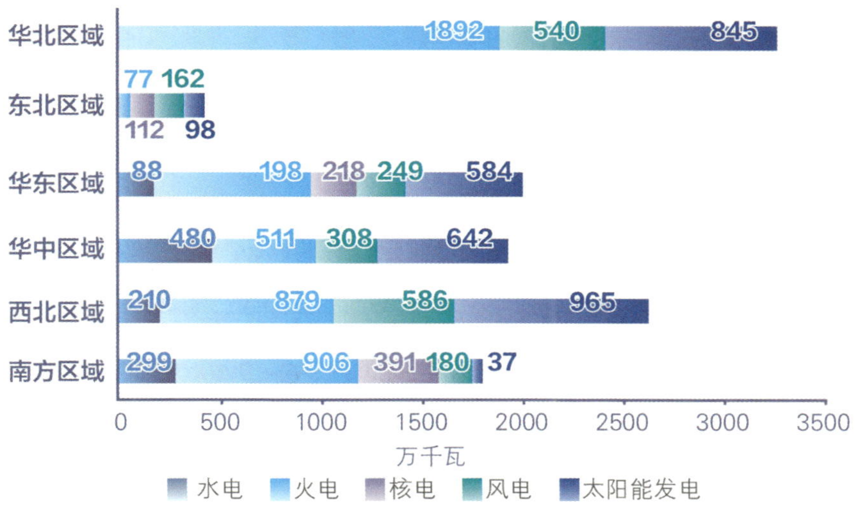

图3-36　2016年分区域分类型新增装机容量情况

（三）分省份新增装机情况

山东、新疆新增发电装机容量超过1000万千瓦，广西、山西、江苏、河北、宁夏和安徽超过500万千瓦。8省份合计新增装机容量占全国新增装机容量的比重达到52.0%。

2016年主要省份新增装机及占比情况见图3-37。

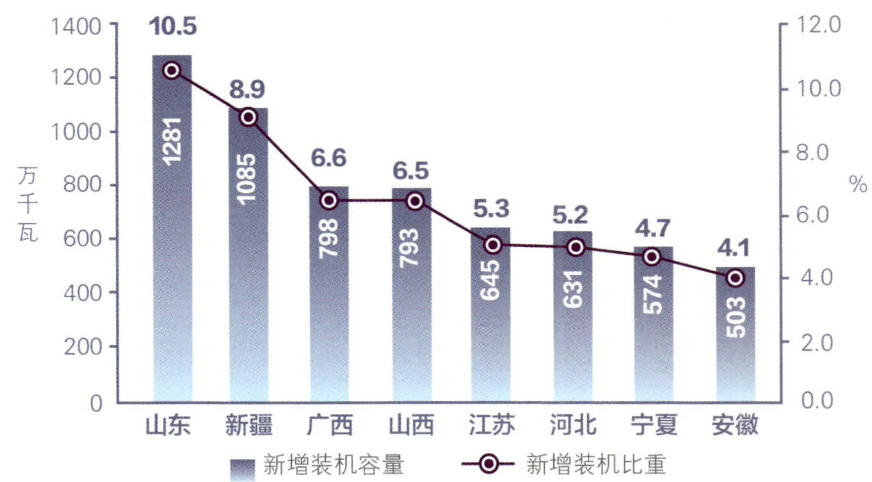

图3-37　2016年主要省份新增装机及占比情况

1.水电

新增常规水电主要集中在西南地区，但是新增规模比上年有较大幅度的回落。浙江、江西和广东新增均是抽水蓄能机组。

全年新增大型水电项目主要有四川大渡河猴子岩1台42.5万千瓦、云南金沙江观音岩1台60万千瓦和云南金沙江梨园2台合计120万千瓦机组；新增抽水蓄能电站主要有浙江仙居4台合计150万千瓦、江西洪屏4台合计120万千瓦、广东清远3台合计96万千瓦机组。

2016年主要省份新增水电装机及占全国新增水电比重情况见图3-38。

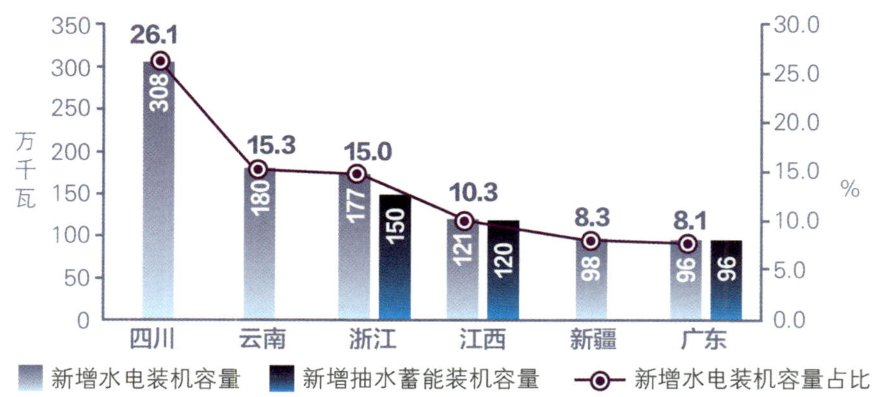

图3-38　2016年主要省份新增水电装机及占全国新增水电比重情况

2.火电

山东、广西新增火电装机超过500万千瓦，新疆、江苏、山西、内蒙古、贵州和安徽超过300万千瓦，8省合计新增火电容量3544万千瓦，占全国火电新增容量的70.21%；新增火电容量超100万千瓦的省份有16个。

全国有15个省份新增煤电装机容量超过100万千瓦，其中，山东新增煤电装机793万千瓦，是新增煤电装机最多的省份，内蒙古、贵州、山西均超过300万千瓦，上述4个省份合计新增煤电装机容量1811万千瓦，占全国煤电新增容量的46.9%。

2016年新增气电省份主要是天津（92万千瓦）、江苏（87万千瓦）、新疆（31万千瓦）。

全年新增10台百万机组：国电江苏泰州1台、国投新集电力2台、大唐江西抚州1台、神华山东寿光2台、华能山东莱芜1台、国电湖北汉川三期1台、国投广西钦州二期2台。

2016年主要省份新增火电装机及占全国新增火电比重情况见图3-39。

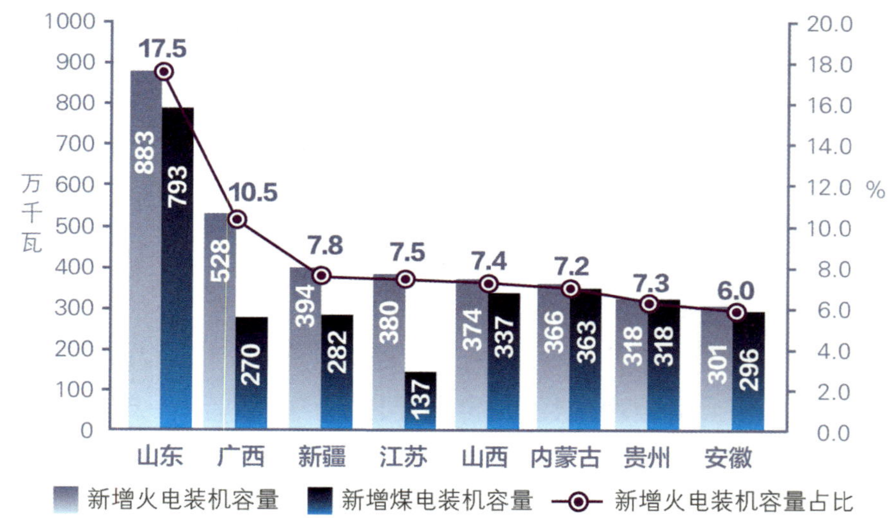

图3-39　2016年主要省份新增火电装机及占全国新增火电比重情况

3.核电

福建、广西、辽宁、广东、海南5个沿海省份有核电新增装机。新增核电机组分别为辽宁红沿河一期、福建宁德一期、福建福清一期、海南昌江、广东阳江各1台以及广西防城港2台机组。

2016年分省份新增核电装机情况见图3-40。

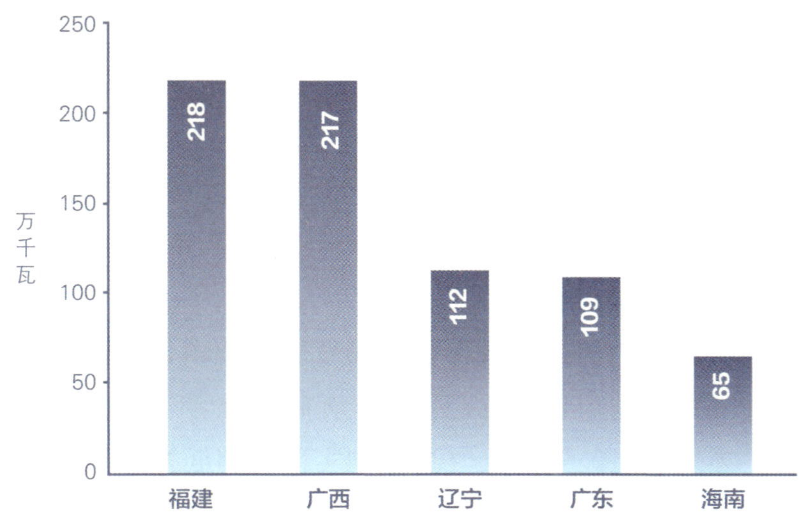

图3-40 2016年分省份新增核电装机情况

4.新能源发电

新增新能源（风力、太阳能）发电装机容量快速增长，河北、宁夏、新疆等17个省份新增新能源发电装机容量成为当地新增规模最大的容量，其中，吉林、北京等15个省份新增新能源发电占本省份电源新增容量比重超过50%。

2016年新增新能源发电装机容量比重超过50%的省份见表3-2。

表3-2 2016年新增新能源发电装机容量比重超过50%的省份

	吉林	北京	上海	河南	湖南	河北	宁夏	甘肃
新增新能源发电装机容量占比（%）	87.2	80.7	76.6	73.5	73.2	72.9	68.6	67.4
新增风电装机容量（万千瓦）	22	7	20	34	86	228	177	25
新增太阳能发电装机容量（万千瓦）	52	18	15	250	13	232	217	78
新增火电装机容量（万千瓦）	11	6	11	102	9	170	180	40

	湖北	陕西	黑龙江	新疆	山西	浙江	青海
新增新能源发电装机容量占比（%）	64.1	63.5	57.4	54.6	52.9	51.4	50.2
新增风电装机容量（万千瓦）	83	91	66	262	173	27	30
新增太阳能发电装机容量（万千瓦）	158	194	14	330	246	228	131
新增火电装机容量（万千瓦）	122	149	59	394	374	64	113

二、新投产重点项目

2016年电源工程新投产重点项目详见附录5。

（一）火电项目

●江苏国电泰州2×1000MW 扩建“二次再热”示范工程

工程位于江苏省泰州市高港区永安洲镇，建设规模为2台100万千瓦超超临界二次再热燃煤机组，同步安装单塔双循环烟气脱硫、SCR脱硝装置及湿式电除尘。机组设计主蒸汽压力31Mpa、主蒸汽温度600℃、再热汽温度610℃/610℃；设计发电效率47.71%、发电煤耗257.8克/千瓦时。工程概算投资75.54亿元，单位造价3619元/千瓦。

工程于2013年6月28日开工建设，首台机组3号机组于2015年9月25日投产，第二台机组于2016年1月13日投产。

该项目被国家能源局列为国家二次再热燃煤发电示范项目，也是科技部确定的国家“十二五”科技支撑计划项目。首台百万千瓦超超临界二次再热示范机组的成功投运，大幅提升了燃煤机组能效，大气污染物实现了超低排放，代表了世界最先进的火力发电技术水平。项目的成功建成，充分验证了主机关键技术以及系统设计优化和集成创新技术对我国高效清洁火力发电装备技术水平的提升，对我国建设更高水平电站项目具有很大的促进作用。

●国华寿光电厂2×1000MW超超临界燃煤机组一期工程

工程位于山东省寿光市羊口镇。一期工程通过“上大压小”方式建设2台101.3万千瓦国产超超临界燃煤发电机组。项目设计供电煤耗为273.85克/千瓦时，工程静态投资73.37亿元。

工程于2014年7月通过核准，11月正式开工建设，1号机组于2016年7月31日投运，2号机组于2016年11月28日投运。工程建设采用了世界首例1000MW整体框架弹簧隔振汽轮发电机基座、国产化首例大型高位收水海水冷却塔等创新研究和应用，且桩基防腐蚀技术填补了行业空白，取得了很好的示范效果。

该项目为山东省重点工程，环保排放指标达到“近零”排放，优于燃气机组，处于世界领先水平。项目采用海水二次循环冷却，有利于保护海洋生态环境；年所需231万吨锅炉补给水，全部利用处理后的中水，可节约大量淡水资源；电厂每年产生的71万吨粉煤灰、7万吨炉渣、13万吨石膏等废弃物全部实现综合利用，可实现“清洁生产、生态和谐”的目标。

（二）水电项目

●浙江仙居抽水蓄能电站

电站位于浙江省仙居县湫山境内，地处浙东南用电负荷中心。共安装4台37.5

万千瓦的立轴单级可逆混流式抽水蓄能机组，总装机容量150万千瓦，为目前国内单机容量最大的抽水蓄能电站。电站设计年平均发电量25.125亿千瓦时，担负华东电网的调峰、填谷、调频、调相、事故备用、黑启动等任务。项目建设总投资58.51亿元。

电站于2010年12月17号开工建设，2016年12月17日建成并全面投产。电站发电机组的核心部件水泵水轮机、发电电动机以及自动控制系统，均由我国完全自主设计开发、制造，拥有完全自主的知识产权，是真正意义上的国产大型抽水蓄能发电设备。

电站投产后可为华东电网安全稳定运行提供约300万千瓦的调峰容量，不但为华东电网安全、稳定、经济运行提供有力保障，还可以减少15万吨标煤消耗和减少30万吨的二氧化碳排放量，将有效缓解电力行业面临的环境保护压力。电站的投产标志着我国已经打破国外技术垄断，完整掌握了大型抽水蓄能电站的核心技术。

●广东清远抽水蓄能电站

电站位于广东省清远市清新区太平镇北江一级支流秦皇河上。工程由上水库、下水库、输水发电系统、地下厂房洞室群和地面开关站等建筑物组成。上水库主坝最大坝高54米，坝顶长230米；下水库最大坝高75.9米，坝顶长275米。上下水库设计库容分别为1179.9立方米和1495.32立方米，最大水头502米。发电总装机容量128万千瓦，共安装4台32万千瓦可逆式水轮发电机组，设计年发电量23亿千瓦时。电站按“无人值班（少人值守）”的运行管理模式进行设计。项目建设动态总投资49.98亿元。

工程于2009年12月开工建设，2015年11月30日首台机组投产运行，2016年8月30日正式投入商业运行。

电站属国家“十一五”重点工程、广东省重大能源保障项目。电站作为骨干调峰电源之一，承担南方电网的调峰、填谷、调频、紧急事故备用等任务，不仅有利于优化电源结构，保障电力供应，增强南方电网调峰调频能力和运行的灵活性，有效保障广东电网的安全、稳定、经济运行，同时还可以配合核电、风电等清洁能源机组运行，改善火电机组运行条件，促进西电东送电量的合理消纳，提高电力系统能效，降低受电地区能耗和温室气体排放。

（三）新能源发电项目

●青海德令哈10兆瓦塔式熔盐储能光热电站

该电站位于青海省，由浙江中控太阳能有限公司投资建设，是我国首座并网运行的规模化储能光热电站，也是全球第三座投运的具备规模化储能的塔式光热电站。

电站完全采用我国自主研发并具有自主知识产权的核心技术，装备国产化率超过95%。电站以二元硝酸盐作为吸热、储热介质，利用大规模定日镜场收集的太阳能，将熔盐加热并进行储存，再根据电网的调度指令利用熔盐与水热交换后产生的高温高压蒸汽驱动汽轮发电机组发电，以实现连续、稳定、可调度的电力输出。熔盐储热系统，可在多云天气或完全无日照条件下连续、稳定供热，使光热发电作为清洁绿色能源，并可成为电网基荷电源和调峰电源。

三、新开工重点项目

全国电源新开工项目容量8082万千瓦，比上年减少1253万千瓦；其中火电新开工装机容量明显减少。分省份看，四川是新开工项目装机容量最多的省份（基本为水电），约占全国新开工容量的21.0%；全国新开工项目装机容量超过200万千瓦的省份共有13个，合计新开工容量占全国新开工容量的89.3%。2016年电源工程新开工重点项目见附录6。2016年全国主要发电企业电源新开工规模情况见表3-3。

表3-3　2016年全国主要发电企业电源新开工规模情况

分类		容量（万千瓦）	其中：新开工规模较大的省份（万千瓦）					
全国总计		8082	四川	广东	江苏	甘肃	山东	
			1696	743	708	543	513	
水电	合　计	2443	四川	辽宁	福建	陕西	江苏	新疆
			1630	180	140	140	135	120
	其中：抽水蓄能	715	辽宁	福建	陕西	江苏	新疆	
			180	140	140	135	120	
火电	合　计	3919	广东	甘肃	江苏	山东	内蒙古	
			699	540	471	400	334	
	其中：燃煤	3081	甘肃	山东	江苏	内蒙古	宁夏	
			540	400	339	334	332	
核电		119	广西					
			119					

四、在建重点项目

2016年年底，全国电源工程在建项目装机容量20757万千瓦，比上年增加2482万千瓦；其中，火电在建容量占比为44.0%，水电在建规模主要集中在四川和云南。在建容量超过1000万千瓦的省份共有9个，占全国在建规模的66.4%。四川是在建规模最大的省份，占全国在建规模的13.0%。全国在建项目装机容量最高的5个省份是四川、广东、云南、江苏、河北。

2016年全国电源工程在建规模情况见表3-4。

表3-4　2016年全国电源工程在建规模情况

分类		容量（万千瓦）	其中：在建规模较大的省份（容量：万千瓦）				
全国合计		20757	四川	广东	云南	江苏	河北
			2696	1906	1684	1398	1354
水电	合　计	7433	四川	云南	广东	河北	山东
			2638	1620	365	360	300
	其中：抽水蓄能	2805	广东	河北	山东	安徽	浙江
			360	360	300	305	210
火电	合　计	9129	宁夏	内蒙古	广东	河北	江苏
			1130	998	819	703	697
	其中：燃煤	7716	宁夏	内蒙古	福建	山东	河北
			1130	998	664	635	612
核电		2447	广东	江苏	福建	山东	浙江
			676	449	341	270	250

第三节　电网工程建设

一、新增能力

（一）全国及分类型情况

全国新增交流110千伏及以上输电线路长度和变电设备容量56679千米和34585万千伏安，分别比上年下降0.8%和增长17.5%；新增直流输电线路和换流容量分别为3391千米和3240万千瓦（2015年无新增线路，换流容量仅增加250万千瓦）。

全年投产4条直流工程，新增直流建设规模比上年有较大幅度增加。2016年主要新增直流工程情况见表3-5。

表3-5　2016年主要新增直流工程情况

直流工程名称	起点	终点	换流容量（万千瓦）	线路长度（千米）
宁东至浙江绍兴±800千伏直流工程	宁夏	浙江	1600	1720
±500千伏云南金沙江中游电站送电广西直流输电工程	云南	广西	640	1105
永仁至富宁±500千伏直流输变电工程	云南	云南	600	566
云南电网与南网主网鲁西背靠背直流异步联网工程	云南	云南	400	

从电压等级看，特高压及110千伏新增规模较上年增加较多。110千伏和220千伏电网工程新增建设规模占比较大，其合计新增线路长度和新增变电容量分别占全国新增110千伏及以上线路长度和变电容量的74.4%和56.2%。

2015年、2016年全国新增110千伏及以上输电线路及变电设备容量情况分别见图3-41、图3-42。

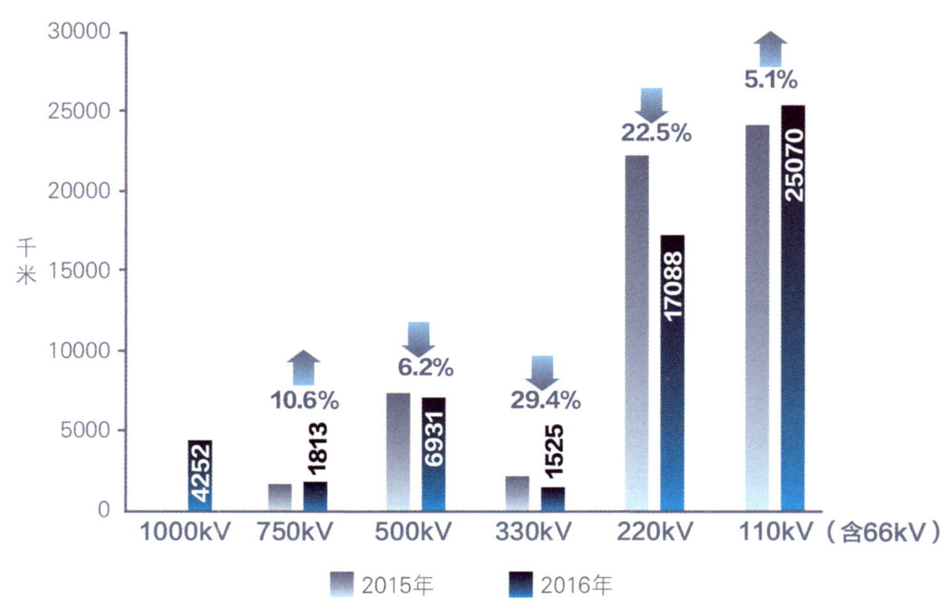

图3-41 2015年、2016年全国新增110千伏及以上输电线路情况

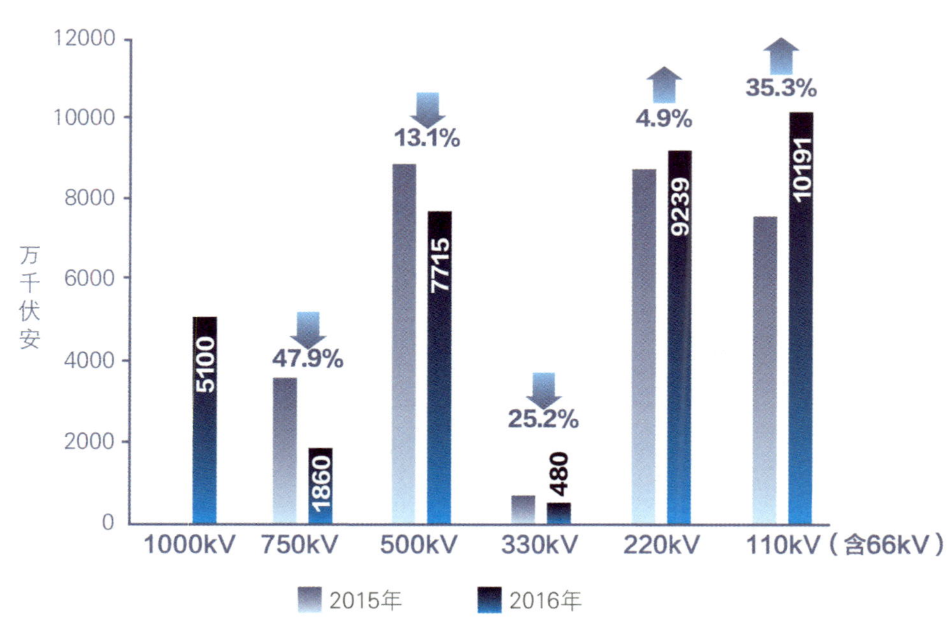

图3-42 2015年、2016年全国新增110千伏及以上变电设备容量情况

（二）分地区情况

华中和南方区域新增线路规模同比下降，东北和华东区域同比增加。华北和华东区域新增110千伏及以上输电线路长度超过10000千米，全国新增1000千伏线路主要分布在这两个区域。从占全国新增线路比重看，华北区域占比最大，为23.5%。2016年分区域新增110千伏及以上输电线路情况见图3-43。

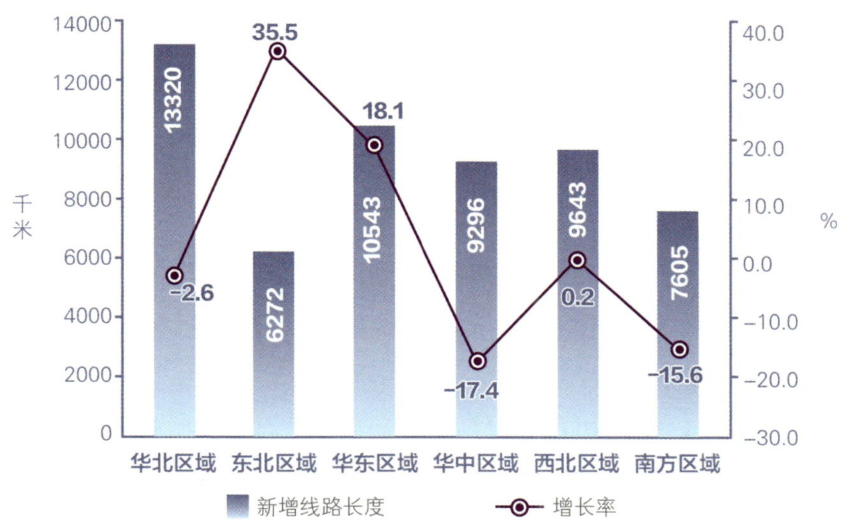

图3-43　2016年分区域新增110千伏及以上输电线路情况

除西北和南方区域，其他区域新增110千伏及以上变电设备容量均有不同程度增长。其中，东北、华北和华东区域同比增长超过30%。从新增规模看，华北区域新增110千伏及以上变电设备容量超过10000万千伏安，占全国新增比重最大，华北和华东区域占比超过20%。2016年分区域新增110千伏及以上变电设备容量情况见图3-44。

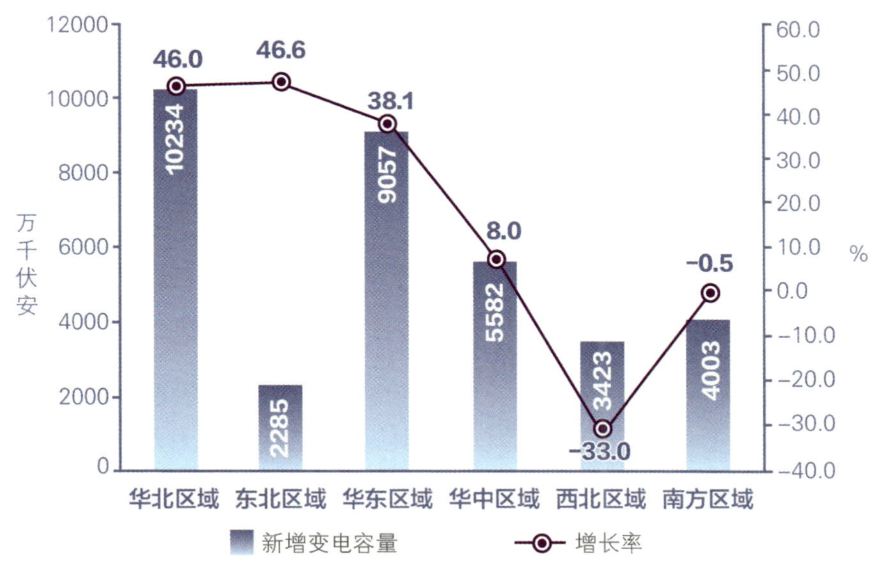

图3-44　2016年分区域新增110千伏及以上变电设备容量情况

二、投产重点项目

2016年新投产330千伏及以上电压等级重点电网项目详见附录7。

（一）交流输电项目

●锡盟—山东1000千伏特高压交流输变电工程

工程起点为内蒙古锡林郭勒盟，途经内蒙古、河北、天津、山东4省市，新建锡盟、北京东、济南3座变电站和承德串补站，新增变电容量1500万千伏安，新建输电线路2×730千米，全部采用同塔双回路架设；核准动态总投资178.2亿元。

工程于2014年7月通过核准，11月正式开工，2016年7月正式投产。建设中首次采用1100千伏户内GIS、变压器和高抗全方位隔震、直升机吊装组塔等新技术，将建设时间缩短到一年零九个月。

工程为纳入国家大气污染防治行动计划“四交四直”特高压工程中首个全线投运的工程，是我国华北地区首个特高压交流输变电项目；项目连接内蒙古锡盟能源基地和山东能源消费大省，将有力促进区域电力平衡和能源电力大范围资源优化配置。

●蒙西—天津南1000千伏特高压交流输变电工程

工程起点为内蒙古准格尔旗蒙西变电站，途经内蒙古、山西、河北、天津4省（自治区、直辖市），新建蒙西、晋北、北京西、天津南4座特高压变电站，新增变电容量2400万千伏安，全线双回路架设，全长2×608千米。工程核准总投资175亿元。

工程于2015年1月通过核准，是第4条获得核准开工的国家大气污染防治行动计划重点输电通道。工程于2015年3月27日开工，2016年11月24日正式投入运行，共投运特高压主变24台、高抗24台、开关39间隔，装备技术性能均达到国际同类装备最高水平。

工程的建成投产将使京津冀地区每年新增受电约450亿千瓦时，有效缓解京津冀地区电力供需矛盾，有力支撑华北特高压交直流主网架构建，充分发挥特高压交流大容量、远距离、多落点和网络功能优势，大幅提高“西电东送”能力。同时可减少当地煤炭消耗2016万吨，减排烟尘1.6万吨、二氧化硫9.9万吨、氮氧化物10.5万吨、二氧化碳3960万吨。

（二）直流输电项目

●灵州—绍兴±800千伏特高压直流输电工程

工程起自宁夏灵武市灵州换流站，止于浙江绍兴换流站，线路全长1720千米，途经宁夏、陕西、山西、河南、安徽、浙江6省。工程换流容量1600万千瓦，年输送电量500亿千瓦时。

工程于2014年11月开工建设，2016年7月正式投入运行。其中浙江诸暨的绍兴换流站工程从开工建设到全面建成投运，历时短短20个月，创造了国内特高压换流站的建造时间纪录。工程采用1250平方毫米世界最大截面导线，每千公里的输电损耗仅为2.79%，是世界上单位输电距离损耗最低的直流输电工程。工程的长江大跨越长度为3499米，跨越处江面长度约1807米，两基跨越塔中间是长江江豚自然保护区，塔高280.2米，为目前我国特高压线路最高的铁塔。工程建设通过创新安全、质量、参建方等方面的管理方式，为建设特高压精品换流站奠定了基础，同时探索了属地化建设管理新模式。

工程是国家“加快推进大气污染防治行动计划12条重点输电通道建设”项目中首个投运的特高压直流输电工程。工程有效承接西北风电和太阳能等新能源发电，每年可向浙江输送电量500亿千瓦时，可满足浙江全省1/6的用电需求，相当于减少原煤输送2400万吨，减排二氧化碳4700万吨、二氧化硫18.5万吨，在节能减排和雾霾治理中发挥重要作用。

三、新开工重点建设项目

2016年，国家加大电网新开工项目力度，锡盟—山东1000千伏、准东—皖南±1100千伏、扎鲁特—青州、滇西北—广东±800千伏四条特高压交、直流输电工程相继开工建设。2016年新开工330千伏及以上电压等级重点电网项目详见附录8。

第四节 电力建设工程造价

一、发电工程

（一）化石能源发电工程

燃煤发电工程 单位造价同比略有上涨。建筑工程费和其他费用呈现不同程度上涨是主因。其中，建筑工程材料中每吨钢筋的价格由2015年的2060元上涨到2960元，同比上涨43.7%。安装工程费和设备购置费略有下降，汽轮机和发电机的价格与上年基本持平，锅炉价格呈下降趋势。

2016年燃煤发电工程单位造价变化情况见图3-45，锅炉价格变化情况见图3-46。

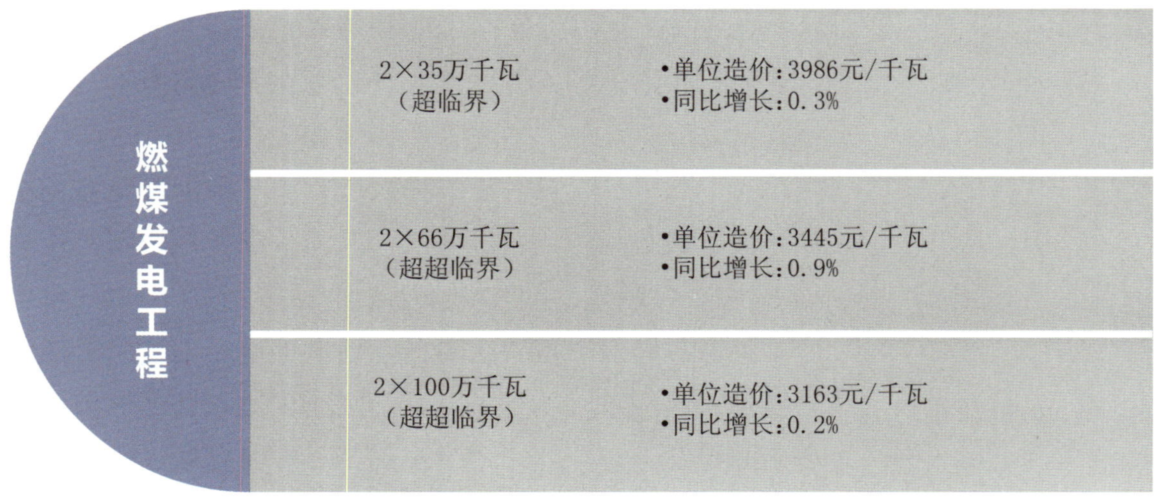

图3-45　2016年燃煤发电工程单位造价变化情况

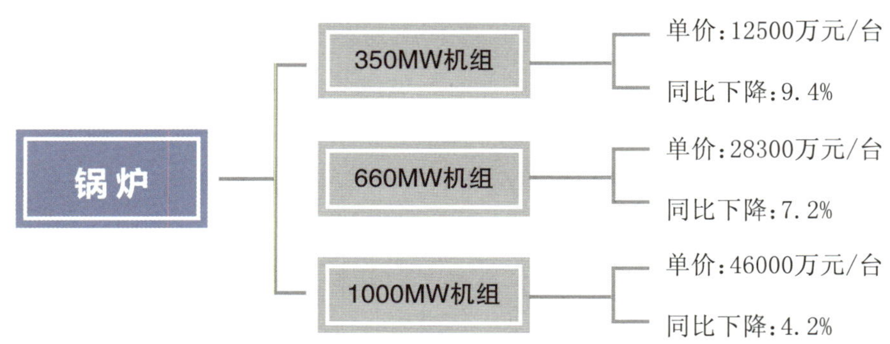

图3-46　2016年锅炉价格变化情况

燃气—蒸汽联合循环电站工程　单位造价同比略有下降。其中设备、安装和其他费用均有不同程度下降。2016年燃气—蒸汽联合循环电站工程单位造价变化情况见图3-47。

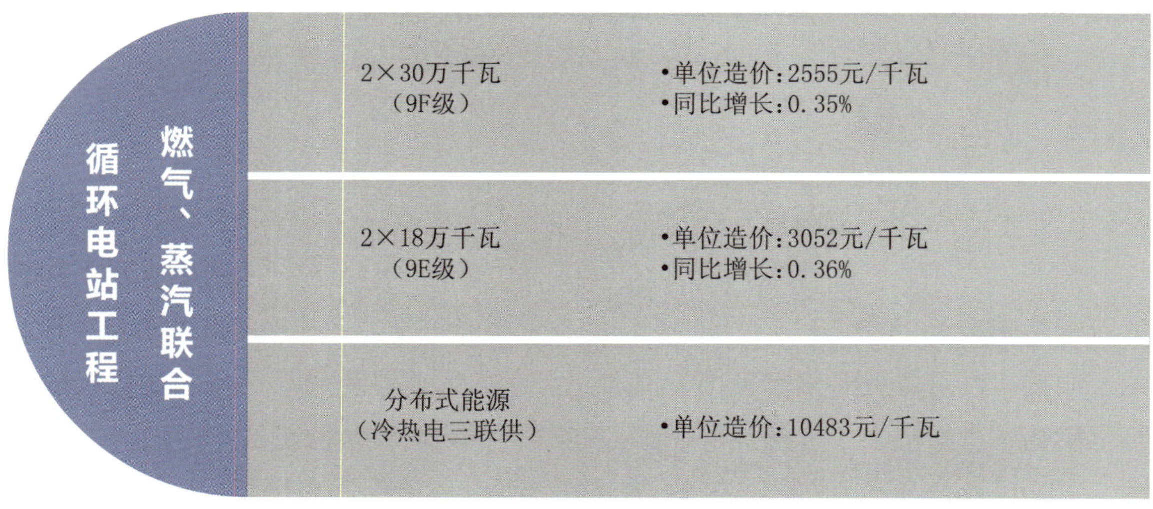

图3-47　2016年燃气—蒸汽联合循环电站工程单位造价变化情况

（二）非化石能源发电工程

由于工程建设地点、选型等方面的差异性，非化石能源发电工程单位造价升降不一。

2016年非化石能源发电工程单位造价变化情况见图3-48。

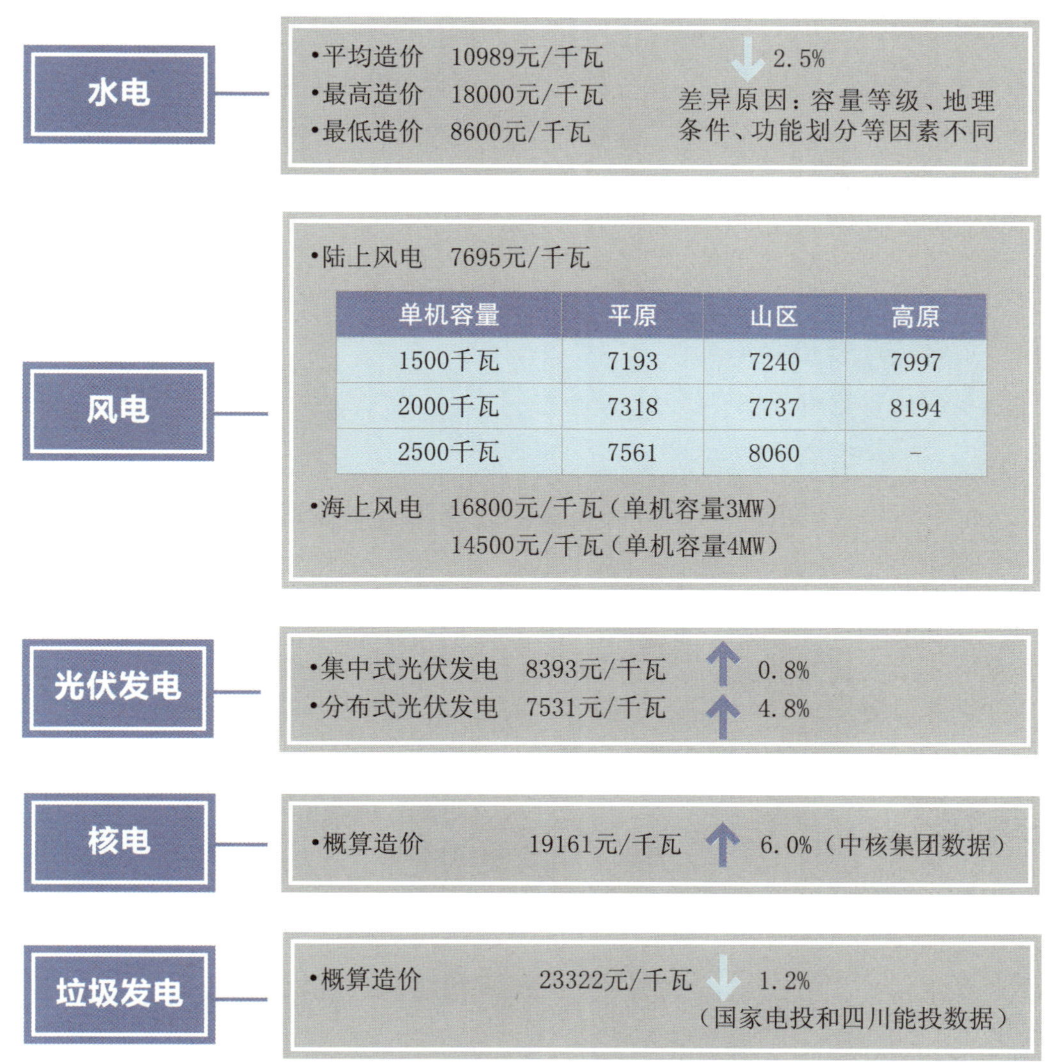

单机容量	平原	山区	高原
1500千瓦	7193	7240	7997
2000千瓦	7318	7737	8194
2500千瓦	7561	8060	-

图3-48 2016年非化石能源发电工程单位造价变化情况

二、电网工程

（一）输电线路工程

输电线路工程单位造价总体上涨。主要原因：一是钢材、木材等大宗材料价格上涨幅度较大；二是工程建设难度提高，主要工程量指标增加，建设场地征用及清理费提高；三是采用大截面导线，相应地影响了塔重，增加了其他工程量。

2016年输电线路工程单位造价变化情况见图3-49。

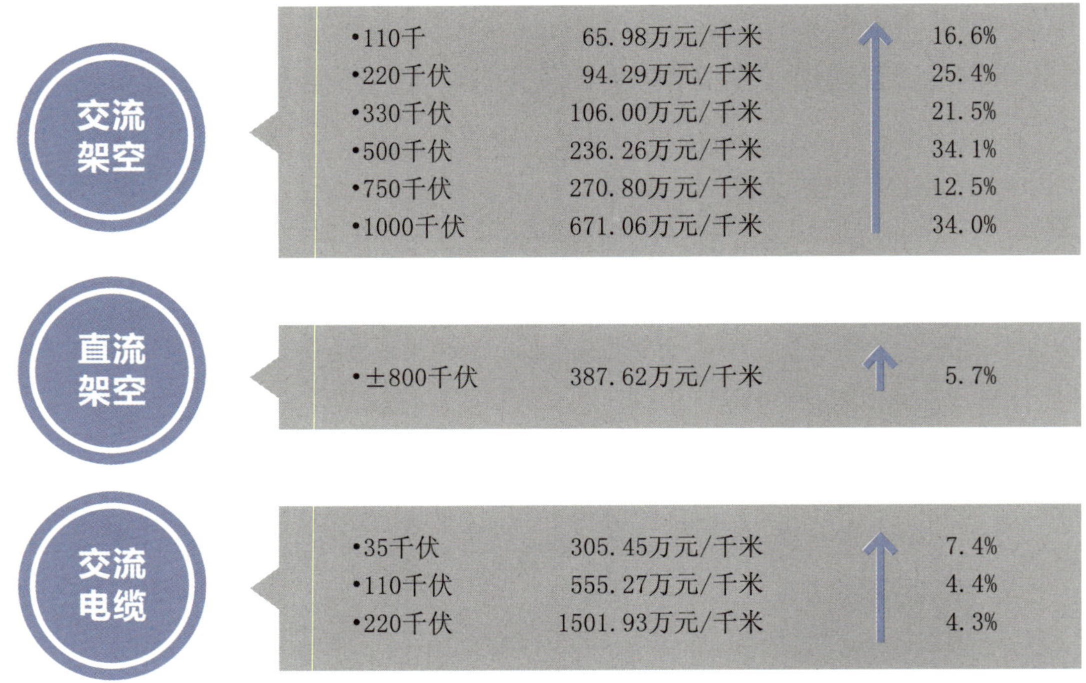

图3-49 2016年输电线路工程单位造价变化情况

（二）换流站工程

±800千伏电压等级换流站工程单位造价小幅下降。2016年新建直流换流站工程单位造价变化情况见图3-50。

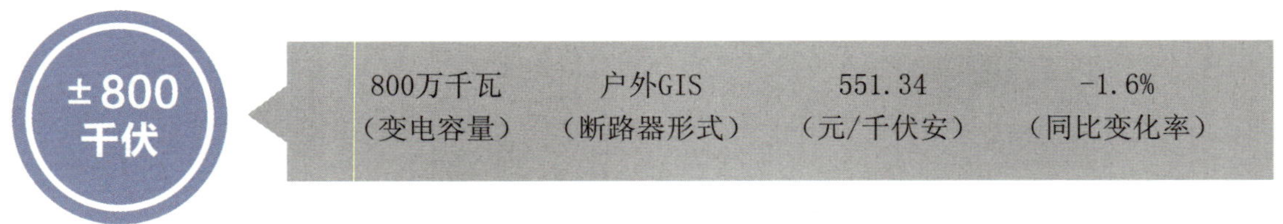

图3-50 2016年新建直流换流站工程单位造价变化情况

（三）变电站工程

新建变电站工程单位造价呈下降趋势。主要原因是设备购置费较上年有所下降，其中，主变压器、高压电抗器价格下降5%~14%，柱式、罐式、GIS断路器价格下降3%~15%。2016年新建变电站工程单位造价变化情况见图3-51。

电压等级	规模	类型	单位造价	变化
110千伏	1×4万千伏安	国产GIS设备	258.78	-2.1%
		SF6断路器	286.49	-1.3%
	2×5万千伏安	国产GIS设备	330.46	1.0%
		SF6断路器	-	-
	2×6.3万千伏安	国产GIS设备	247.25	-
		SF6断路器	280.67	-
220千伏	2×18万千伏安	柱式断路器	241.35	-0.7%
	2×24万千伏安	柱式断路器	222.79	-
		GIS组合电器	200.37	-1.1%
		GIS、智能化	214.12	-2.2%
330千伏	1×24万千伏安	柱式断路器	-	-
		缩式断路器	-	-
	2×36万千伏安	GIS组合电器	-	-
		GIS、智能化	230.90	-0.6%
	1×75万千伏安	柱式断路器	219.37	-0.8%
500千伏	2×100万千伏安	缩式断路器	130.04	-0.1%
		GIS组合电器	-	-
		GIS、智能化	134.49	-3.6%
		HGIS组合电器	135.52	-1.7%
750千伏	1×210万千伏安	缩式断路器	256.30	-1.4%
1000千伏	2×300万千伏安	GIS组合电器	307.82	-2.6%

图3-51 新建变电站工程单位造价变化情况(单位:元/千伏安)

第四章　电力生产与供应

第一节　电力生产与供应能力

一、发电装机规模与结构

（一）全国总体情况

全国发电装机容量增长趋缓。截至2016年年底，全国发电装机容量165051万千瓦，同比增长8.2%，增速比上年回落2.4个百分点。2010—2016年全国发电装机容量及同比增速情况见图4-1。

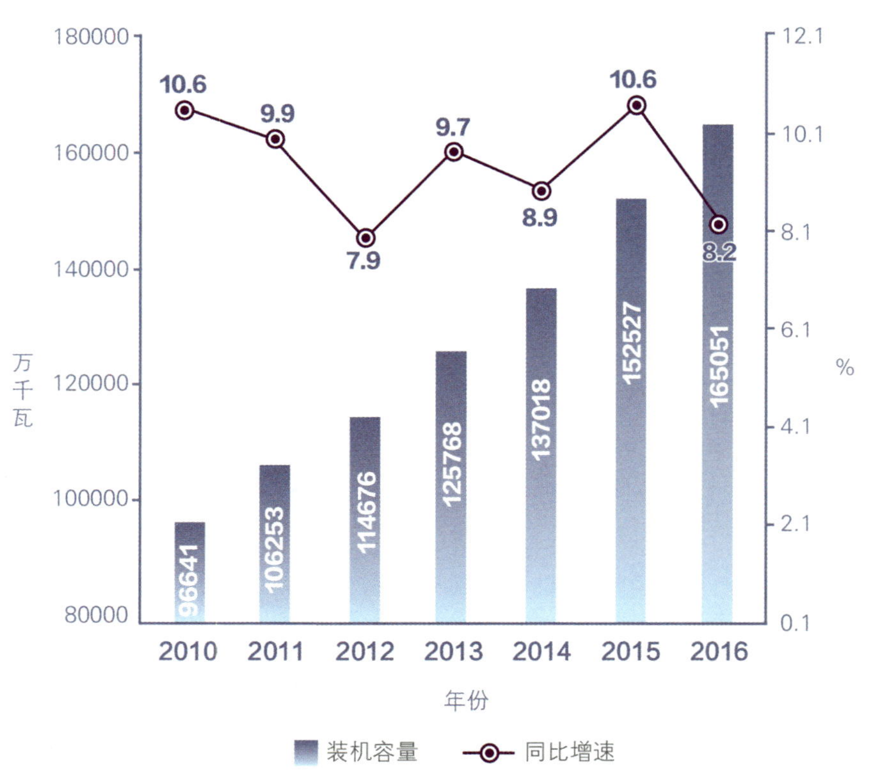

图4-1　2010—2016年全国发电装机容量及同比增速情况

（二）分类型情况

受新能源及核电快速发展拉动，我国能源结构加速调整优化。火电装机容量占比下降到64.3%，其中，煤电装机容量占比下降到57.3%。太阳能发电装机占比提高4.6个百分点。非化石能源发电装机容量占全国总装机容量的36.6%，分别比上年和2010年提高1.7个和9.5个百分点。

2016年全国分类型发电装机容量及增速情况见图4-2，全国分类型发电装机容量占比情况见图4-3。

图4-2　2016年全国分类型发电装机容量及增速情况

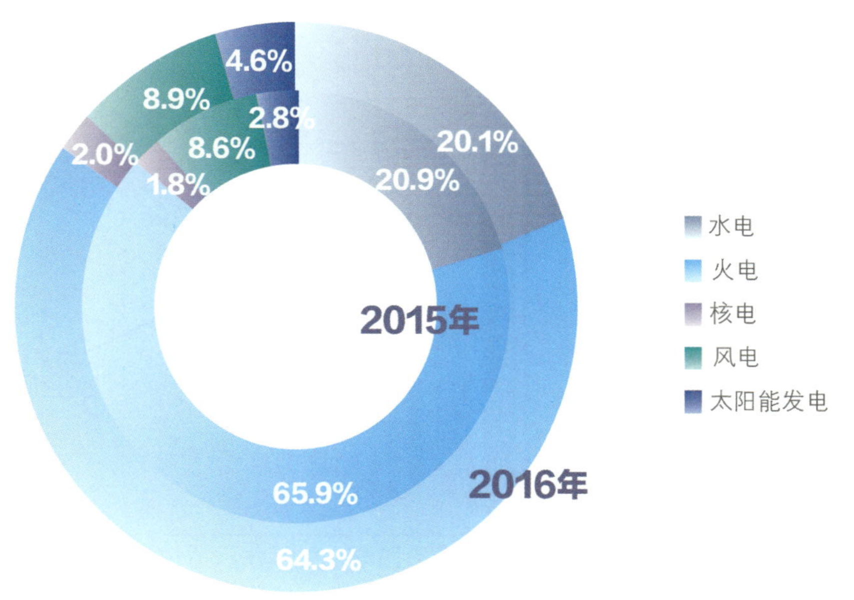

图4-3　全国分类型发电装机容量占比情况

火电机组结构也在加速优化。截至2016年年底，燃煤发电装机容量9.46亿千瓦，占全国发电总容量的比重从2010年的66.91%持续下降到2016年的57.33%。

2016年火电装机结构如下：

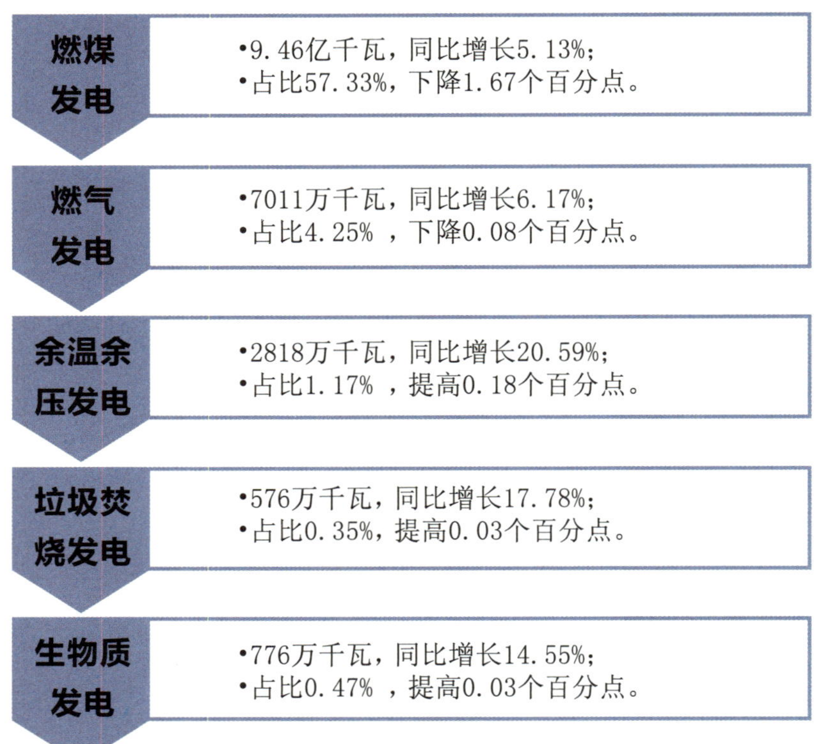

2010—2016年煤电装机容量及占总装机容量比重变化情况见图4-4，气电装机容量占总容量比重变化情况见图4-5。

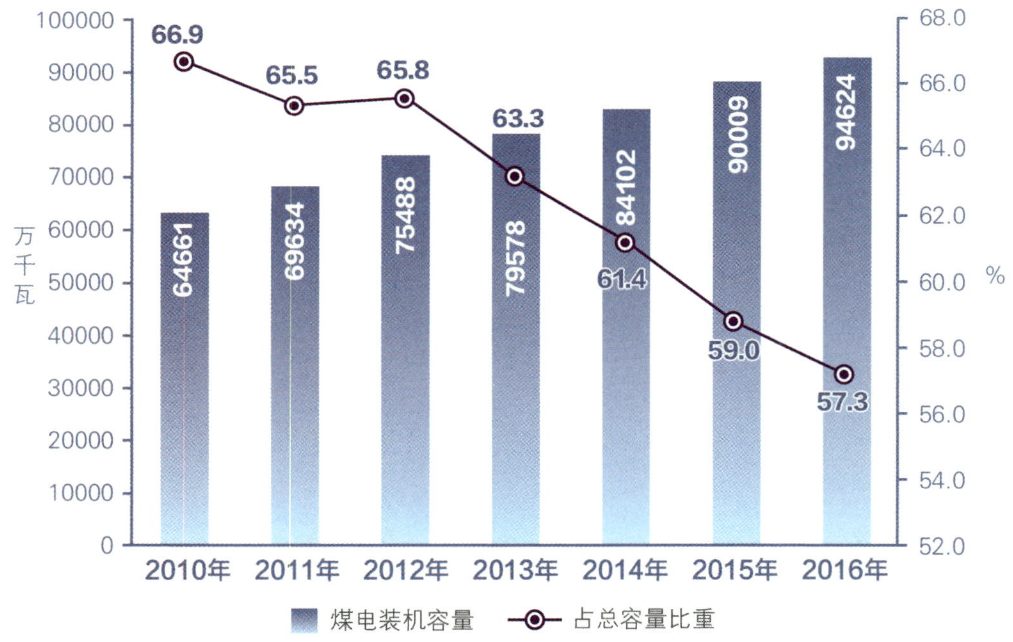

图4-4　2010—2016年煤电装机容量与占总装机容量比重变化情况

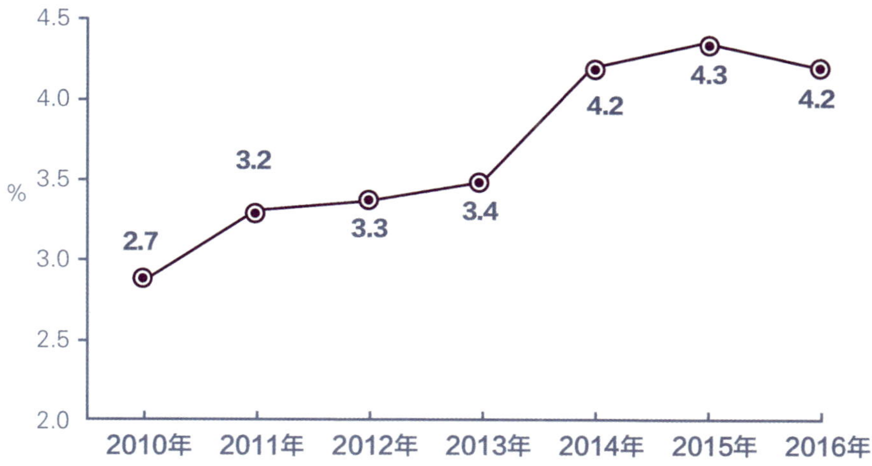

图4-5　2010—2016年气电装机容量占总容量比重变化情况

（三）分区域情况

截至2016年年底，华北、华东、华中区域发电装机容量超过3亿千瓦。其中，华北区域装机仍以火电为主，占本区域总装机容量比重为78.9%，风电装机容量达到5351万千瓦，在六大区域中最多；华东区域火电装机容量仅次于华北，占比高达78.2%；华中区域水电装机容量最多，占比为43.9%，新能源仅有1608万千瓦；南方区域装机接近3亿千瓦，水电装机容量仅次于华中区域，占比为38.4%；西北区域装机增长最快，其新能源发电装机容量占比达31.9%，在六大区域中最高，其中太阳能发电装机容量同比增长46.0%，对西北区域发电装机容量增长的贡献率为39.0%。

2016年分区域电网发电装机容量及同比增速情况见图4-6，2016年分区域电网分类型发电装机容量情况见图4-7。

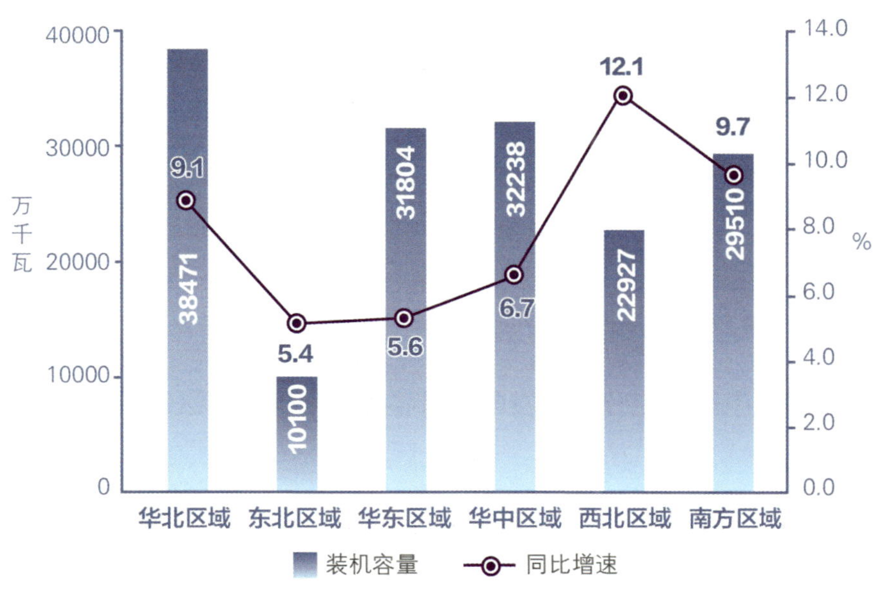

图4-6　2016年分区域电网发电装机容量及同比增速情况

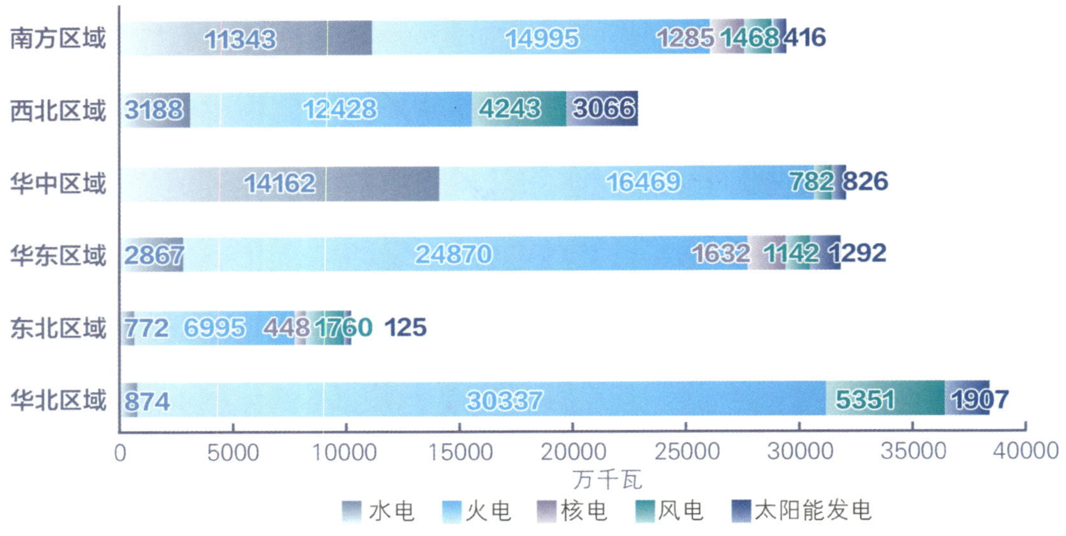

图4-7 2016年分区域电网分类型发电装机容量情况

煤电装机在华东、华北、西北区域是第一电源，在华中、南方区域与水电装机容量大体相当，且占比略低于50%。华东区域气电装机3153万千瓦，占全国气电的45.0%，南方和华北区域气电装机也在1500万千瓦左右，主要集中在广东和北京，装机容量分别为1569万千瓦和850万千瓦。2016年分区域电网火电分类型发电装机容量及煤电占本区域装机容量比重情况见图4-8。

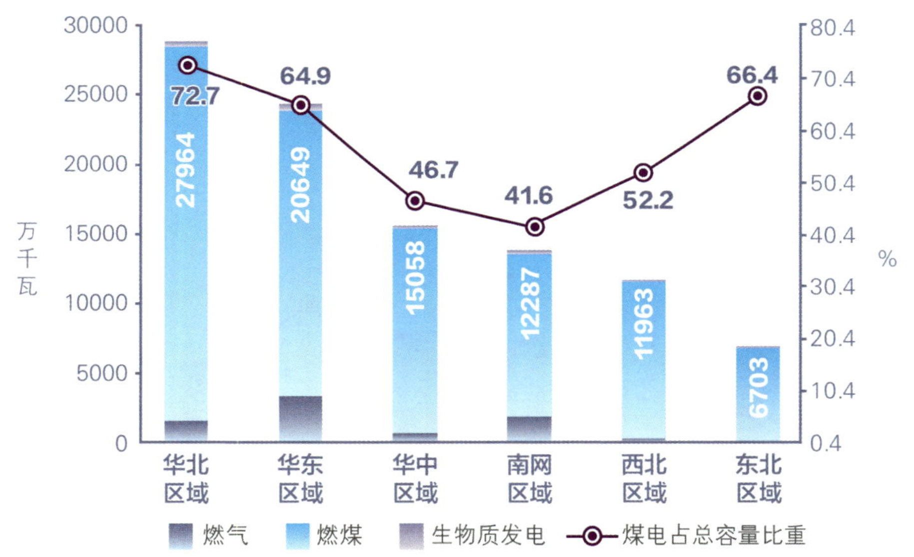

图4-8 2016年分区域电网火电分类型发电装机容量及煤电占本区域装机容量比重情况

（四）分省份情况

内蒙古、山东、广东和江苏发电装机容量突破1亿千瓦；其中，内蒙古发电装机容量最多，达到11045万千瓦，同比增长6.2%。2016年分省份发电装机容量情况见图4-9。

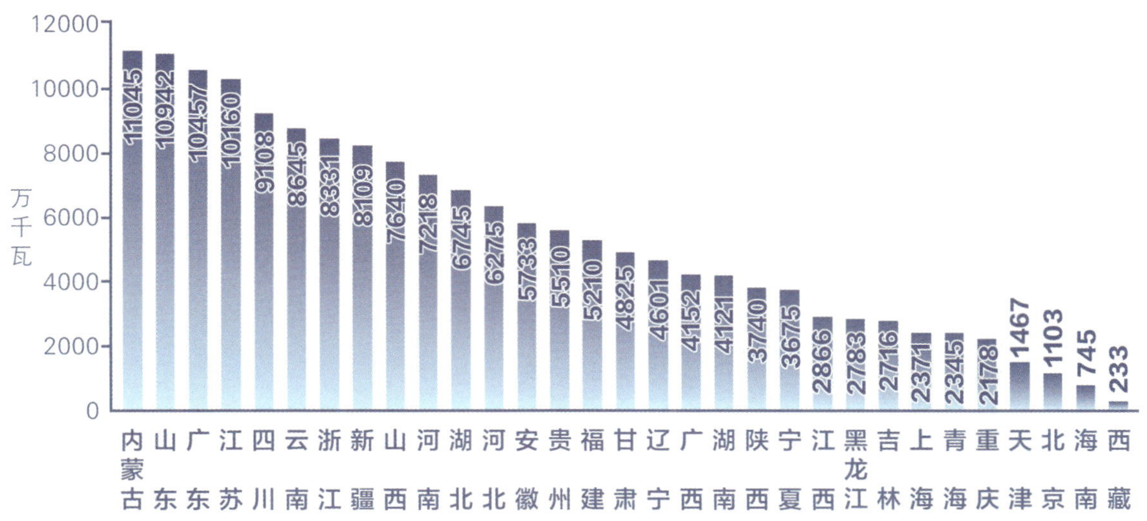

图4–9　2016年分省份发电装机容量情况

1.水电

超过1000万千瓦水电装机容量的省份有10个，其合计水电装机容量占全国水电装机容量的82.4%。四川、云南水电装机容量分别为7246万和6088万千瓦，分别占本省发电装机容量的79.6%和70.4%。

水电装机规模较大或比重较高省份的水电装机规模情况见图4-10。

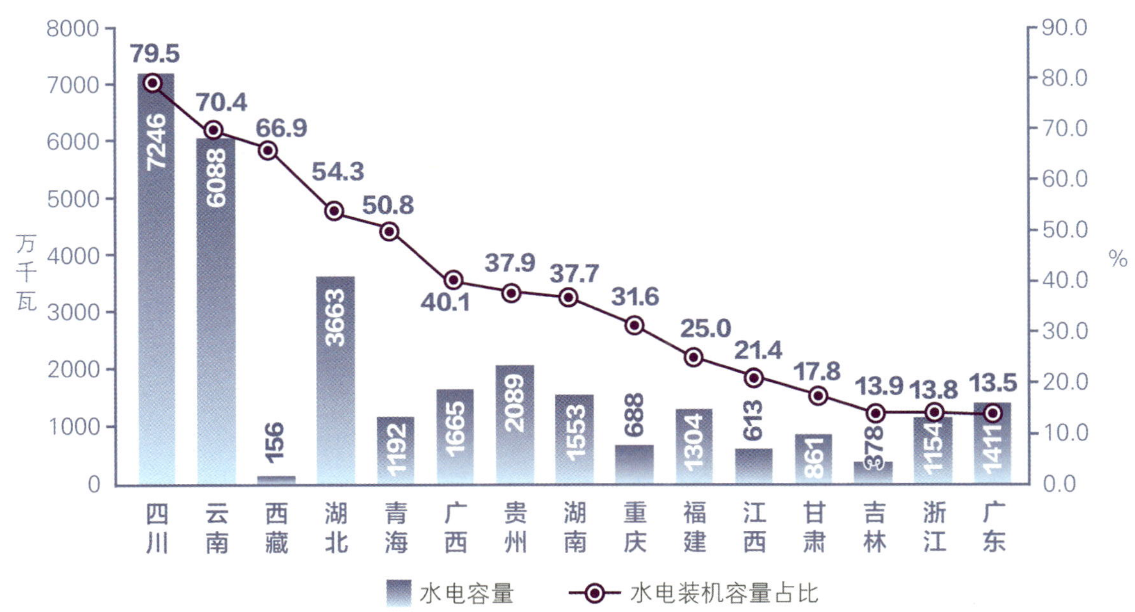

图4–10　水电装机规模较大或比重较高省份的水电装机规模情况

2.火电

山东火电装机容量达到9540万千瓦，江苏超过8000万千瓦；广东、内蒙古、河南、山西、浙江在6000万~8000万千瓦之间，均是电力发供电大省。安徽、新疆、河北、辽宁、陕西和贵州超过3000万千瓦。北京、海南、青海、西藏火电装机低于1000万千瓦。从火电装机占比看，上海、天津火电比重超过90%，河南、北京、山东、江苏、安徽、山西、陕西比重高于80%；青海、西藏、四川、云南比重低于20%。

全国有12个省份煤电装机容量超过3000万千瓦。其中山东达到9015万千瓦，是煤电装机最多的省份。海南、青海、北京和西藏4省份煤电装机容量均低于500万千瓦。

2016年煤电装机容量超过3000万千瓦的省份煤电装机及占比情况见图4-11。

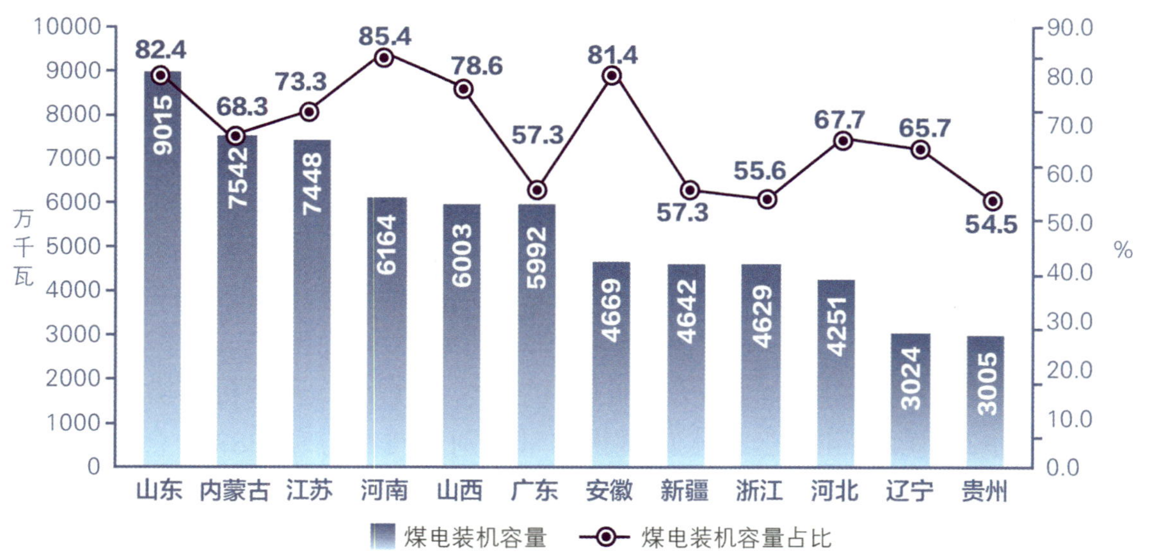

图4-11　2016年煤电装机容量超过3000万千瓦的省份煤电装机及占比情况

全国有22个省份煤电装机容量占其总容量的比重超过50%。其中河南省达到85.4%，是煤电装机容量占比最高的省份。青海、北京和西藏煤电装机容量占比低于15%。

2016年煤电装机容量占其总容量比重超过60%的省份见图4-12。

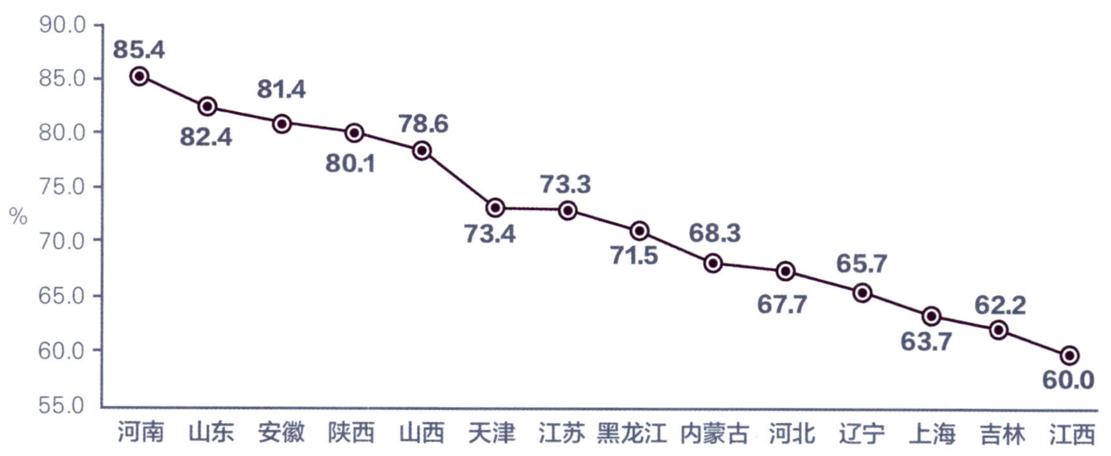

图4-12　2016年煤电装机容量比重占其总容量比重超过60%的省份

广东、浙江燃气发电装机容量超过1000万千瓦。江苏、北京和上海燃气发电装机超过500万千瓦。

山东、广西、江苏和浙江生物质发电装机容量超过100万千瓦，其中山东生物质发电装机容量最多，达到179万千瓦。广西、江苏和浙江分别为163万、125万和122万千瓦。

浙江、江苏、广东和山东垃圾焚烧发电装机容量超过50万千瓦，其中，浙江垃圾焚烧发电装机容量最多，达到102万千瓦，江苏、广东和山东分别为79万、62万和55万千瓦。

3.核电

2016年各省份核电装机容量情况见图4-13。

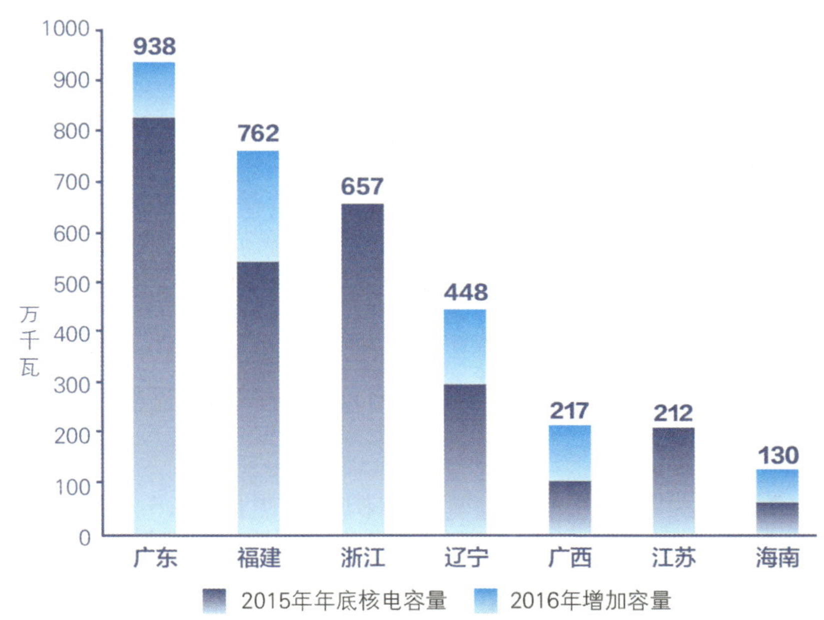

图4-13 2016年各省份核电装机容量情况

4.新能源发电

风电装机容量超过500万千瓦的地区有12个，其装机容量合计占全国风电装机总容量的83.8%。其中，内蒙古风电装机容量达到2557万千瓦，新疆、甘肃和河北省风电装机容量超过1000万千瓦。

太阳能发电装机容量超过300万千瓦的地区有10个，装机容量合计占全国太阳能装机总容量的72.7%。其中，新疆太阳能装机容量达到893万千瓦；太阳能发电装机容量超过500万千瓦的省份有甘肃、青海、内蒙古、江苏和宁夏。

2016年，新能源发电装机容量占当地装机容量比重超过10%的省份有16个，比重超过全国平均水平（13.6%）的省份全部分布在“三北”地区。2016年新能源发电装机合计比重超过10%的省份装机容量及占比情况见图4-14。

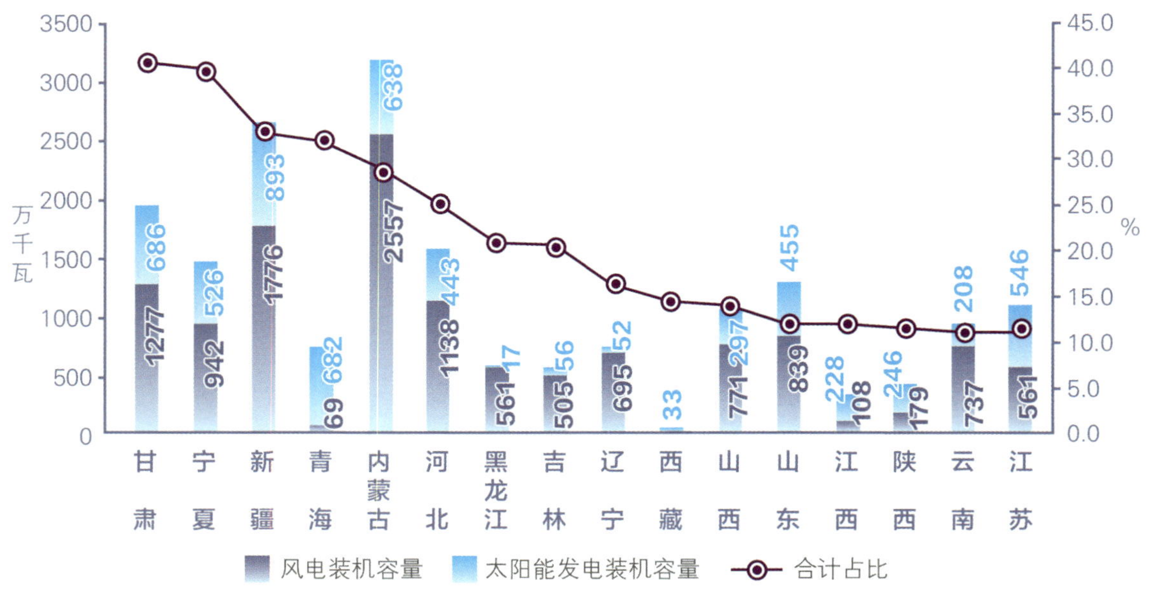

图4-14　2016年新能源发电装机比重超过10%的省份装机容量及占比情况

（五）分容量等级结构情况

水电机组容量等级持续提高　截至2016年年底，纳入电力行业6000千瓦及以上机组统计调查范围的水电机组容量为27483万千瓦，占全国6000千瓦及以上水电机组容量的91.6%。调查范围内水电机组中，单机容量30万千瓦及以上机组合计容量占水电总装机容量的一半左右；单机容量小于5万千瓦的机组合计容量占比约20%。

2016年年底全国水电机组分容量等级结构情况见图4-15。

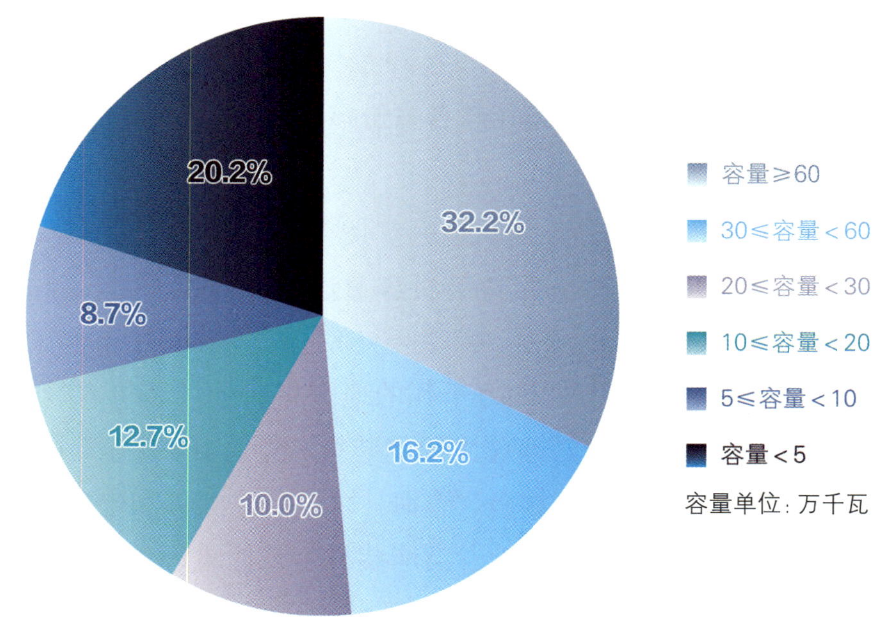

图4-15　2016年年底全国水电机组分容量等级结构情况

2010年以来，随着大批大型水电站的陆续投产，单机60万千瓦及以上容量水电机组占水电机组容量的比重呈上升趋势。

2010—2016年水电30万千瓦及以上机组占水电机组容量比重情况见图4-16。

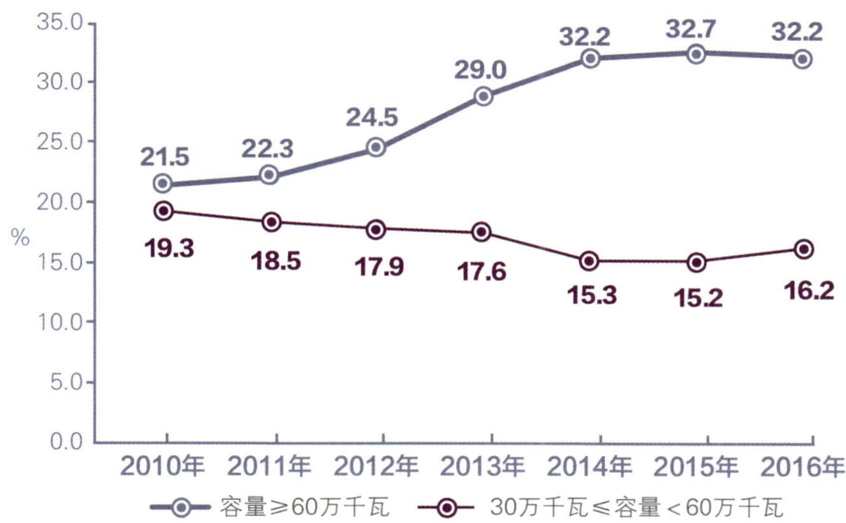

图4-16 2010—2016年水电30万千瓦及以上机组占水电机组容量比重情况

分区域看，水资源丰富地区，大型水电站集中分布，大容量机组比重较高。华中、南方区域的单机60万千瓦及以上机组占比超过全国平均水平；华东、西北区域单机不足5万千瓦机组占比较高。

2016年全国各区域水电机组容量等级占比情况见图4-17。

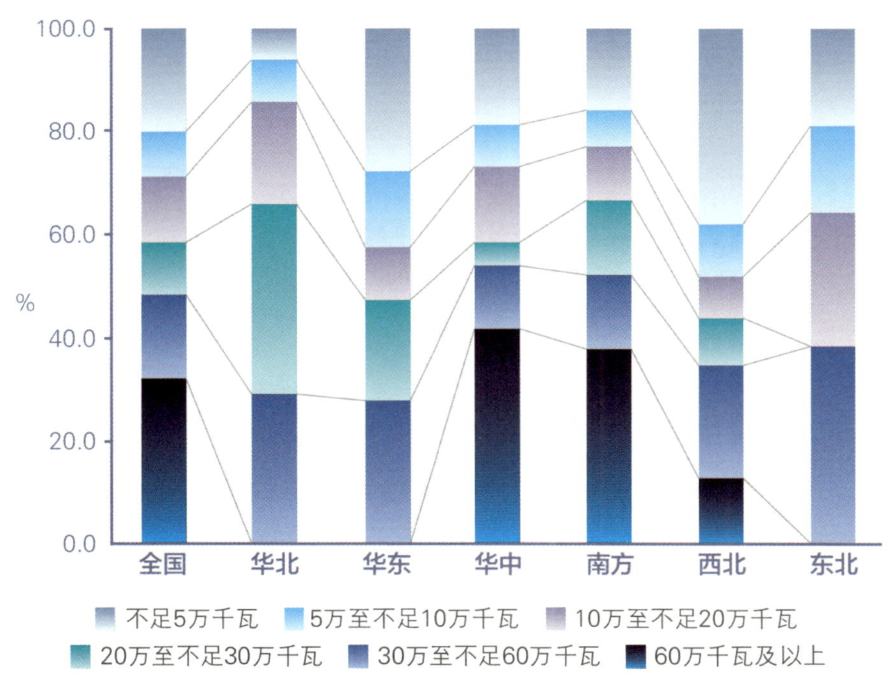

图4-17 2016年全国各区域水电机组容量等级占比情况

火电单机容量持续向大容量、高参数发展 截至2016年年底，纳入电力行业6000千瓦及以上机组统计调查范围的火电机组容量为100885万千瓦，占全国6000千瓦及以上火电机组容量的95.6%。调查范围内单机30万千瓦及以上的火电机组容量占比为80%，火电机组容量等级结构持续向大容量、高参数方向发展。

2016年火电机组分容量等级占比情况见图4-18。

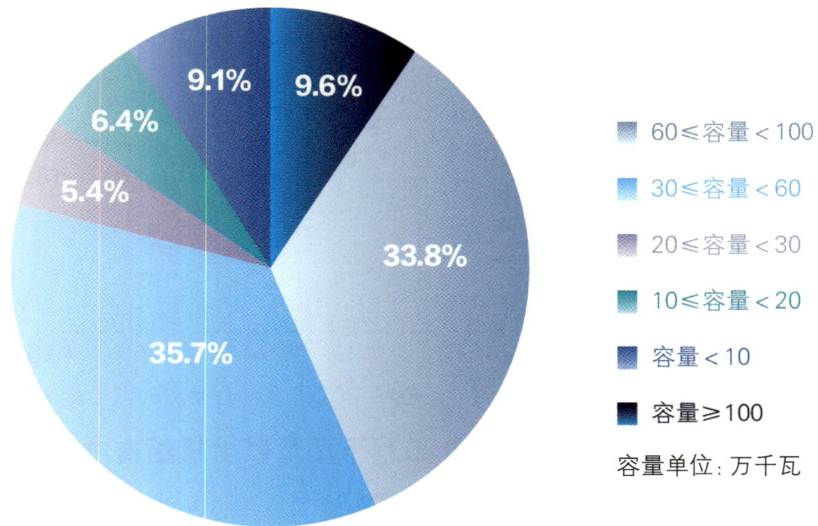

图4-18 2016年火电机组分容量等级占比情况

2016年调查范围内火电机组平均单机容量13.19万千瓦，比上年增加0.30万千瓦。2010—2016年火电单机平均容量变化情况见图4-19。

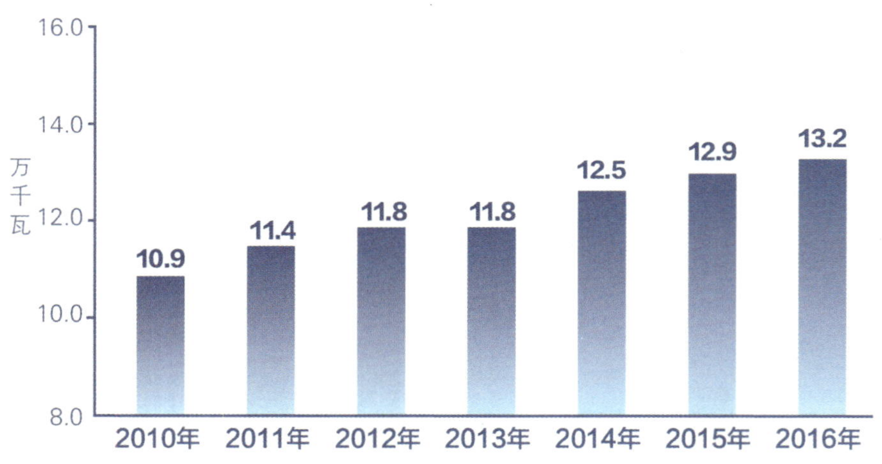

图4-19 2010—2016年火电单机平均容量变化图

2010—2016年，单机容量100万千瓦及以上的火电机组装机占比明显呈逐年上升趋势，截至2016年年底，装机占比接近1/10；单机容量60万至不足100万千瓦火电机组装机占比持续保持在1/3，2015年最高为34%；单机容量30万至不足60万千瓦火电机组装机占比略高于1/3。总体来看，单机容量30万千瓦及以上火电机组占比是逐年上升的，2010—2016年间共提高了6.4个百分点。

2010—2016年火电30万千瓦及以上各容量等级机组占火电机组容量比重情况见图4-20。

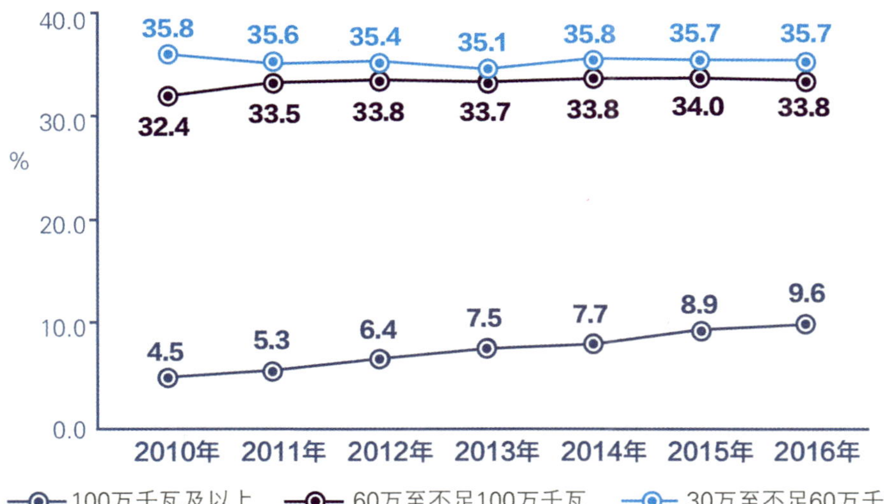

图4-20 2010—2016年火电30万千瓦及以上各容量等级机组占火电机组容量比重情况

分区域看，大容量火电机组主要集中在负荷中心区域。华东、华中和南方区域的单机100万千瓦及以上容量机组占比均超过全国平均水平，且单机容量在60万千瓦以上的机组容量合计占比超过50%；而在西北、东北和华北这“三北”地区，单机30万～60万千瓦容量机组占比较高。分区域各容量等级火电机组占本区域火电机组总容量比重情况见图4-21。

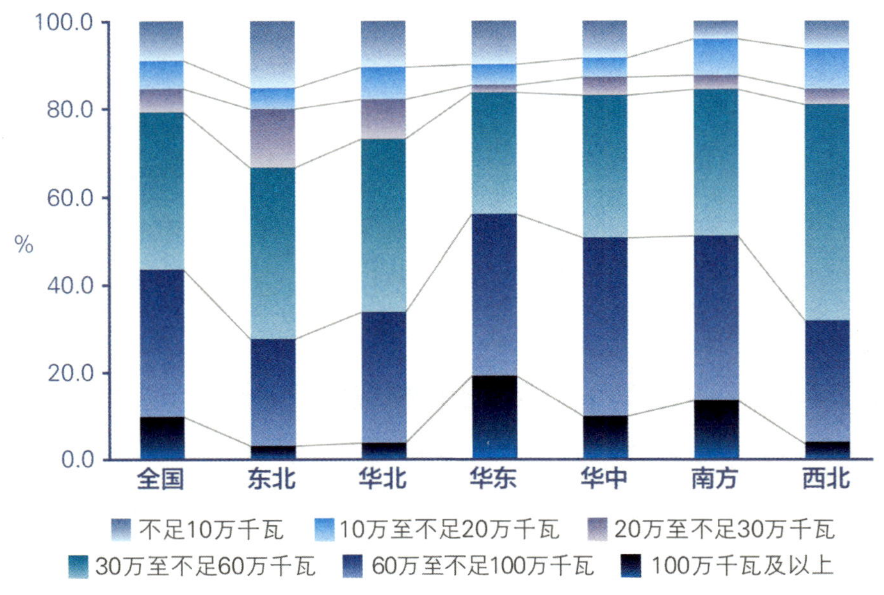

图4-21 分区域各容量等级火电机组占本区域火电机组总容量比重情况

陆上风电单机容量逐步增加 我国风电机组平均单机容量延续增长趋势。风电机组平均单机容量达到1608千瓦，同比增长2.9%。2016年新增风电机组单机平均容量为1955千瓦，较上年增长6.4%；单机2兆瓦风电机组装机占全国新增装机容量的60.9%，较上年提高11个百分点；单机1.5兆瓦机组占比下降16个百分点，至17.8%。

1991—2016年我国当年新增和累计风电装机单机平均容量变化情况见图4-22。

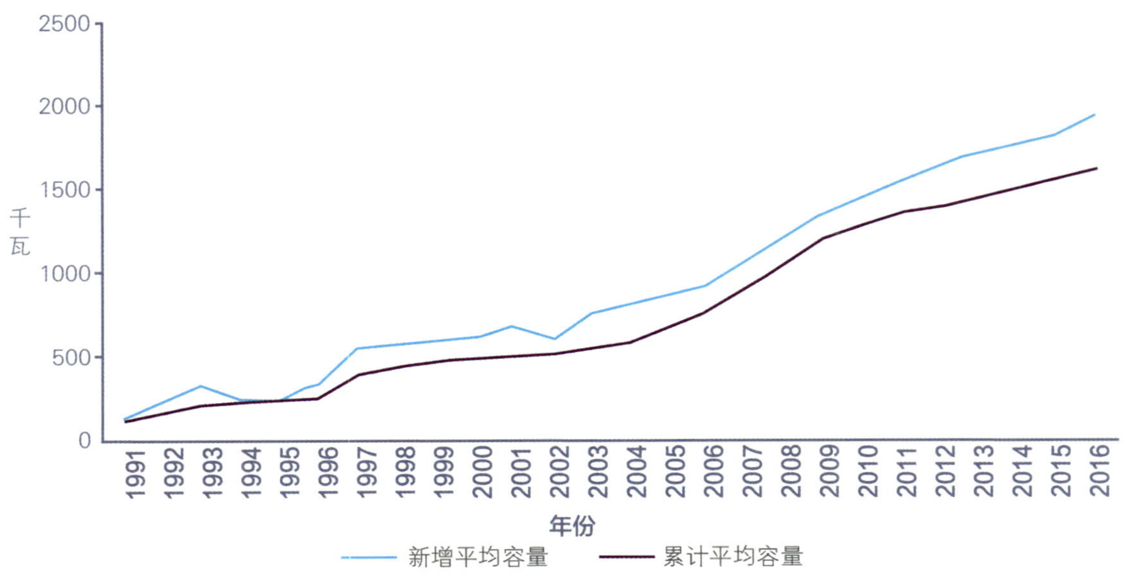

图4-22 1991—2016年我国当年新增和累计风电装机单机平均容量变化情况

二、电网规模与跨区输电能力

（一）电网规模整体情况

全国电网输送能力进一步增强。截至2016年年底，全国电网35千伏及以上输电线路回路长度175.6万千米，比上年增长3.5%，其中220千伏及以上输电线路回路长度64.5万千米，比上年增长5.9%。全国电网35千伏及以上变电设备容量63亿千伏安，比上年增长10.5%，其中，220千伏及以上变电设备容量36.9亿千伏安，比上年增长9.7%。2016年，随着特高压电网建设项目陆续投产，输电线路回路长度、变电设备容量增幅加大。2016年年底全国35千伏及以上输电线路回路长度及变电设备容量情况见表4-1。

表4-1 2016年年底全国35千伏及以上输电线路回路长度及变电设备容量情况

电压等级	输电线路回路长度		变电设备容量	
	长度（千米）	增长率（%）	容量（万千伏安）	增长率（%）
35千伏以上合计	1756141	3.49	629982	10.54
220千伏及以上	645310	5.94	369194	9.69

续表

电压等级		输电线路回路长度		变电设备容量	
		长度(千米)	增长率(%)	容量(万千伏安)	增长率(%)
其中	1000千伏	7245	132.66	9900	73.68
	±800千伏	12295	16.21	4882	53.54
	750千伏	17968	14.70	13570	25.07
	±660千伏	1334	-0.18		
	500千伏	179414	5.63	134695	10.15
	其中:±500千伏	13539	14.04	17567	15.55
	±400千伏	1640			
	330千伏	28366	5.80	12219	4.62
	220千伏	397050	4.45	193928	6.03

分省份看，全国共有15个省份的220千伏及以上输电线路回路长度超过2万千米，分别是江苏、内蒙古、四川、河北、广东、山东、湖北、河南、云南、浙江、辽宁、山西、新疆、安徽和湖南，其中江苏、内蒙古、四川、河北、广东和山东分别达到4.0万、3.9万、3.5万、3.5万、3.2万和3.2万千米，这些省份基本都是电力消费大省或电力输送、交换大省。全国共有15个省份的220千伏及以上变电设备容量超过1亿千伏安，分别是江苏、广东、浙江、山东、河北、四川、河南、内蒙古、辽宁、湖北、上海、山西、福建、安徽和云南，比上年年底增加了福建和云南2个省份，其中江苏和广东分别达到3.3亿和3.0亿千伏安。

（二）跨区输电能力

全国电网跨区输送能力进一步提升 我国电网已实现除台湾以外的全国联网，全年跨区输电线路新增西北电网向华东电网送电的宁东—浙江±800kV特高压直流工程，新增跨区输电能力800万千瓦。

截至2016年年底，全国跨区输电能力达到8095万千瓦。其中，交直流联网跨区输电能力6751万千瓦，跨区点对网送电能力1344万千瓦。全国跨区域联网及跨区线路情况见表4-2。

表4-2 全国跨区域联网及跨区线路情况

送端地区	线路工程名称	电压等级（千伏）	输送能力（万千瓦）	投产时间	受端地区
全国总计			8095		
华北	小 计		830		
	山西阳城送华东电网	500	330	2007年	华东
	晋东南-南阳-荆门特高压交流	1000	500	2009年，2011年扩建	华中

续表

送端地区	线路工程名称	电压等级（千伏）	输送能力（万千瓦）	投产时间	受端地区
东北	小　计		500		
	高岭直流背靠背		300	2009年，2012年扩建	华北
	辽宁绥中电厂送华北电网	500	200	2015年	
华中	小　计		3670		
	葛南直流	±500	120	1989年	华东
	龙政直流	±500	300	2003年	
	宜华直流	±500	300	2006年	
	向上直流	±800	640	2010年	
	林枫直流	±500	300	2011年	
	锦苏直流	±800	720	2012年	
	宾金直流	±800	800	2014年	
	湖南鲤鱼江水电站送南方电网	500	190	2003年	南方
	江城直流	±500	300	2004年	
西北	小　计		2831		
	陕西府谷、锦界送华北电网	500	360	2007年	华北
	宁东直流	±660	400	2012年	
	宁东-浙江直流	±800	800	2016年	华东
	灵宝直流背靠背		111	2005年，2009年扩建	华中
	德宝直流	±500	300	2009年	
	哈郑直流	±800	800	2013年	
	青藏联网工程	±400	60	2011年	西藏
南方	小　计		264		
	贵州二郎电厂送重庆	500	264	2015年	华中

（三）内地与港澳地区联网及中国与邻国联网

内地与香港、澳门实现电力联网并为香港、澳门特别行政区送电。中国分别与俄罗斯、蒙古、越南、缅甸和老挝等国实现了跨国输电线路互联和电量交易。在大湄公河次区域，缅甸以1回500千伏、2回220千伏线路送电中国；中国以3回220千伏、3回110千伏线路供电越南；中国以1回115千伏线路供电老挝。中国东北电网与俄罗斯远东电网建成了3条输电通道；中国新疆通过35千伏、内蒙古西部通过220千伏和110千伏输电线路与蒙古国实现一定规模的电力交易。

中国与俄罗斯、蒙古、越南和缅甸等周边国家跨国电力交易能力超过200万千瓦，电网跨境配置资源能力初步显现。

第二节　电力生产

一、发电量

（一）全国总体情况

全国全口径发电量60228亿千瓦时，同比增长4.9%，增速比上年提高3.9个百分点。2010—2016年全口径发电量及同比增速情况见图4-23。

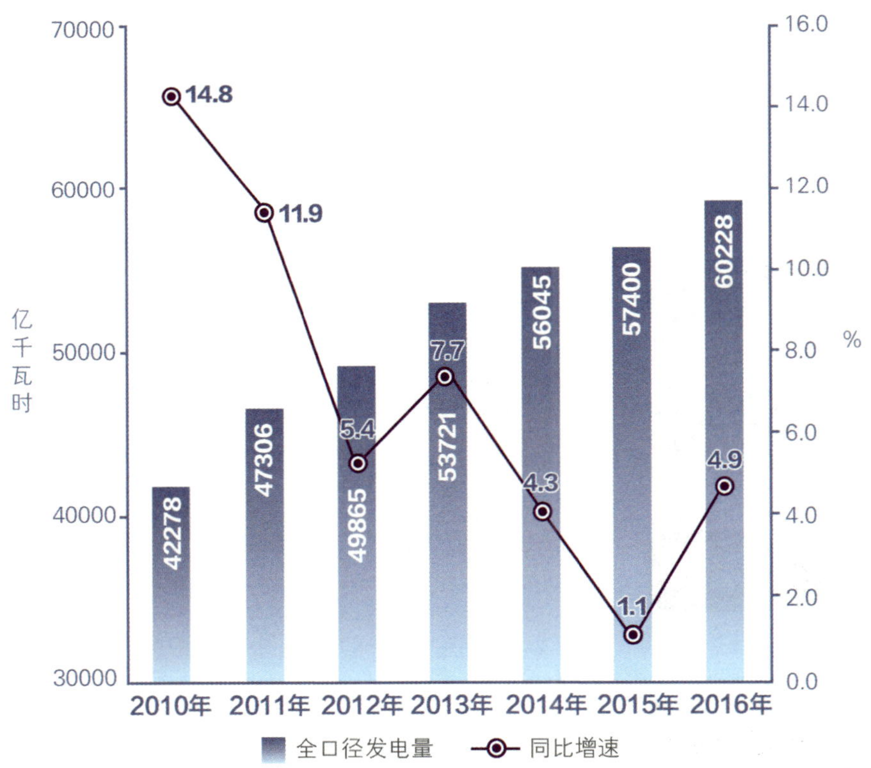

图4-23　2010—2016年全口径发电量及同比增速情况

根据国家统计局统计，2016年，全国规模以上电厂发电量59111亿千瓦时，比上年增长4.5%。分月来看，受需求拉动作用影响，下半年发电量增速比上半年有明显提高。2016年全国规模以上电厂分月发电量及增长情况见图4-24。

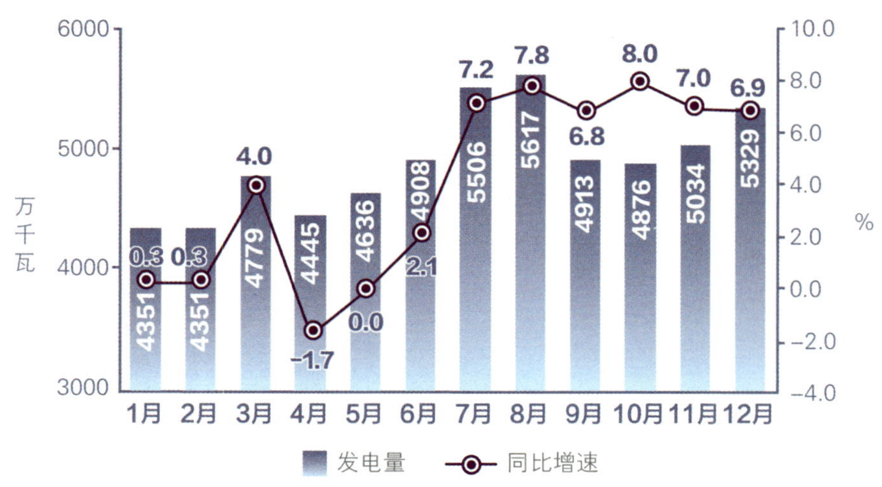

图4-24　2016年全国规模以上电厂分月发电量及增长情况

（二）分类型情况

分类型看，各类型发电量均实现正增长，火电发电量增速比上年提高4.0个百分点，但增速仍低于全口径发电量2.7个百分点；火电发电量占全口径发电量比重继续下降，已经从2011年的82.4%下降到2016年的71.8%，比上年降低1.9个百分点。煤电发电量增长1.2%，占全口径发电量比重为65.5%，较2011年下降11.2个百分点；燃气发电量同比增长12.8%，占比稳步提高，2016年为3.1%。

2016年全国分类型发电量及其同比增长情况见图4-25，2015年、2016年分类型发电量占比情况见图4-26。

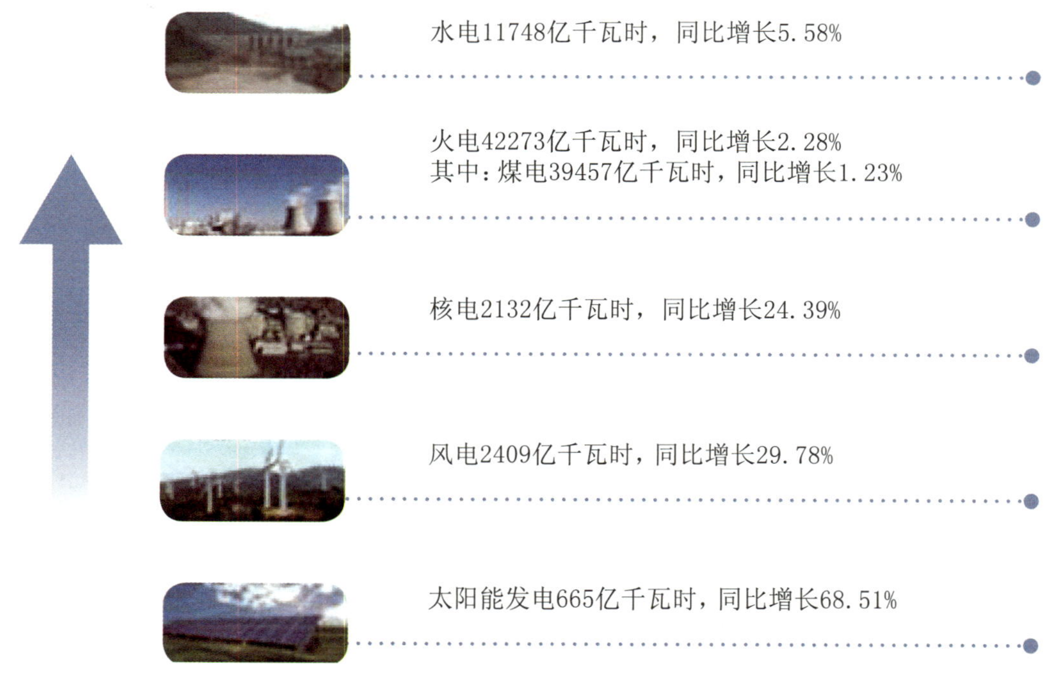

图4-25　2016年全国分类型发电量及其同比增长情况

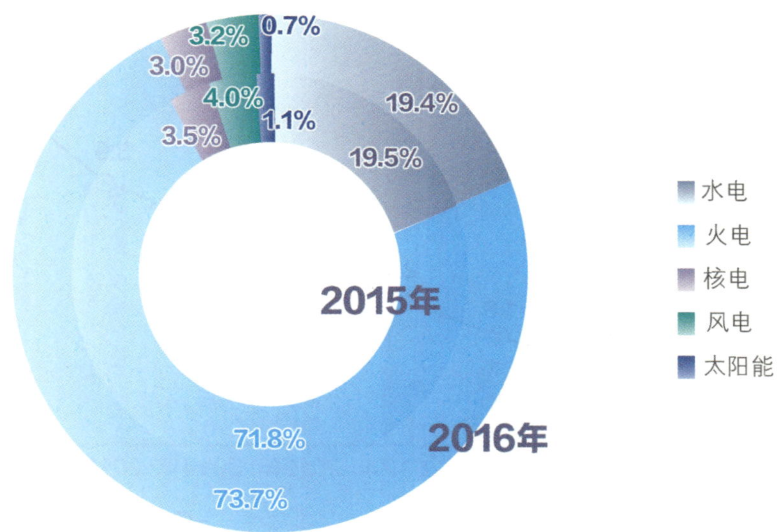

图4-26 2015年、2016年分类型发电量占比情况

火电不同类型发电量、增速、占比情况如下：

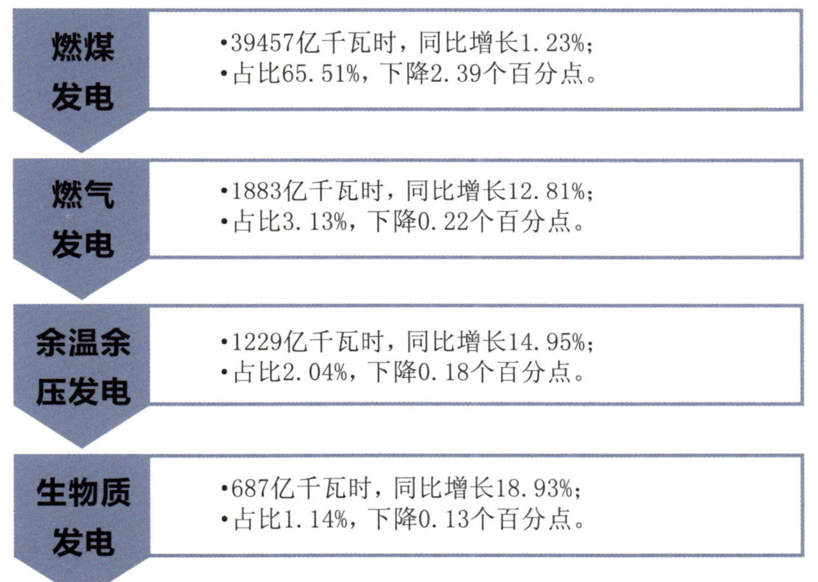

非化石能源发电量比重持续提高 新能源发电量高速增长，并网风电和太阳能发电量合计3074亿千瓦时，同比增长36.6%，增速比全口径发电量高31.6个百分点，对全国发电量增长贡献率达到29.1%；并网风电和太阳能发电量占全口径发电量比重为5.1%，比2010年、2015年分别提高3.9个、1.2个百分点。水电发电量11748亿千瓦时，同比增长5.6%；核电发电量2132亿千瓦时，同比增长24.4%。综合来看，2016年，水电、核电、并网风电和并网太阳能发电等非化石能源发电量合计比上年增长12.3%，增速比上年提高2.1个百分点；非化石能源发电量占全口径发电量的比重为29.3%，比重比上年提高2.1个百分点。2010—2016年风电、太阳能发电合计发电量及占比情况见图4-27。

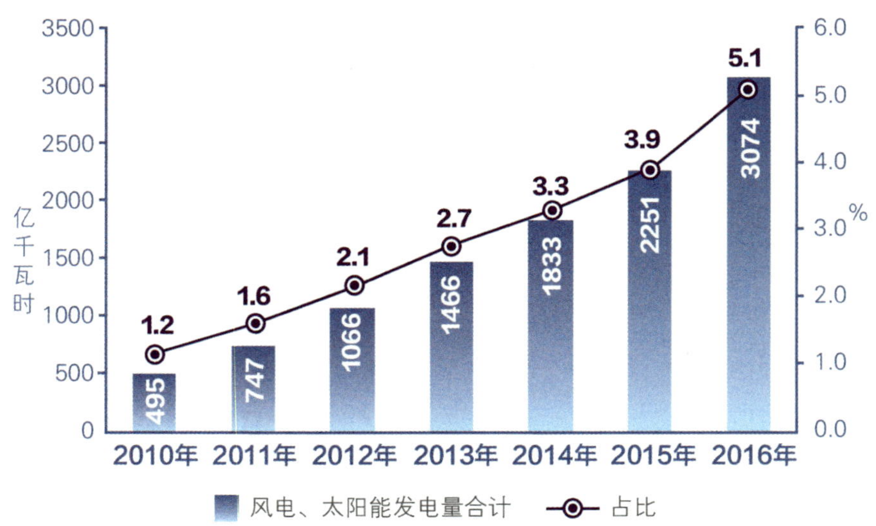

图4-27　2010—2016年风电、太阳能发电合计发电量及占比情况

（三）分区域情况

华北、华东区域发电量及其火电发电量均超过1万亿千万时，其火电发电量占比分别为91.4%和81.9%；华北区域新能源（风力及太阳能）发电量1157亿千瓦时，为各区域中新能源发电量最多；华东区域核电发电量超过1000亿千瓦时。华中、南方区域发电量超过1万亿千瓦时，火电发电量均略高于5000亿千瓦时，水电发电量占比分别为61.0%和39.4%，新能源发电量较小，分别为184亿和308亿千瓦时，南方区域核电发电量868亿千瓦，略少于华东区域。西北区域新能源（风电和太阳能）发电量合计占该区域总发电量的比重为11.5%，是新能源发电量比重最高的区域，合计发电量820亿千瓦时，已接近水电发电量规模，同比增长30.9%，对西北区域发电量增长的贡献率为54.9%。2016年全国各区域电网发电量及增长情况见图4-28。

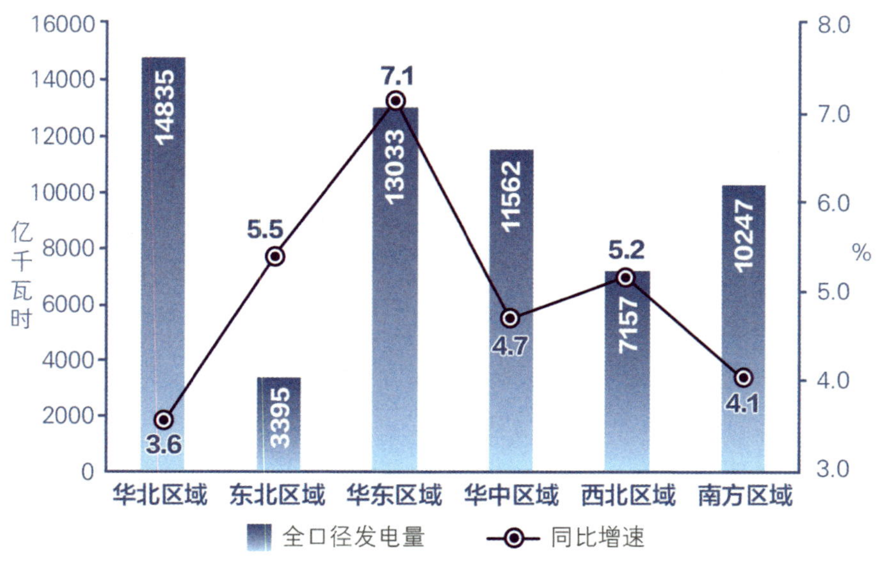

图4-28　2016年全国各区域电网发电量及增长情况

2016年，各区域发电量均为正增长，其中华东区域对全口径发电量增长贡献率最大，为30.7%。

2016年各区域发电量占全国发电量比重及其贡献率情况见图4-29，各区域分类型发电量占本区域发电量比重情况见图4-30。

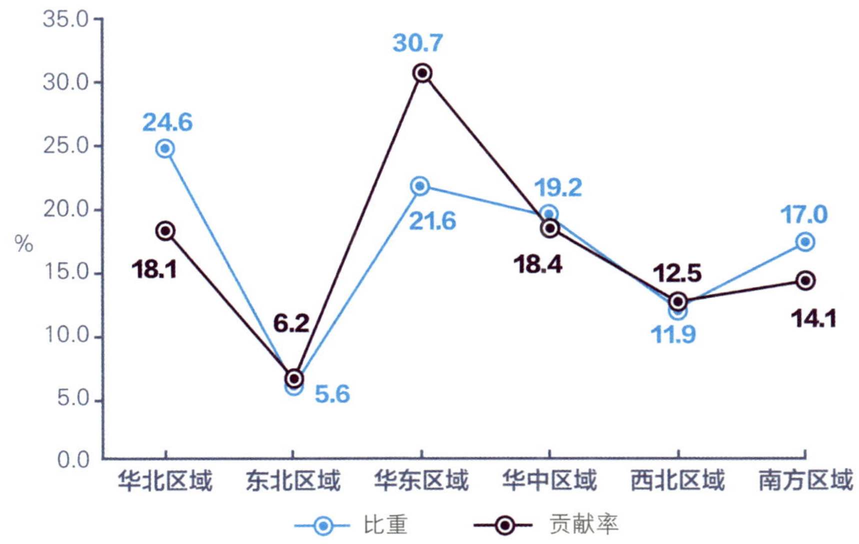

图4-29　2016年各区域发电量占全国发电量比重及其贡献率情况

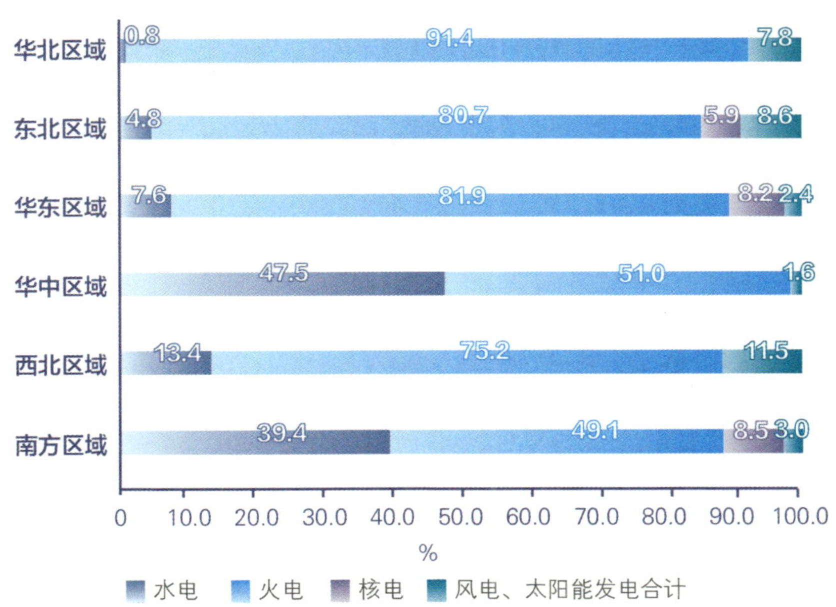

图4-30　2016年各区域分类型发电量占本区域发电量比重情况

（四）分省份情况

山东、江苏和广东发电量超过4000亿千瓦时，均为东部发用电大省，其中，山东达到4863亿千瓦时，同比增长5.3%。内蒙古、浙江和四川发电量在3000亿~4000亿千瓦时之间，浙江为用电大省，内蒙古和四川是能源输出省份，输出电力分别以火电和水电为主。发电量不足1000亿千瓦时的省份主要有黑龙江、上海、吉林、重庆、天津、青海、北京、海南和西藏。

2016年分省份发电量及增长情况见图4-31。

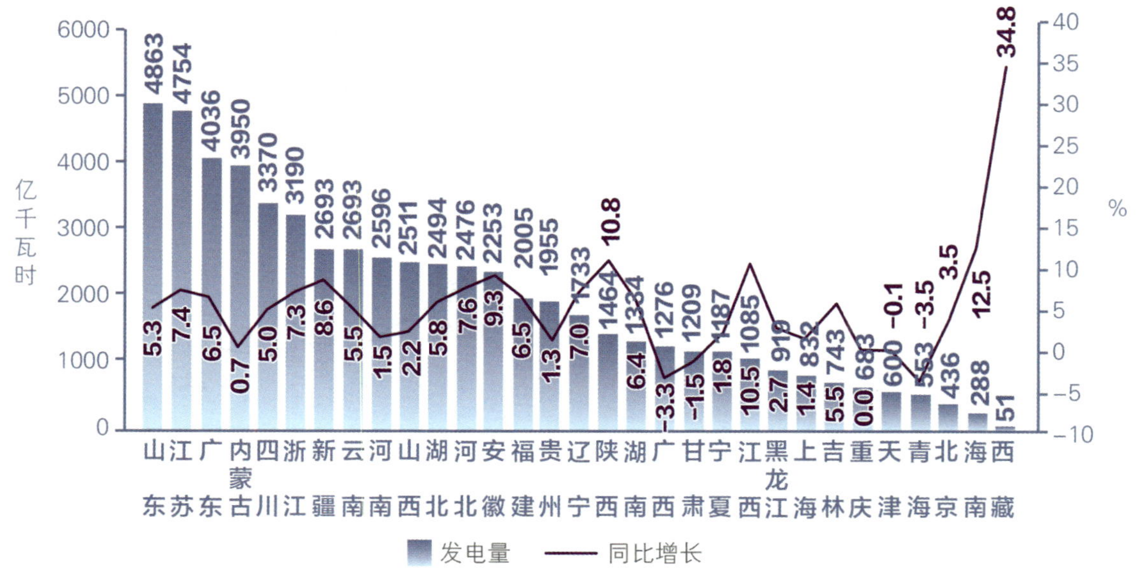

图4-31　2016年分省份发电量及增长情况

1.水电

水电发电量超过500亿千瓦时的省份有7个，其合计发电量占全国水电发电量的78.1%。四川、云南水电发电量超过2000亿千瓦时，分别占本省发电量的88.7%和84.2%；湖北水电发电量超过1000亿千瓦时，水电发电量占比为56.1%，青海水电发电量为302亿千瓦时，占比54.7%。

2016年水电发电量超过500亿千瓦时的省份发电量及占比情况见图4-32。

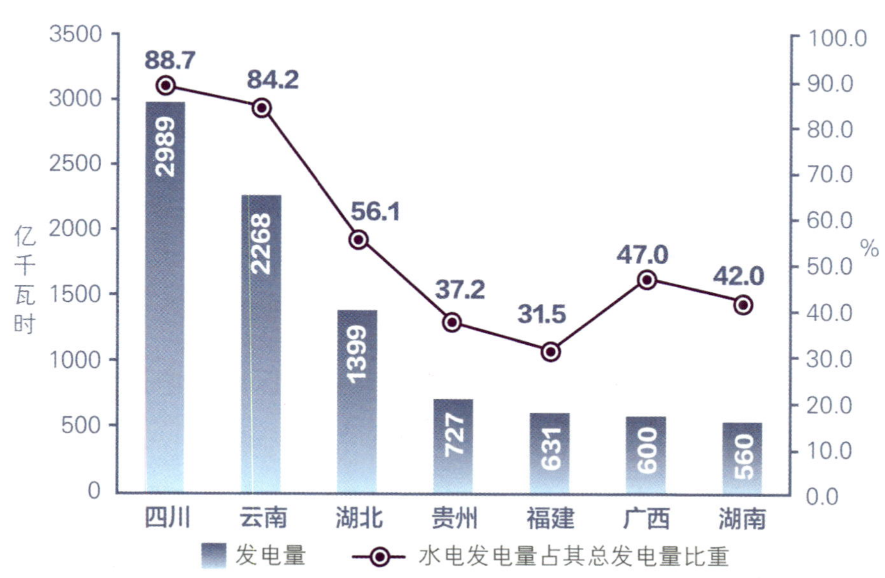

图4-32　2016年水电发电量超过500亿千瓦时的省份发电量及占比情况

由于受地区来水及上年基数影响等因素影响，部分省份水电发电量对全国水电发电量增长的贡献差距很大。

2016年部分省份水电发电量对全国水电发电量增长贡献情况见图4-33。

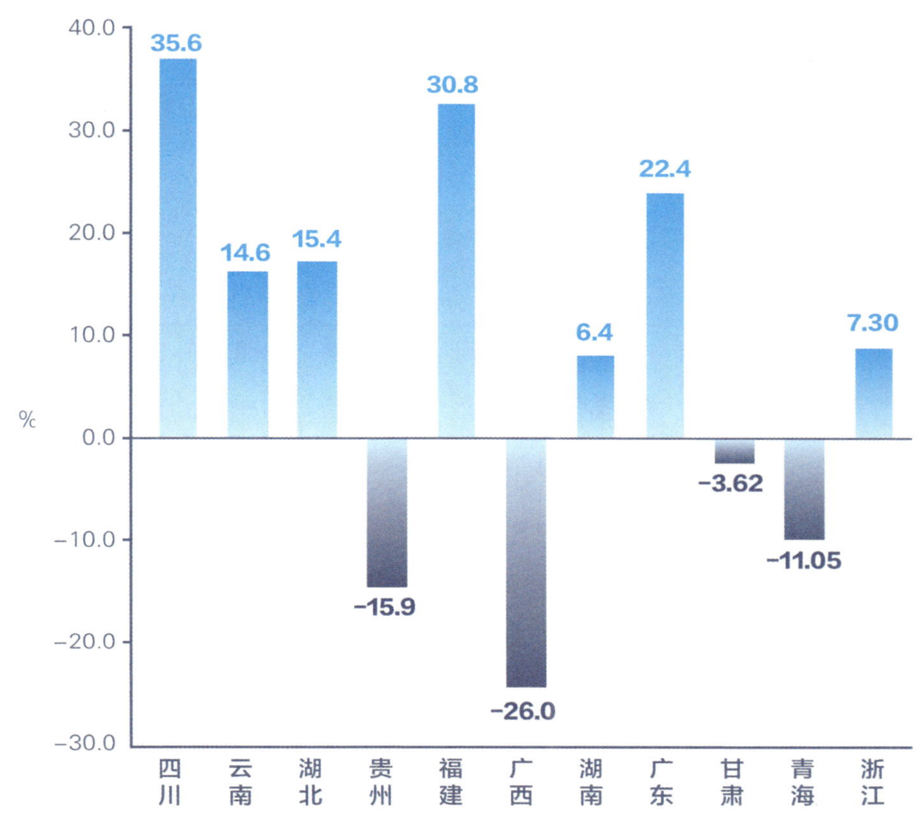

图4-33 2016年部分省份水电发电量对全国水电发电量增长贡献情况

2.火电

山东、江苏、内蒙古、广东、河南、浙江、山西、河北、新疆和安徽10个省份火电发电量超过2000亿千瓦时，其合计火电发电量占全国火电发电量的67.0%。其中，山东和江苏火电发电量超过4000亿千瓦时、内蒙古超过3000亿千瓦时，3省份火电发电量占比分别为96.1%、93.4%和85.4%。北京、天津、山西、上海、安徽、河南、陕西火电发电量占比均超过90%；福建、湖北、广西、四川、云南、青海火电发电量占比低于50%，其中四川、云南占比在10%左右，青海占比为27.3%。

受市场需求、清洁能源发电增加和上年基数作用影响，各省份火电发电量对全国火电发电量增长的贡献差距较大，其中，江苏、山东、安徽、浙江4省贡献作用突出，对电煤需求同比增加较多。

2016年部分省份火电发电量对全国火电增长的贡献情况见图4-34。

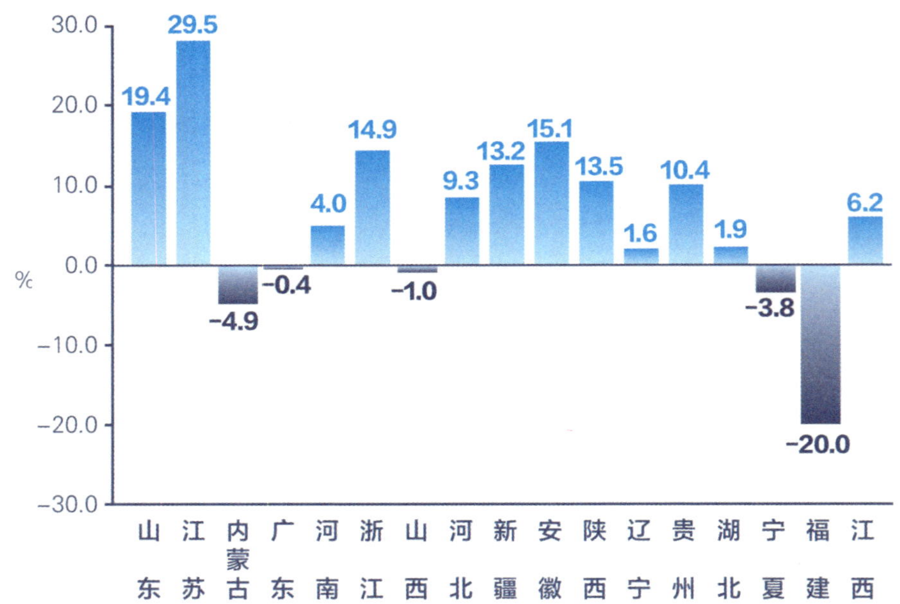

图4-34　2016年部分省份火电发电量对全国火电增长的贡献情况

全国有9个省份煤电发电量超过2000亿千瓦时，其合计煤电发电量占全国煤电发电量的63.3%。其中，山东煤电发电量超过4000亿千瓦时，江苏、内蒙古在3000亿~4000亿千瓦时之间。北京、西藏煤电发电量低于100亿千瓦时。

2016年煤电发电量超过2000亿千瓦时的省份发电量及增长情况见图4-35。

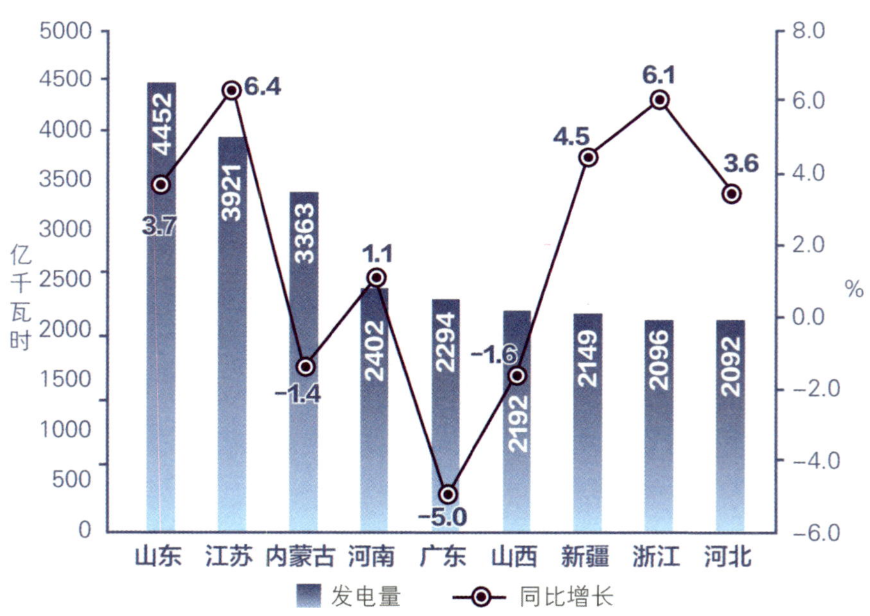

图4-35　2016年煤电发电量超过2000亿千瓦时的省份发电量及增长情况

2016年，广东、北京和江苏燃气发电量分别为489亿、371亿和308亿千瓦时，三省合计燃气发电量占全国燃气发电量的62.0%。天津、上海、浙江燃气发电量超过100亿千瓦时。

2016年燃气发电量超过100亿千瓦时的省份燃气发电量及增速情况见图4-36。

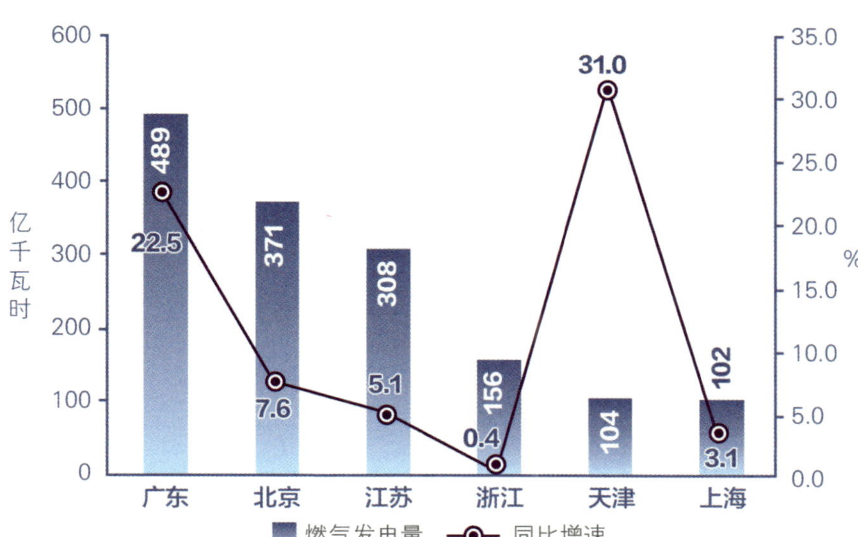

图4-36　2016年燃气发电量超过100亿千瓦时的省份燃气发电量及增速情况

3.核电

全国共有7个省份有核电装机，除江苏发电量同比下降7.6%外，其余6个省份均同比增长。广东是核电发电量最多的省份；福建核电发电量比重已经达到20.3%；海南核电发电量虽不足100亿千瓦时，但占本省发电量的比重达到20.82%。

2016年部分省份核电发电量及占比情况见图4-37。

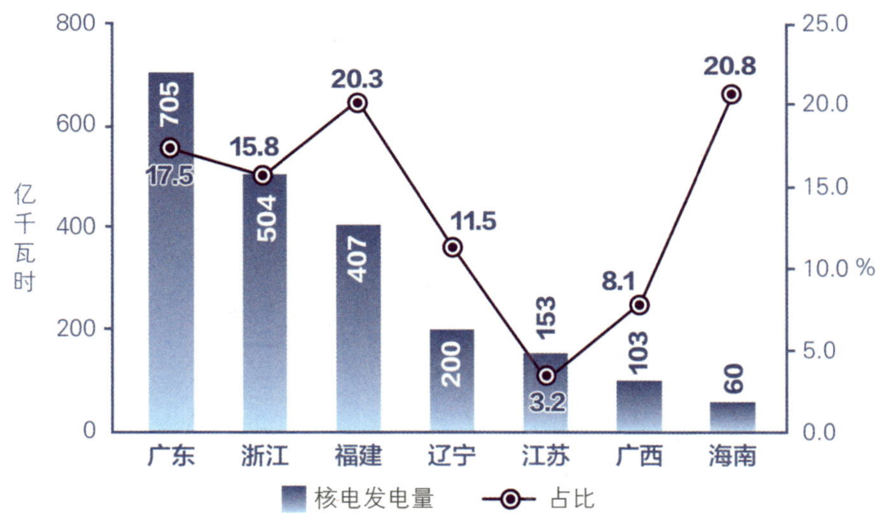

图4-37　2016年部分省份核电发电量及占比情况

4.新能源发电

内蒙古、新疆、河北等9个省份风电发电量超过100亿千瓦时，其发电量合计占全国风电发电量的71.7%。其中，内蒙古风电发电量超过400亿千瓦时，河北、新疆超过200亿千瓦时。内蒙古、甘肃、宁夏风电发电量占本省发电量的比重超过10%，河北、吉林、黑龙江和新疆占比超过8%。

全国共有内蒙古、青海、新疆、甘肃和宁夏5个省份太阳能发电量超过50亿千瓦时，其发电量合计占全国太阳能发电量的53.5%。其中青海、内蒙古太阳能发电量超过80亿千瓦时，新疆、甘肃超过60亿千瓦时。

2016年部分省份风电和太阳能发电量增长情况见图4-38。

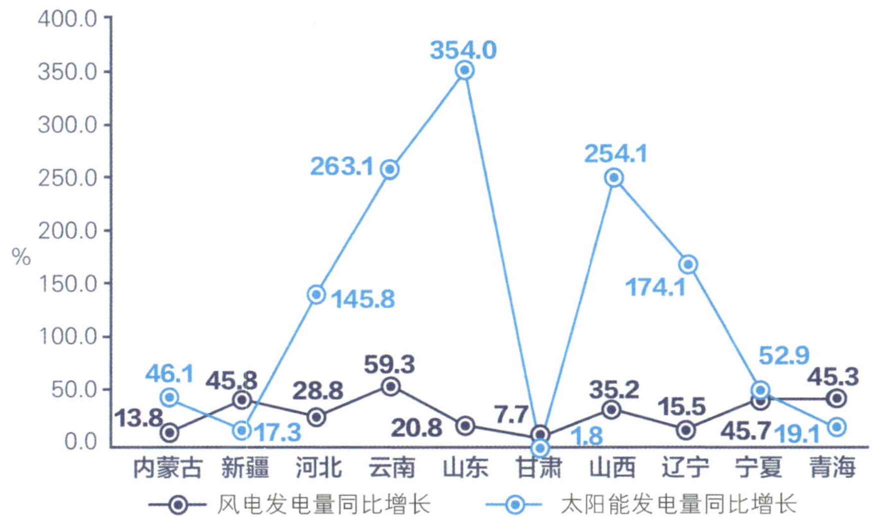

图4-38　2016年部分省份风电和太阳能发电量增长情况

2016年，河北、内蒙古、甘肃、青海、宁夏、新疆的新能源发电量占本省份发电量的比重超过10%，其中，甘肃、青海和宁夏超过15%。

2016年新能源发电量超过100亿千瓦时的省份新能源发电量及增长情况见图4-39，2016年新能源成为本省份第二大发电类型的省份新能源发电量及占比情况见图4-40。

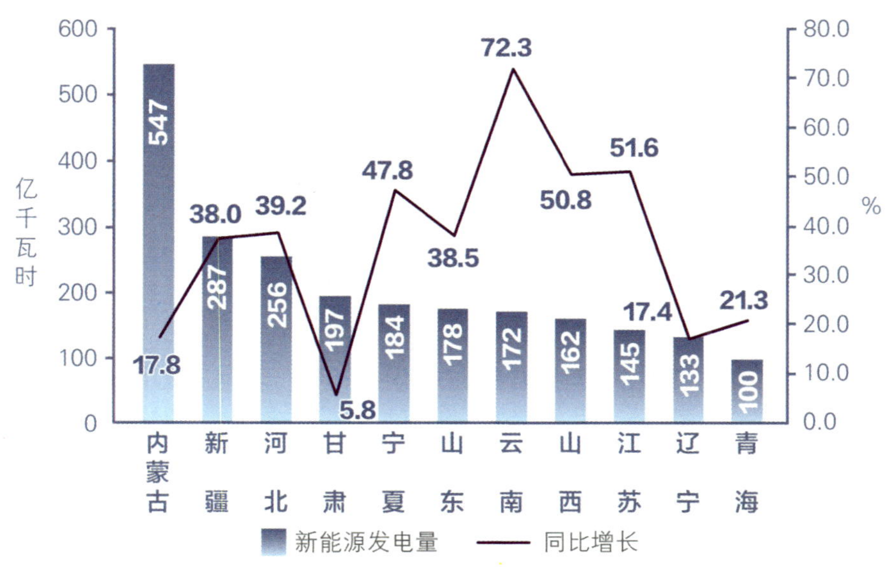

图4-39　2016年新能源发电量超过100亿千瓦时的省份新能源发电量及增长情况

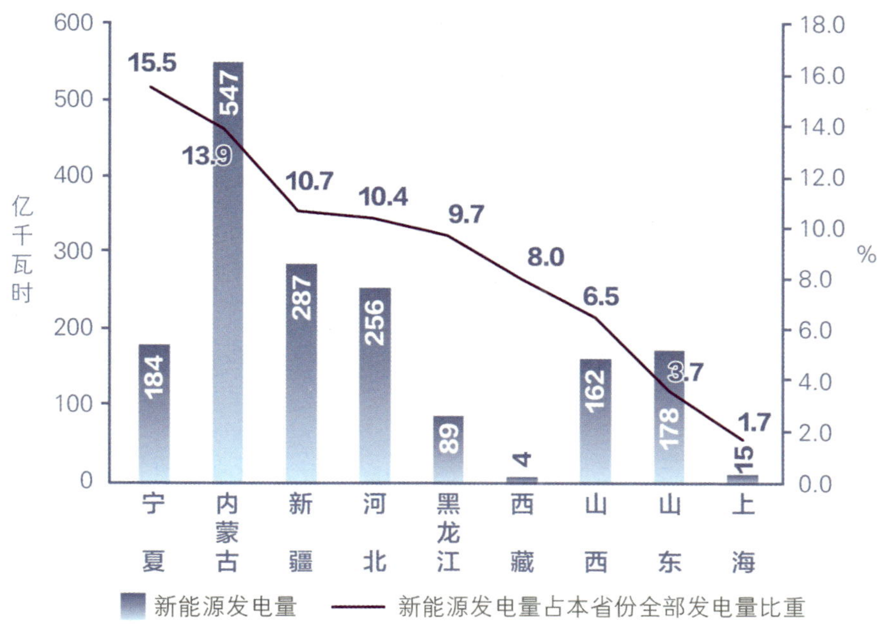

图4-40　2016年新能源成为本省份第二大发电类型的省份新能源发电量及占比情况

2016年，天津、山西、内蒙古、辽宁、吉林、黑龙江、甘肃和宁夏等15个省份的新能源发电量增量超过火电发电量增量，新能源对当地发电量增长的贡献作用逐步增强。

二、发电设备平均利用小时

（一）全国总体情况

全国6000千瓦及以上电厂发电设备利用小时3797小时，比上年降低191小时，自2011年以来持续下降。其中煤电、核电受供需形势、投产规模、能源转型因素影响，下降幅度较大；水电设备利用小时同比增加；风电设备利用小时由上年同比减少转为增加。

2010—2016年全国火电设备平均利用小时变化情况见图4-41。

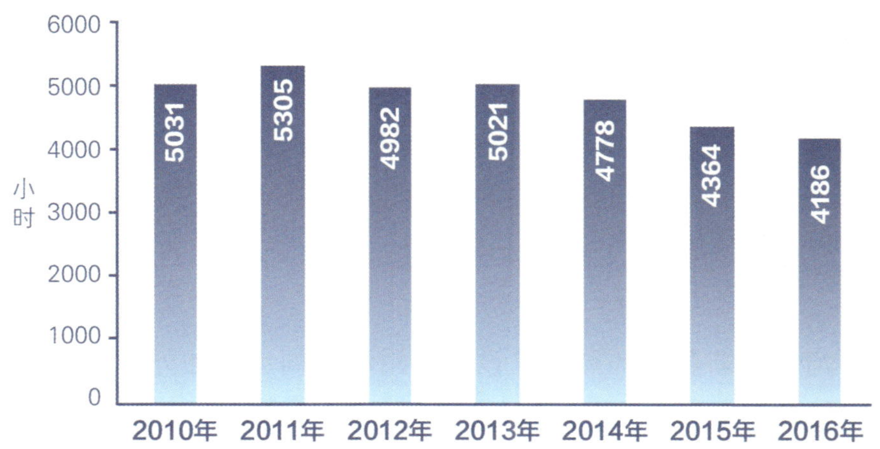

图4-41　2010—2016年全国火电设备平均利用小时变化情况

2016年全国分类型发电设备利用小时及变化情况见表4-3。

表4-3　2016年全国分类型发电设备利用小时及变化情况

单位：小时

	合计	水电	火电			核电	风电	太阳能发电
			合计	其中：煤电	其中：气电			
发电设备利用小时	3797	3619	4186	4275	2701	7060	1745	1129
利用小时同比变化	-191	29	-179	-193	-20	-343	20	-96

（二）分省份情况

江苏、山东、江西、安徽等14个省份发电设备平均利用小时高于全国平均水平，其中，江苏、山东超过4500小时，远高于其他各省，江西、安徽、河北、天津、海南、陕西、浙江超过4000小时。西藏、青海、甘肃、吉林不足3000小时。

全国仅有北京、西藏、湖北、河北、辽宁和吉林的发电设备平均利用小时同比增加；其他25个省份同比降低，其中青海、海南、宁夏下降超过500小时。

西部水电大省的水电设备平均利用小时下降　在水电装机容量超过1000万千瓦的7个省份中，贵州、青海水电设备利用小时低于全国平均水平，其中青海仅有2572小时，而四川高达4234小时。除湖南、湖北比上年分别增加259和249小时外，其余省份均同比降低，其中青海下降685小时。在各省份中，福建水电设备利用小时最高，为4776小时。2016年水电装机超过1000万千瓦省份的水电设备利用小时及同比变化情况见表4-4。

表4-4　2016年水电装机超过1000万千瓦省份的水电设备利用小时及同比变化情况

单位：小时

	湖北	湖南	四川	青海	广西	贵州	云南
水电设备利用小时	3869	3621	4234	2572	3803	3315	3792
利用小时同比变化	249	259	-52	-685	-581	-525	-121

东部部分省份火电设备平均利用小时有所提高　山东、江苏、河北、宁夏等13个省份火电设备平均利用小时高于全国平均水平，其中，山东、江苏超过5000小时，河北、宁夏、新疆、江西、内蒙古超过4500小时；四川、云南和西藏不足3000小时。

除北京、河北、新疆和西藏火电设备利用小时同比增加外，其他省份火电设备利用小时都同比降低。其中，海南降低1345小时，青海、福建下降超过500小时。

2016年全国各省份火电设备利用小时情况见图4-42。

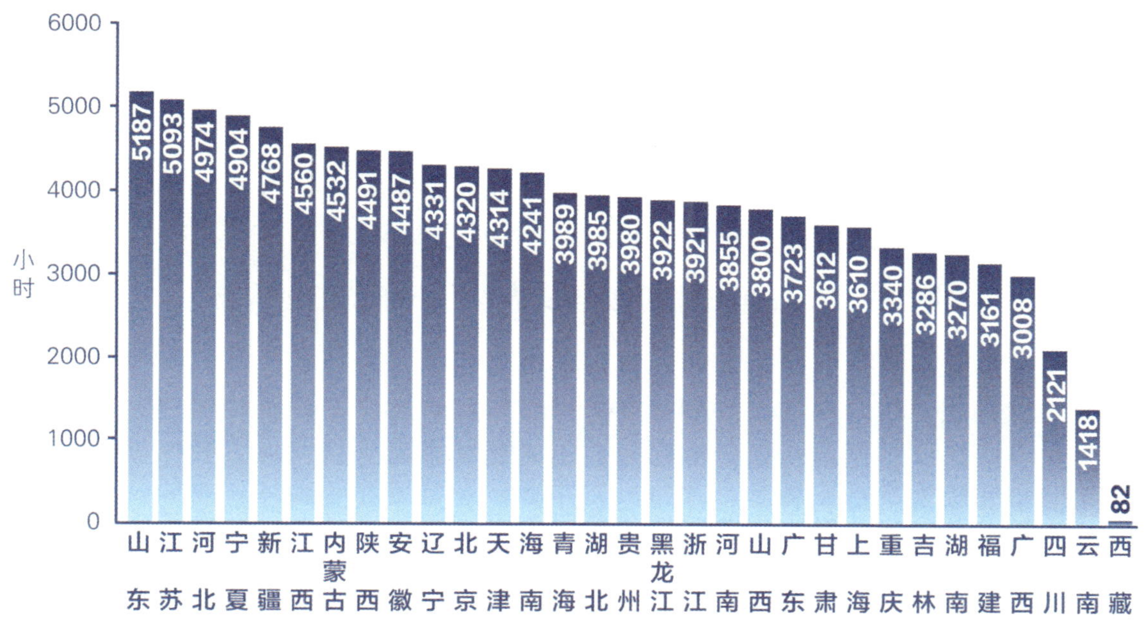

图4-42 2016年全国各省份火电设备利用小时情况

江苏、山东、宁夏、河北等15个省份煤电设备平均利用小时高于全国平均水平，其中江苏、山东、宁夏、河北超过5000小时。四川、云南和西藏煤电设备利用小时不足3000小时。

除北京、河北、江苏、上海、新疆、浙江和辽宁煤电设备利用小时同比增加外，其他省份煤电设备利用小时都同比降低。其中，海南降低1500小时，青海、福建、四川、云南、宁夏下降超过500小时。

2016年煤电装机超过2000万千瓦省份的煤电设备利用小时情况见图4-43。

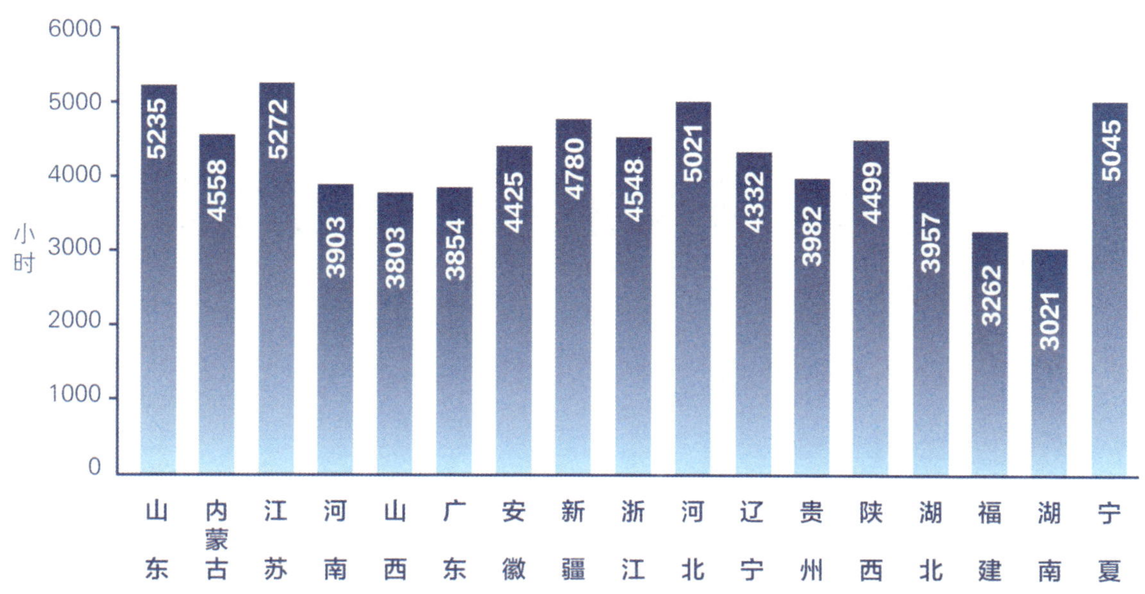

图4-43 2016年煤电装机超过2000万千瓦省份的煤电设备利用小时情况

辽宁、海南核电设备平均利用小时大幅下降　2016年，福建和浙江核电设备利用小时同比略有增加，其余省份都同比降低，核电设备利用小时偏低而且降幅较大的地区是辽宁和海南。其中，辽宁核电设备利用小时仅有4982小时，海南核电利用小时同比降低1330小时。分地区看，浙江核电设备利用小时最高，达到7661小时。2016年分省份核电设备利用小时及同比变化情况见表4-5。

表4-5　2016年分省份核电设备利用小时及变化情况

单位：小时

	浙 江	江 苏	广 东	广 西	福 建	海 南	辽 宁
核电设备利用小时	7661	7562	7516	7184	6947	6264	4982
利用小时同比变化	22	-746	-212	7184	62	-1330	-833

西部地区风电大省风电设备平均利用小时同比下降　在风电装机容量超过200万千瓦的17个省份中，福建、云南、湖南、河北、湖北、江苏、山西、辽宁、广东、山东、内蒙古和贵州12个省份风电设备平均利用小时高于全国平均水平。其中，福建、云南、湖南、河北、湖北超过2000小时；福建最高，为2503小时。吉林、新疆和甘肃风电利用小时不足1500小时。

除贵州、河北、山西、江苏、广东、辽宁、黑龙江、湖北、山东和湖南10个省风电设备利用小时同比增加外，其余省份都同比下降。其中，云南下降最多，下降330小时，新疆下降超过200小时。

2016年风电装机超过200万千瓦的省份风电设备利用小时及变化情况见表4-6。

表4-6　2016年风电装机超过200万千瓦的省份
风电设备利用小时及同比变化情况

省份	2016年利用小时（小时）	2015年利用小时（小时）	利用小时同比变化（小时）
贵 州	1806	1199	607
河 北	2070	1808	262
山 西	1936	1697	239
江 苏	1980	1753	227
广 东	1928	1765	163
辽 宁	1929	1780	149
黑龙江	1666	1520	146
湖 北	2063	1927	136
山 东	1869	1795	74

续表

省份	2016年利用小时（小时）	2015年利用小时（小时）	利用小时同比变化（小时）
湖　南	2125	2117	8
内蒙古	1830	1865	-35
宁　夏	1553	1614	-61
甘　肃	1088	1184	-96
吉　林	1333	1430	-97
福　建	2503	2658	-155
新　疆	1290	1571	-281
云　南	2243	2573	-330

东部部分太阳能发电大省太阳能发电设备平均利用小时同比提高　在太阳能发电装机容量超过100万千瓦的15个省份中，山西、青海、内蒙古、宁夏和陕西5个省份太阳能发电设备平均利用小时高于全国平均水平，其中，山西最高，为1459小时。浙江、新疆、安徽、河南和江西不足1000小时。

除山西、浙江、安徽、河北和江苏5个省份太阳能发电设备利用小时同比增加外，其余省份都同比降低。其中，河南降低最多，降低了442小时，青海、宁夏、云南降低超过200小时。

2016年太阳能发电装机超过100万千瓦的省份太阳能发电设备平均利用小时及同比变化情况见表4-7。

表4-7　2016年太阳能发电装机超过100万千瓦的省份太阳能发电设备平均利用小时及同比变化情况

省份	2016年利用小时（小时）	2015年利用小时（小时）	利用小时同比变化（小时）
山　西	1459	1030	429
青　海	1428	1637	-209
内蒙古	1425	1462	-37
宁　夏	1270	1539	-269
陕　西	1245	1434	-98
云　南	1227	1502	-276
河　北	1221	1112	109
江　苏	1087	1069	18
山　东	1064	1112	-48

续表

省份	2016年利用小时（小时）	2015年利用小时（小时）	利用小时同比变化（小时）
甘　肃	1000	1062	-62
浙　江	959	633	326
新　疆	886	1045	-159
安　徽	870	662	208
河　南	696	1138	-442
江　西	687	746	-59

第三节　大型发电企业

一、装机及发电量

2016年年底，纳入中电联直报统计范围内的大型发电企业26家，合计装机容量11.1亿千瓦，同比增长6.14%，占全国装机总容量的66.99%；合计发电量4.14万亿千瓦时，同比增长4.64%，占全国发电量比重68.75%；发电设备平均利用小时3920小时，比全国平均水平高123小时。大型发电企业发电装机容量及发电量情况见附录9。

大型发电企业	容量（万千瓦）	同比增速	占全口径装机容量比重
合计	110568	6.14%	66.99%
水电	18761	4.56%	56.50%
火电	74736	4.34%	70.44%
核电	3364	27.94%	100.00%
风电	11335	10.24%	76.86%
太阳能发电	1924	43.35%	25.22%

大型发电企业的火电、核电、风电发电装机容量比重高于全国平均水平，太阳能发电装机比重仅为1.74%，远低于全国平均水平。

大型发电企业的火电、核电和风电发电量比重高于全国平均水平，而水电、太阳能发电量比重略低。

大型发电企业	发电量（亿千瓦时）	同比增速	占全口径发电量比重
合计	41408	4.64%	68.75%
水电	7002	6.70%	59.60%
火电	30007	1.82%	69.34%
核电	2132	25.51%	100.00%
风电	1853	21.16%	76.92%
太阳能发电	214	41.67%	32.09%

大型发电企业的各类型发电设备利用小时均优于全国同类型平均水平。2016年分类型发电设备平均利用小时对比情况见图4-44。

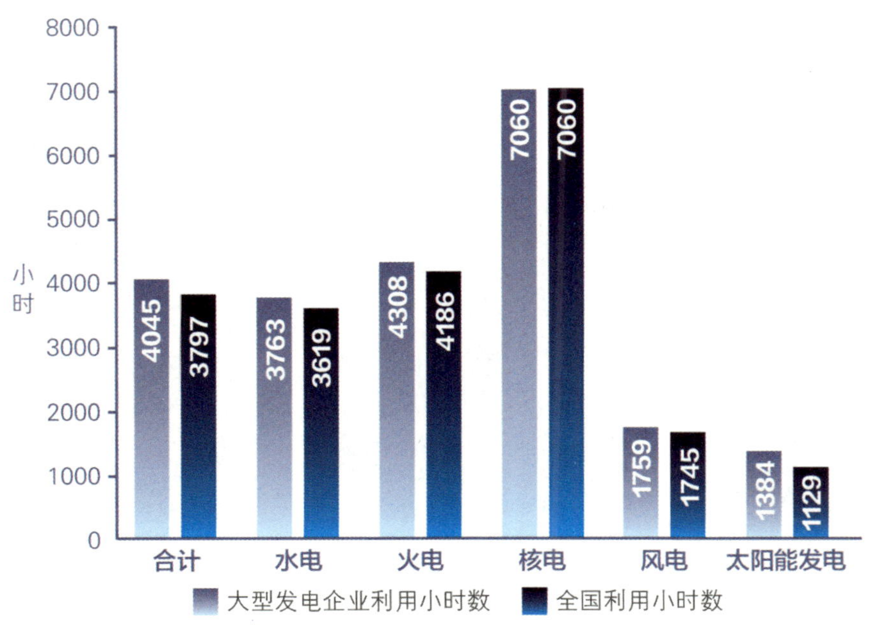

图4-44　2016年分类型发电设备平均利用小时对比情况

二、火电机组分容量等级利用小时

根据对26家大型发电企业火电机组调查统计，10万千瓦以下容量等级机组的火电利用小时最高，且同比增加最多（增加551小时）；10万~20万千瓦容量等级机组利用小时提高32小时；其他容量等级机组的火电利用小时总体降低，30万千瓦及以上的3个容量等级机组利用小时下降幅度超过200小时。2016年全国大型发电企业火电机组按容量等级利用小时及同比变化情况见表4-8。

表4-8　2016年全国大型发电企业火电机组按容量等级利用小时及同比变化情况

	合计	机组≥100万千瓦	60万千瓦≤机组<100万千瓦	30万千瓦≤机组<60万千瓦	20万千瓦≤机组<30万千瓦	10万千瓦≤机组<20万千瓦	0.6万千瓦≤机组<10万千瓦
发电设备利用小时数（小时）	4086	4672	4172	3876	3759	3759	4841
利用小时同比变化（小时）	-204	-200	-221	-252	-125	32	551

三、大型电厂

全国装机容量100万千瓦及以上的电厂数量稳定增加。2016年年底，纳入中电联统计范围的百万千瓦级电厂共435座，装机总容量为78760万千瓦，比上年增加24座，装机容量比上年增加6630万千瓦。具体见图4-45、图4-46。

图4-45　大型电厂分类数据

装机容量最大的水电厂（站）：三峡水电站，容量2240万千瓦

装机容量最大的火电厂：大唐集团内蒙古托克托发电公司，容量480万千瓦

装机容量最大的核电站：中广核辽宁红沿河核电有限公司，容量448万千瓦

图4-46 分类型最大电厂情况

第四节 电力供应

一、供电量

全国供电企业供电量50742亿千瓦时，首次突破50000亿千瓦时，同比增长4.5%，低于全社会用电量增速。供电量超过2000亿千瓦时的省份有7个，与上年比增加了云南省，7省合计供电量占全国供电企业供电量的48.5%。供电企业供电量增速超过全国平均水平的省份有18个，其中增速超过10%的省份仅有西藏(21.8%)和江西(10.2%)。

2016年全国各省份供电企业供电量及增长情况见图4-47。

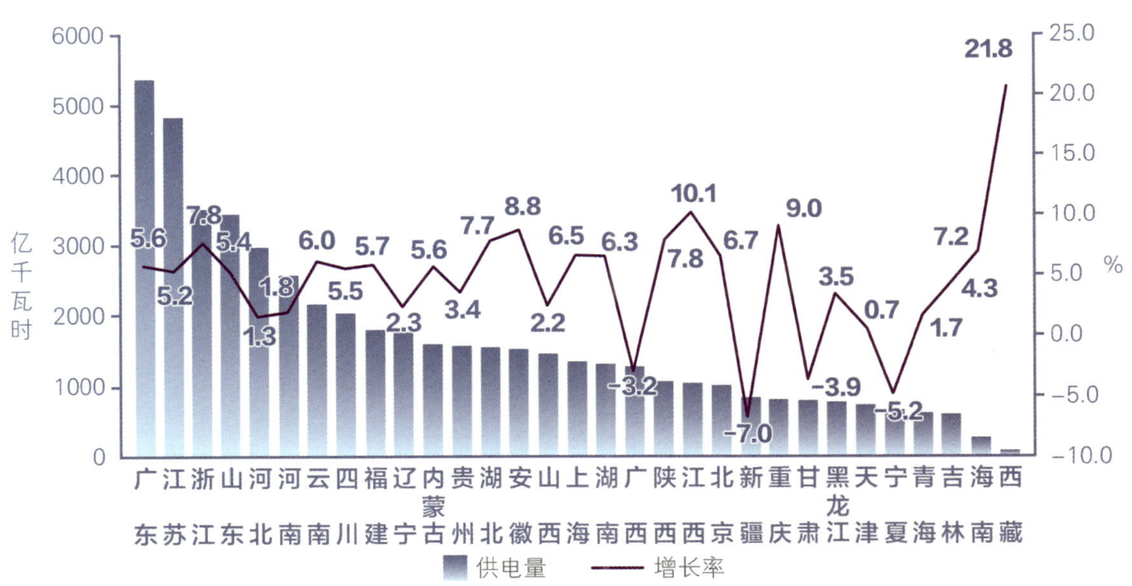

图4-47 2016年全国各省份供电企业供电量及增长情况

二、跨区送电

受电力消费需求增长、新增跨区输电通道和来水较好等因素影响，全国跨区送电完成3777亿千瓦时，比上年增长7.0%，增速比上年提高4.2个百分点。

2006—2016年跨区送电量及增长情况见图4-48。

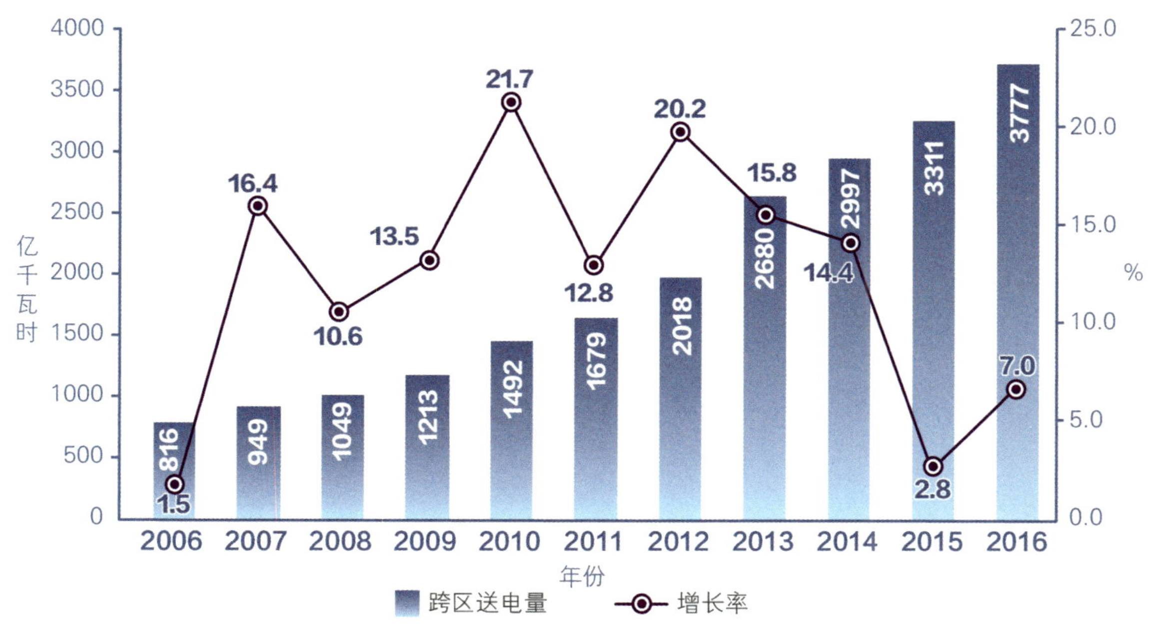

图4-48　2006—2016年跨区送电量及增长情况

送出电量较大的区域分别为西南、西北和华中区域，3个区域合计送出电量占全国跨区送电量的74.8%；其中，由于来水较好，华中和西南区域送出电量同比增长11.6%和2.0%；灵绍直流特高压线路投产，带动西北区域送出同比增长12.6%。

2016年全国部分跨区域送电情况见表4-9。

表4-9　2016年全国部分跨区域送电情况

送端	受端	送电量（亿千瓦时）	比上年增长（%）
华北	华东	162	-0.15
	华中	54	0.21
	西北	20	-30.18
	蒙古	11	0.69
东北	华北	207	19.45
华中	华东	337	10.94
	南方	252	7.85
西北	华北	499	-5.31
	华中	403	25.74
西南	华东	1077	5.70

续表

送端	受端	送电量（亿千瓦时）	比上年增长（%）
南方	西南	218	24.33
	华中	98	-7.85
	香港	120	-1.24
	澳门	43	6.20

送出电量占各区域发电量的比重超过10%的区域有西南和西北区域，其中西南区域送出电量比重为28.2%。受入电量占全社会用电量比重超过10%的区域为华东区域，西南、华中和华北区域受入电量占比超过5%。

2016年分区域送出电量占发电量的比重和受入电量占用电量的比重情况见图4-49。

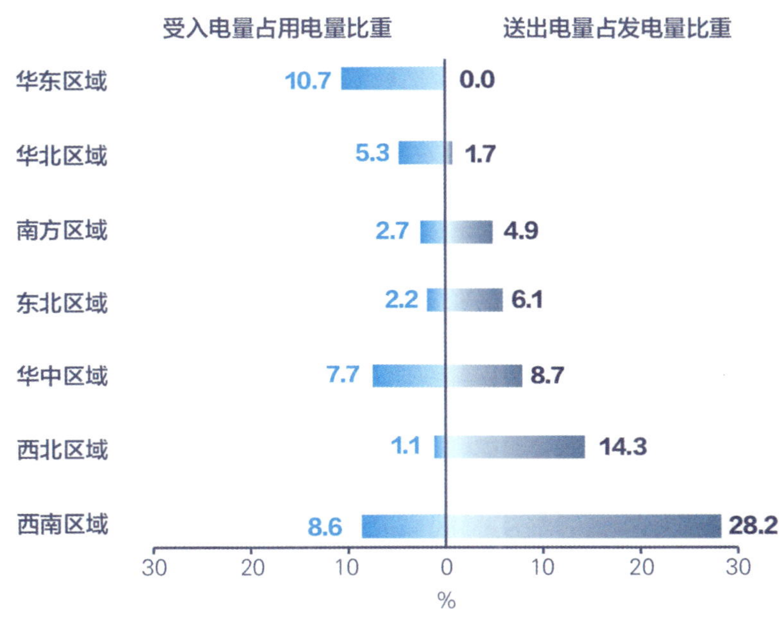

图4-49　2016年分区域送出电量占发电量的比重和受入电量占用电量的比重情况

三、跨省送电

（一）省间输出电量

2016年全国跨省输出电量10030亿千瓦时，同比增长5.1%，增速比上年提高6.1个百分点。其中，云南送广东超过1100亿千瓦时，同比增长16.4%，占全国跨省输出电量的11.0%。输出电量超过100亿千瓦时的省份有18个，其中，输出电量超1000亿千瓦时的省份有内蒙古、四川和云南，3省合计输出电量占全国跨省输出电量的39.6%。

2016年省间（省与区域间）输出电量超过150亿千瓦时统计情况见表4-10。

表4-10　2016年省间(省与区域间)输出电量超过150亿千瓦时统计情况

输出省份	输入省份	输出电量（亿千瓦时）	比上年增长（%）
吉林	辽宁	196	3.15
辽宁	华北	287	38.37
内蒙古	河北	774	-2.71
	辽宁	407	2.30
河北	华北	380	22.69
山西	河北	381	-2.3
	北京	203	1.95
	江苏	162	-0.15
安徽	浙江	272	-0.62
	江苏	195	27.84
湖北	上海	238	11.35
	广东	161	9.8
四川	江苏	383	0.5
	浙江	368	10.5
	上海	326	6.99
	重庆	193	13.36
陕西	河北	206	-10.73
宁夏	山东	293	-1.07
贵州	广东	550	-10.87
云南	广东	1101	16.36
新疆	河南	323	29.21

云南输出电量占本省发电量比重为各省份中最高，达48.2%。与上年相比，云南、宁夏和辽宁输出电量占本省份发电量比重同比分别提高3.9、3.7和3.6个百分点，陕西输出电量占本省份发电量比重同比回落4.2个百分点。

2016年输出电量超过100亿千瓦时的省份输出电量占本省份发电量比重情况见图4-50。

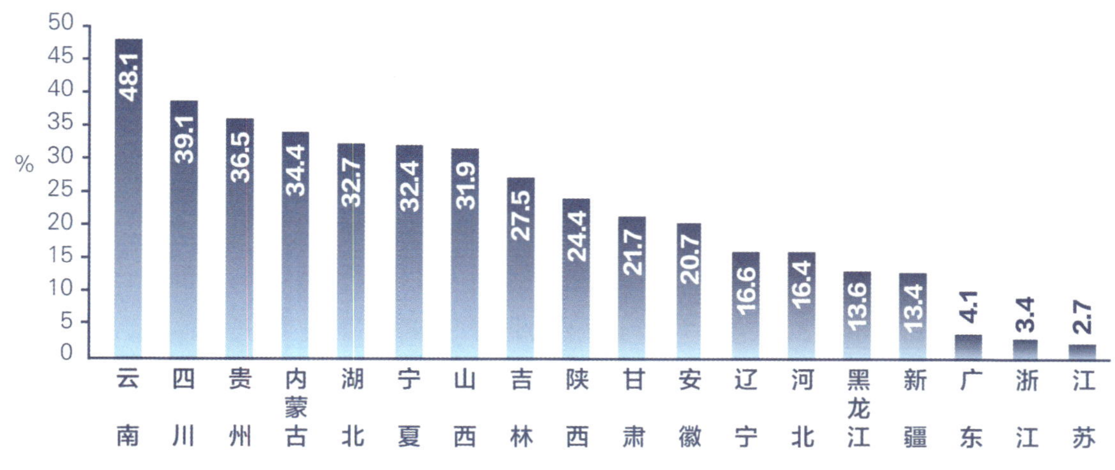

图4-50　2016年输出电量超过100亿千瓦时的省份输出电量占本省份发电量比重情况

（二）省间净输入电量

净输入电量超过100亿千瓦时的省份有12个，其中广东净输入电量超1500亿千瓦时。2016年净输入电量超过100亿千瓦时的省份情况见图4-51。

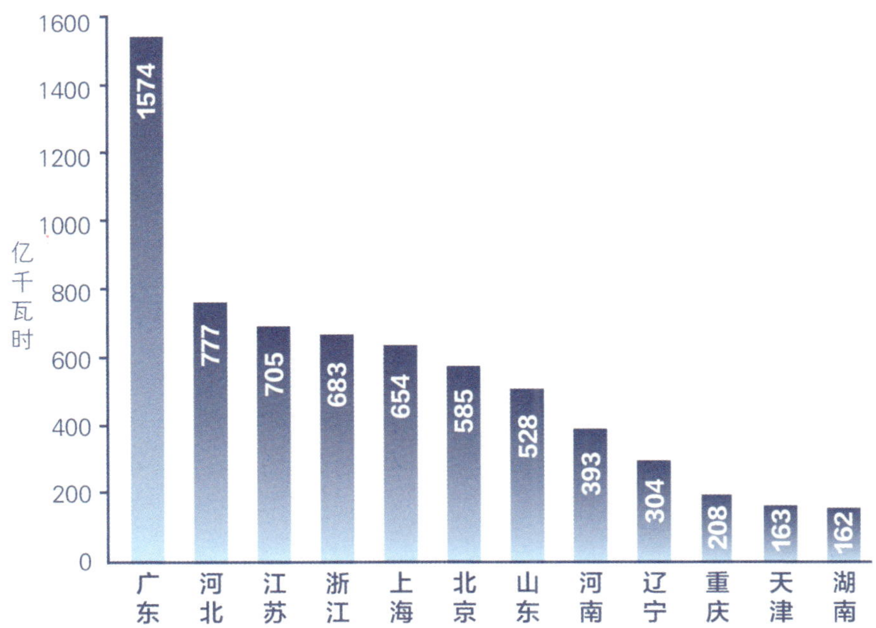

图4-51　2016年净输入电量超过100亿千瓦时的省份情况

2016年，北京净输入电量占其全社会用电量的比重超过50%，上海占比超过40%，广东、河北、重庆和天津占比超过20%。2016年净输入电量超过100亿千瓦时的省份净输入电量占本省份全社会用电量比重情况见图4-52。

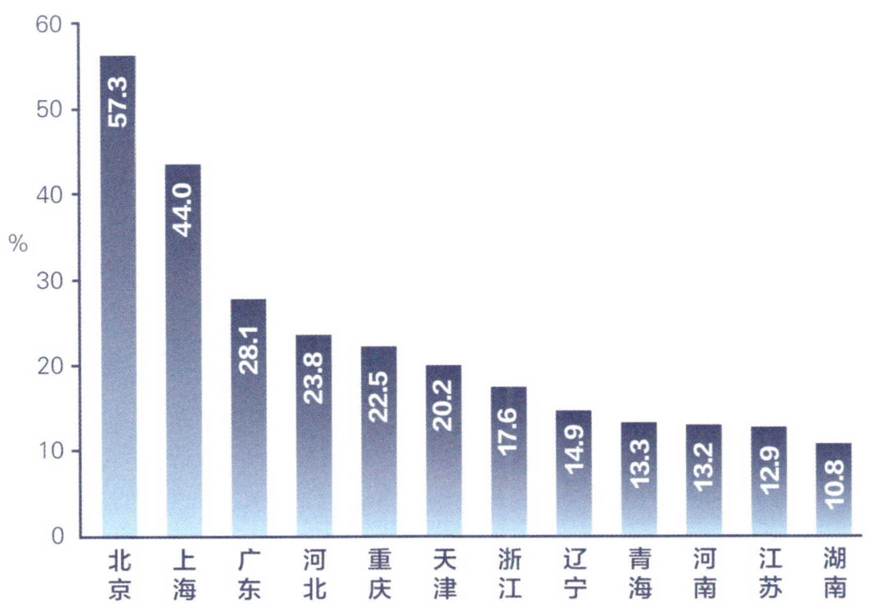

图4-52　2016年净输入电量超过100亿千瓦时的省份净输入电量占本省份全社会用电量比重情况

四、与港澳地区及邻国电量交换

内地与港澳地区及中国与邻国的电力交换电量合计252亿千瓦时，同比下降0.6%。具体情况见图4-53。

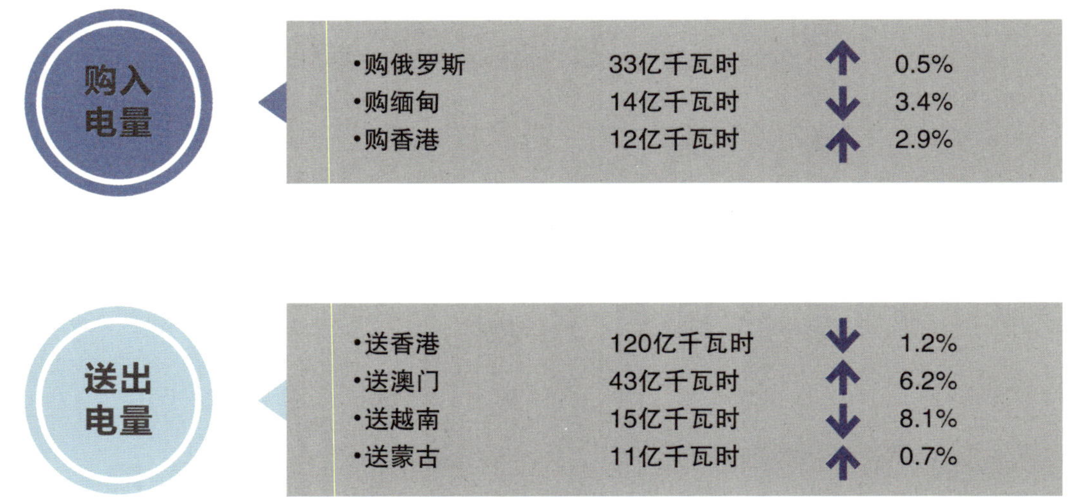

图4-53　内地与港澳地区及中国与邻国电量交换情况

第五章　电力消费与供需

第一节　电力消费

一、用电量

（一）全国情况

1.全社会用电

受工业生产恢复、夏季高温天气和上年同期低基数等因素影响，全国电力消费需求增长同比提高。2016年，全国全社会用电量59747亿千瓦时，比上年增长4.9%。全社会用电量规模自1996年突破1万亿以来，不断迈上新台阶。

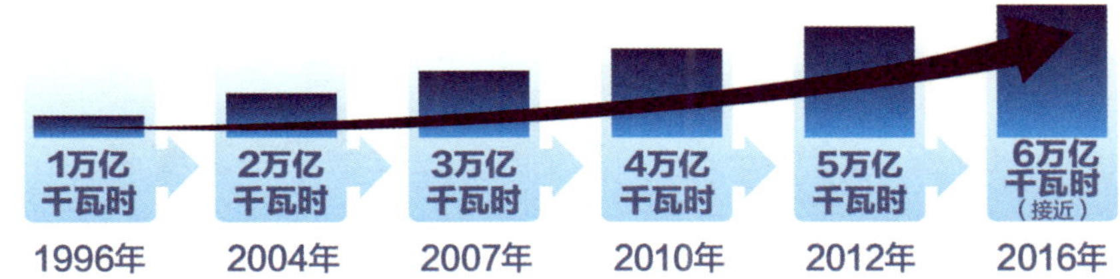

2010—2016年全社会用电量及其增长情况见图5-1。

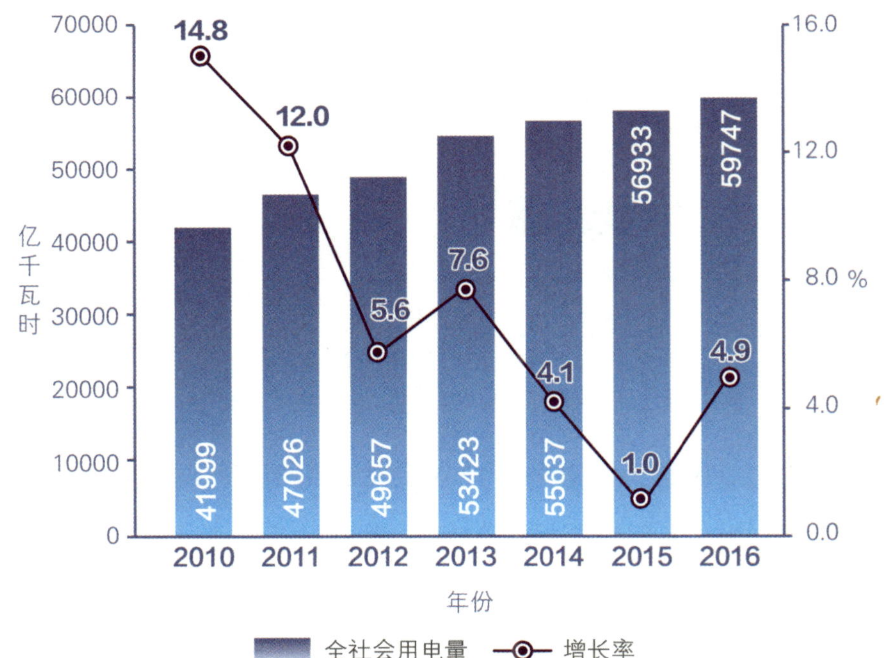

图5-1　2010—2016年全社会用电量及其增长情况

分季度看，第二产业用电恢复，拉动下半年全社会用电量较快增长；第三产业和居民用电对第三季度全社会用电量增长的拉动作用明显。2010—2016年分季度全社会用电量增速情况见图5-2，2016年分季度各产业对全社会用电量增速的拉动情况见图5-3。

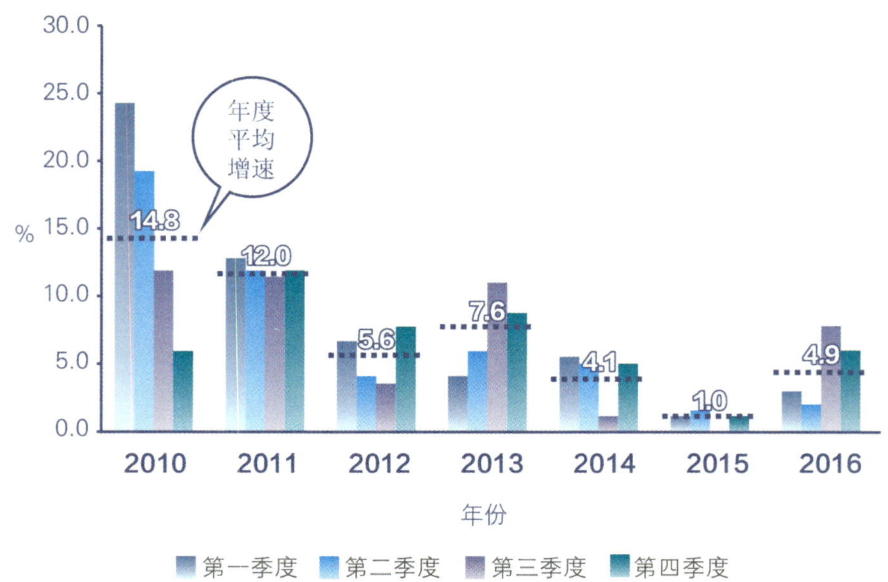

图5-2　2010—2016年分季度全社会用电量增速

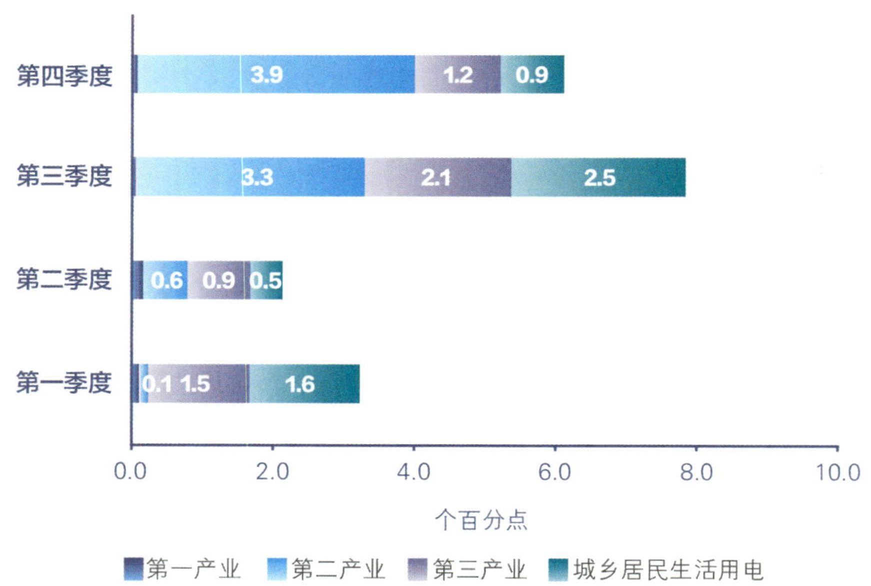

图5-3　2016年分季度各产业对全社会用电量增速的拉动情况

分月份看，下半年各月份全社会用电量增速显著高于上半年各月，4月份为全年增速最低的月份；受夏季高温、上年低基数及高耗能行业用电增长等影响，7、8月份用电分别增长8.3%和8.4%；冬季用电增速有所回落。

2015—2016年分月全社会用电量及其增长情况见图5-4。

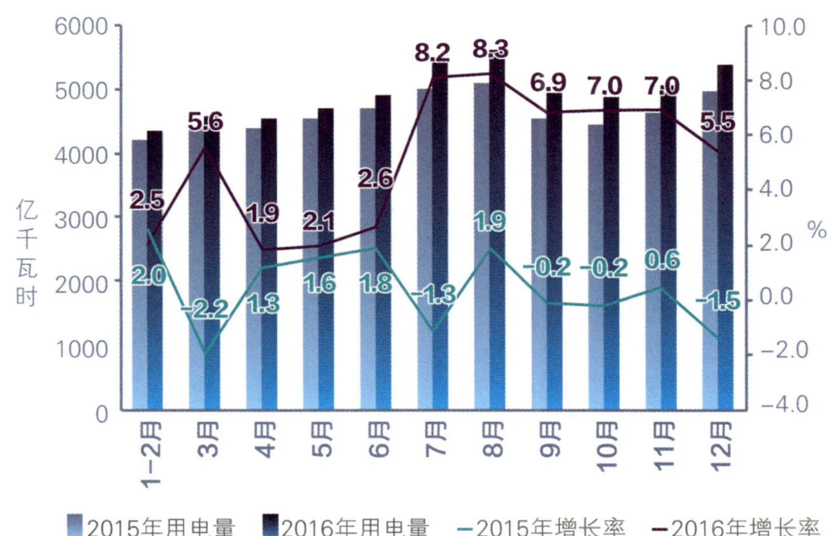

图5-4　2015—2016年分月全社会用电量及其增长情况

注：本报告图中1-2月用电量、增速分别是指1-2月合计用电量的平均值、平均增速，下同。

2.用电结构

第一、第二、第三产业和城乡居民生活用电量占全社会用电量的比重分别为1.8%、71.3%、13.3%和13.5%。与上年相比，第三产业和城乡居民生活用电量占比均比上年提高0.7个百分点；第二产业及其中四大高耗能行业用电量占比均降低1.49个百分点。

2016年全国电力消费结构与2015年对比情况见图5-5。

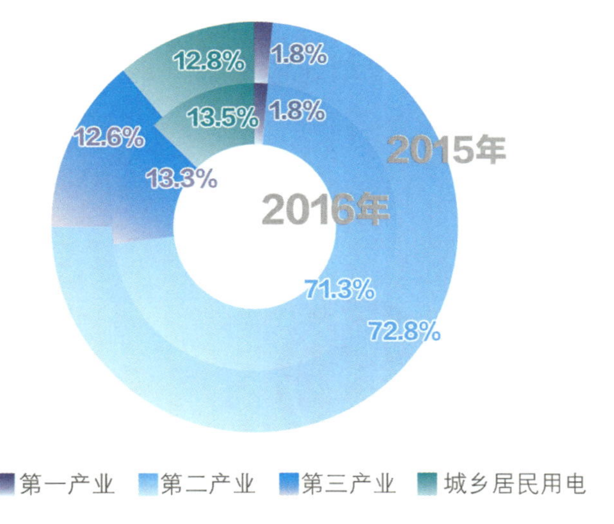

图5-5　2016年全国电力消费结构与2015年对比情况

（1）各产业及居民生活用电。

第二产业拉动全社会用电量增长2.1%，是全社会用电量增长的最主要原因。受夏季高温天气影响，城乡居民生活用电保持较快增长。各产业及居民生活用电情况见图5-6。

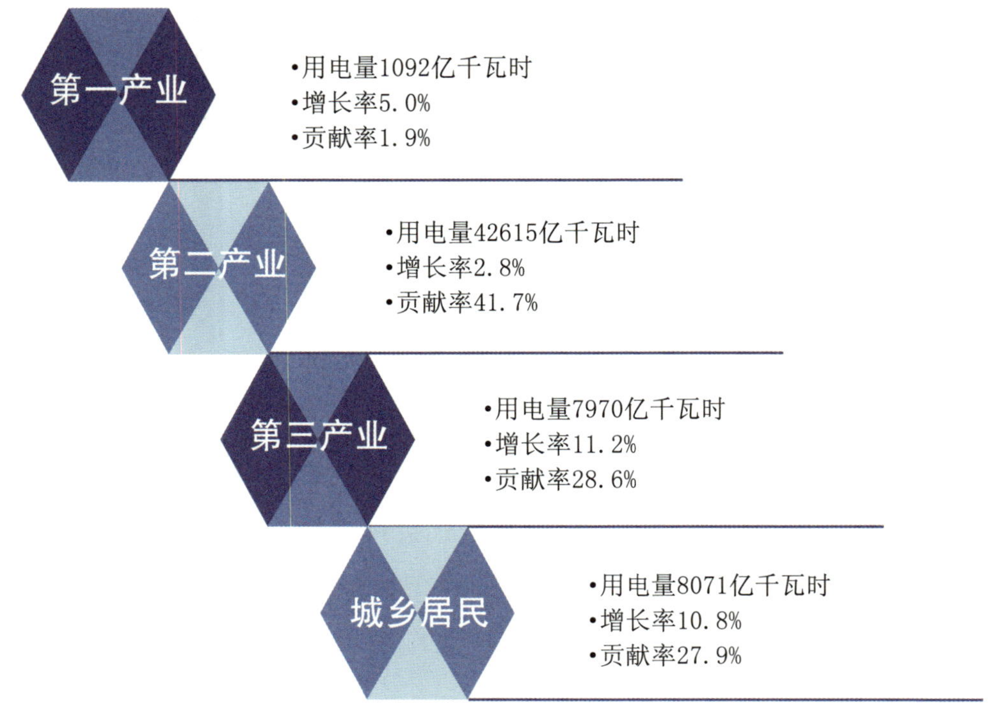

图5-6　各产业及居民生活用电情况

（2）工业及其重点行业用电。

工业　全国工业用电量对全社会用电量增长的贡献率为40.7%，比上年提高97.2个百分点。分轻、重工业看，轻工业用电增长高于重工业，但由于上年基数不同，轻、重工业用电量增速分别比上年提高3.0和3.7个百分点。

2016年工业及其重点行业用电量增速情况见图5-7、图5-8，重点行业用电量构成情况见图5-9。

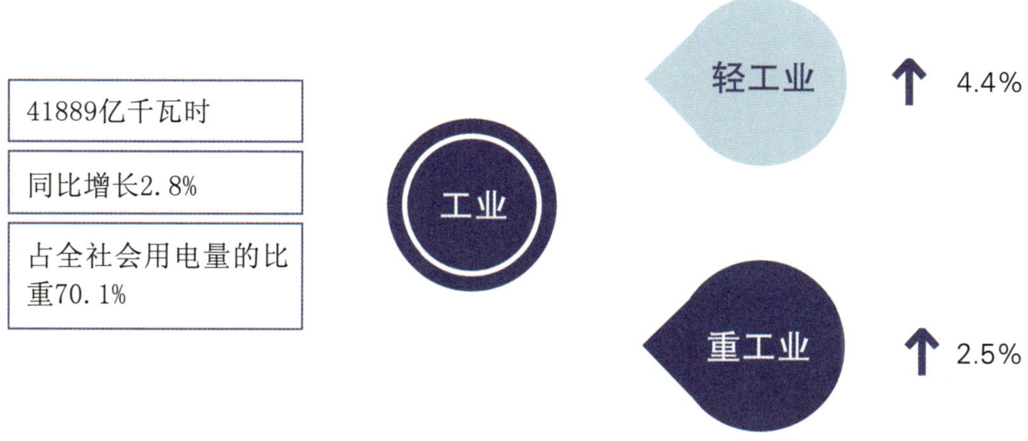

图5-7　2016年工业用电量增速情况

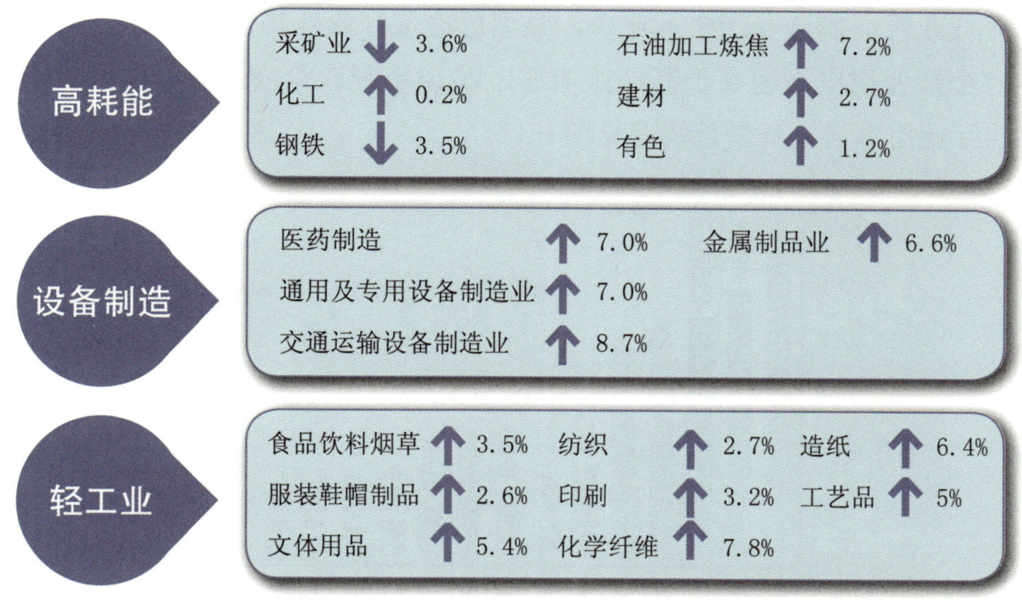

图5-8　2016年重点行业用电量增速情况

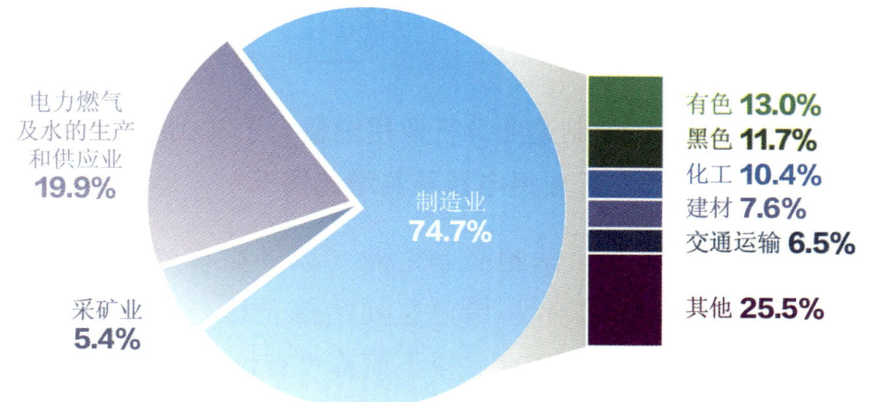

图5-9　2016年重点行业用电量构成情况

制造业　受重要生产资料价格总体波动上升、企业开工形势较好、部分地区在上年第三、第四季度基数较低的影响，制造业季度用电量增速逐季提高，第一、第二、第三、第四季度分别增长-1.5%、0.7%、3.8%和6.1%，分别拉动全社会用电增长-0.8、0.4、2.0和3.3个百分点。制造业用电情况见图5-10。

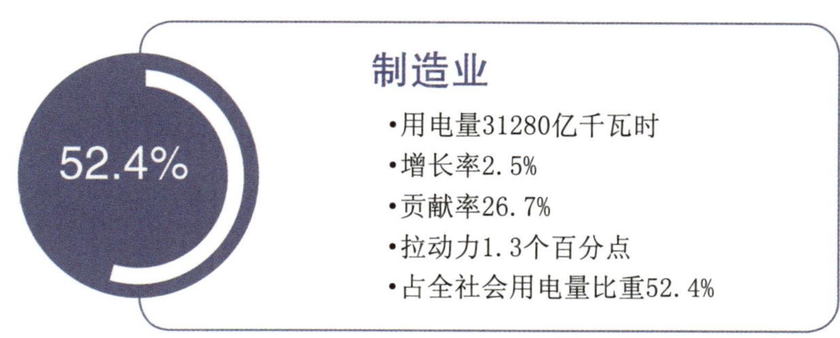

图5-10　制造业用电情况

分行业看，制造业20个行业中，除黑色冶炼行业外其他行业用电量均实现正增长，17个行业用电增速高于制造业增速。2016年制造业分行业用电量大于300亿千瓦时的行业用电量及其增长情况见图5-11。

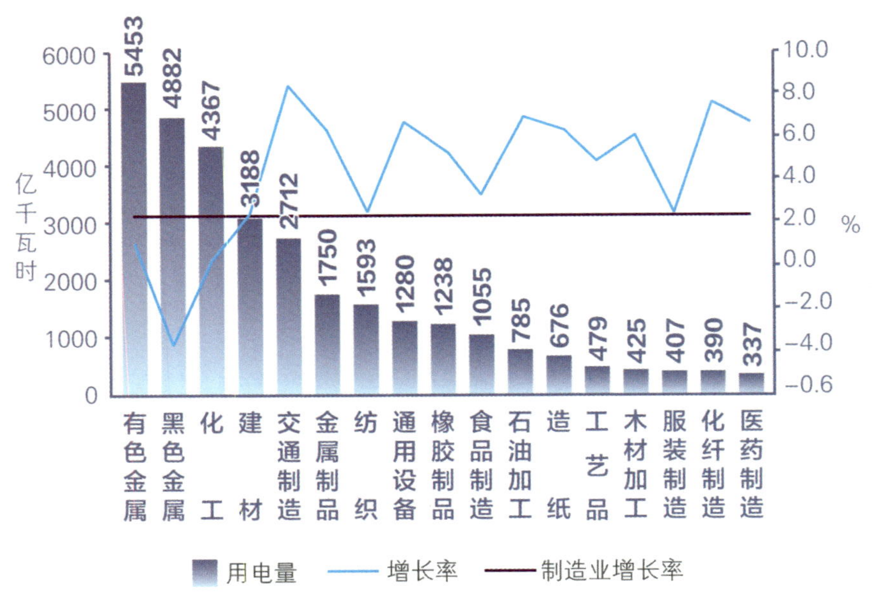

图5-11　2016年制造业分行业用电量大于300亿千瓦时的行业用电量及其增长情况

重点行业　化学原料及化学制品制造业（以下简称“化工”）、非金属矿物制品业（以下简称“建材”）、黑色金属冶炼及压延加工业（以下简称“黑色”）、有色金属冶炼及压延加工业（以下简称“有色”）四大高耗能行业合计用电量与上年基本持平。

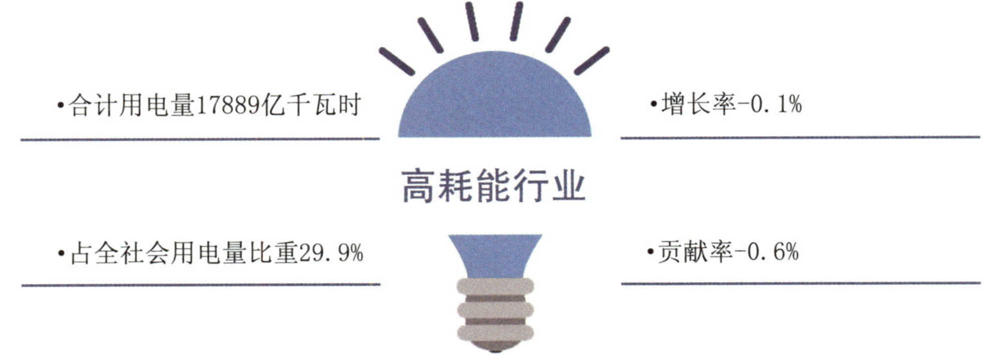

第二季度以来，受重要生产资料价格总体波动上升、主要产品产量增速逐步提高的影响，四大重点耗能行业用电增速总体呈现由负转正并逐季提高，第一、第二、第三、第四季度分别增长-5.8%、-1.1%、0.8%和4.8%，分别拉动全社会用电增长-1.8、-0.4、0.2和1.6个百分点。

2016年四大高耗能行业各季度用电量增长情况见图5-12，四大高耗能行业用电量及占比情况见图5-13。

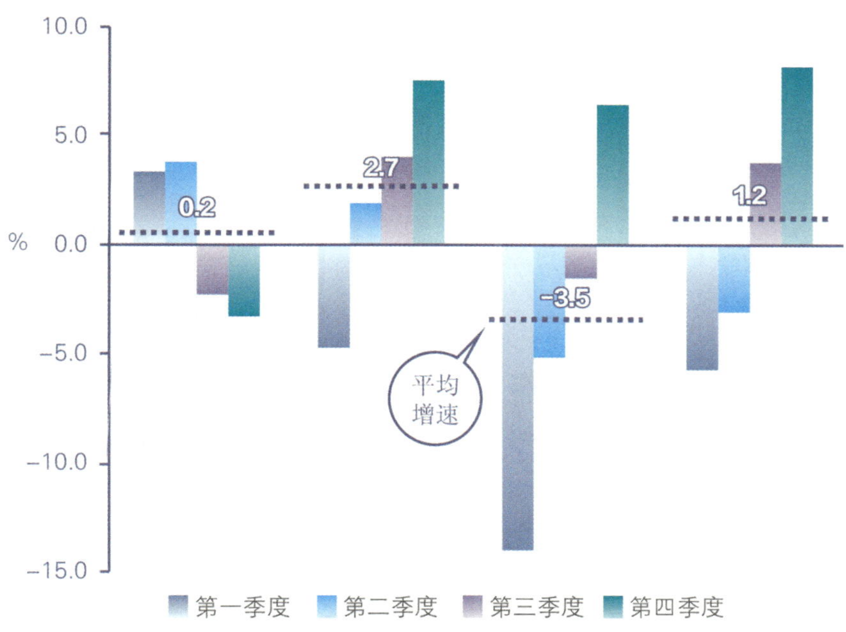

图5-12　2016年四大高耗能行业各季度用电量增长情况

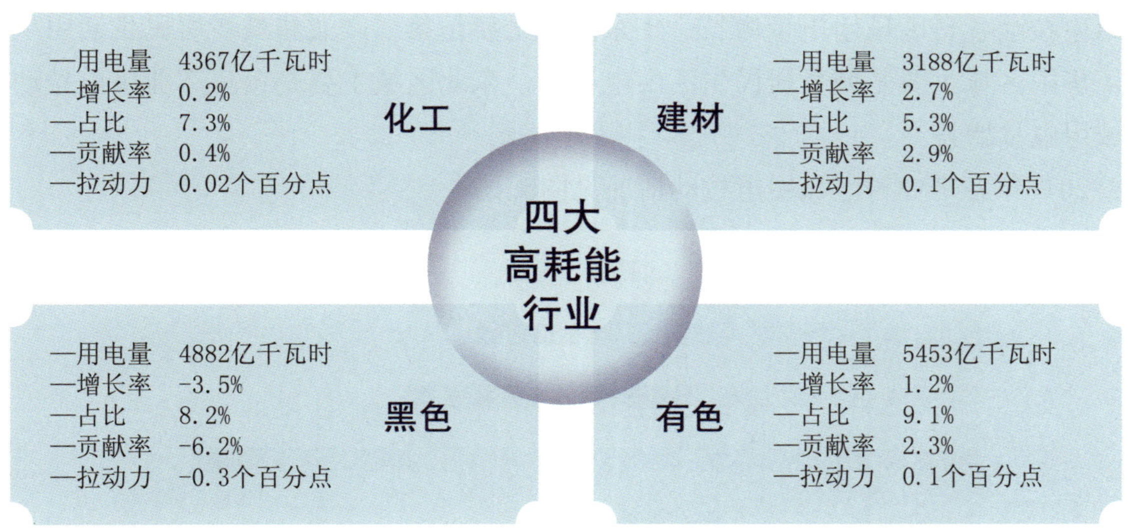

图5-13　四大高耗能行业用电量及占比

（二）分区域、分省份情况

1.分区域用电情况

全社会用电　华北、华东和华中区域全社会用电量超过10000亿千瓦时，3个区域合计用电量占全社会用电总量的66.8%。各区域用电量均实现正增长，其中，华东和华中区域受夏季高温影响较大，全社会用电量增速高于全国平均水平，华东、华北和华中区域分别拉动全社会用电量增长1.8、1.0和0.9个百分点。

2016年分区域用电量及其增长情况见图5-14。

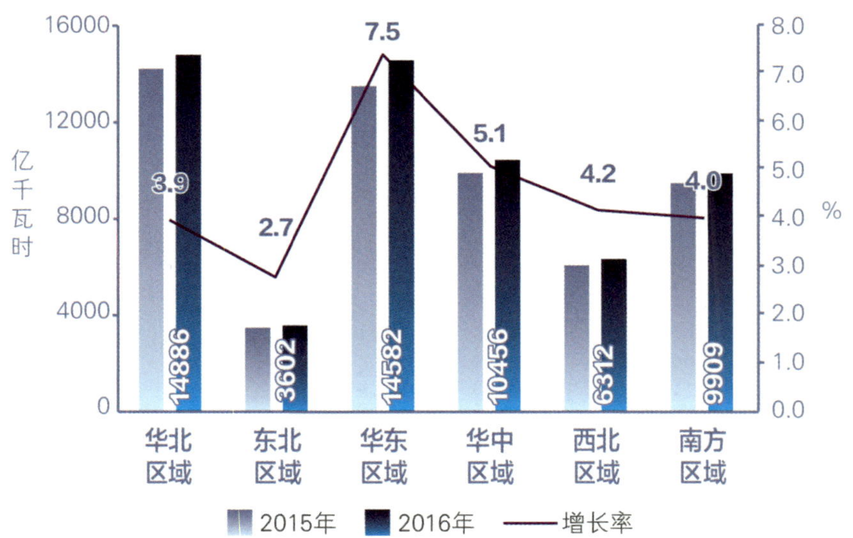

图5-14　2016年分区域用电量及其增长情况

分产业用电　从拉动力看，华北、西北和南方区域主要是第二产业和第三产业用电拉动各自区域用电量增长，华东区域主要是第二产业和城乡居民生活用电拉动，华中区域主要是城乡居民生活用电拉动，东北区域主要是第三产业用电拉动该区域用电量增长。

2016年各产业对区域用电拉动情况见图5-15。

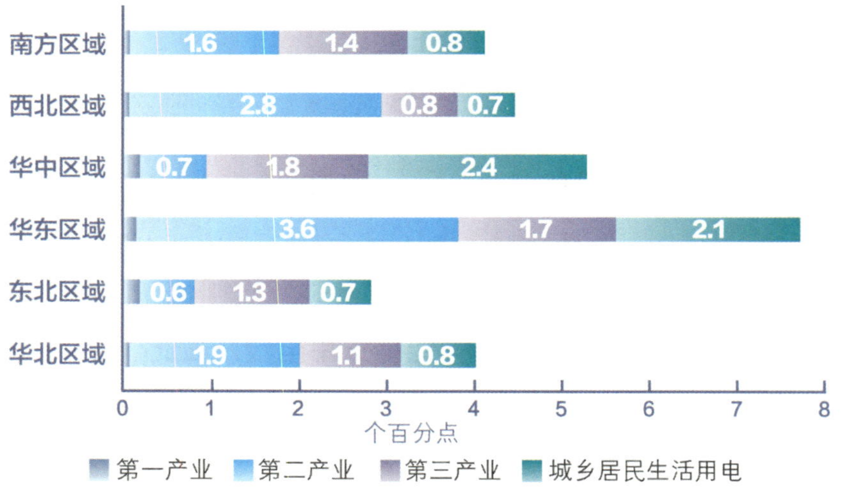

图5-15　2016年各产业对区域用电拉动情况

从产业结构看，华中、南方、东北和华东区域第三产业和城乡居民生活用电量占比高于全国平均水平，华北和西北区域第二产业用电量占比超过75%。

2016年各区域分产业用电占比情况见图5-16。

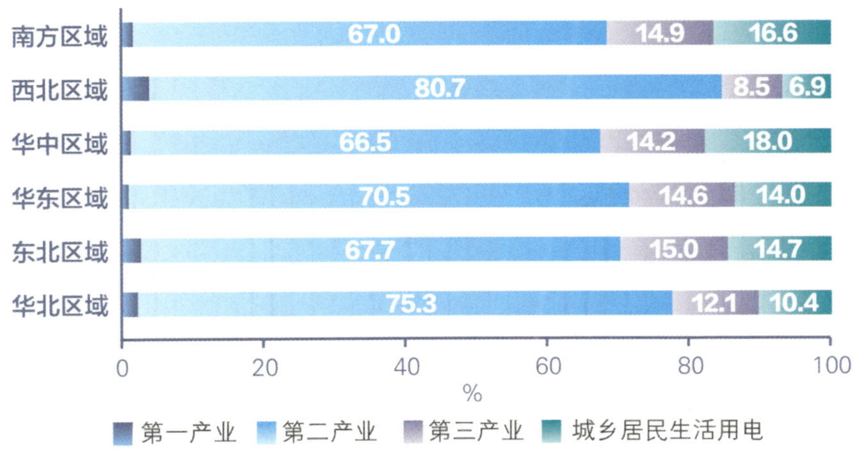

图5-16　2016年各区域分产业用电占比情况

重点行业用电　西北、南方和华北区域高耗能行业用电量增速高于全国高耗能行业用电量平均增速（-0.1%），西北以及南方区域高耗能行业用电呈现恢复性增长，是全年高耗能行业用电量增长的主要力量。

2016年分区域四大耗能行业合计用电量和增长情况见图5-17。

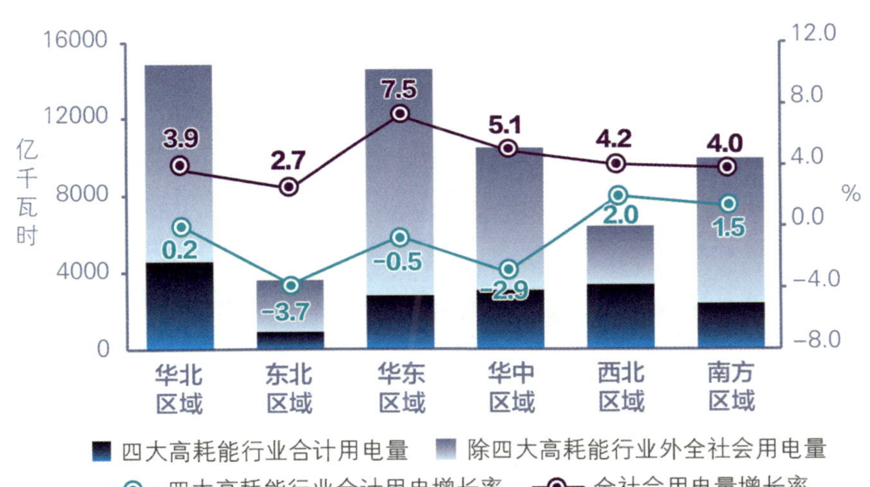

图5-17　2016年分区域四大高耗能行业合计用电量和增长情况

从2016年各区域高耗能行业合计用电量占比看，西北区域四大高耗能行业合计用电量占该区域用电量的比重超过50%；华东区域由于多数省份产业结构调整较早，呈现多元化产业态势，高耗能产业比重较小。和2010年相比，华中、华北和东北区域高耗能行业合计用电量占比降幅超过5个百分点，其中，华中区域降低9.3个百分点，西北区域提高3.2个百分点，南方区域与2010年基本持平。可以看出，“十二五”期间东部沿海地区高耗能行业向西部地区转移趋势明显。2010—2016年四大高耗能行业合计用电量占该区域用电量比重情况见图5-18。

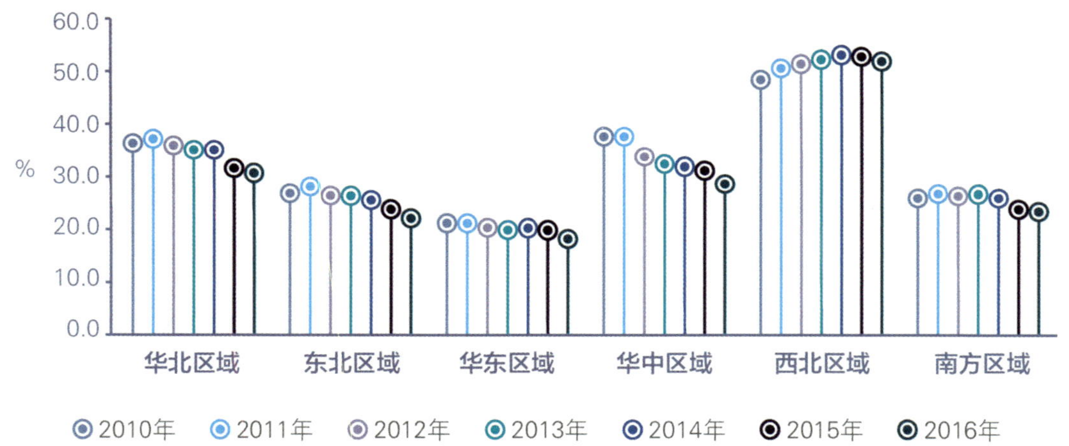

图5-18　2010—2016年四大高耗能行业合计用电量占该区域用电量比重

注：山东魏桥自2015年年报纳入统计，为保证历史数据可比，本图中2015年和2016年剔除该部分。

西北区域有色行业用电量占该区域四大高耗能行业合计用电量比重超过50%，东北区域黑色行业用电量占该区域四大高耗能行业合计用电量的近一半；南方区域建材、黑色和有色行业用电量各占1/3左右。

2016年各区域四大高耗能行业用电量占比情况见图5-19。

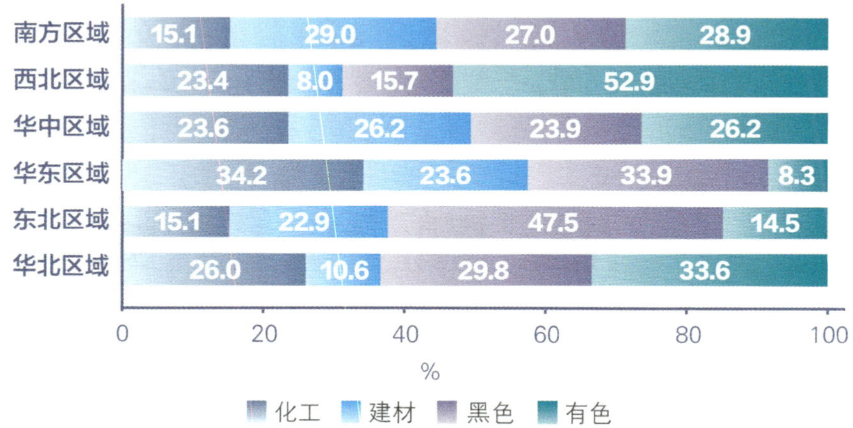

图5-19　2016年各区域四大高耗能行业用电量占比

化工行业　主要分布在华北和华东区域，两个区域合计化工行业用电量占全国同行业用电量的54.8%。仅华东和西北区域化工行业用电正增长，带动化工行业用电量同比增长0.2%。

建材行业　除东北和西北区域外，其他区域分布相对均衡，基本各占全国同行业用电量的20%左右，其中，华中区域占比最大，为25.1%；与上年相比，西北、南方和华北区域建材行业用电量增速高于全国平均水平。

黑色行业　主要分布在华北区域，用电占比达34.0%；与上年相比，各区域黑色行业用电量增速均有不同程度下降，其中西北、华北和华东区域用电量增速低于全国平均水平。

有色行业　主要分布在华北和西北区域，两个区域合计用电量占全国同行业用电量的66.2%，华中和南方区域用电量占比逐年减少；与上年相比，南方和华北区域用电量同比分别增长9.2%和5.2%，而华中、东北和华东区域同比下降，其中华中区域同比下降8.7%。

2016年四大高耗能行业分区域用电量占比情况见图5-20，用电量增长情况见图5-21。

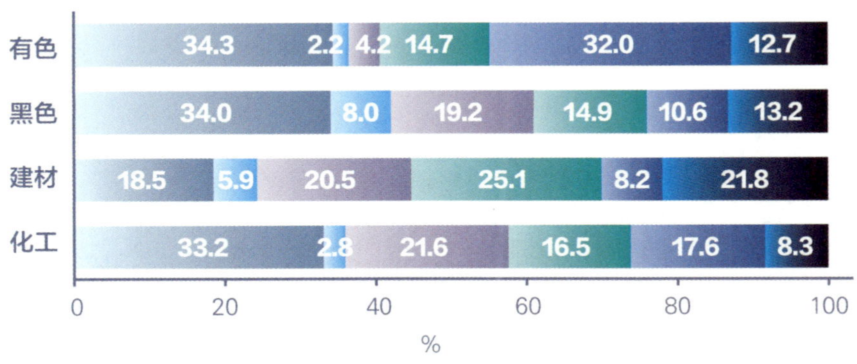

图5-20　2016年四大高耗能行业分区域用电量占比

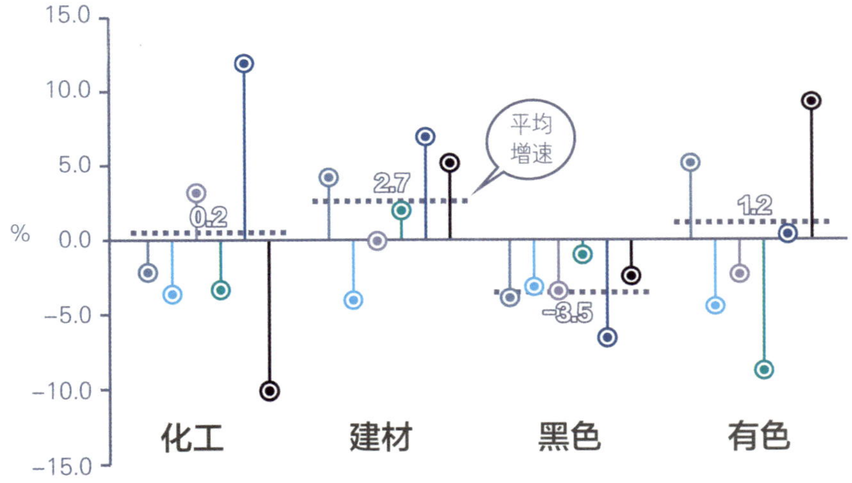

图5-21　2016年四大高耗能行业分区域用电量增长情况

2.分省份用电情况

全社会用电　全国有广东、江苏、山东、浙江、河北、河南、内蒙古、新疆、四川和辽宁10个省份全社会用电量超过2000亿千瓦时，合计用电量35647亿千瓦时，同比增长19.4%，比全国全社会用电量增速高14.5个百分点，其中四川和辽宁用电量首次超过2000亿千瓦时；除内蒙古、辽宁、河北和河南外的其他6个省份的用电量增速均高于全国平均水平；上述10省份合计用电量占全国全社会用电量的59.7%，比上年提高7.2个百分点；对全国用电量增长的贡献率为64.5%，比上年回落41.1个百分点。2016年分省份全社会用电量及增长情况见图5-22。

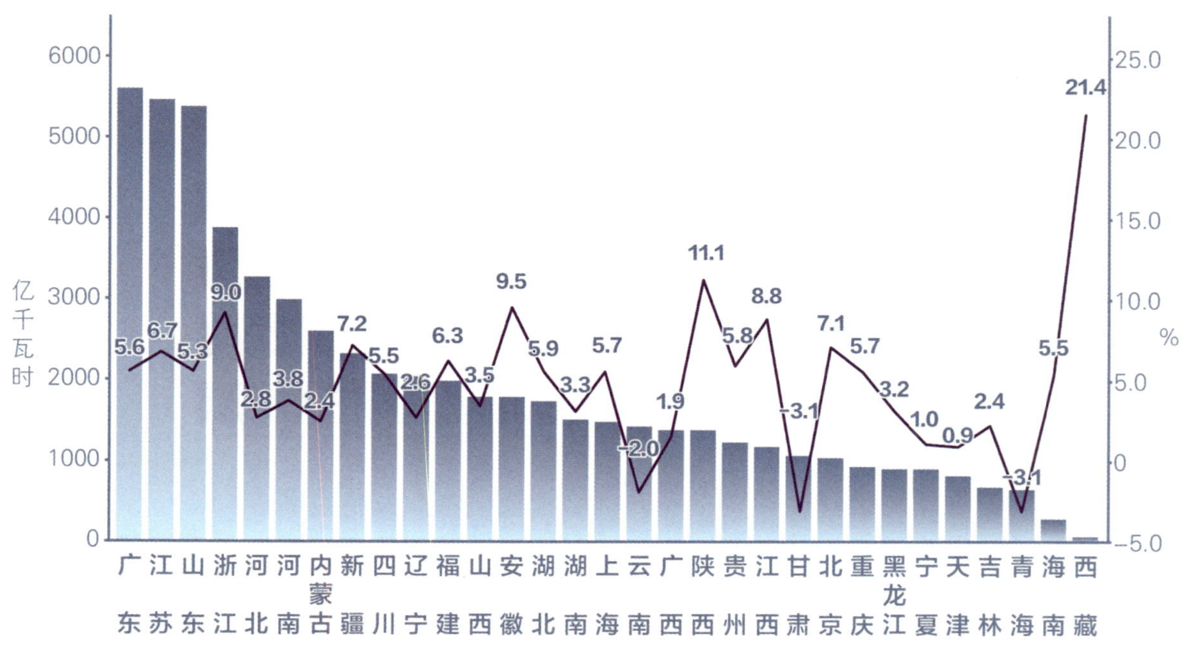

图5-22　2016年分省份全社会用电量及增长情况

全社会用电量增速高于全国平均水平（4.9%）的省份共有17个，其中增速超过10%的省份有西藏（21.4%）和陕西（11.1%）。全社会用电量负增长的省份共有3个，分别为青海（-3.1%）、甘肃（-3.1%）和云南（-2.0%）。2016年各省份全社会用电量增速与全国平均增速比较情况见图5-23。

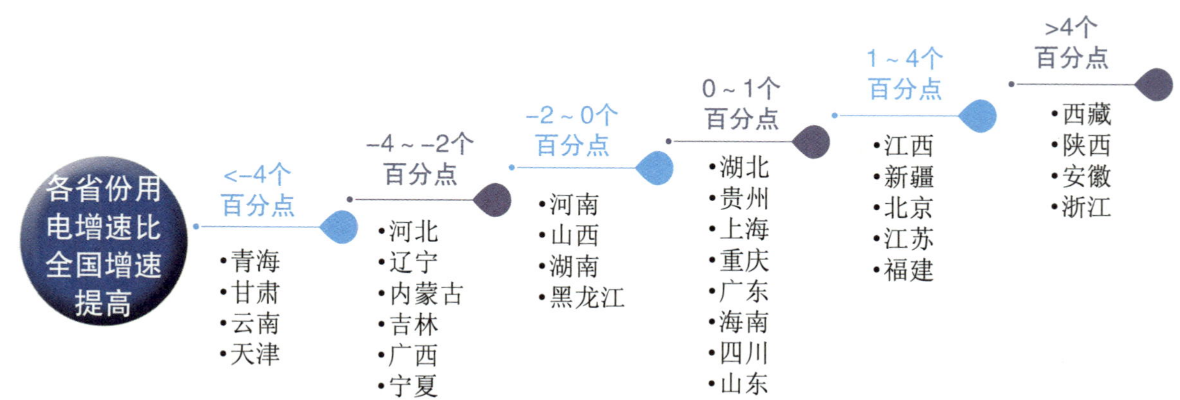

图5-23　2016年各省份全社会用电量增速与全国平均增速比较

分产业用电　第二产业用电量超过1000亿千瓦时的省份有15个，其中，山东和江苏第二产业用电量超过4000亿千瓦时。分省份看，12个省份第二产业用电增速高于全国平均水平，分别为西藏、陕西、新疆、浙江、安徽、江西、广东、江苏、山东、福建、贵州和北京。从贡献率看，浙江、江苏、山东、广东和新疆第二产业用电量对全国第二产业用电量贡献率超过10%，其中浙江贡献率达15.1%。

第二产业用电量大于1000亿千瓦时的省份用电量及增长情况见图5-24。

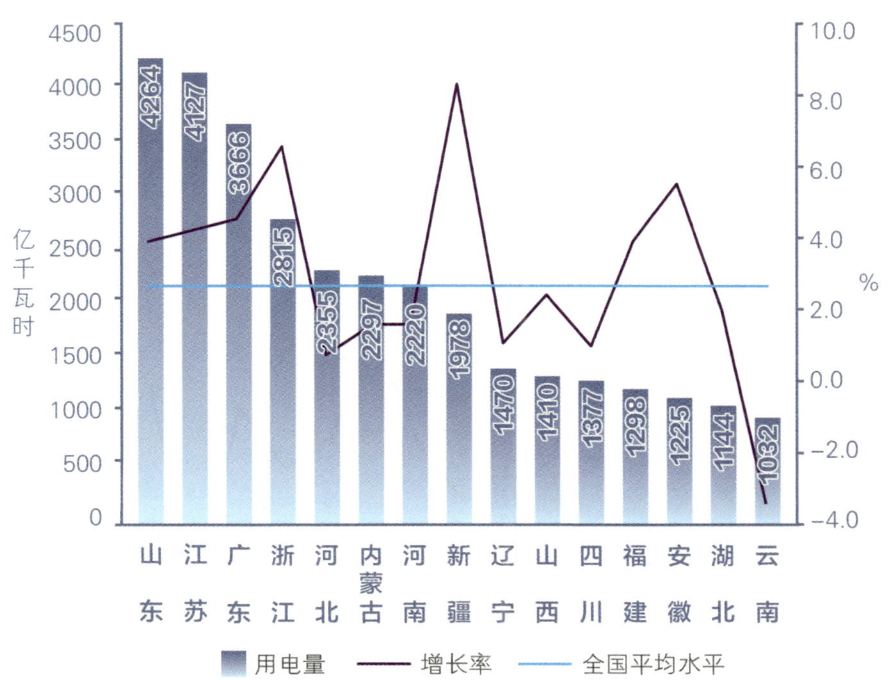

图5-24　第二产业用电量大于1000亿千瓦时的省份用电量及增长情况

从占比看，第二产业用电量占该省份全社会用电量85%以上的省份有青海、宁夏、内蒙古和新疆，其中，青海和宁夏占比分别为91.0%和90.8%；北京、海南和西藏第二产业用电量占比不到50%。

各省份第二产业用电量占本省份全社会用电量比重情况见图5-25。

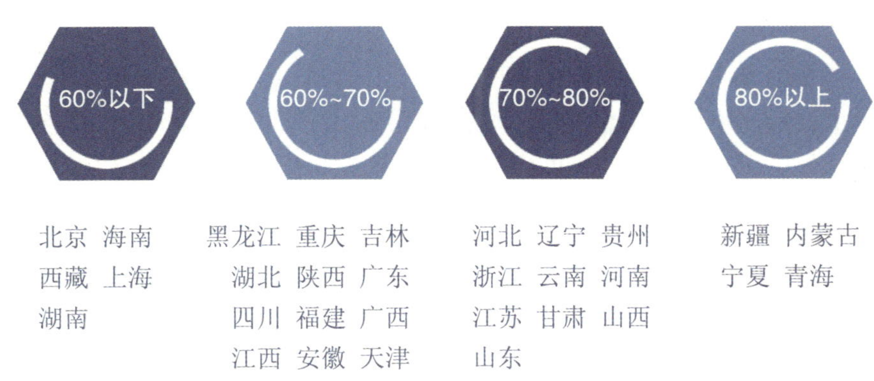

图5-25　各省份第二产业用电量占本省份全社会用电量比重情况

重点行业用电　四大高耗能行业合计用电量超过1000亿千瓦时的省份有山东、内蒙古、新疆、江苏、河南和河北，此6个省份四大高耗能行业合计用电量占全国四大高耗能合计用电量的46.6%。共有15个省份四大高耗能行业用电增速高于全国平均水平，分别为新疆、陕西、广东、江西、内蒙古、贵州、西藏、海南、广西、山东、安徽、山西、福建、浙江和上海。

2016年四大高耗能行业合计用电量大于500亿千瓦时的省份用电量及增长情况见图5-26。

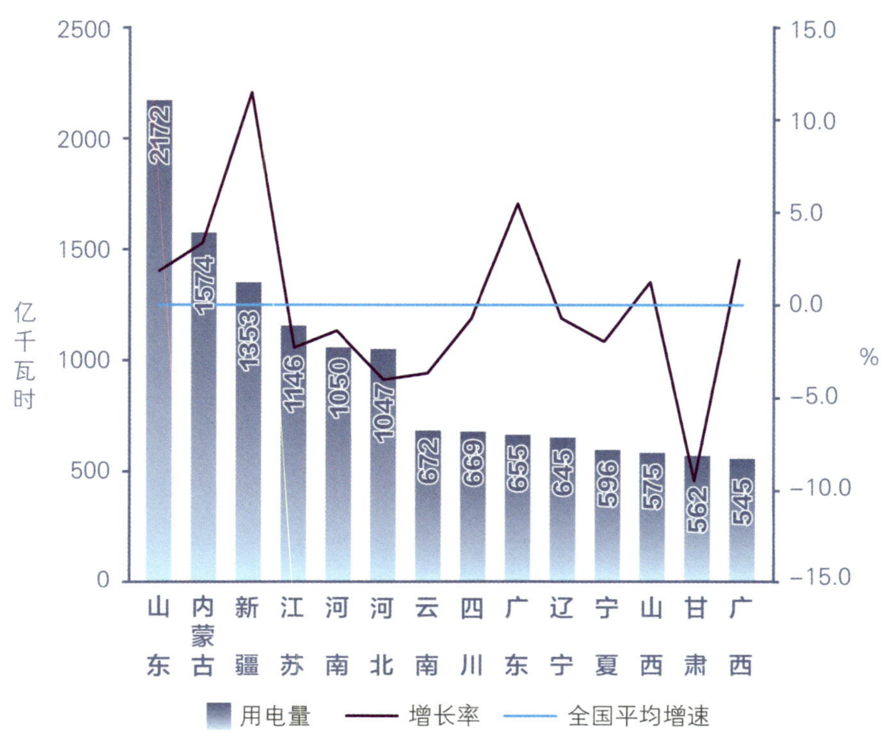

图5-26　2016年四大高耗能行业合计用电量大于500亿千瓦时的省份用电量及增长情况

四大高耗能行业电量占该省份全社会用电量50%以上的省份有青海、宁夏、甘肃、内蒙古和新疆，其中，青海占比为78.2%。

第三产业用电量超过500亿千瓦时的省份有3个，其中，广东达到948亿千瓦时。分省份看，17个省份第三产业用电增速高于全国平均水平，分别为西藏、重庆、云南、江西、贵州、安徽、浙江、四川、陕西、湖南、湖北、青海、江苏、河北、福建、宁夏和海南。从贡献率看，广东、江苏、浙江、山东和河北第三产业用电量对全国第三产业用电量贡献率超过5%，其中，广东、江苏和浙江贡献率分别为8.8%、8.8%和8.4%。

第三产业用电量大于200亿千瓦时的省份用电量及增长情况见图5-27。

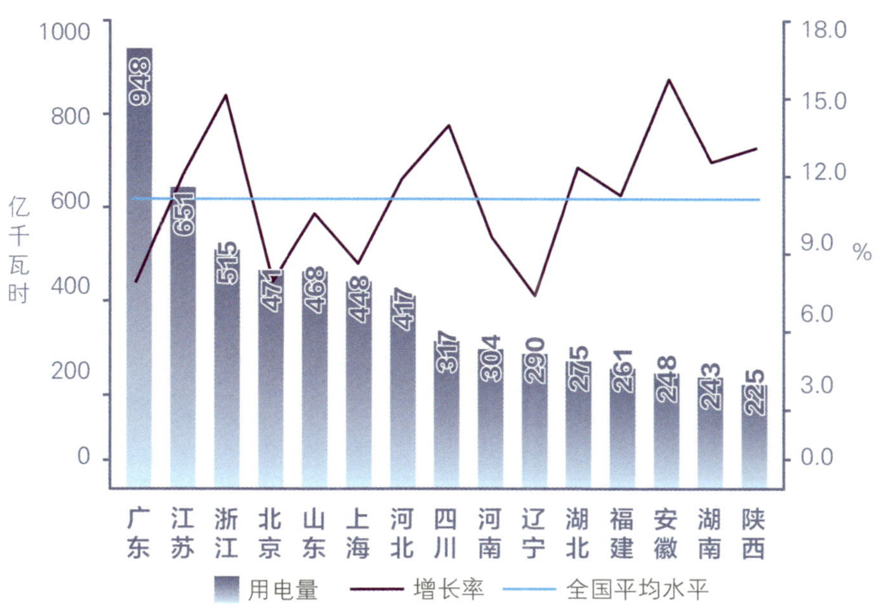

图5-27　第三产业用电量大于200亿千瓦时的省份用电量及增长情况

从占比看，北京、西藏和上海第三产业用电量占该省份全社会用电量比重超过30%，宁夏、青海、内蒙古、新疆、山东、贵州和山西占比低于10%。

各省份第三产业用电量占本省份全社会用电量比重情况见图5-28。

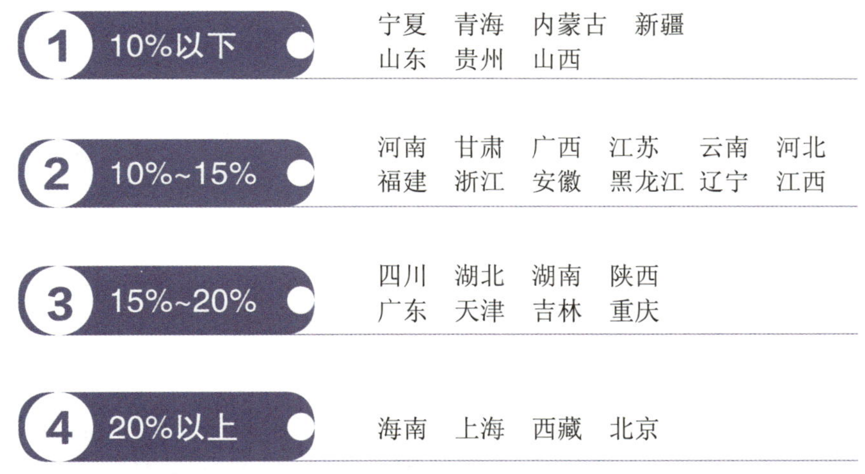

图5-28　各省份第三产业用电量占本省份全社会用电量比重

城乡居民生活用电量超过500亿千瓦时的省份有4个，其中，广东为904亿千瓦时。受夏季高温天气影响，城乡居民生活用电同比增长较快的省份主要分布在华东和华中地区。共有12个省份城乡居民生活用电量增速高于全国平均水平，分别为西藏、重庆、安徽、湖南、上海、江苏、浙江、四川、江西、湖北、陕西和北京。从贡献率看，江苏、浙江、湖南、广东、四川、山东和安徽城乡居民生活用电量对全国城乡居民生活用电量贡献率超过5%，其中江苏贡献率为11.5%。

城乡居民生活用电量大于200亿千瓦时的省份用电量及增长情况见图5-29。

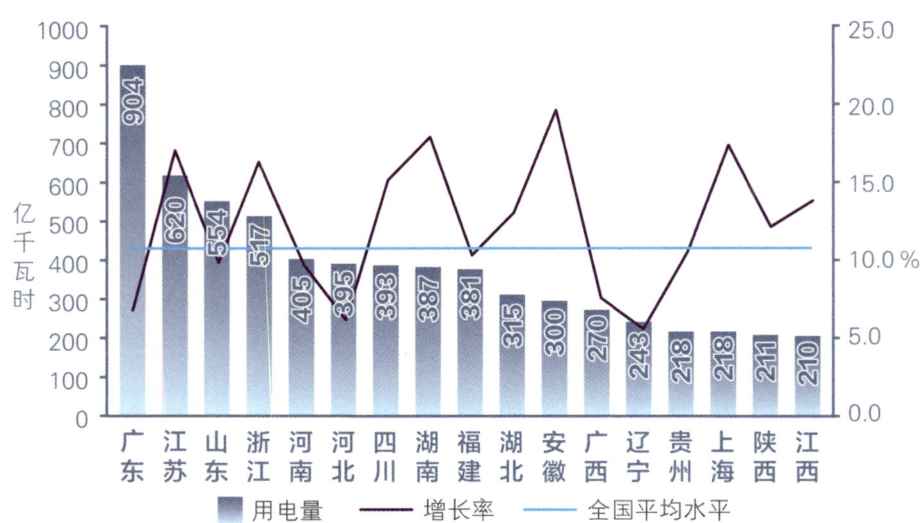

图5-29 城乡居民生活用电量大于200亿千瓦时的省份用电量及增长情况

从占比看，湖南和西藏城乡居民生活用电量占该省份全社会用电量的比重超过20%，宁夏、新疆、青海、内蒙古、甘肃和山西占比低于10%。

各省份城乡居民生活用电量占本省份全社会用电量比重情况见图5-30。

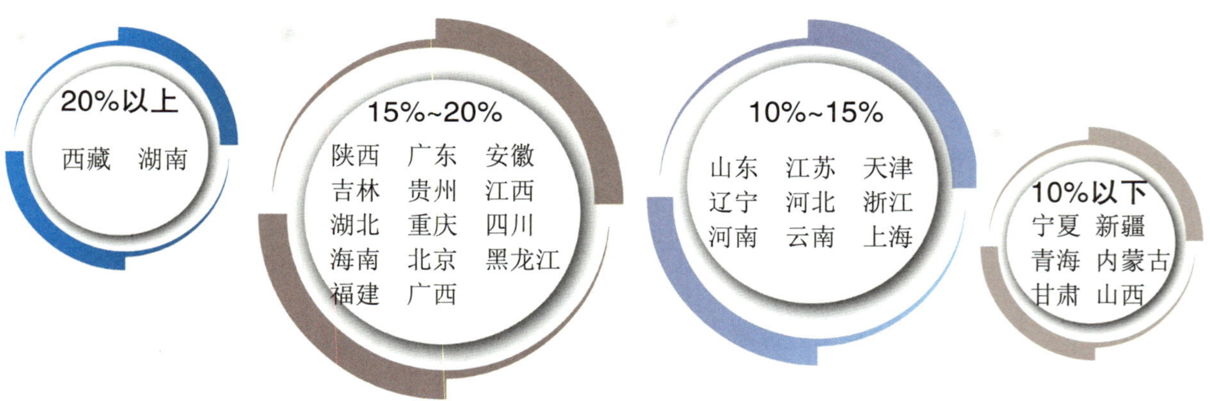

图5-30 各省份城乡居民生活用电量占本省份全社会用电量比重

二、统调最高用电负荷

根据国家电力调度控制中心数据，2016年，受上年低基数和夏季气温较常年同期偏高影响，全国电网统调最高用电负荷（即最高发受电电力，下同）比上年增长7.7%，增速比上年提高7.4个百分点。分区域看，各区域统调最高用电负荷增速分别比上年有不同程度的提高，华北、华东、华中、西南和南方电网最大用电负荷均出现在夏季，东北和西北电网最大负荷出现在冬季。分月度看，2月份受气温偏高和春节因素影响用电负荷增速为全年最低月份；7、8月份受夏季高温影响（8月份全国平均气温较常年同期偏高1.2℃，为1961年以来历史同期最高）；进入第四季度，受重要生产资料价格上涨带动高耗能行业用电量提高，带动当季用电负荷较快增长。

2016年分区域最高用电负荷及增长情况见图5-31，2016年全国分月最高用电负荷及增长情况见图5-32。

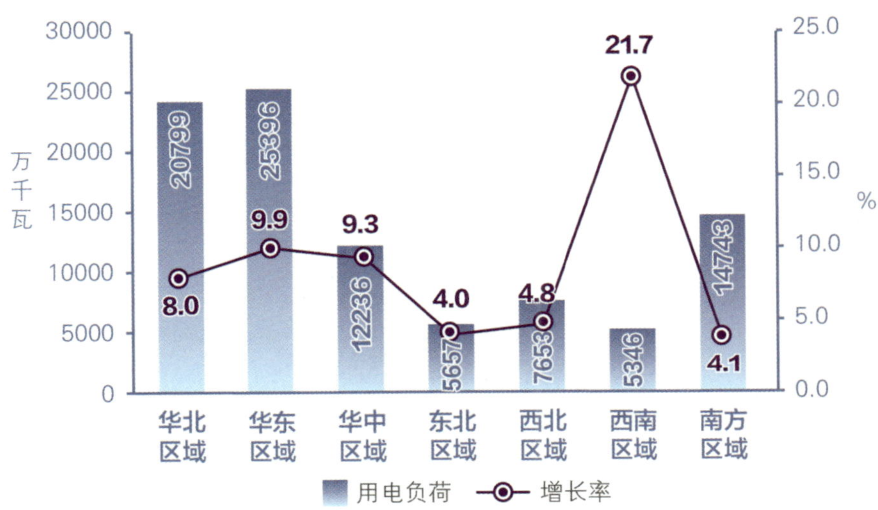

图5-31　2016年分区域最高用电负荷及增长情况

注：数据来源于国家电力调度控制中心旬报。

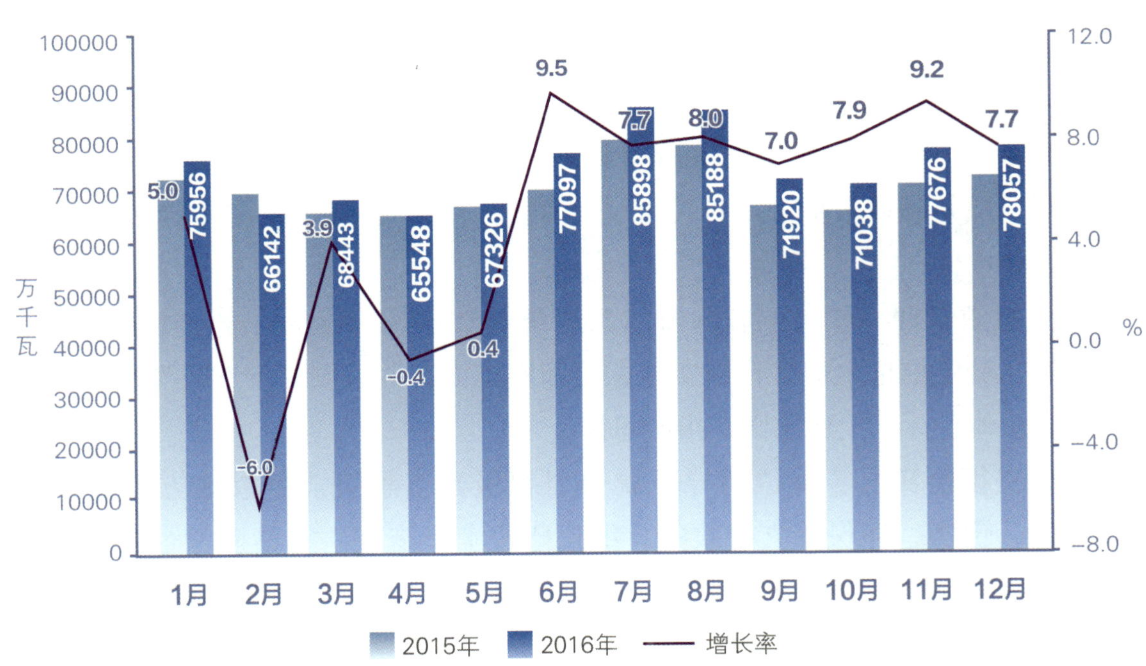

图5-32　2016年全国分月最高用电负荷及增长情况

注：数据来源于国家电力调度控制中心旬报。

三、电能替代

（一）电能替代政策

2016年5月，国家发展改革委等八部委联合印发《关于推进电能替代的指导意见》，对推进电能替代工作提出了指导意见。

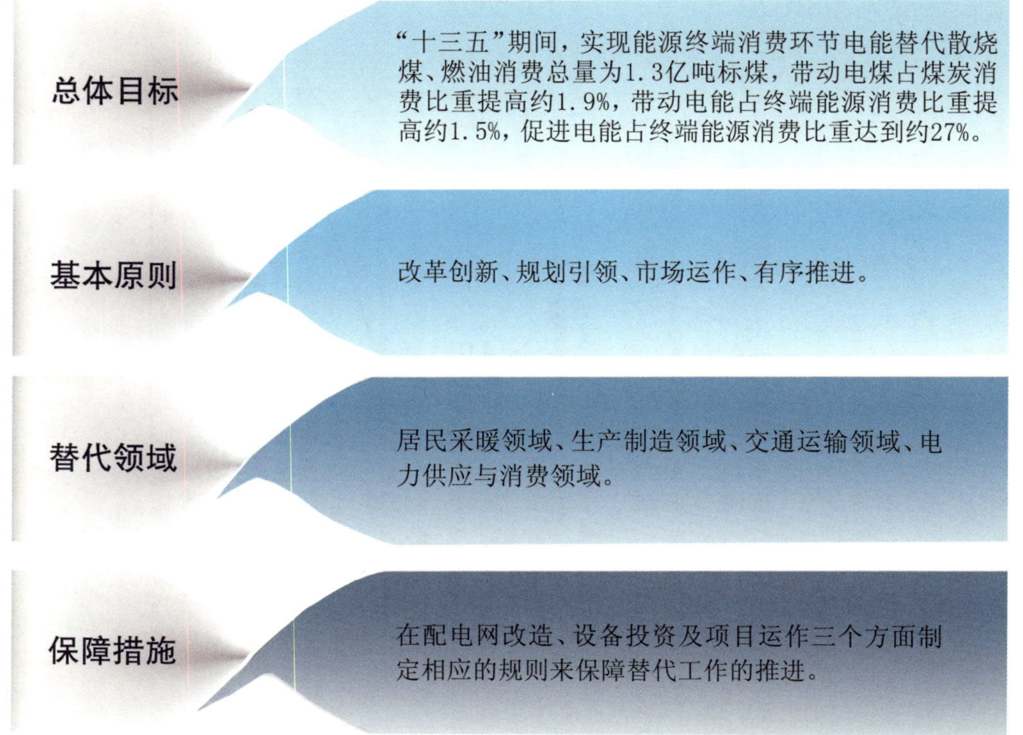

（二）电力企业电能替代措施

电网企业认真贯彻落实国家治理大气污染、推动供给侧结构性改革等战略部署，按照“成熟领域全覆盖，新兴领域大力推，创新领域抓试点”的工作布局，大力推进电能替代。

加强组织管理　积极响应国家能源消费革命号召，各单位成立电能替代工作领导小组，制定推进电能替代的实施意见和实施方案，编制“十三五”电能替代规划，明确总体目标、工作原则、指导思想。

积极贯彻落实　各单位指导下属公司积极建言献策，争取地方政府出台规划、补贴、价格、环保等支持政策。细化落实工作措施，完整梳理企业工作需求与任务清单，落实本供电营业区市场潜力调查，为持续形成替代市场工作机制夯实基础。

创新替代技术和领域　大力拓展替代领域，替代技术领域从5个拓展到20大类、53个细分领域。发布16项港口岸电等电能替代企业标准，研制出具有自主知识产权的高、低压岸电成套设备和全电餐车等产品。全面推进燃煤自备电厂清洁替代，推广电冰箱、电热水器等高效节能家电1211万台。

共同推进　建立覆盖众多领域的电能替代产业发展促进联盟，开辟业扩报装“绿色通道”，快速响应客户用电需求，凝聚各方力量，共同推进电能替代规模化发展。

（三）电能替代成效

国家电网、南方电网、内蒙古电力及陕西地电共推广电能替代项目4.1万个，完成替代电量1079亿千瓦时。2016年电能替代成效见图5-33。

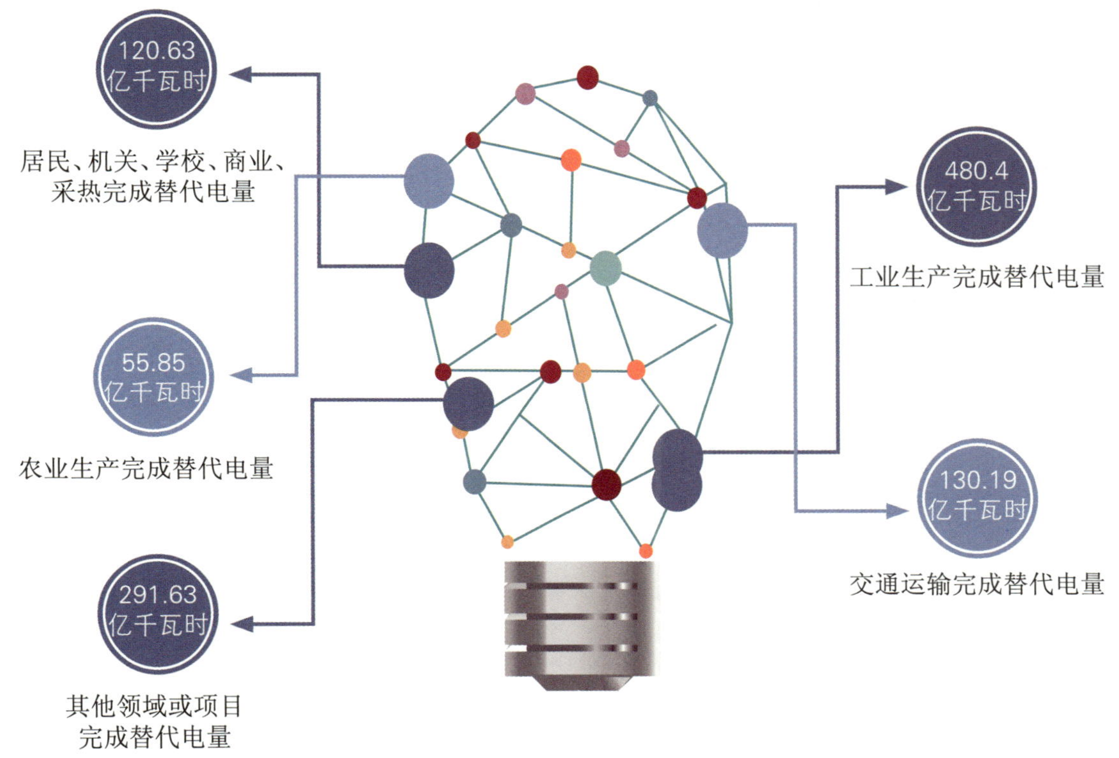

图5-33　2016年四大电网企业实施电能替代成效情况

四、电力需求侧管理

在电力供需关系进一步宽松的形势下，国家、行业、企业、社会共同推进电力需求侧管理工作，在确保用电安全可靠性的前提下，引导电力用户合理节电，电力需求侧管理工作成效显著。

（一）政府部门开展的主要工作

国家有关部委以及各省（自治区、直辖市）政府持续开展、落实电力需求侧管理各项工作，取得长足的进展和成绩，获取了宝贵的经验。

1.国家发展改革委

国家发展改革委结合国家制定的“十三五”能源转型目标要求以及电力市场化建设、电力供需新形势，加大电力需求侧管理工作力度，创新电力需求侧管理工作机制和工作领域，严格对电网企业实施电力需求侧管理的考核，开展电力需求侧管理城市综合试点工作评价，试点工作成效显著。

● **创新开展电力需求侧管理工作**

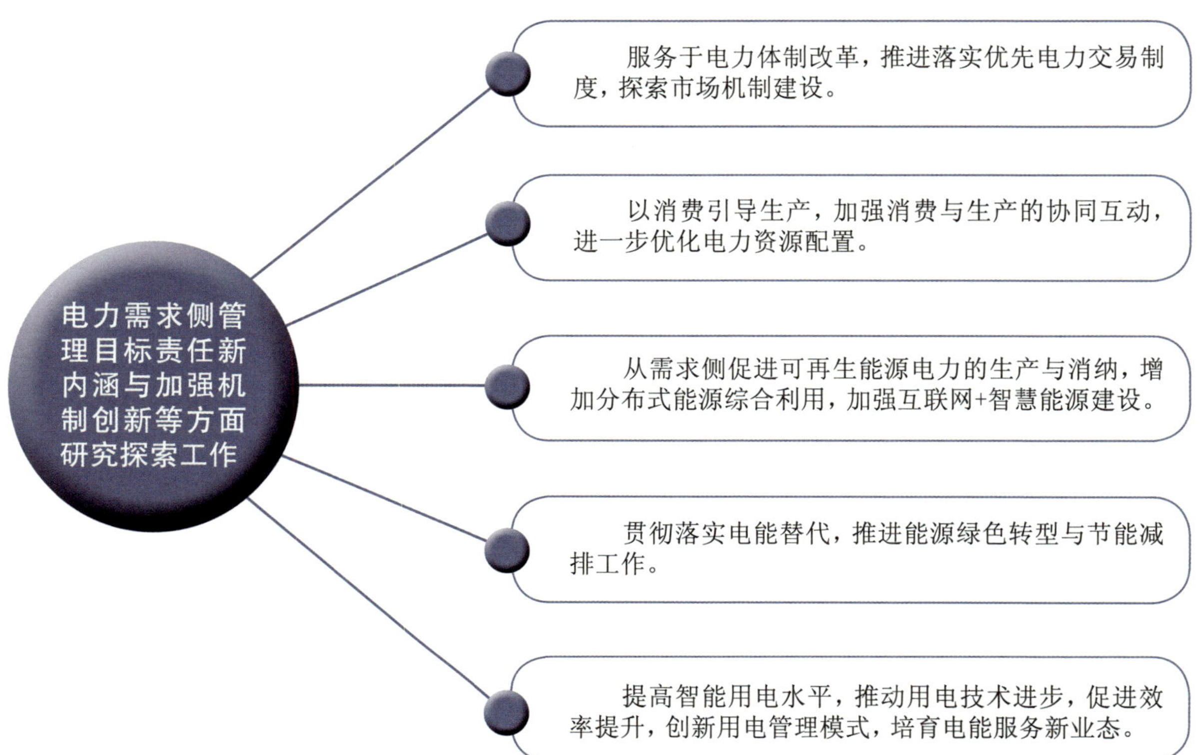

● **开展电力需求侧管理工作情况**

电力需求侧管理城市综合试点	•总结北京、唐山、苏州、佛山工作落实情况、效果和经验； •进一步发挥试点的引领示范，建立长效机制，起到了积极推进的作用。
对电网企业进行考核	•持续组织电网企业电力需求侧管理目标考核； •电网企业圆满完成电力需求侧管理目标任务。
电力需求侧管理平台建设	•部分省份基本实现了在线监测、宏观经济分析等工作的数字化、网络化、可视化，提高了用电服务水平； •加强对参与用电直接交易、执行差别电价的重点用电企业的引导。

●需求侧管理城市综合试点工作成效

国家首批4个电力需求侧管理城市综合试点工作成效见图5-34。

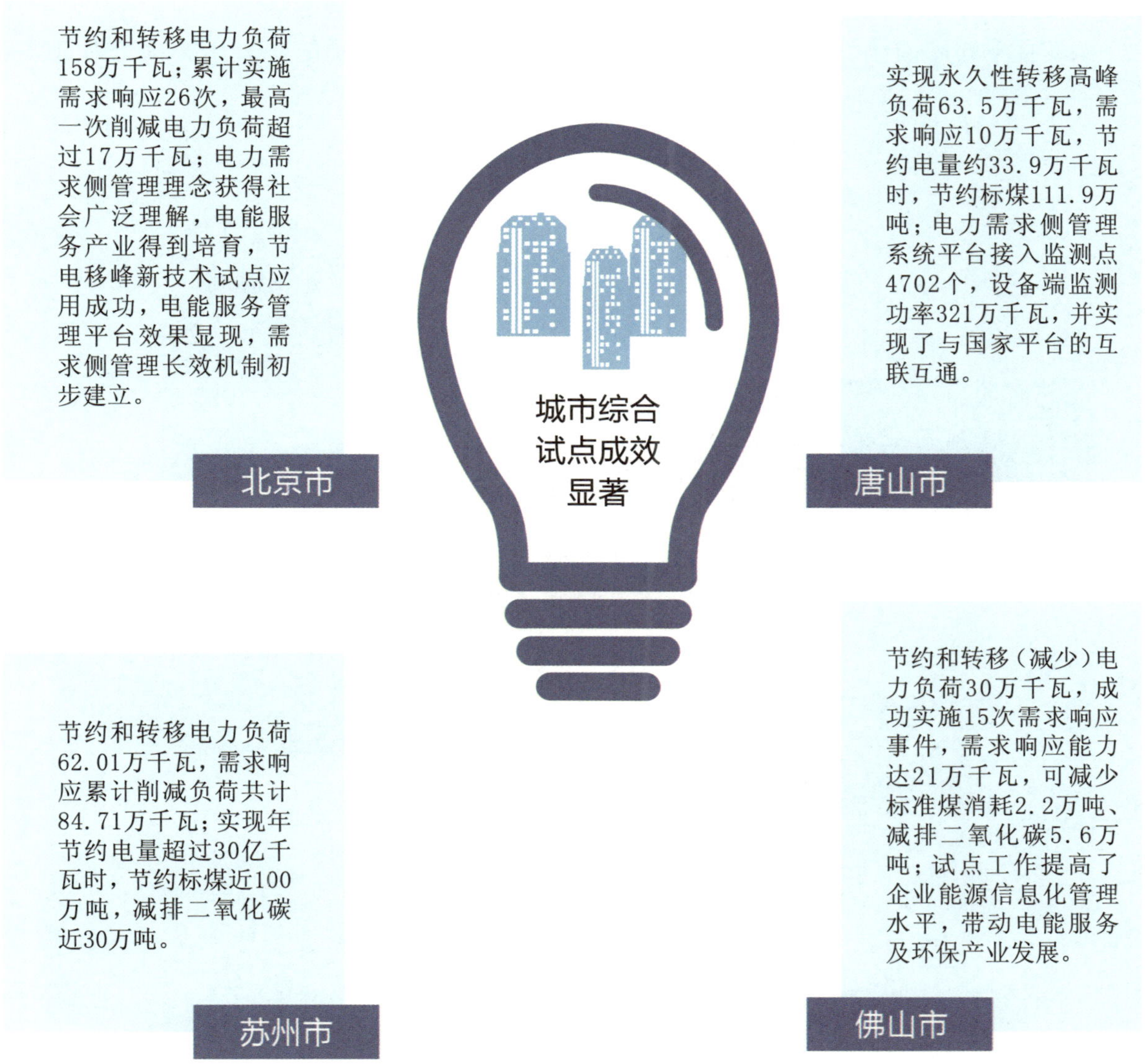

城市综合试点成效显著

北京市：节约和转移电力负荷158万千瓦；累计实施需求响应26次，最高一次削减电力负荷超过17万千瓦；电力需求侧管理理念获得社会广泛理解，电能服务产业得到培育，节电移峰新技术试点应用成功，电能服务管理平台效果显现，需求侧管理长效机制初步建立。

唐山市：实现永久性转移高峰负荷63.5万千瓦，需求响应10万千瓦，节约电量约33.9万千瓦时，节约标煤111.9万吨；电力需求侧管理系统平台接入监测点4702个，设备端监测功率321万千瓦，并实现了与国家平台的互联互通。

苏州市：节约和转移电力负荷62.01万千瓦，需求响应累计削减负荷共计84.71万千瓦；实现年节约电量超过30亿千瓦时，节约标煤近100万吨，减排二氧化碳近30万吨。

佛山市：节约和转移（减少）电力负荷30万千瓦，成功实施15次需求响应事件，需求响应能力达21万千瓦，可减少标准煤消耗2.2万吨、减排二氧化碳5.6万吨；试点工作提高了企业能源信息化管理水平，带动电能服务及环保产业发展。

图5-34　国家首批4个电力需求侧管理城市综合试点工作成效

2.工业和信息化部

工业和信息化部（以下简称“工信部”）全面贯彻国家能源生产和消费革命战略（2030）以及“互联网+智慧能源”的战略部署，建立“政府引导、企业主体、专业服务”的工作体系，加快推进工业领域电力需求侧管理工作，引导工业企业转变能源消费方式，促进电力需求侧与供给侧良性互动，实现以较低电力消费增长创造更多工业增加值产出的总体目标。

2016年，工信部办公厅印发了《工业领域电力需求侧管理专项行动计划（2016－2020年）》（工信厅运行函〔2016〕560号），力争在五年内，组织全国万家工业企业参与专项行动，千家企业贯彻实施电力需求侧管理工作指南，打造百家电力需求侧管理示范企业，实现参与行动的单位增加值电耗平均水平下降10%以上。

《工业领域电力需求侧管理专项行动计划（2016－2020年）》主要内容如下：

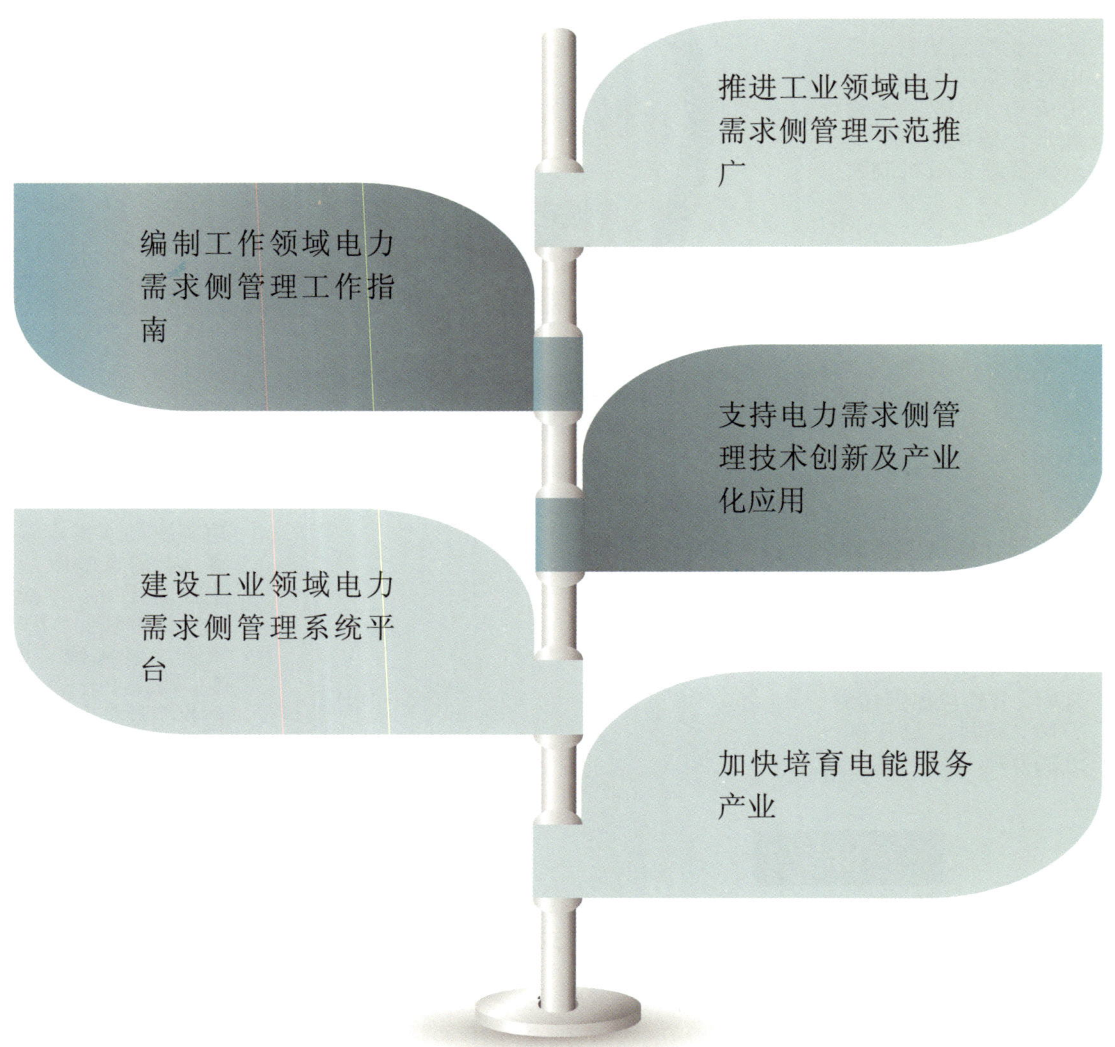

（二）行业开展的主要工作

中电联在国家发展改革委、工信部、能源局等政府有关部门的指导下，发挥行业优势，统筹社会资源，按照以点带面的创新市场化服务模式，在理论研究、实施推广、试点示范、人才培训、评估评价等方面积极推进电力需求侧管理工作的深入。

2016年中电联开展电力需求侧管理工作情况具体见图5-35。

理论研究树标立制	•配合工信部起草完成《工业领域电力需求侧管理专项行动计划（2016-2020年）》； •参与《电力需求侧管理办法》修订工作； •完成《工业领域推动能源消费革命战略研究》和《工业领域能源消费及需求侧管理政策研究》课题研究； •组织编制《工业园区电力需求响应系统技术规范》； •宣传贯彻《国家标准电力能效监测系统技术规范》。
加强建设注重实效	•工业领域电力需求侧管理促进中心（以下简称“需求侧中心”）华东分中心从张家港经济技术开发区的平台建设、源网荷储协调优化、配电网升级、分布式电源建设等多个方面入手，已初步构建能源互联网体系； •需求侧中心驻安徽办公室配合省经信委开展200余家企业电力需求侧管理平台建设，通过项目验收147家。
实施引导创新服务	•引导15个省份的千家工业企业开展电力需求侧管理工作； •引导参与电力需求侧管理的服务机构达115家，其中一级机构39家，二级机构116家； •以“诊断—实施—评价”三段式工作原则对服务机构开展项目实施服务； •组织能源互联网与电力需求侧管理专题会和电力需求侧管理创新发展交流会等活动，引导产业良好发展。
人才培养因材施教	•举办省、地市级培训30余场，3000余人次参加； •率先开展电能服务专题培训，累计培养专业化人才600余人； •配合上海经信委组织AAA级示范企业现场培训； •组织山东全省电力需求侧管理培训，近400人参加； •联合安徽省对开展平台建设单位开展宣教一体化工作，培养企业电能管理人员近200人。
持续开展评价工作	•根据《工业企业实施电力需求侧管理工作评价办法（试行）》（工信部运行〔2015〕97号）要求，完善评级工作体系建设； •累计30家工业企业通过需求侧管理评级，其中AAA级2家，AA级17家，A级11家；2016年新增AAA级1家，AA级5家，A级4家。

图5-35 2016年中电联开展电力需求侧管理工作情况

案例

山西榆社化工股份有限公司在2016年通过评价成为工业企业实施电力需求侧管理AAA级企业

利用电力需求侧平台数据采集，实施对生产流程优化改造：变压器优化运行、错峰用电、氯乙烯压缩系统节能、电解槽极距节能、合成炉冷却余热回收等措施，节约电力7421千瓦，节约电量4951万千瓦时，产品单耗同比降低10.6%，节省费用3985万元。

（三）电网企业开展电力需求侧管理工作

国家电网、南方电网、内蒙古电力和陕西地电根据国家政策要求和自身的发展需要，以促进电力供需平衡和资源优化配置为目标，持续开展电力需求侧管理，完善电力需求侧管理平台应用，探索需求响应，开拓节电空间，实施电能替代。

●工作内容

国家电网

•建立省级节能服务公司分级评价机制；
•编制完成《节能技术说明书》《重点行业用能整体解决方案》；
•编制《“十三五”节能业务发展规划》；
•推进电力需求响应试点；
•依托国网电子商城实现节能服务产品“线上、线下”交易；
•组织江苏省、浙江省电网公司开展“电能替代潜力挖掘和客户能效服务”大数据分析应用研究。

南方电网

•完善工作体系，持续推进客户全方位服务体系机制建设；
•加强线损“四分”管理和“两个对比”工作；
•推进南网的国家电力需求侧管理平台建设，重点抓好省级平台常态化应用；
•拓展互联网能效服务渠道，以三位一体服务平台推动客户能效提升；
•开展电动汽车、港口岸电、电蓄冷空调、热泵等重点领域电能替代项目。

内蒙古电力

•建立电力需求侧三级管理模式；
•实现配网高压线损、负荷管理实时监控
•建立岗前培训、在岗轮训工作机制；
•积极宣传推广电蓄冷（热）、热泵等先进节能技术，提供节能技术指导和支持；
•完成全部供变电所燃煤锅炉改电锅炉示范项目可行性研究报告。

陕西地电

•印发《2016年度电力需求侧管理节约指标及2016年电力需求侧管理专项资金项目补助计划的通知》和《关于下达2016年度电力负荷管理系统建设项目计划的通知》；
•以多种形式开展电力需求侧管理宣传工作；
•电能服务平台建设项目列入年度专项资金项目；
•负荷监测能力达到全网最大负荷的90%，负荷控制能力10%以上；
•成立陕西省地方电力节能服务公司；
•制定《陕西省地方电力（集团）有限公司开展电能替代工作实施方案》。

●工作成效

国家电网

•江苏省实际响应负荷352万千瓦，降低电网峰谷差比例18.5%，单次响应规模位居世界第一；
•上海市通过电能服务商组织企业参与，完成邀约响应4690万千瓦，并首次聚合电动汽车充电站实施响应。

南方电网

•公司全年线损率下降0.34个百分点，减少损耗电能3亿千瓦时；
•服务平台撮合节能项目超18亿元。

内蒙古电力

•改造线路5233.82公里、更换高效低耗变压器602台，节约电力2.075万千瓦，节约电量16185.32万千瓦时。

陕西地电

•10千伏配网线损率同比下降0.64个百分点，0.4千伏配网线损率同比下降0.86个百分点。

2016年电网企业节约电量统计数据见图5-36，2016年电网企业节约电力统计数据见图5-37。

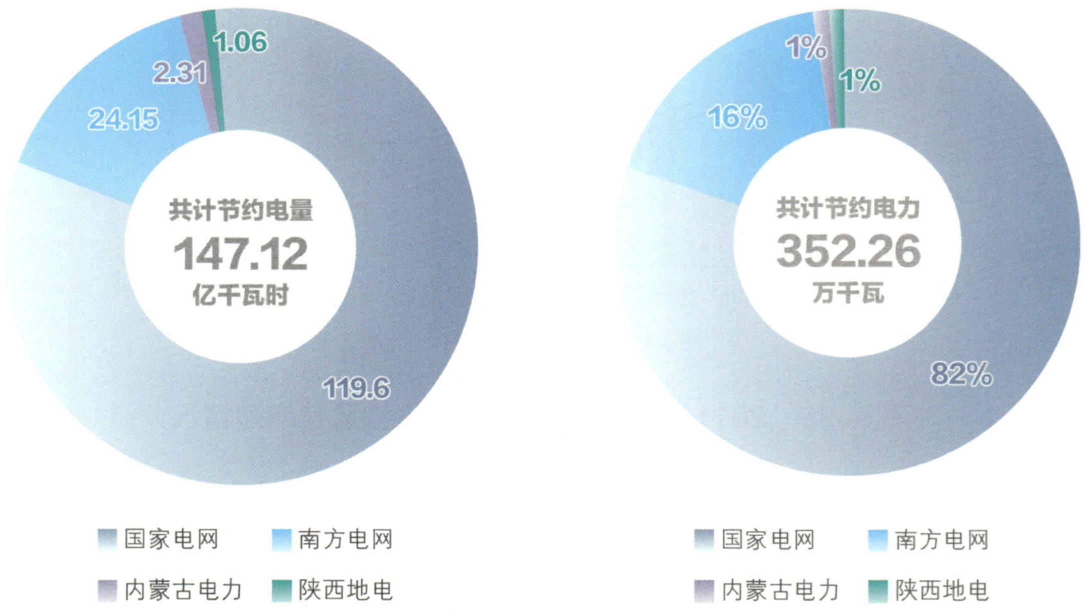

图5-36 2016年电网企业节约电量统计　　图5-37 2016年电网企业节约电力统计

第二节 电力供需形势

一、影响因素

（一）宏观经济

●国民经济运行缓中趋稳、稳中向好，实现了“十三五”良好开局

2016年，根据国家统计局初步核算，全年国内生产总值[1]744127亿元，比上年增长6.7%，各季度增速分别为6.7%、6.7%、6.7%和6.8%。

●经济产业结构继续优化调整

第二、第三产业增加值比重较上年分别下降1.1个百分点、提高1.4个百分点；装备制造业、工业战略性新兴产业和高技术制造业[2]增加值增速均明显超过全国工业增加值平均增长水平。

2011—2016年国内生产总值及其增速情况见图5-38，2011—2016年三次产业增加值占国内生产总值比重情况见图5-39，2016年装备制造业、工业战略性新兴产业、高技术制造业增加值增速情况见图5-40。

[1] 国内生产总值、各产业增加值绝对数按现价计算，增长速度按不变价格计算。

[2] 装备制造业、工业战略性新兴产业、高技术制造业统计口径依照国家统计局规范。

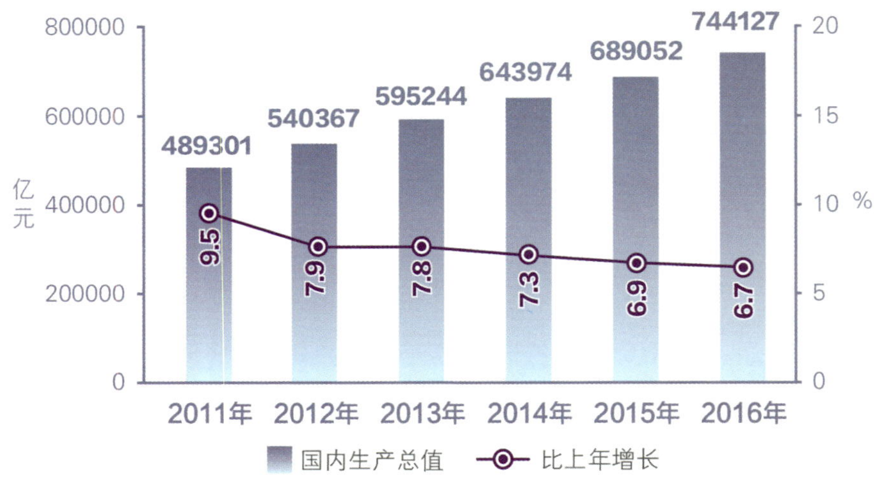

图5-38　2011—2016年国内生产总值及其增速情况

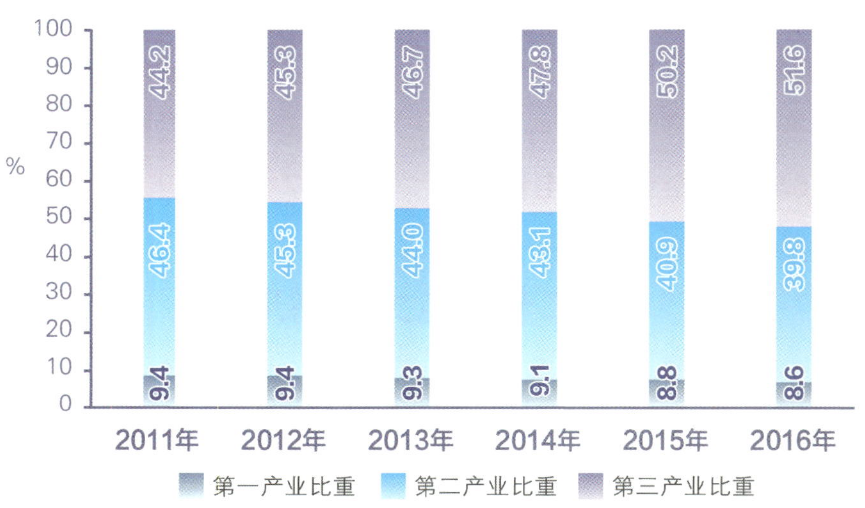

图5-39　2011—2016年三次产业增加值占国内生产总值比重情况

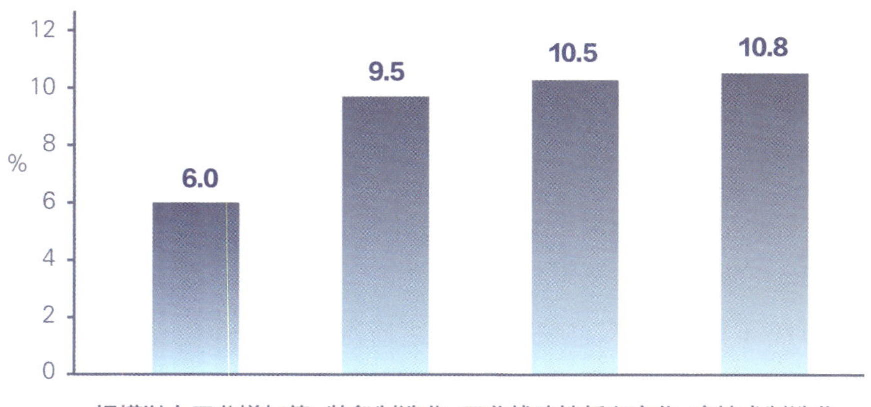

图5-40　2016年装备制造业、工业战略性新兴产业、高技术制造业增加值增速情况

●国民经济“三驾马车”情况

投资增速缓中趋稳 2016年，固定资产投资（不含农户）596501亿元，比上年名义增长8.1%。

商品销售平稳较快增长 社会消费品零售总额332316亿元，比上年名义增长10.4%，其中网上零售额51556亿元，比上年增长26.2%。

出口降幅收窄，进口由负转正 全年货物进出口总额243386亿元，比上年下降0.9%，降幅比上年收窄6.1个百分点；其中，出口下降2.0%，进口增长0.6%。

（二）燃料

1.电煤

煤炭产量大幅下降 受煤炭“去产能”政策影响，4—10月份全国原煤产量同比下降均超过10%，全年原煤产量34.1亿吨，同比下降9.0%。国内煤炭供应偏紧，煤炭进口量明显增加，全年全国煤炭净进口2.5亿吨，同比增长24.2%。

2016年分月规模以上原煤产量及增速情况见图5-41。

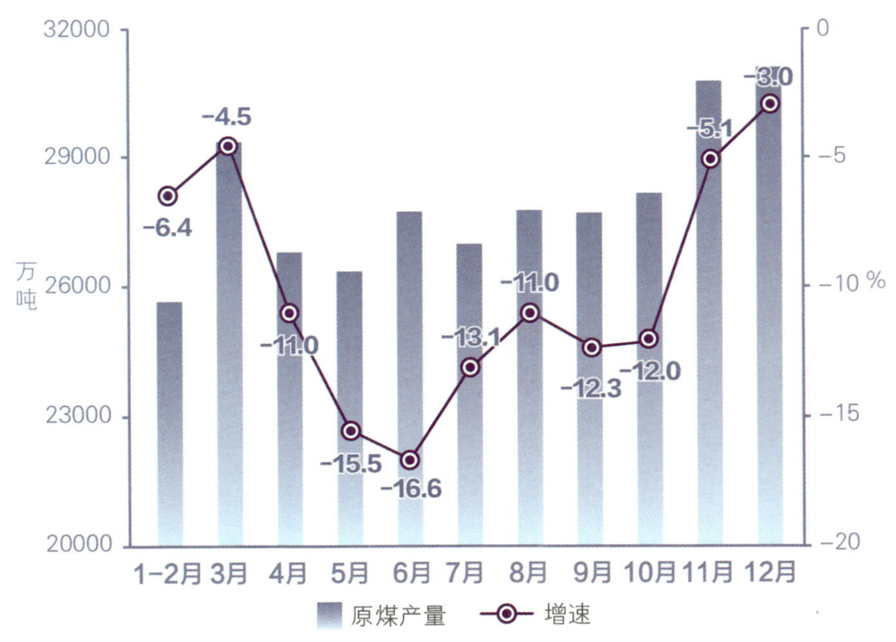

图5-41 2016年分月规模以上原煤产量及增速情况

注：图中1-2月原煤产量、增速分别是1-2月累计原煤产量的平均值、平均增速。

电煤库存总体先降后升 迎峰度夏期间，煤炭消耗明显增加，多地煤矿处于零库存状态，港口库存及电厂库存均出现了明显下降。9月份后，随着电煤需求下降、国家启动稳定煤炭供应相应预案并加大冬储煤力度，电煤库存逐步上升，12月底重点发电企业存煤为6545万吨，可用16天。

2015—2016年分月全国重点电厂电煤库存及可用天数情况见图5-42。

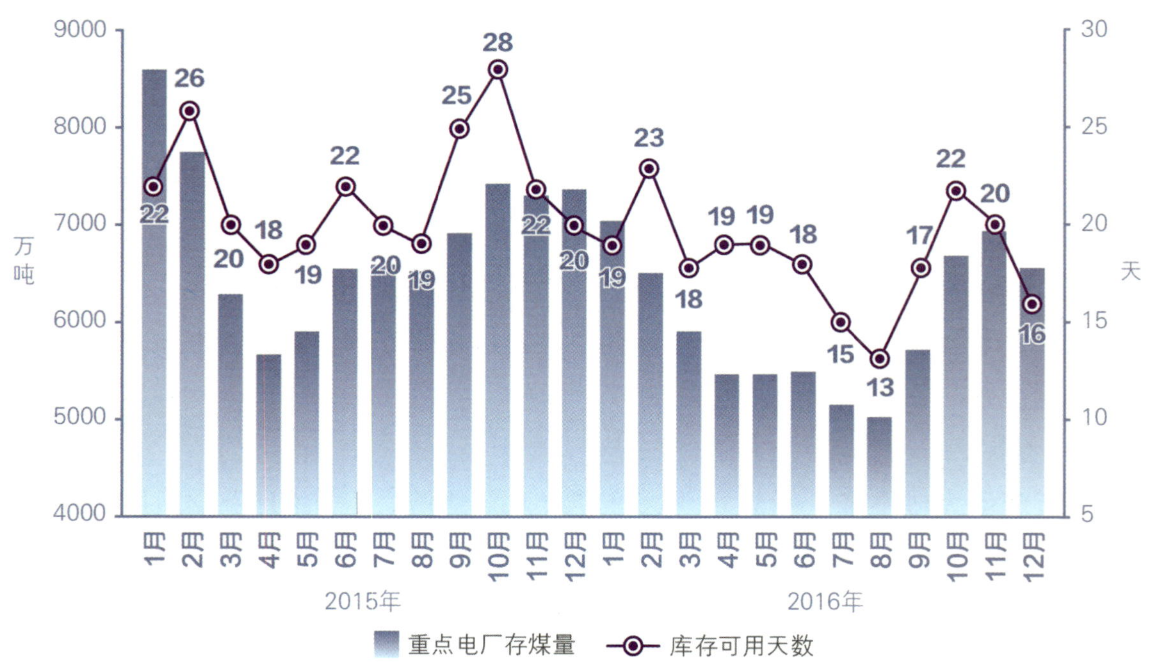

图5-42　2015—2016年分月全国重点电厂电煤库存及可用天数情况

电煤价格大幅上涨　主要受限产减产政策影响，6月份以后陕西、山西等主要产地以及沿海港口煤价均呈现出大幅上涨态势，也带动了国际煤价大涨。秦皇岛5500大卡市场动力煤价格从6月底的400元/吨，快速上涨至11月上旬的700元/吨，短短4个多月时间内累计上涨300元/吨、涨幅达到75%。在国家采取多种措施后，11月中旬以后电煤价格高位有所回稳，但2016年年底价格仍然处于635元/吨左右的高位，比年初累计上涨265元/吨、涨幅达到71.6%。

2016年CCTD秦皇岛5500大卡市场动力煤周价格情况见图5-43。

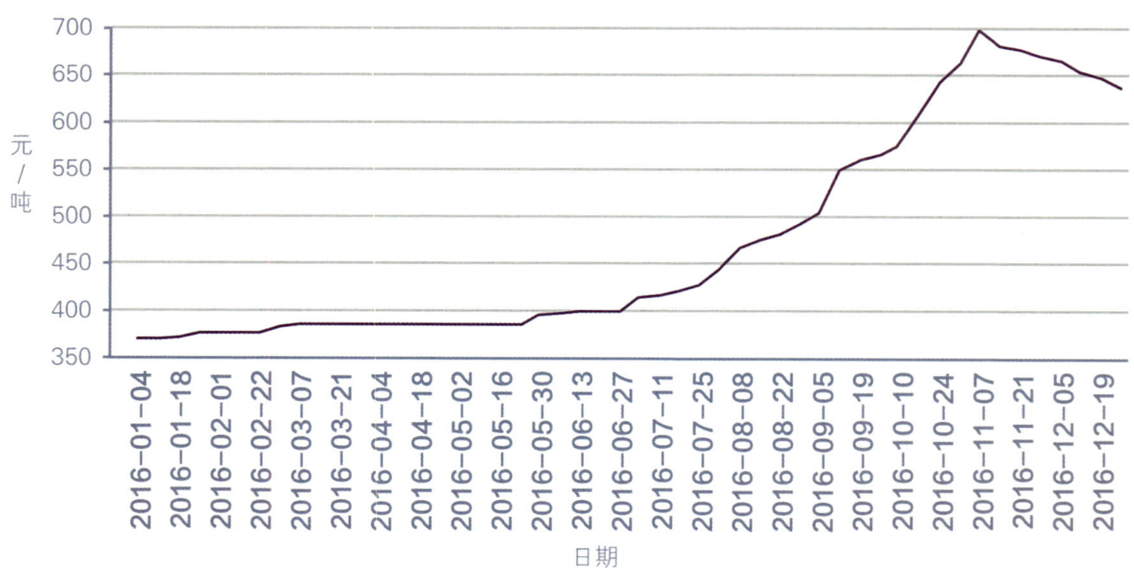

图5-43　2016年CCTD秦皇岛5500大卡市场动力煤周价格情况

电煤供需形势偏紧　2016年全国煤炭消费同比下降4.7%，降幅为煤炭产量降幅的一半左右（相差4.4个百分点），加之迎峰度夏期间煤炭运输环节受阻，部分中间商囤货惜售，导致煤炭库存持续下降，煤价快速拉升，电煤供需失衡，主要产区煤炭处于供不应求状态，全国电煤供需形势从宽松逐步转为偏紧，华北、东北、华中等地区度夏期间形势尤为严峻。迎峰度夏结束后，国家有关部门及企业加大协调力度，提前安排冬储煤工作，电煤供需形势有所缓和，但贵州、吉林、重庆等部分地区形势仍偏紧。

2.天然气

天然气季节性需求波动大，发电用天然气供应总体平稳　第一季度，受气温偏低、上年年底气价下调刺激需求等因素影响，全国天然气消费增速达到15.4%，需求明显回升，北京等个别地区部分时段天然气发电供气受到一定影响，但未触及电力供需平衡；第二、第三季度，进入天然气消费淡季，需求明显回落，个别月份接近零增长，全国天然气发电供气总体有保障；第四季度，进入天然气消费旺季，受气温偏高因素影响，天然气消耗量温和增长，发电用天然气供应总体平稳。

（三）气候

全年气温偏高，气温对电力消费需求的影响全年总体是正向拉动作用　据气象部门监测，2016年全国全年平均气温较常年偏高0.81℃，为历史第三高纪录，较2015年和2007年分别偏低0.13℃和0.09℃；全年全国极端高温事件和极端低温事件均偏多。分时间段看，年初气温偏低，1、2月份全国平均气温分别比上年同期低2.2℃和1.4℃，尤其是1月21—25日，我国大部地区遭受强寒潮天气，多地最低气温跌破历史极值，当月除福建和海南外的其他省份平均气温均低于上年同期，促进了用电负荷及电量较快增长。夏季全国平均气温创历史新高，高温日数多，影响范围广，全国出现4次区域性高温天气过程，多地日最高气温破历史极值，高温天气显著拉高了用电负荷及用电量增长。年底气温偏高，12月份全国平均气温为历史同期最高值，影响取暖负荷增长。

全年降水量偏多，年底重点流域水电厂蓄能值同比减少　据气象部门监测，全国降水量为历史最多，全国平均降水量达730毫米，较常年偏多16%，较2015年偏多13%。但下半年受汛期结束偏早、汛后降水不均、部分水电大省降水偏少等因素的影响，水电出力明显下降，年底全国重点流域水电厂蓄能值同比减少。截至2016年年底，国家电网公司经营区域重点水电厂蓄能值同比减少11.4%；南方电网公司经营区域水电厂蓄能值同比减少8.9%，主要是红水河和乌江流域蓄能减少较多。

二、供需形势

全国电力供需形势进一步宽松，部分地区相对过剩，仅局部地区在部分时段有少量错峰。

2016年各区域电力供需形势情况见图5-44。

华北

蒙西和山西电力供应能力富余，迎峰度夏期间高峰时段山东、河北均出现电力缺口，最大电力缺口分别为203万千瓦、50万千瓦。

华东

福建供应能力富余。

华中

四川汛期电力富余，弃水电量同比增加。

南方

云南电力富余，弃水电量同比增加。

东北

吉林、黑龙江弃风问题仍较突出，但弃风率比上年略有下降。

西北

甘肃、新疆弃风问题进一步加剧。

图5-44　2016年各区域电力供需形势情况

由于华中、南方区域水电出力较好，华北区域部分省份消费需求增速低于全国平均水平，西北区域供应能力过剩，这些区域火电利用小时数比上年下降幅度较大。

分区域火电利用小时情况见图5-45。

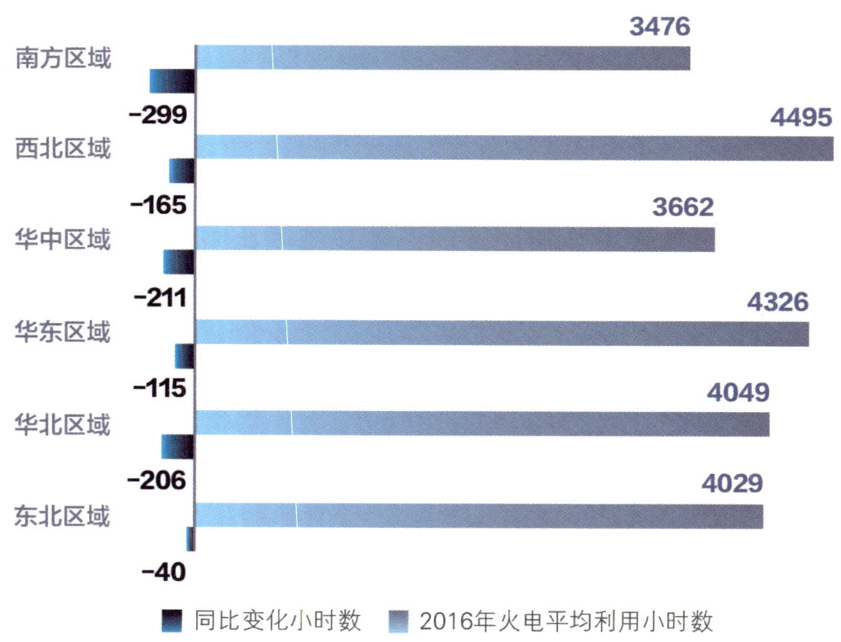

图5-45　分区域火电利用小时情况（单位：小时）

第六章　电力安全生产和可靠性

第一节　电力安全生产

2016年，全国没有发生重大电力安全事故，没有发生较大电力设备事故，没有发生电力系统水电站大坝垮坝、漫坝以及对社会造成重大影响的事件，发生电力建设特别重大事故1起，死亡73人。

一、人身伤亡事故

全年全国发生电力人身伤亡事故54起，死亡141人，同比增加18起，死亡人数增加92人。其中，电力生产人身伤亡事故41起，死亡48人，同比增加10起，死亡人数增加8人；电力建设人身伤亡事故13起，死亡93人，同比增加8起，死亡人数增加84人，其中，2016年11月24日，河北亿能烟塔工程有限公司在江西赣能股份有限公司所属丰城三期发电厂7号冷却塔施工过程中，冷却塔施工平台坍塌，造成73人死亡。（注：信息来自国家能源局安全生产情况通报）

发生自然灾害造成的人身伤亡事故3起，死亡（失踪）41人，同比增加2起，死亡（失踪）人数增加39人。

二、设备事故和安全事件

发生直接经济损失100万元以上的电力设备事故3起，同比无变化。其中风力发电设备着火事故2起，变压器烧损事故1起。发生电力安全事件4起，同比减少8起，其中火电厂设备故障和操作原因引起全厂停电事件2起，送出线路故障造成全厂停电事件1起，抽水蓄能电站设备故障造成全厂停电事件1起。

三、电力系统信息安全

2016年电力系统信息安全工作中，在监控系统和调度网络的数据安全防护方面做了大量有效的工作。各电力企业按照《电力监控系统安全防护规定》及配套文件要求，严格执行安全防护总体策略，从规划设计、建设改造、运行维护、风险评估、等保测评、技术监督等环节落实电力监控系统安全防护各项要求，建立了较为完善的栅格状电力监控系统动态安全防护体系，保障了电力系统的安全稳定运行和电力可靠供应。

●大力开展网络与安全设施建设，安全防护体系基本实现全面覆盖

以“安全分区，网络专用，横向隔离，纵向认证”为原则的网络边界防护得到有效实施。全国110千伏及以上厂站实现调度数据专网全覆盖，建设调度数据网双平面网络节点近5万个，各级接入网建设全面完成。同步部署横向物理隔离设备、纵向加密认证装置等专用设备5万多套，调度数字证书系统部署至市一级调度机构，栅格状的安全防护体系已基本形成。

●持续推进电力监控系统国产化战略，系统本体安全得到有效保障

电力监控系统安全防护工作的纵深发展，同步带动了安全操作系统和硬件方面的科研及产业的发展。以监控系统国产化和计算机系统加固为核心的本体安全防护工作得到深入落实，各电力企业累计使用国产计算机及操作系统2万多套，调度数据网络全面实现国产化。

第二节　电力可靠性

一、发电设备运行可靠性

（一）发电机组运行可靠性

2016年，纳入电力可靠性统计的10万千瓦及以上火电、4万千瓦及以上水电和核电机组共计2866台、 97289.36万千瓦，比2015年增加126台、5475.66万千瓦。

1.水电机组运行可靠性

2016年，纳入可靠性统计的水电机组945台，总容量20236.28万千瓦。运行系数为54.19%，同比增加2.39个百分点；等效可用系数为92.44%，同比增加0.39个百分点；等效强迫停运率为0.09%，同比增加0.01个百分点；非计划停运次数为0.26次/台年，同比减少0.01次/台年。

2015年、2016年水电机组主要运行可靠性指标对比情况见图6-1。

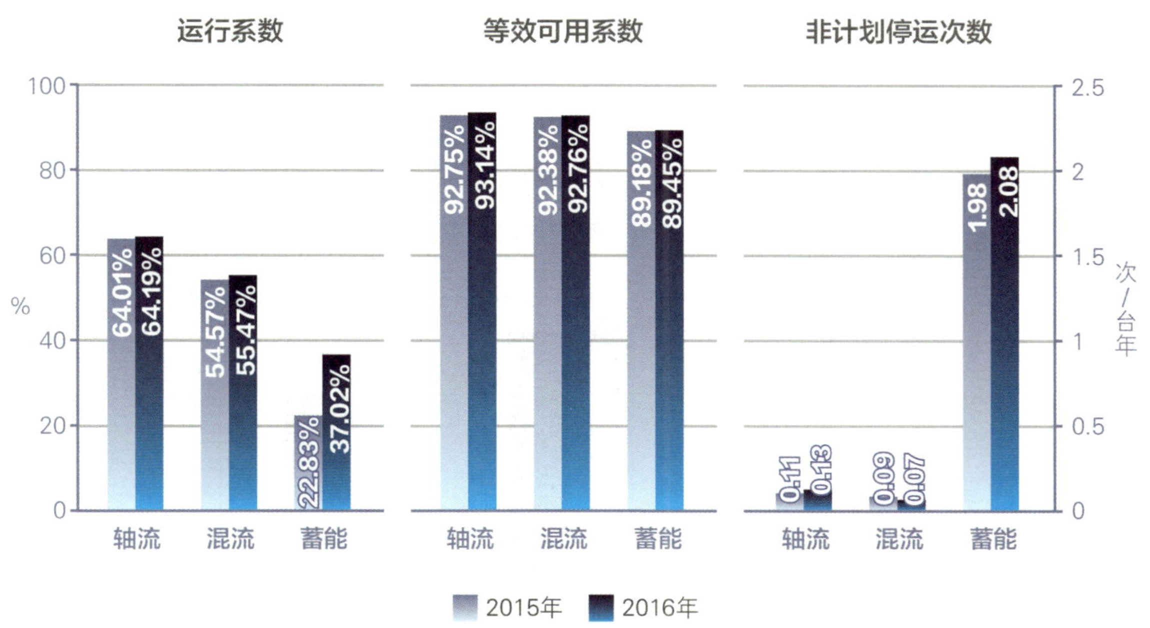

图6-1　2015年、2016年水电机组主要运行可靠性指标对比

2.燃煤机组运行可靠性

2016年，纳入可靠性统计的燃煤火电机组1752台，总容量71128.79万千瓦，可靠性指标总体维持在较高水平。运行系数为68.68%，同比降低2.65个百分点；等效可用系数为92.77%，同比升高0.2个百分点；等效强迫停运率为0.27%，同比降低0.12个百分点；非计划停运次数为0.35次/台年，比上年增加0.01次/台年。

2015年、2016年燃煤机组主要运行可靠性指标对比情况见图6-2。

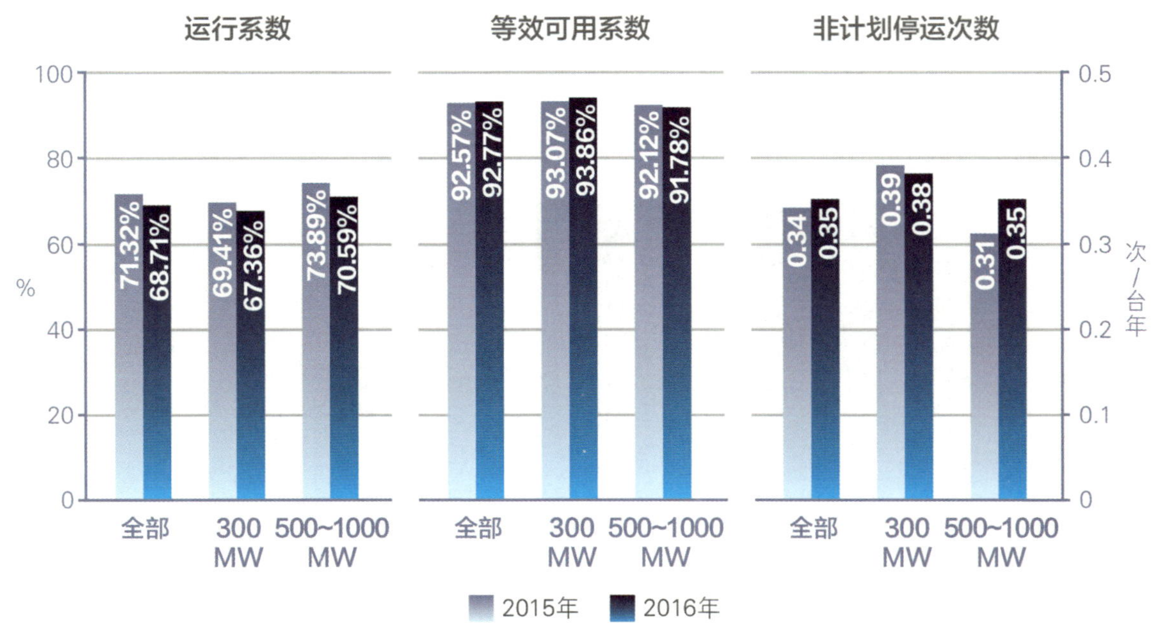

图6-2　2015年、2016年燃煤机组主要运行可靠性指标对比

3.燃气轮机组运行可靠性

2016年，纳入可靠性统计的燃气轮机组共152台，总容量4461.47万千瓦，可靠性指标总体低于上年。等效可用系数为92.3%，同比降低0.52%；运行系数为44.65%，同比降低1.24%；非计划停运次数为0.39次/台年，同比增加0.02次/台年。

2015年、2016年燃气轮机组可靠性指标对比情况见图6-3。

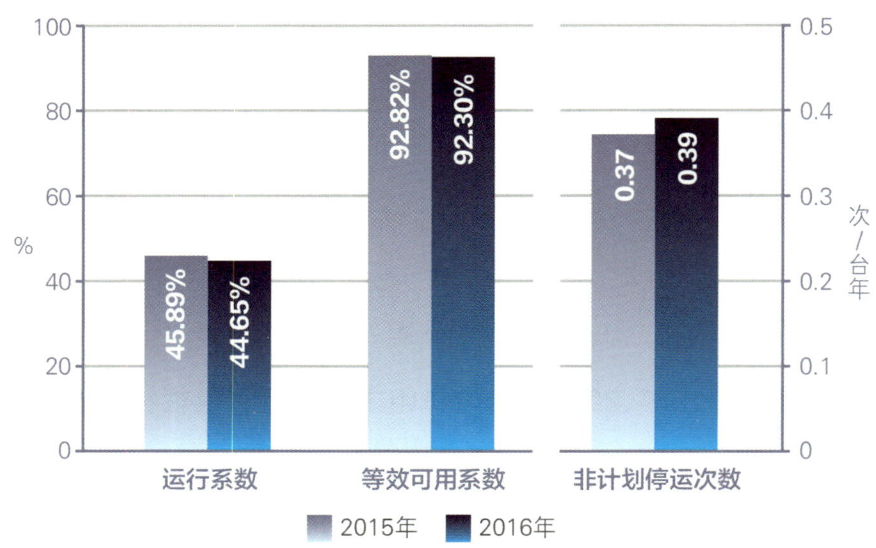

图6-3　2015年、2016年燃气轮机组可靠性指标对比

4.核电机组运行可靠性

2016年核电机组17台，总容量1462.82万千瓦。运行系数为88.32%，同比降低1.09%；等效可用系数为88.77%，同比降低0.3%；非计划停运次数为0.23次/台年，同比减少0.27次/台年。

2015年、2016年核电机组运行可靠性指标对比情况见图6-4。

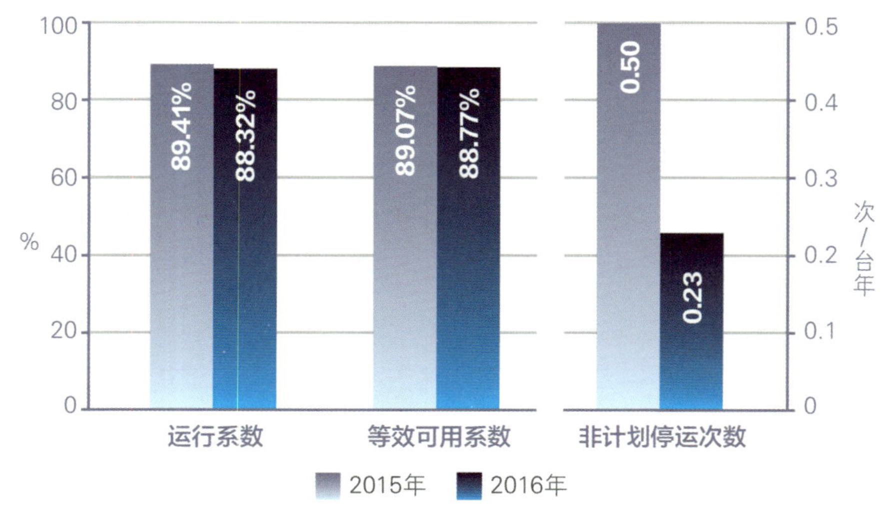

图6-4　2015年、2016年核电机组运行可靠性指标对比

(二)火电机组主要辅助设备运行可靠性

2016年20万千瓦及以上容量的火电机组主要辅助设备磨煤机、给水泵、送风机、引风机、高压加热器的台数分别为6211、3495、2511、2556、3854台，运行系数总体下降，可用系数基本持平。

2015年、2016年火电机组5种辅助设备的主要可靠性指标对比情况见图6-5。

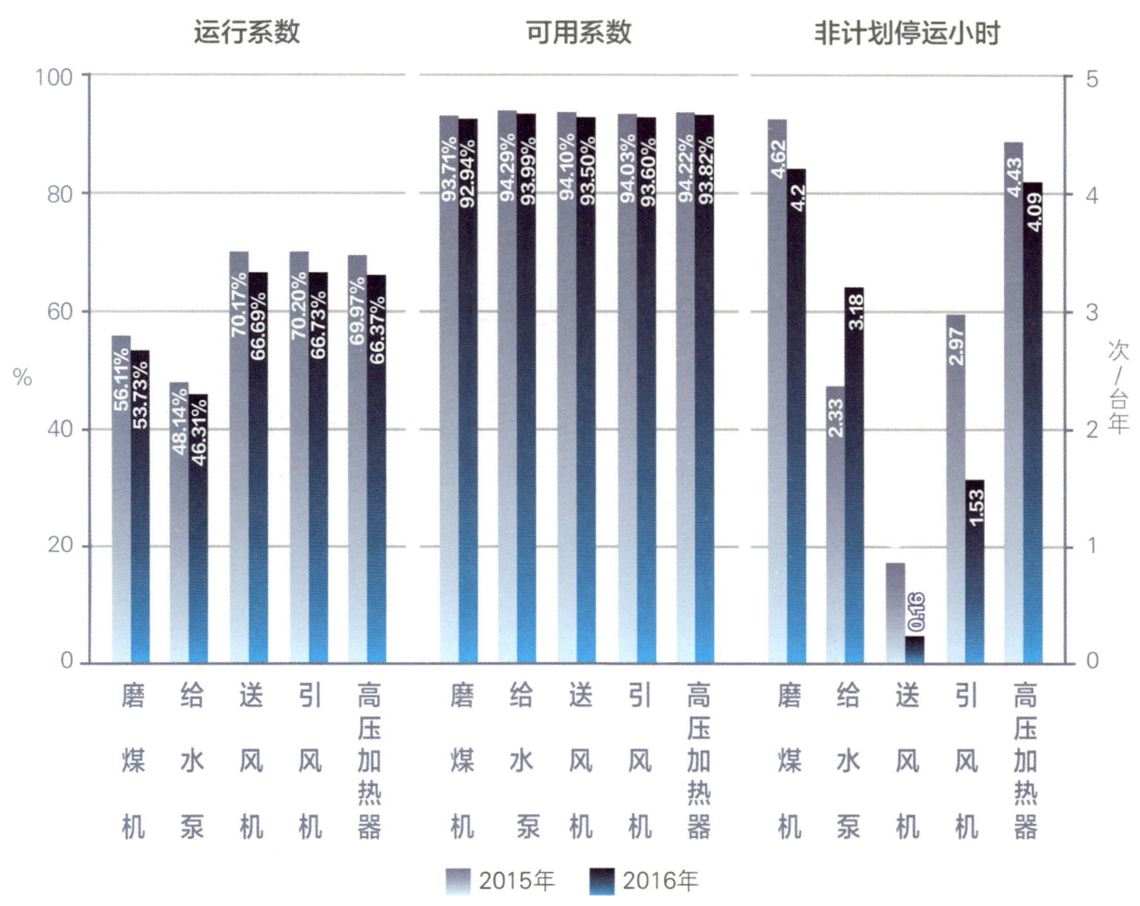

图6-5 2015年、2016年火电机组5种辅助设备的主要可靠性指标对比

二、输变电设施运行可靠性

(一)3类主要输变电设施可靠性

2016年，参与可靠性统计的220千伏及以上电压等级架空线路总里程669189.02千米，变压器、断路器总数量分别为14464台和41259台。

架空线路、变压器、断路器3类主要设施的可用系数分别为99.570%、99.867%、99.958%，变压器、架空线路可用系数较2015年分别下降0.020、0.030百分点，断路器可用系数则上升0.005百分点。

2016年3类主要输变电设施数量和可靠性指标见图6-6。

图6-6 2016年3类主要输变电设施数量和可靠性指标

（二）不同电压等级设施可靠性对比

2015年、2016年不同电压等级架空线路可用系数对比情况见图6-7，不同电压等级变压器可用系数对比情况见图6-8，不同电压等级断路器可用系数对比情况见图6-9。

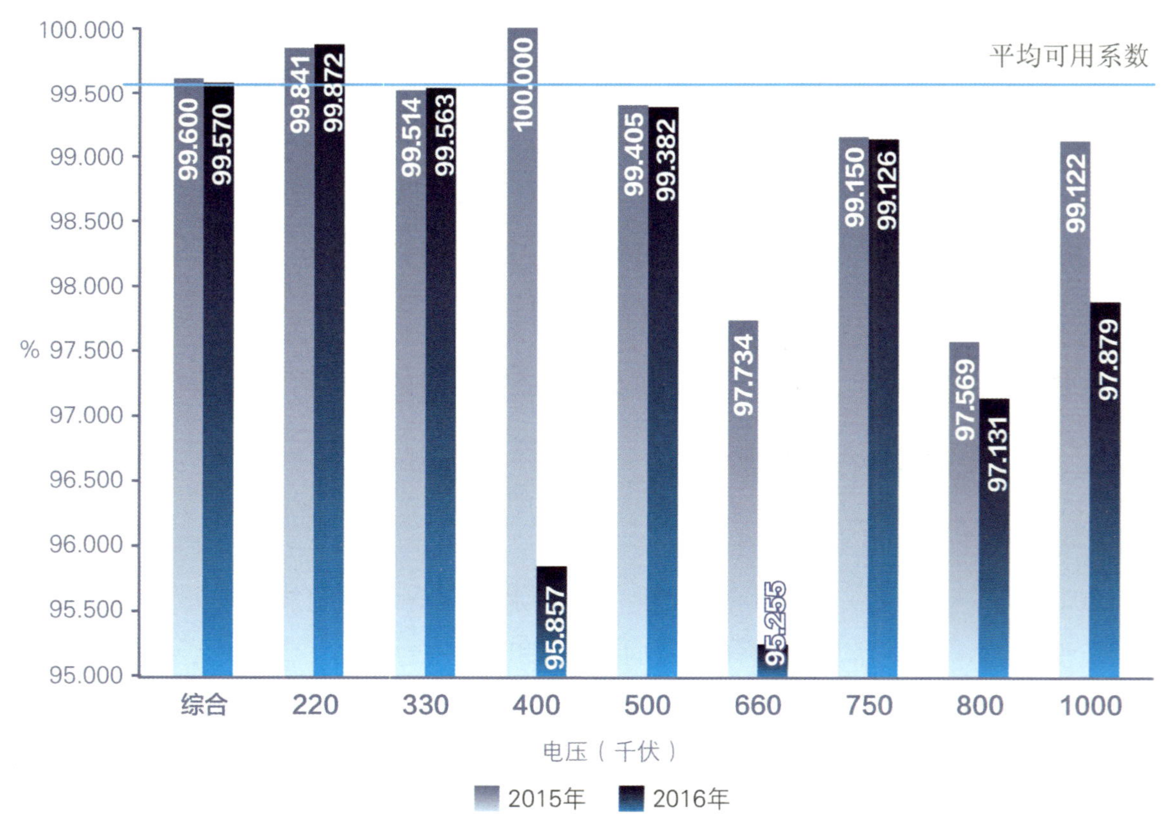

图6-7 2015年、2016年不同电压等级架空线路可用系数对比

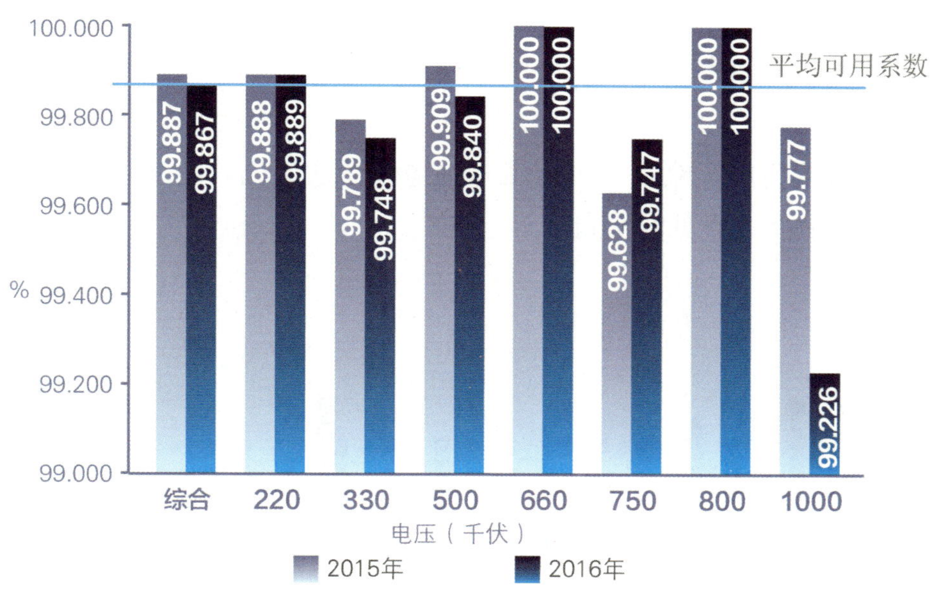

图6-8　2015年、2016年不同电压等级变压器可用系数对比

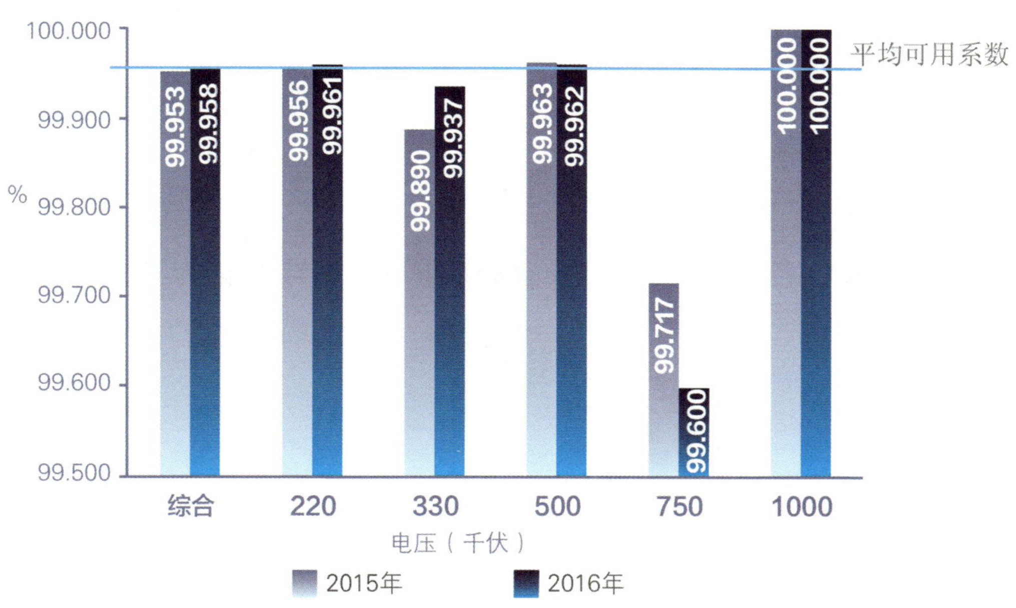

图6-9　2015年、2016年不同电压等级断路器可用系数对比

三、直流输电系统运行可靠性

参与可靠性统计的直流输电系统数量为23个，其中包括14个点对点超高压直流输电系统、6个点对点特高压直流输电系统和3个背靠背直流输电系统，额定输送容量总计8242万千瓦，直流输电线路总长度约为24894千米。

系统合计能量可用率、能量利用率分别为94.67%、54.17%，总计强迫停运40.5次，与上年相比，能量可用率减少0.55个百分点、能量利用率增加3.57个百分点，强迫停运增加12.5次。

全年在运的直流输电系统共发生强迫停运40.5次，龙政、江城、高肇、德宝、牛从甲5个系统未发生强迫停运。

各地超高压特高压直流系统可用率与强迫停运次数比较情况见图6-10，直流输电系统强迫停运事件分类见图6-11。

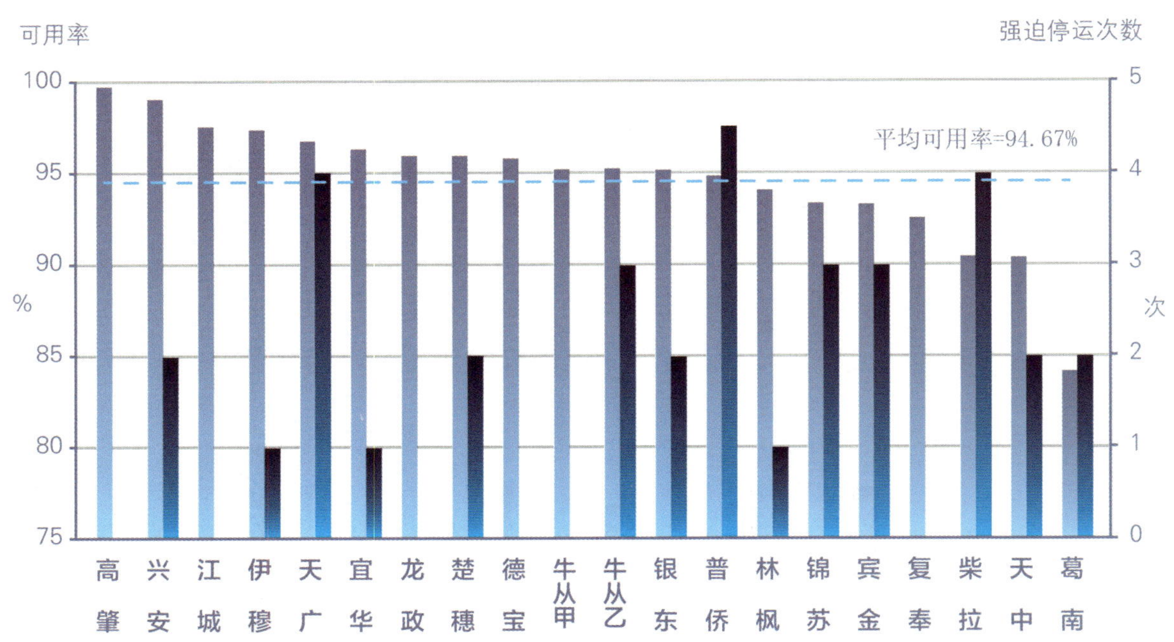

图6-10　各地超高压特高压直流系统可用率与强迫停运次数比较

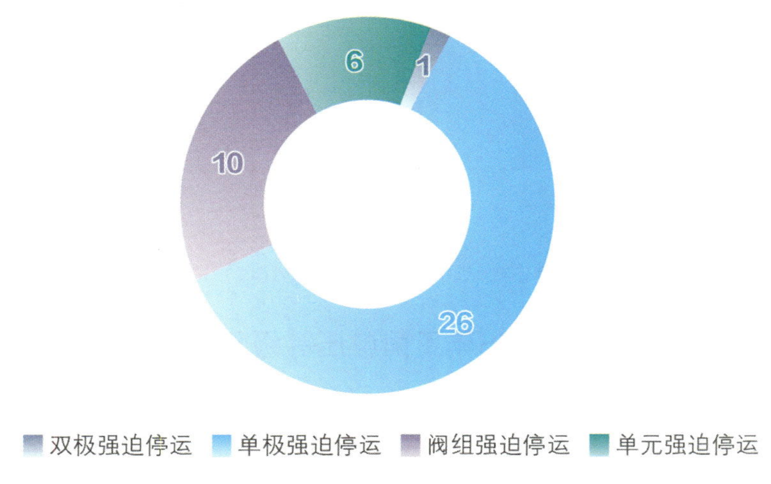

图6-11　直流输电系统强迫停运事件分类（单位：次）

四、用户供电可靠性

2016年，参与供电可靠性统计的地市级供电企业429个，分布在全国31个省份。全国10（6、20）千伏供电系统用户849.5万户，其中城市用户218.3万户，约占25.7%；农村用户631.2万户，约占74.3%。全国10（6、20）千伏供电系统用户总容量约为260437万伏安，其中城市用户总容量为127138万伏安，约占48.8%，农村用户总容量为133299万伏安，约占51.2%。

2016年全国10（6、20）千伏供电系统用户及容量构成情况见图6-12。

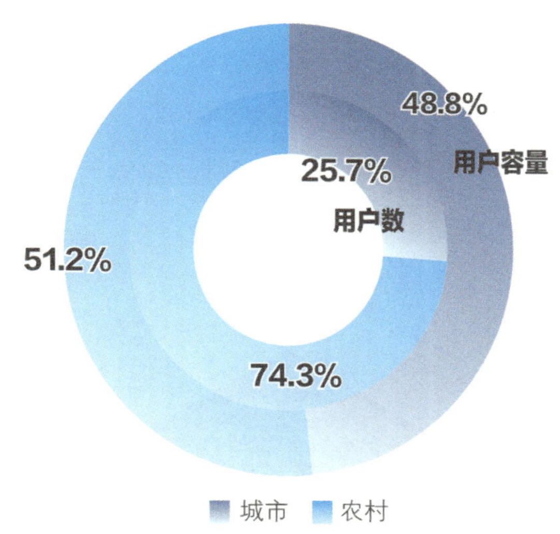

图6-12 2016年全国10（6、20）千伏供电系统用户及容量构成

全国用户平均供电可靠率RS1为99.805%，同比下降0.075个百分点；用户户均停电时间为17.11小时，同比增加了6.61小时；用户户均停电次数为3.57次，同比增加了1.05次。其中，全国城市用户户均停电时间为5.20小时，同比增加了1.12小时；全国城市用户户均停电次数为1.22次，同比增加了0.15次。全国农村用户户均停电时间为21.23小时，同比增加了8.49小时；全国农村用户户均停电次数为4.39次，同比增加了1.36次。

2016年用户户均停电时间及停电次数同比变化情况见图6-13。

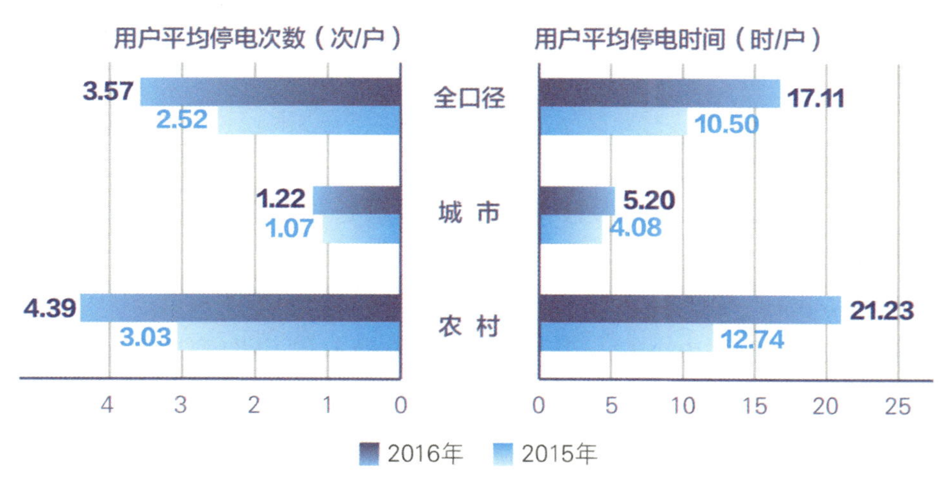

图6-13 2016年用户户均停电时间及停电次数同比变化

分区域看，华北、华东、华中供电可靠性指标优于全国平均值。其中，华北区域的用户户均停电次数指标最优，为2.41次；华东区域的用户户均停电时间指标最优，为10.55小时。2016年各区域可靠性指标情况见图6-14。

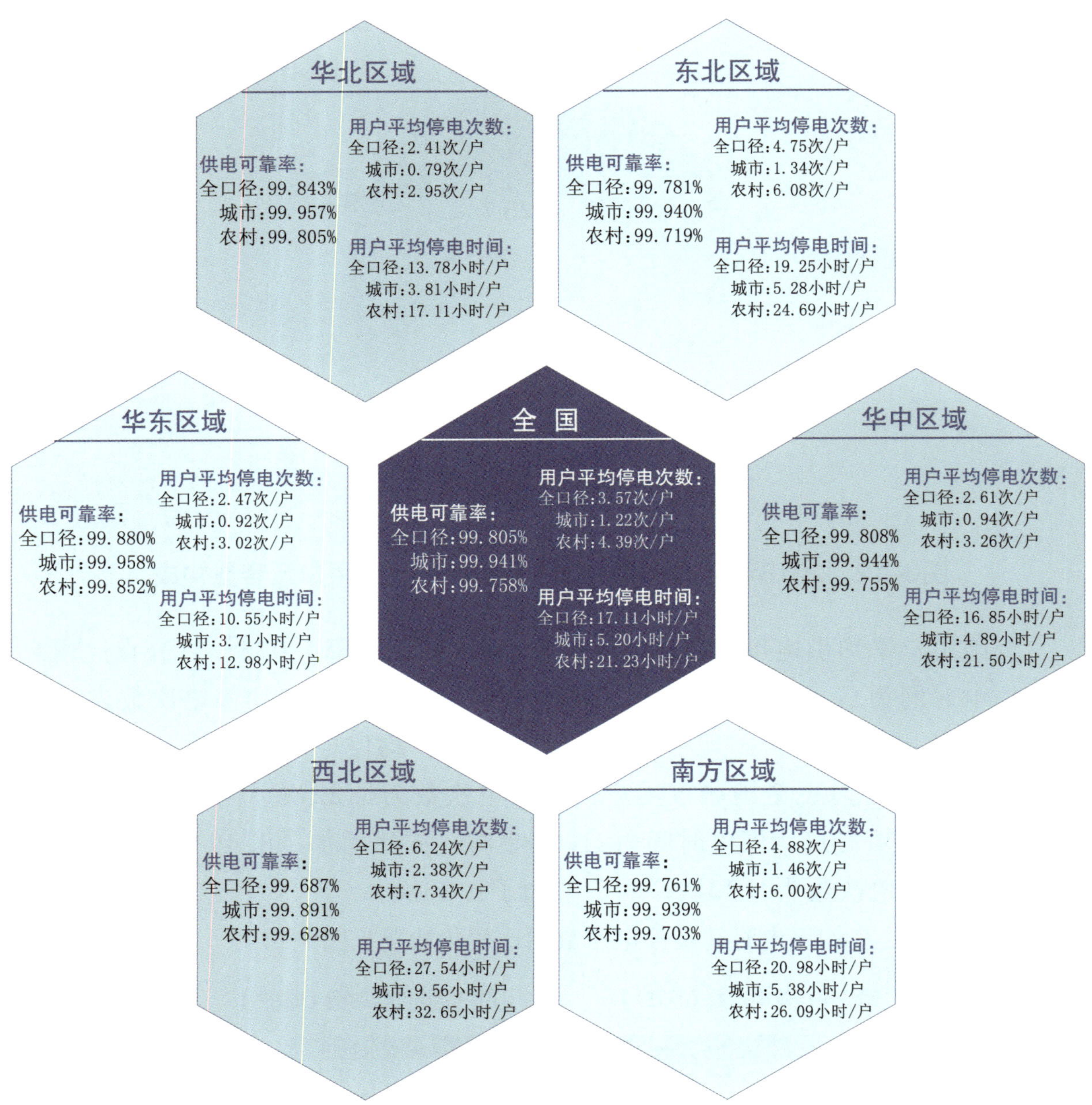

图6-14　2016年各区域可靠性指标情况

分省份看，上海、北京、天津、江苏用户的户均停电时间低于10小时，13个省的用户户均停电时间高于20小时。其中，最优和最差的户均停电时间相差50多个小时。

全国39个主要城市（即27个省会城市、4个直辖市及其他8个重点城市）的用户数占全国总用户数的25.29%，其用户户均停电时间为9.17小时，比全国平均值低

7.94小时。其中，深圳、广州、南京、武汉的户均停电时间小于5小时。主要城市用户户均停电时间对比情况见图6-15。

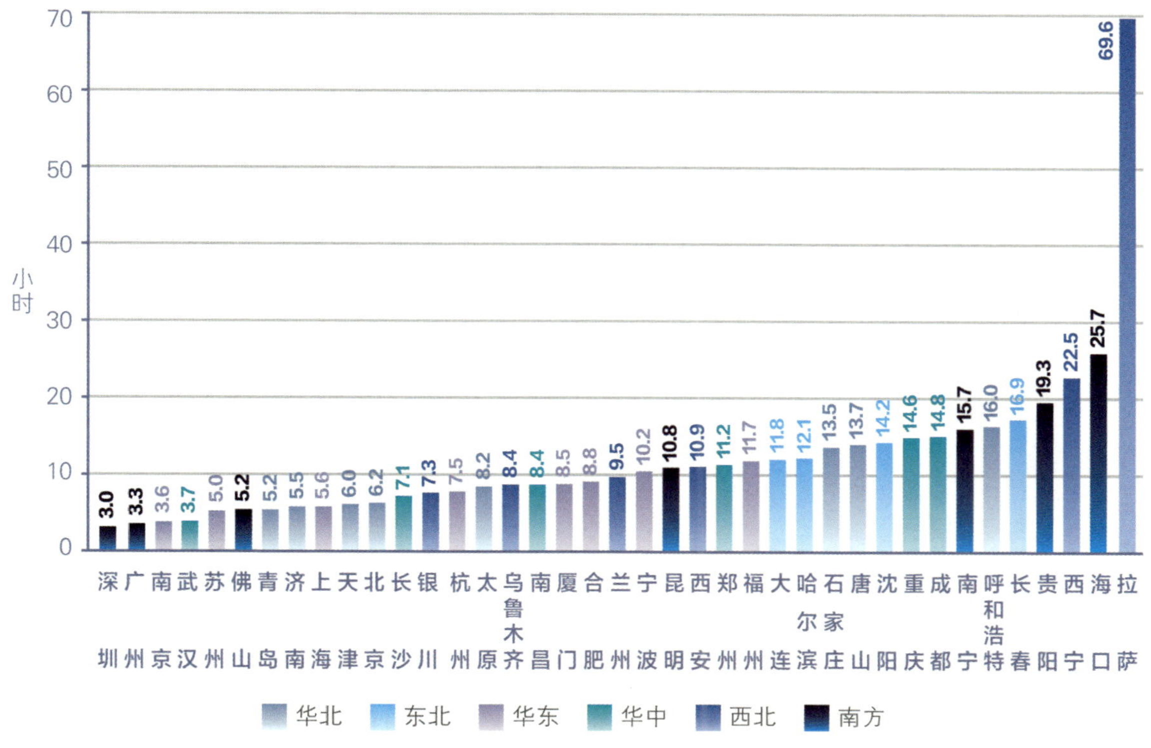

图6-15 主要城市所属用户户均停电时间对比

第七章　绿色发展

2016年，电力行业严格落实国家节能减排要求，节能减排工作再上新台阶，供电标准煤耗、线损率等主要能耗指标较上年有所下降；火电企业严格落实国家达标排放要求，大力开展煤电超低排放改造，全国电力烟尘、二氧化硫、氮氧化物等主要大气污染物排放总量进一步减少；单位（火电）发电量二氧化碳排放量持续降低。

第一节　资源节约

一、供电煤耗

（一）全国情况

全国平均供电煤耗持续下降。全国6000千瓦及以上火电厂供电标准煤耗312克/千瓦时，比上年降低3克/千瓦时，煤电机组供电煤耗继续保持世界先进水平。

2005—2016年我国6000千瓦及以上火电厂供电标准煤耗变化情况见图7-1。

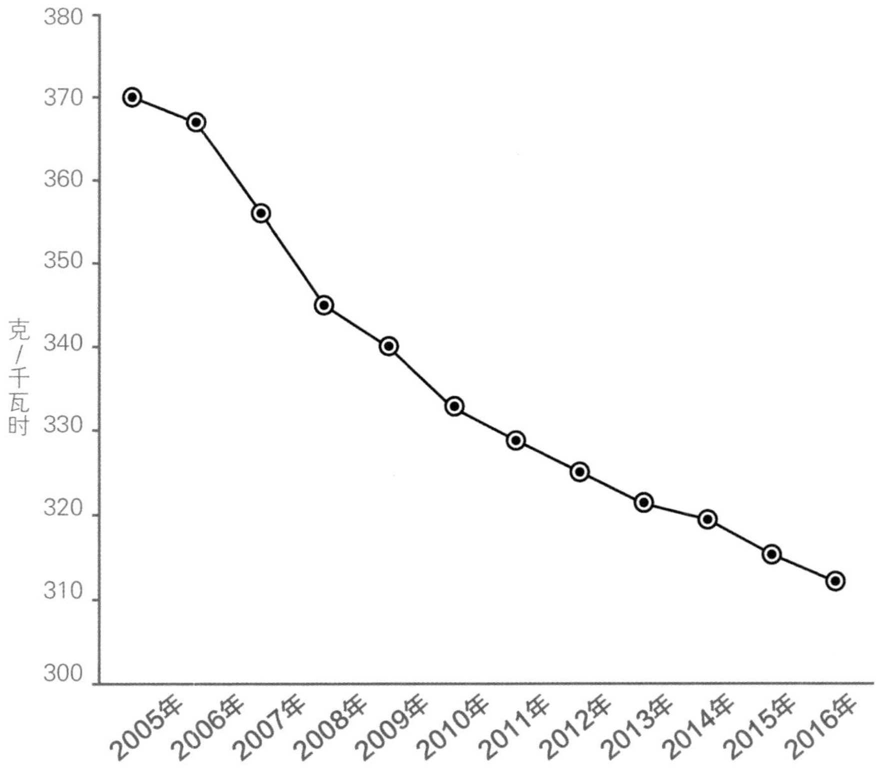

图7-1　2005—2016年我国6000千瓦及以上火电厂供电标准煤耗变化

（二）分省份情况

分省平均供电煤耗较上年有升有降。全国大部分省份火电机组结构持续优化，供电煤耗持续走低；部分省份因年利用小时快速下降，负荷率持续走低，供电煤耗小幅增长。

全国及各省份6000千瓦及以上火电厂供电标准煤耗情况见图7-2。

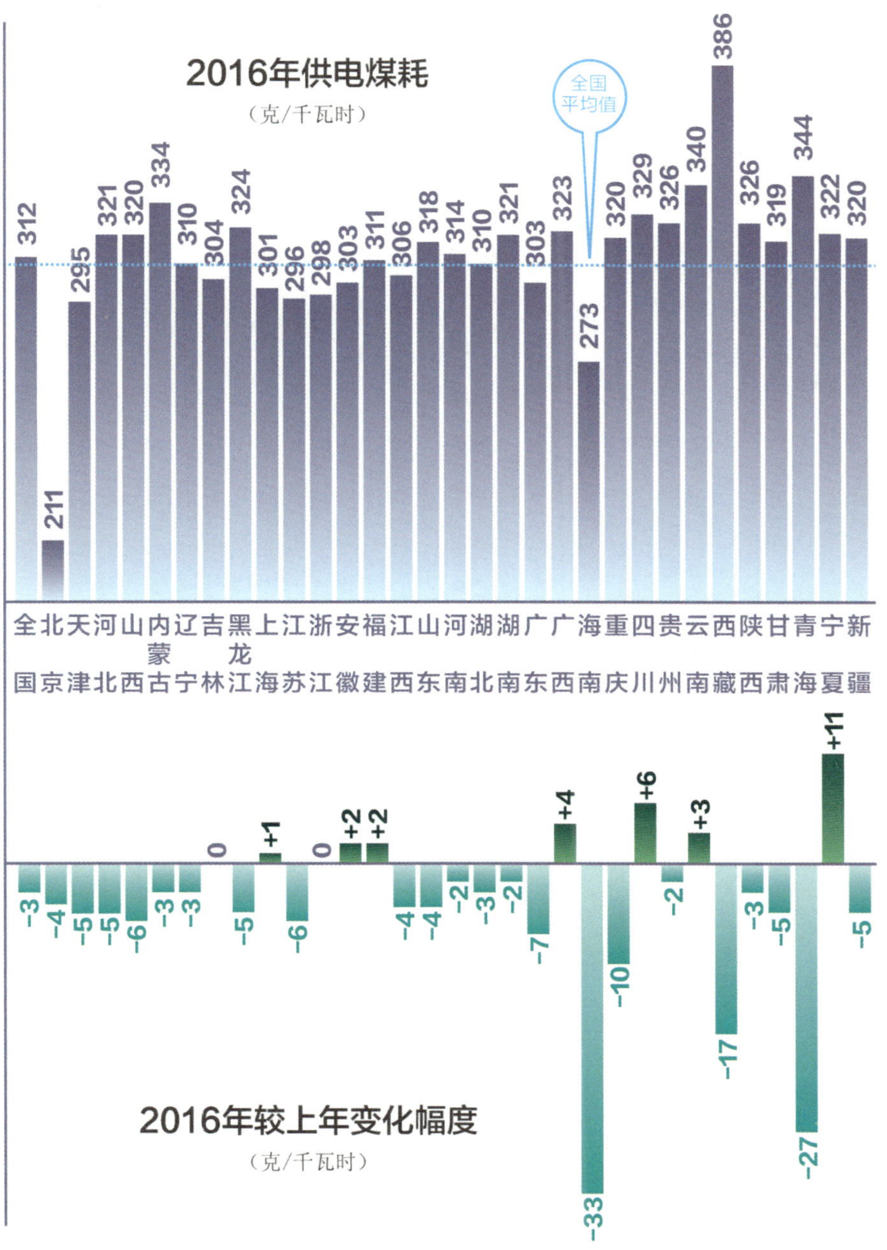

图7-2　全国及各省份6000千瓦及以上火电厂供电标准煤耗

（三）主要发电集团公司情况

主要发电集团公司平均供电煤耗较上年升降不一。根据对华能等24家拥有火电装机的发电集团统计调查结果显示，大部分发电集团实现了火电厂供电煤耗的持续下降，但由于火电机组结构不同、所属电厂所在区域电力供需形势等因素有较大差异，部分发电集团火电供电煤耗略有提高。

2016年24家主要发电集团供电标准煤耗情况见表7-1。

表7-1　2016年24家主要发电集团供电标准煤耗

单位名称	供电煤耗（克/千瓦时）	与上年比较（克/千瓦时）
全　国	312	-3
华能集团	303	-3
大唐集团	307	-3
华电集团	303	-2
国电集团	308	-2
国家电投集团	305	-3
神华集团	313	-5
国投电力	312	-3
三峡集团	307	-
华润电力	305	-2
新力能源	312	-4
北京能源	294	2
河北建投	314	-3
山西国际	314	-4
申能集团	291	4
江苏国信	304	-3
浙江能源	298	-2
安徽能源	308	0
江西投资	307	0
广东粤电	314	-1
中广核	381	-4
广州发展	313	2
深圳能源	303	-3
甘肃省投	315	1
中铝宁夏能源	319	-5

（四）不同容量等级机组煤耗调查情况

各容量等级机组平均供电煤耗持续下降。根据对主要发电集团火电机组供电煤耗的统计分析，不同容量等级火电机组供电煤耗较上年下降1～6克/千瓦时。

2016年主要发电集团火电机组分容量等级运行情况见表7-2。

表7-2　2016年主要发电集团火电机组分容量等级运行情况

容量等级(万千瓦)	统计台数(台)	总容量(万千瓦)	供电煤耗(克/千瓦时)	与上年比较(克/千瓦时)
机组≥100	89	8946	286	-1
60≤机组<100	458	29000	306	-3
30≤机组<60	834	27690	308	-3
20≤机组<30	176	3727	320	-4
10≤机组<20	200	2795	323	-4
0.6≤机组<10	200	595	349	-6

二、发电厂用电率

(一)全国情况

全国平均厂用电率持续下降。全国6000千瓦及以上发电厂用电率为4.77%，比上年下降0.32个百分点。其中，水电为0.29%，比上年降低0.03个百分点；火电为6.01%，比上年下降0.03个百分点。

2005—2016年全国6000千瓦及以上电厂厂用电率变化情况见图7-3。

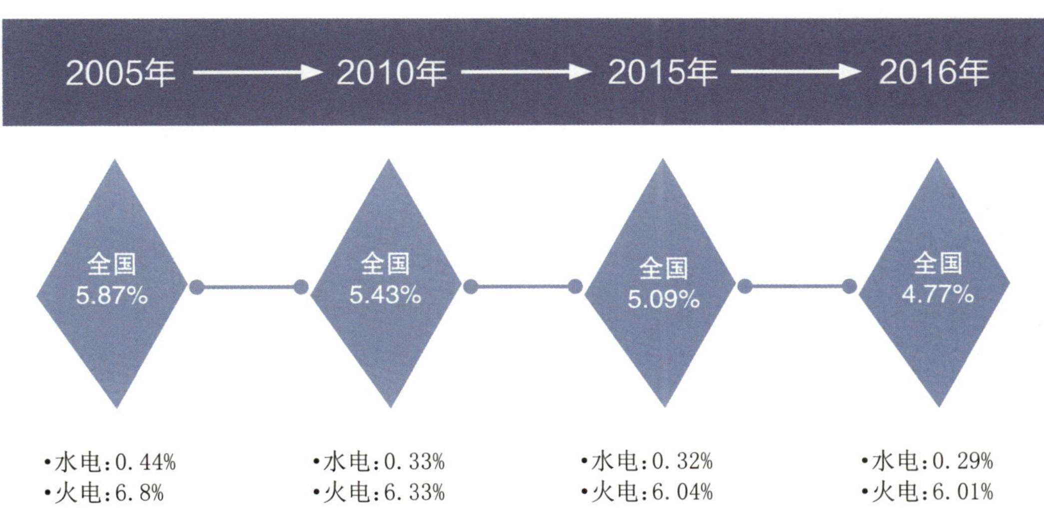

图7-3　2005—2016年全国6000千瓦及以上电厂厂用电率变化

(二)分省份情况

大部分省份平均厂用电率实现下降，部分省份略有上升。随着发电结构持续优化，大部分省份平均厂用电率略有下降；部分省份因发电机组负荷率较上年有所下降，火电或水电厂用电率略有上升。

2016年全国及各省份发电厂用电率情况见表7-3。

表7-3　2016年全国各省份发电厂用电率

地区	2016年（%）			与上年比较（个百分点）		
	合计	水电	火电	合计	水电	火电
全　国	4.77	0.29	6.01	-0.32	-0.03	-0.03
北　京	2.47	1.03	2.53	-0.33	-0.07	-0.32
天　津	5.98		6.02	-0.10		-0.10
河　北	5.66	2.73	6.14	-0.21	0.42	-0.16
山　西	7.08	0.60	7.55	-1.36	0.12	0.02
内蒙古	6.32	0.90	7.24	-0.17	0.21	-0.06
辽　宁	6.39	1.88	6.53	-0.05	-0.55	
吉　林	5.92	0.64	6.93	-0.31	-0.42	
黑龙江	6.15	0.97	6.72	-0.07	-0.25	0.02
上　海	4.52		4.55	0.08		0.10
江　苏	4.59	1.07	4.58	-0.58	0.43	-0.57
浙　江	4.83	0.39	5.01	-0.04	-0.02	0.05
安　徽	4.57	0.62	4.65	0.01	0.05	0.02
福　建	3.71	0.07	4.43	-1.30	-0.16	-0.48
江　西	4.35	0.53	5.00	-0.34	-0.09	-0.23
山　东	6.12	0.65	6.23	-0.17	-0.53	-0.14
河　南	5.33	0.35	5.56	-0.14	0.01	-0.13
湖　北	2.22	0.11	5.21	-0.03		0.04
湖　南	4.02	0.56	6.28	0.04	-0.06	0.26
广　东	4.59	0.43	5.33	-0.37	-0.09	-0.22
广　西	3.33	0.37	6.92	0.61	0.02	0.24
海　南	7.8	0.48	8.08	0.52	-0.47	0.64
重　庆	4.87	0.42	7.15	-0.37	-0.05	-0.24
四　川	0.54	0.33	4.26	-0.99	0.06	-0.29
贵　州	5.17	0.17	7.96	0.61	0.03	0.42
云　南	1.01	0.20	7.77	-0.60	0.01	0.20
西　藏	1.10	0.68	27.07	-2.28	-0.13	13.84
陕　西	7.04	1.30	7.30	0.16	0.59	0.07
甘　肃	4.11	0.56	6.05	0.05	-0.12	0.14
青　海	2.07	0.33	7.01	0.35	0.12	-0.41
新　疆	6.51	0.20	7.80	0.91	-1.26	1.42

（三）主要发电集团公司情况

发电集团公司厂用电率升降不一。从平均厂用电率看，近一半的发电集团实现了下降，其他集团有不同程度的上升；受负荷率下降等因素的影响，大部分发电集团火电厂用电率略有上升；由于局部地区水电来水减少等原因，部分发电集团水电厂用电率略有提高。

2016年主要发电集团厂用电率情况见表7-4。

表7-4 2016年主要发电集团厂用电率

企业名称	2016年（%）			与上年比较（个百分点）		
	合计	水电	火电	合计	水电	火电
华能集团	4.15	0.19	4.95	-0.14	-0.01	-0.08
大唐集团	3.91	0.25	4.94	-0.06	0.01	
华电集团	4.74	0.19	6.01	-0.05	0.01	0.03
国电集团	4.62	0.29	5.46	0.08	-0.02	0.32
国家电投集团	4.56	0.34	5.85	0.01	0.06	-0.02
神华集团	6.09	0.23	6.31	-0.22	-0.02	-0.19
国投电力	2.16	0.15	5.91	-0.25	0.01	-0.10
中核集团	6.28			-0.05		
三峡集团	0.44	0.11	5.67	0.24		
华润电力	4.84	0.20	4.90	-0.16	0.20	-0.10
黄河万家寨	0.62	0.62		0.37	0.37	
新力能源	4.20		4.20	0.31		0.31
北京能源	5.12	0.41	5.57	0.09		0.12
河北建投	5.34		5.92	0.04		0.22
山西国际	6.08	0.71	6.52	-0.21	0.16	-0.26
申能集团	3.82		3.82	0.23		0.23
江苏国信	4.35	1.09	4.41	-0.50	-0.07	-0.50
浙江能源	4.85	0.43	4.94			
安徽能源	4.64		4.64	0.51		0.51
江西投资	4.49	0.46	4.69	0.39	-1.43	0.49
广东粤电	5.39	0.12	5.91	-0.05	-0.01	0.02
中广核	5.00	0.42	8.47	0.36	0.03	0.08
广州发展	5.94		5.94	0.18		0.18
深圳能源	5.10	1.77	5.73	-0.66	0.96	-0.27
甘肃省投	3.56	0.74	6.35	0.45	-0.03	0.14
中铝宁夏能源	7.27		8.17	0.34		0.47

三、线损率

（一）全国情况

全国平均供电线损率下降。全国线路损失率为6.49%，同比下降0.15个百分点。

（二）分省份情况

大部分省份平均供电线损率下降。各省份电网企业不断深化线损管理，优化网架结构，广泛推广节能型变压器、金具、导线等节能装备，广泛采用无功补偿、提高负荷功率因素、治理三相不平衡、控制电压多级协调等节能运行优化技术，大部分省线损率实现了下降。

2016年全国及各省份线损率情况见表7-5。

表7-5　2016年全国及各省份线损率

省　份	线损率（%）	与上年比较（个百分点）	地　区	线损率（%）	与上年比较（个百分点）
全　国	6.49	-0.15	河　南	7.97	0.10
北　京	6.88		湖　北	6.82	0.24
天　津	6.74	-0.01	湖　南	8.53	-0.27
河　北	6.68		广　东	4.09	-0.32
山　西	6.17	-0.32	广　西	5.58	-0.61
内蒙古	5.26	-0.46	海　南	7.34	0.10
辽　宁	6.10	0.32	重　庆	6.99	0.19
吉　林	7.54	0.10	四　川	8.92	-0.20
黑龙江	7.00	-0.10	贵　州	6.28	-0.08
上　海	6.06	-0.06	云　南	4.68	-1.48
江　苏	4.18	-0.10	西　藏	13.83	-0.01
浙　江	4.19	-0.05	陕　西	6.31	-0.30
安　徽	7.36	-0.06	甘　肃	6.64	0.20
福　建	4.75		青　海	3.35	0.38
江　西	6.95	-0.04	宁　夏	3.55	
山　东	6.35	-0.23	新　疆	7.92	0.10

第二节　火电厂污染物排放与控制

全年煤电超低排放改造加快，火电企业严格落实国家污染物达标排放要求，全国电力烟尘、二氧化硫、氮氧化物等主要大气污染物排放量及排放绩效持续下降。

一、烟尘

电力烟尘排放下降12.5%　2016年，全国电力烟尘排放量约为35万吨，比上年下降约12.5%；每千瓦时火电发电量烟尘排放量约为0.08克，比上年下降0.01克。

2000—2016年电力烟尘排放情况见图7-4。

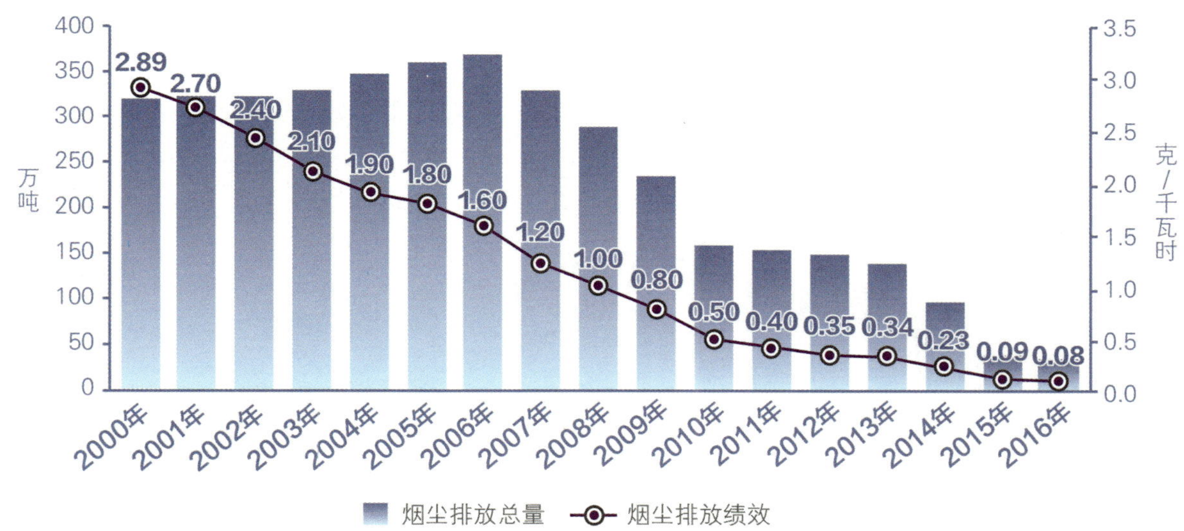

图7-4　2000—2016年电力烟尘排放情况

注：烟尘排放量来源于电力行业统计分析，统计范围为全国装机容量6000千瓦及以上火电厂。

安装袋式或电袋复合式除尘器的机组比重有所提高　2016年年底，火电厂安装袋式除尘器、电袋复合式除尘器的机组容量超过2.97亿千瓦，占全国煤电机组容量的31.6%以上。其中，袋式除尘器机组容量约为0.78亿千瓦，占全国煤电机组容量的8.4%；电袋复合式除尘器机组容量超过2.19亿千瓦，占全国燃煤机组容量的23.3%。2016年年底累计投运的袋式除尘器、电袋复合式除尘器机组容量情况分别见附录10、附录11。

2015年、2016年燃煤电厂不同除尘器类型占比情况见图7-5。

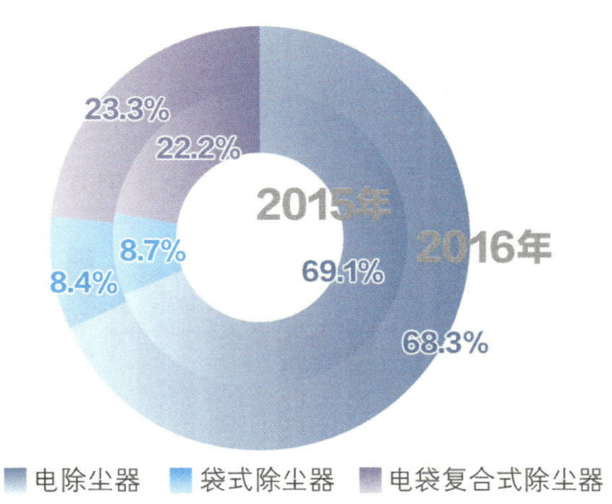

图7-5　2015年、2016年燃煤电厂不同除尘器类型占比

二、二氧化硫

电力二氧化硫排放下降15.0%　2016年，全国电力二氧化硫排放量约为170万吨，比上年下降约15.0%；每千瓦时火电发电量二氧化硫排放量约为0.39克，比上年下降0.08克。

2000—2016年电力二氧化硫排放情况见图7-6。

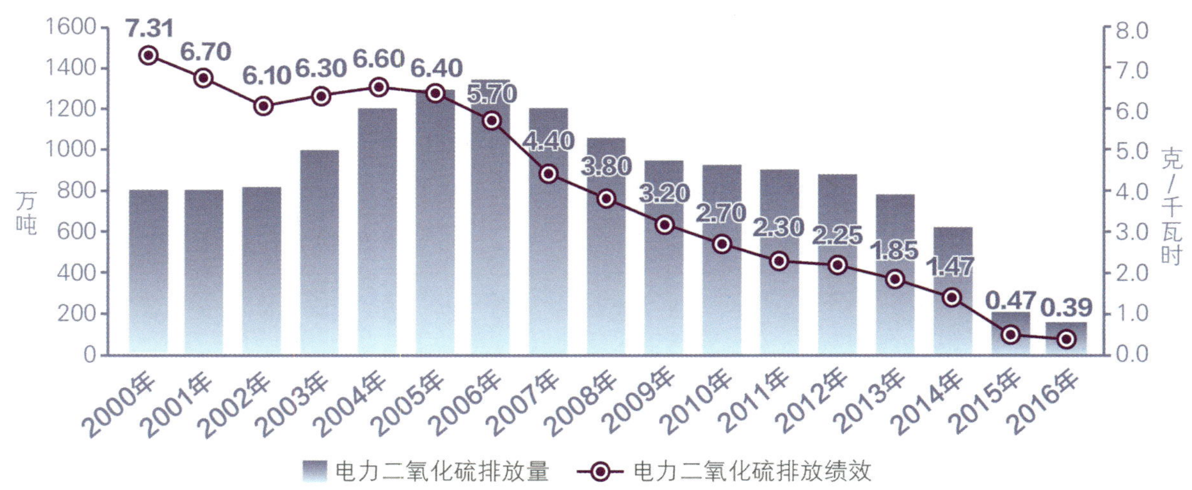

图7-6　2000—2016年电力二氧化硫排放情况

注：电力二氧化硫排放量来源于电力行业统计分析，统计范围为全国装机容量6000千瓦及以上火电厂。

煤电机组几乎100%实现脱硫　2016年年底，全国已投运烟气脱硫机组容量约为8.8亿千瓦，占全国煤电机组容量的93.0%，如果考虑具有脱硫作用的循环流化床锅炉，全国脱硫机组占煤电机组比例接近100%。2016年当年新投运烟气脱硫机组容量约为0.5亿千瓦，在运烟气脱硫特许经营的机组容量超过1.08亿千瓦，在运火电厂烟气脱硫委托运营机组容量超过0.69亿千瓦。2016年年底累计投运的烟气脱硫工程机组容量情况见附录12。

2006—2016年全国烟气脱硫机组投运情况见图7-7。

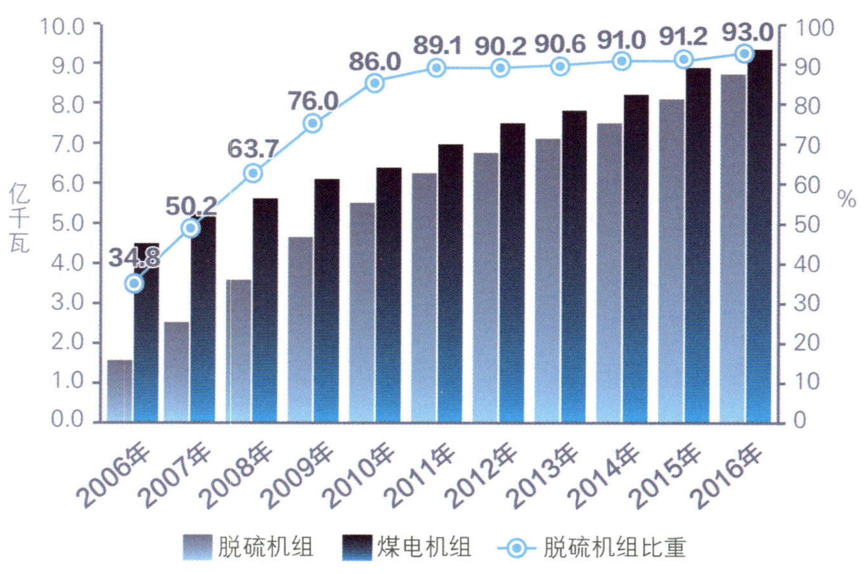

图7-7　2006—2016年全国烟气脱硫机组投运情况

三、氮氧化物

电力氮氧化物排放下降13.9% 2016年，全国电力氮氧化物排放量约为155万吨，比上年下降约13.9%；每千瓦时火电发电量二氧化硫排放量约为0.36克，比上年下降0.07克。

2006—2016年电力氮氧化物排放情况见图7-8。

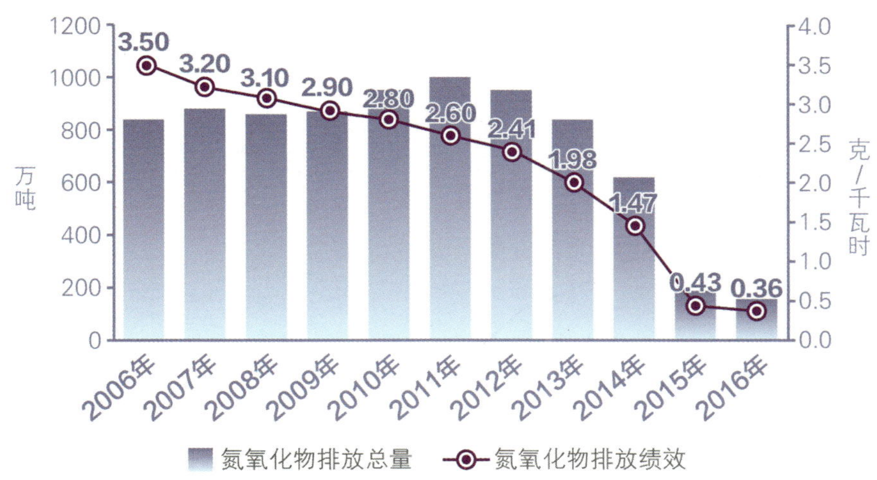

图7-8 2006—2016年电力氮氧化物排放情况

注：电力氮氧化物排放量来源于电力行业统计分析，统计范围为全国装机容量6000千瓦及以上火电厂。

脱硝机组比重达到85% 2016年年底，全国已投运烟气脱硝机组容量约为9.1亿千瓦，占全国火电机组容量的85.8%。新投运火电厂烟气脱硝机组容量约为0.6亿千瓦，在运烟气脱硝特许经营的机组容量超过0.76亿千瓦，在运火电厂烟气脱硝委托运营的机组容量超过0.13亿千瓦。2016年年底累计投运的烟气脱硝机组容量情况见附录13。2006—2016年全国火电厂烟气脱硝机组投运情况见图7-9。

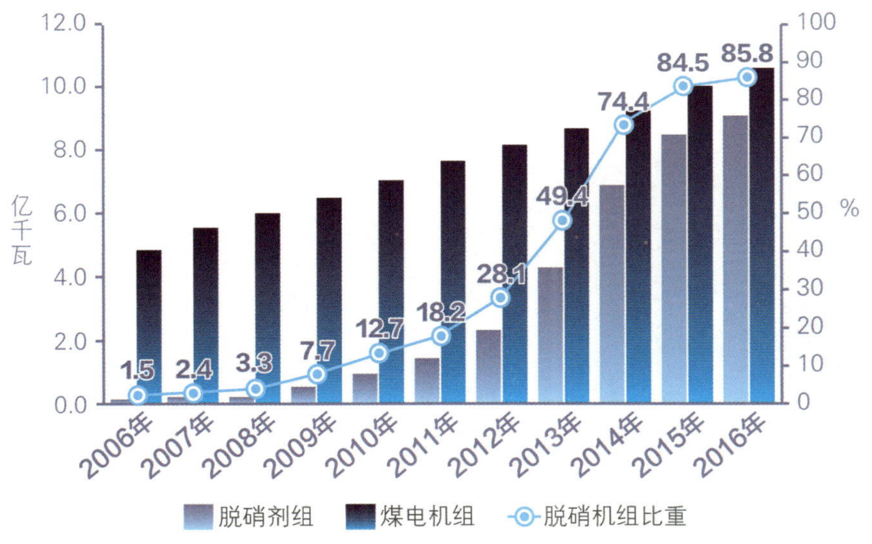

图7-9 2006—2016年全国火电厂烟气脱硝机组投运情况

四、火电厂耗水与废水排放

火电厂单位发电量耗水与废水排放持续下降。全国火电厂单位发电量耗水量为1.3千克/千瓦时，比上年降低0.1千克/千瓦时；单位发电量废水排放量为0.06千克/千瓦时，比上年降低0.01千克/千瓦时。

2005—2016年全国火电厂单位发电量耗水量和废水排放量情况见图7-10。

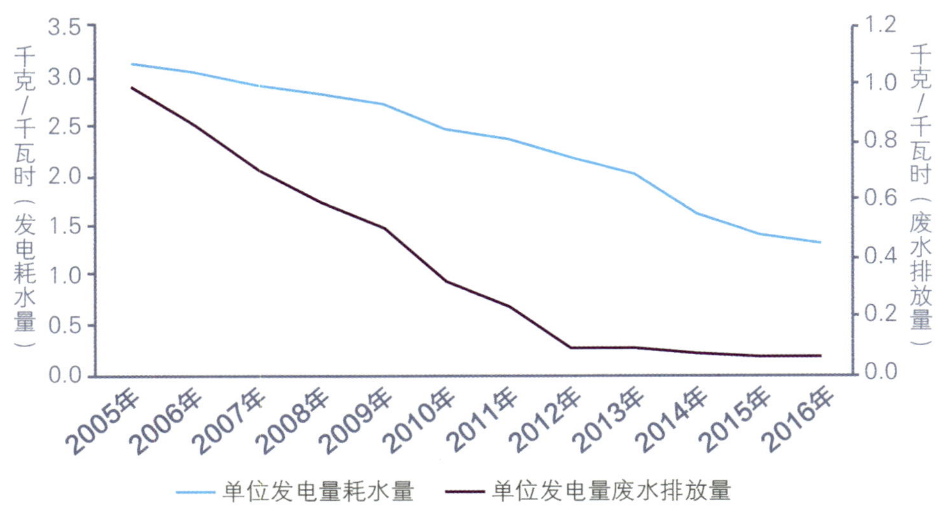

图7-10　2005—2016年全国火电厂单位发电量耗水量和废水排放量情况

注：单位发电量和废水排放量数据来源于电力行业统计分析，统计范围为全国装机容量6000千瓦及以上火电厂。

五、固体废弃物排放与综合利用

火电厂固体废弃物综合利用率略有上升。粉煤灰和脱硫石膏综合利用率同比均提高2个百分点。

2016年粉煤灰、脱硫石膏产量及综合利用情况见图7-11。

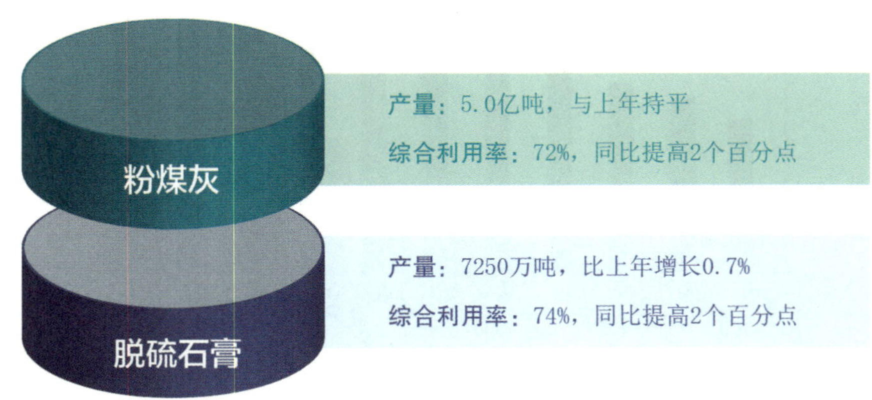

图7-11　2016年粉煤灰、脱硫石膏产量及综合利用情况

第三节　应对气候变化

一、电力行业碳排放强度

据中电联统计分析，2016年，全国单位火电发电量二氧化碳排放约为822克/千瓦时，比2005年下降21.6%；单位发电量二氧化碳排放约为591克/千瓦时，比2005年下降31.1%。

2005—2016年电力二氧化碳排放强度见图7-12。

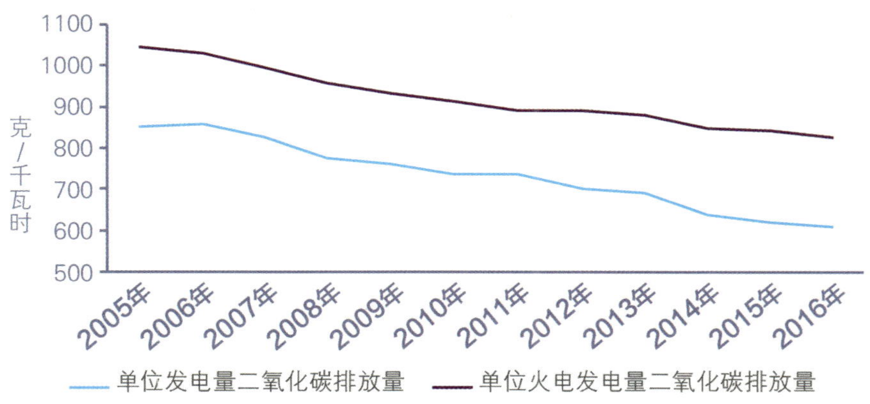

图7-12　2005—2016年电力二氧化碳排放强度

二、电力行业碳排放总量

以2005年为基准年，2006—2016年，通过发展非化石能源、降低供电煤耗和线损率等措施，电力行业累计减少二氧化碳排放约94亿吨，有效减缓了电力二氧化碳排放总量的增长。其中，供电煤耗降低对电力行业二氧化碳减排贡献率为46%，非化石能源发展贡献率为52%。

2006—2016年各种措施减少二氧化碳排放情况见图7-13。

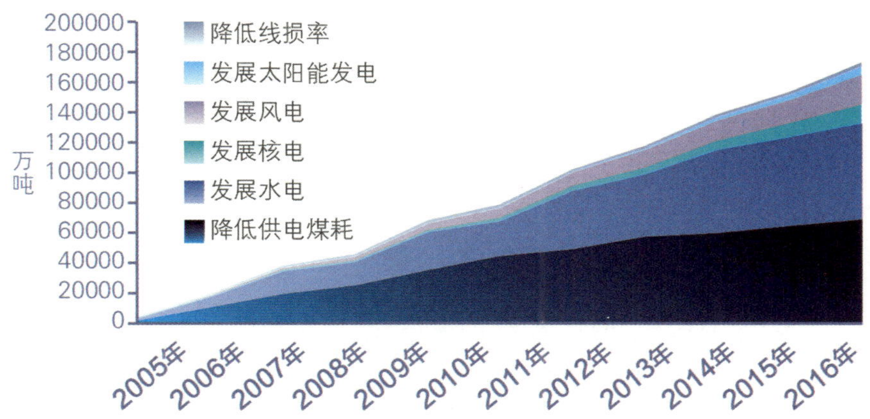

图7-13　2006—2016年各种措施减少二氧化碳排放情况

第四节　发电机组能效对标

一、60万千瓦、100万千瓦级火电机组能效对标总体情况

根据2016年版的《全国火电燃煤机组能效水平对标管理办法》和《全国火电燃煤机组竞赛评比管理办法》，中电联组织开展了2016年度全国60万千瓦级（含100万千瓦级）以上火电机组能效水平对标工作。参加对标机组中，共有358台60万千瓦级、69台100万千瓦级机组参加了机组竞赛，参加机组能效对标机组数量超过上年，机组平均等效利用系数略有下降，单位能效水平总体提高。

2015年、2016年参加全国60万千瓦级（含100万千瓦级）火电机组能效对标分类数量对比情况见图7-14。

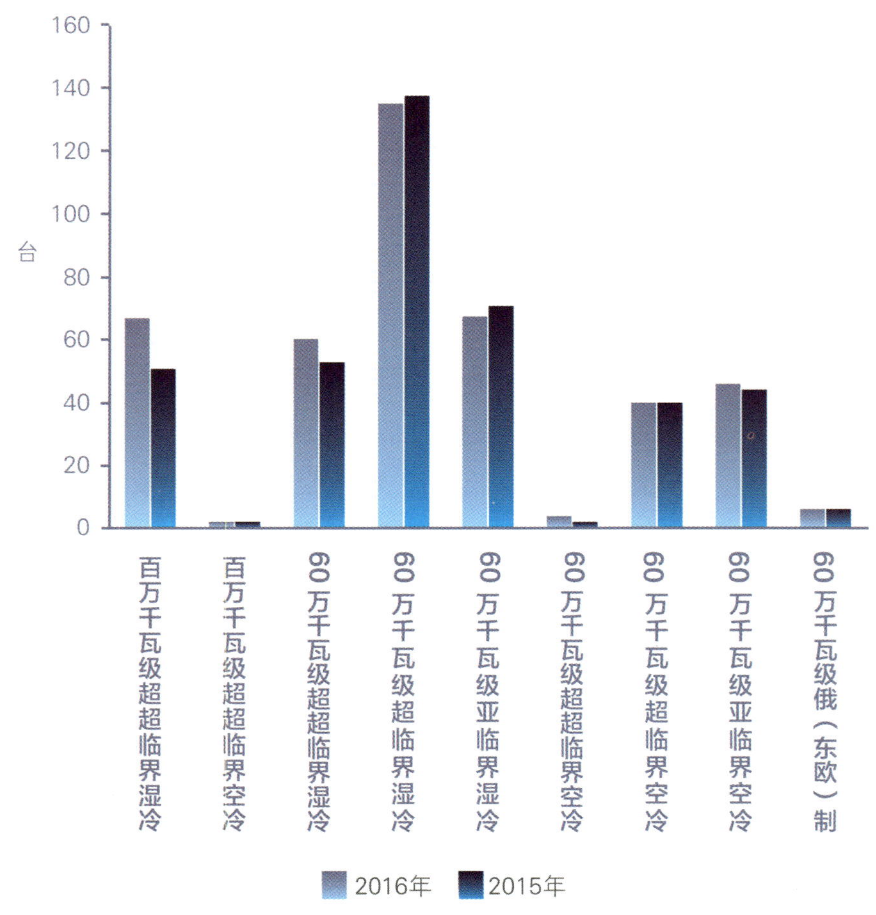

图7-14　2015年、2016年参加全国60万千瓦级（含100万千瓦级）火电机组能效对标分类数量对比

100万千瓦和60万千瓦级火电机组能效竞赛主要项目统计情况见表7-6。

表7-6　100万千瓦和60万千瓦级火电机组能效竞赛主要项目统计

指标序号	统计项目	单位	100万千瓦级机组		60万千瓦级机组	
			2016年	2015年	2016年	2015年
1	参加竞赛机组台数	台	69	53	358	353
2	机组容量	万千瓦	6943.6	5315	22554.6	22128.6
3	平均等效可用系数	%	90.42	91.88	92.26	92.66
4	平均非计划停运次数	次/台•年	0.29	0.26	0.29	0.33
5	平均非计划停运小时	小时/台•年	5.72	41.16	8.41	16.15
6	等效强迫停运率	%	0.09	0.72	0.12	0.2
7	供电煤耗	克/千瓦时	284.98	286.3	307.75	308.31
8	发电厂用电率	%	4.08	4.11	6.21	5.33
9	发电综合耗水率	千克/千瓦时	0.62	0.61	0.95	0.96
10	点火用油	吨/年	100.17	99.44	75.01	77.17
11	助燃用油	吨/年	25.26	39.78	28.89	32.75

注：竞赛要求机组须投产满一年、年运行小时超过3500小时且备用小时不超过4500小时。

二、60万千瓦级（含100万千瓦级）火电机组分类型、分集团能效对标分析

（一）100万千瓦级超超临界火电机组能效指标情况

1.100万千瓦级超超临界火电机组单位能耗水平连年提高

100万千瓦级超超临界纯凝式湿冷火电机组供电煤耗、厂用电率情况见表7-7。

表7-7　100万千瓦级超超临界纯凝式湿冷火电机组供电煤耗、厂用电率统计

年度	统计台数（台）	前20%平均值		前40%平均值		100%平均值		最优值	
		供电煤耗（克/千瓦时）	厂用电率（%）	供电煤耗（克/千瓦时）	厂用电率（%）	供电煤耗（克/千瓦时）	厂用电率（%）	供电煤耗（克/千瓦时）	厂用电率（%）
2016	75	275.82	2.96	278.45	3.36	285.02	4.03	271.16	2.54
2015	53	279.38	3.01	280.88	3.30	286.28	3.98	276.45	2.64
2014	50	281.25	2.99	283.45	3.38	287.65	4.08	278.56	2.72

注：共有75台（其中纯凝式湿冷机组73台，纯凝式空冷机组2台）100万千瓦级超超临界火电机组参加了机组能效水平对标统计。100万千瓦级超超临界火电机组能效指标详见附录14。

2.华能集团100万千瓦级超超临界火电机组单位能耗最低，华电集团单位水耗最低

主要发电集团100万千瓦级超超临界火电机组主要能效指标统计数据见表7-8。

表7-8 主要发电集团100万千瓦级超超临界火电机组主要能效指标统计

集团名称		供电煤耗（克/千瓦时）		厂用电率（%）		发电综合耗水率（千克/千瓦时）		油耗（吨/年）	
		2016年	2015年	2016年	2015年	2016年	2015年	2016年	2015年
湿冷机组									
华能集团		281.46	282.50	3.38	3.46	0.59	0.44	55.96	72.32
大唐集团		285.28	291.16	4.41	4.53	0.76	0.06	0.00	0.00
华电集团		284.68	281.30	4.43	3.92	0.48	0.59	76.97	69.86
国电集团		280.46	281.35	3.42	3.32	0.50	0.47	78.49	154.82
国家电投集团		285.00	285.57	4.10	4.41	1.09	0.81	115.66	142.38
神华集团		289.20	294.30	4.50	4.84	0.71	0.56	176.69	197.55
其他集团公司	纯凝	288.24	287.08	4.29	4.00	0.66	0.87	178.28	163.81
	含供热	287.52	286.80	4.32	4.11	0.62	0.77	170.26	160.99
空冷机组									
华电集团		298.88	298.07	5.61	5.44	0.38	0.38	13.26	17.32

（二）60万千瓦级超超临界湿冷火电机组能效指标情况

1.湿冷火电机组供电煤耗前20%、40%机组均值相对100%机组均值的领先差距缩小

60万千瓦级超超临界纯凝式湿冷火电机组供电煤耗、厂用电率对标统计数据见表7-9。

表7-9 60万千瓦级超超临界纯凝式湿冷火电机组供电煤耗、厂用电率对标统计

年度	统计台数（台）	前20%平均值		前40%平均值		100%平均值		最优值	
		供电煤耗（克/千瓦时）	厂用电率（%）	供电煤耗（克/千瓦时）	厂用电率（%）	供电煤耗（克/千瓦时）	厂用电率（%）	供电煤耗（克/千瓦时）	厂用电率（%）
2016	63	280.97	3.35	283.37	3.64	289.12	4.22	277.55	2.77
2015	57	282.45	3.49	284.72	3.73	291.72	4.26	278.94	3.07
2014	56	283.93	3.44	286.08	3.70	292.63	4.24	281.11	3.00

注：60万千瓦级超超临界湿冷火电机组能效指标详见附录15。

2.神华集团超超临界火电机组主要能效指标最优

主要发电集团60万千瓦级超超临界湿冷火电机组主要能效指标统计数据见表7-10。

表7-10　主要发电集团60万千瓦级超超临界湿冷火电机组主要能效指标统计

集团名称	供电煤耗（克/千瓦时）		厂用电率（%）		发电综合耗水率（千克/千瓦时）		油耗（吨/年）	
	2016年	2015年	2016年	2015年	2016年	2015年	2016年	2015年
华能集团	287.31	289.43	3.88	4.07	0.92	0.77	87.28	108.6
大唐集团	288.46	290.91	4.30	4.16	0.66	0.64	63.76	84.94
华电集团	287.33	287.26	4.73	4.93	1.44	1.57	36.25	35.31
国电集团	288.01	290.93	3.39	3.46	2.44	2.30	126.00	148.00
国家电投集团	293.36	293.51	4.07	4.00	1.46	1.25	41.81	45.82
神华集团	284.39	287.12	3.68	3.84	0.24	0.25	0.63	0.68
其他集团公司	291.76	295.25	4.43	4.53	0.65	1.15	161.63	104.67

（三）60万千瓦级超临界湿冷火电机组能效指标情况

1.湿冷纯凝式火电机组供电煤耗前20%、前40%机组均值的领先水平较前两年更加突出

60万千瓦级超临界纯凝式湿冷火电机组供电煤耗、厂用电率数据见表7-11。

表7-11　60万千瓦级超临界纯凝式湿冷火电机组供电煤耗、厂用电率数据统计

年度	统计台数（台）	前20%平均值		前40%平均值		100%平均值		最优值	
		供电煤耗（克/千瓦时）	厂用电率（%）	供电煤耗（克/千瓦时）	厂用电率（%）	供电煤耗（克/千瓦时）	厂用电率（%）	供电煤耗（克/千瓦时）	厂用电率（%）
2016	134	296.15	3.86	297.82	4.12	303.90	4.79	292.33	3.09
2015	135	296.13	3.69	297.7	3.95	303.12	4.65	293.37	3.11
2014	138	297.62	3.87	300.27	4.08	303.48	4.66	294.22	3.32

注：60万千瓦级超临界湿冷火电机组能效指标详见附录16。

2.主要发电集团湿冷火电机组厂用电率较上年均有不同幅度的上升

主要发电集团火电60万千瓦级超临界湿冷火电机组主要能效指标统计数据见表7-12。

表7-12　主要发电集团火电60万千瓦级超临界湿冷火电机组主要能效指标统计

集团名称	供电煤耗（克/千瓦时）		厂用电率（%）		发电综合耗水率（千克/千瓦时）		油耗（吨/年）	
	2016年	2015年	2016年	2015年	2016年	2015年	2016年	2015年
华能集团（含供热）	301.79	301.62	4.43	4.37	1.08	1.09	145.80	137.64
大唐集团	306.03	304.82	4.60	4.42	0.56	0.41	38.00	50.70
华电集团	297.74	298.81	5.02	4.86	0.93	1.09	79.26	168.94
国电集团	301.67	301.06	4.63	4.36	1.48	1.33	27.62	33.35
国家电投集团	303.56	304.01	4.88	4.80	1.97	1.88	139.17	123.45
神华集团	307.12	304.87	4.92	4.58	0.79	0.96	88.73	135.60
其他集团公司（含供热）	303.80	302.97	4.83	4.82	1.06	1.27	92.58	90.13

（四）60万千瓦级亚临界湿冷火电机组能效指标情况

1.湿冷火电机组供电煤耗最优值同比下降幅度超上年

60万千瓦级亚临界纯凝式湿冷火电机组供电煤耗、厂用电率数据统计见表7-13。

表7-13　60万千瓦级亚临界纯凝式湿冷火电机组供电煤耗、厂用电率数据统计

年度	统计台数（台）	前20%平均值		前40%平均值		100%平均值		最优值	
		供电煤耗（克/千瓦时）	厂用电率（%）	供电煤耗（克/千瓦时）	厂用电率（%）	供电煤耗（克/千瓦时）	厂用电率（%）	供电煤耗（克/千瓦时）	厂用电率（%）
2016	73	305.73	4.80	308.64	4.98	315.79	5.66	303.08	4.38
2015	75	309.30	4.78	311.51	4.95	316.78	5.67	307.45	4.33
2014	80	308.59	4.79	316.95	4.94	316.95	5.65	306.24	4.44

注：60万千瓦级亚临界湿冷火电机组能效指标详见附录17。

2.主要发电集团公司60万千瓦级亚临界湿冷火电机组主要能效指标情况

主要发电集团60万千瓦级亚临界湿冷火电机组主要能效指标统计见表7-14。

表7-14 主要发电集团60万千瓦级亚临界湿冷火电机组主要能效指标统计

集团名称	供电煤耗（克/千瓦时）		厂用电率（%）		发电综合耗水率（千克/千瓦时）		油耗（吨/年）	
	2016年	2015年	2016年	2015年	2016年	2015年	2016年	2015年
华能集团	315.35	317.06	5.42	5.49	1.98	1.95	330.11	381.16
大唐集团（含供热）	310.81	313.72	5.44	5.52	1.56	1.61	76.12	57.64
华电集团（含供热）	302.58	304.97	5.23	5.16	1.76	1.91	72.00	159.90
国电集团（含供热）	318.84	317.68	5.48	5.07	1.28	1.15	253.06	207.03
国家电投集团	321.44	321.44	5.74	6.93	1.02	1.92	331.10	312.59
神华集团	314.35	318.83	5.62	5.72	0.71	0.73	99.93	86.10
其他集团公司	319.37	316.24	6.12	5.75	0.66	0.65	184.74	245.62

（五）60万千瓦级超（超）临界空冷火电机组能效指标情况

1.空冷火电机组供电煤耗100%机组均值较上年有所上升

60万千瓦级超临界纯凝式空冷火电机组供电煤耗、厂用电率数据见表7-15。

表7-15 60万千瓦级超临界纯凝式空冷火电机组供电煤耗、厂用电率数据统计

年度	统计台数（台）	前20%平均值		前40%平均值		100%平均值		最优值	
		供电煤耗（克/千瓦时）	厂用电率（%）	供电煤耗（克/千瓦时）	厂用电率（%）	供电煤耗（克/千瓦时）	厂用电率（%）	供电煤耗（克/千瓦时）	厂用电率（%）
2016	38	310.71	4.45	312.94	4.71	318.27	6.35	308.24	4.28
2015	38	311.28	4.67	313.43	4.81	318.07	6.38	309.88	4.51
2014	38	312.61	4.74	315.30	4.94	320.41	6.70	310.14	4.52

注：60万千瓦级超（超）临界空冷火电机组能效指标详见附录18。

2.主要发电集团60万千瓦级超（超）临界空冷火电机组主要能效指标情况

主要发电集团60万千瓦级超（超）临界空冷火电机组主要能效指标统计见表7-16。

表7-16　主要发电集团60万千瓦级超（超）临界空冷火电机组主要能效指标统计

集团名称	供电煤耗（克/千瓦时）		厂用电率（%）		发电综合耗水率（千克/千瓦时）		油耗（吨/年）	
	2016年	2015年	2016年	2015年	2016年	2015年	2016年	2015年
超临界								
华能集团	313.17	314.81	4.93	4.98	0.39	0.32	158.65	174.09
大唐集团	316.89	315.69	4.93	4.99	0.34	0.34	42.80	42.80
华电集团	315.23	316.22	8.96	8.88	0.28	0.30	32.09	32.09
国电集团（含供热）	312.5	312.26	5.72	5.02	0.48	0.43	20.88	22.72
国家电投集团（含供热）	316.04	315.75	7.62	7.59	0.38	1.11	142.31	148.28
神华集团	320.32	319.9	7.70	6.97	0.31	0.40	168.23	70.25
其他集团公司	322.72	319.31	7.28	7.24	0.79	0.30	16.84	31.12
超超临界								
中国国电集团公司	299.46	298.53	4.84	3.64	0.51	0.30	0.00	0.00

（六）60万千瓦级亚临界空冷火电机组能效指标情况

1.60万千瓦级亚临界空冷火电机组供电煤耗前20%机组均值领先100%机组均值幅度较上年拉大

60万千瓦级亚临界纯凝式空冷火电机组供电煤耗、厂用电率数据统计见表7-17。

表7-17　60万千瓦级亚临界纯凝式空冷火电机组供电煤耗、厂用电率数据统计

年度	统计台数（台）	前20%平均值		前40%平均值		100%平均值		最优值	
		供电煤耗（克/千瓦时）	厂用电率（%）	供电煤耗（克/千瓦时）	厂用电率（%）	供电煤耗（克/千瓦时）	厂用电率（%）	供电煤耗（克/千瓦时）	厂用电率（%）
2016	44	322.05	5.44	323.88	6.14	329.32	7.38	322.12	5.16
2015	44	324.14	5.51	325.17	6.47	330.21	7.40	323.27	5.09
2014	38	326.12	5.30	327.12	6.29	331.75	7.37	325.40	5.00

注：60万千瓦级亚临界空冷火电机组能效指标详见附录19。

2.主要发电集团60万千瓦级亚临界空冷火电机组油耗指标总体有所上升

主要发电集团60万千瓦级亚临界空冷火电机组主要能效指标统计见表7-18。

表7-18　主要发电集团60万千瓦级亚临界空冷火电机组主要能效指标统计

集团名称	供电煤耗（克/千瓦时）		厂用电率（%）		发电综合耗水率（千克/千瓦时）		油耗（吨/年）	
	2016年	2015年	2016年	2015年	2016年	2015年	2016年	2015年
华能集团	329.35	331.91	7.14	7.17	0.35	0.30	173.95	155.20
大唐集团	334.80	333.39	6.07	5.96	0.37	0.36	67.54	55.31
华电集团	326.31	325.61	8.62	8.54	0.33	0.35	48.35	47.04
国电集团（含供热）	329.01	324.1	8.88	8.15	0.56	0.47	192.81	179.67
国家电投集团（含供热）	322.02	326.99	7.82	7.86	0.23	0.24	93.27	96.42
神华集团	323.58	324	7.64	7.80	0.19	0.18	0.00	0.00
其他集团公司	329.95	330.54	8.23	7.94	0.34	0.25	155.42	90.35

（七）60万千瓦级俄（东欧）制火电机组能效指标情况

1.60万千瓦级俄（东欧）制火电机组供电煤耗同比下降幅度收窄

60万千瓦级俄（东欧）制火电机组供电煤耗、厂用电率数据统计见表7-19。

表7-19　60万千瓦级俄（东欧）制火电机组供电煤耗、厂用电率数据统计

年度	100%平均值		最优值	
	供电煤耗（克/千瓦时）	厂用电率（%）	供电煤耗（克/千瓦时）	厂用电率（%）
2016	315.04	5.75	310.12	5.28
2015	316.14	5.8	308.73	5.17
2014	324.13	5.92	312.23	4.89

注：参加对标的6台机组中，纯凝式湿冷机组4台，供热式湿冷机组2台。60万千瓦级俄（东欧）制火电机组能效指标详见附录20。

2.主要发电集团公司60万千瓦级俄（东欧）制火电机组主要能效指标情况

主要发电集团公司60万千瓦级俄（东欧）制火电机组主要能效指标统计见表7-20。

表7-20　主要发电集团公司60万千瓦级俄（东欧）制火电机组主要能效指标统计

集团名称	供电煤耗（克/千瓦时）		厂用电率（%）		发电综合耗水率（千克/千瓦时）		油耗（吨/年）	
	2016年	2015年	2016年	2015年	2016年	2015年	2016年	2015年
华能集团	312.55	313.73	5.54	5.25	2.05	1.89	181.86	270.96
神华集团	316.29	317.35	5.85	6.07	1.05	1.06	103.82	84.75

第八章　电力科技与信息化

第一节　科技发展水平与创新成果

电力科技水平稳步提高，部分领域取得新的突破和进展。

一、电源领域

（一）水电建设与运行技术不断发展

我国水电大坝、地下洞室的设计与建设、大型水轮发电机制造等技术均已达到世界先进水平。

高强度、大体积混凝土温控和防裂技术　依托三峡工程和锦屏一级等300m级特高坝工程，采用抗高压水劈裂设计、变形体时程动态稳定分析、施工智能监控等新方法解决了高混凝土坝施工期开裂、运行期高压水劈裂和性态预测误差大的世界级难题，对我国引领世界高混凝土坝发展、世界高拱坝实现从272m到305m坝高的跨越、为南水北调中线水源工程丹江口大坝的加高和丰满大坝的改建决策提供了重要的技术支撑，使我国的高拱坝建设技术迈上了一个新台阶。

流域梯级水电站联合调度运行技术　针对巨型梯级水电站“调控一体化”远程控制运行出现的高可靠、高实时、海量数据的采集、传输与处理以及复杂防洪、航运、发电约束条件下梯级水电站运行与控制等问题，依托金沙江下游梯级水电站“调控一体化”控制系统研究及工程应用，提出梯级水电站“调控一体化”运行模式、控制系统架构及控制方法，有效解决了水电站发电运行工况剧烈变化对下游航运安全影响的难题，研究成果已在金沙江下游、黄河上游、五凌跨流域等梯级水电站得到应用，为我国梯级水电站安全、稳定、高效运行和“调控一体化”提供技术支撑。

深埋长大输水隧洞工程技术　依托锦屏二级水电建设项目，创建了超深埋特大隧洞强烈岩爆风险预测与防控集成技术体系；提出超高压大流量岩溶突涌水灾害预测预警与防治成套技术；建立了超深埋特大隧洞成洞设计方法；创新了长大引水发电系统机电一体化水力设计方法和调控体系，攻克了强烈岩爆防治、突涌水治理、超深埋隧洞成洞、复杂水力瞬变流调控等技术难题，形成超深埋特大引水隧洞发电工程关键技术体系。

大型抽水蓄能机组配套设备与系统集成技术　依托大型抽水蓄能机组的关键技术、成套设备及工程应用，提出和建立水泵与水轮机特性并行迭代的水力优化设计方法及计算模型，发明减小无叶区压力脉动和长短叶片转轮技术，研制出稳定性与效率兼顾的水泵水轮机；独创定转子高效散热、转子柔性固定和推力轴承热边界隔油三项技术，攻克了高损耗密度下的通风散热、转子超高离心力、推力轴承烧瓦等难题，研制出安全可靠的发电电动机；创建动态自适应控制模型和快速安全保护方法，创新水力机械电气过渡过程仿真计算方法，实现系统集成优化和工程应用。实现了大型抽水蓄能机组关键技术和成套设备制造业从无到有、从弱到强、从进口到出口的根本性跨越，推动了能源结构转型，提升了高端装备制造业水平。

（二）火电技术不断向高参数、大容量、高效及低排放方向发展

超低排放技术优化　燃煤烟尘、SO_2、NO_X达到燃气发电排放限值的深度减排技术取得成果，在多煤种、宽负荷、变工况等复杂条件下，实现燃煤电厂三大污染物的超低排放。

成果案例——燃煤电厂烟气污染物超低排放关键技术及应用

技术	成果	示范
基于铁基超微晶改性材料的电除尘器大功率电源	实现了出口烟尘浓度小于20mg/m^3的重大突破	在1000MW机组上示范
双PH值精准控制及凹凸双相整流脱硫技术	综合脱硫效率由95%提升到99%以上	在300MW机组上示范
基于湿法脱硫的湿法脱硫技术	实现脱硝效率35%以上	在330MW机组上示范
基于谐振抑制的高频电流源控制和电极最佳匹配技术	细颗粒物排放从20mg/m^3～3mg/m^3降至5mg/m^3以下	在300MW机组上示范

燃煤发电二次再热技术取得新进展　继2015年华能安源电厂1号66万千瓦超超临界机组、国电泰州电厂二期工程3号和华能莱芜电厂6号100万千瓦超超临界二次再热燃煤机组相继投产后，2016年，华能莱芜电厂第2台100万千瓦二次再热燃煤机组顺利投产。该机组主机设计初参数为压力31兆帕，再热蒸汽温度620℃，其发电效率达到48.12%，发电煤耗为每千瓦时255.29克，供电煤耗为每千瓦时266.18克。

机组满负荷工况下，二氧化硫、氮氧化物、粉尘排放浓度分别为10毫克/标准立方米、15毫克/标准立方米、1.5毫克/标准立方米，实现超净排放。

二次再热系统示意图如8-1所示。

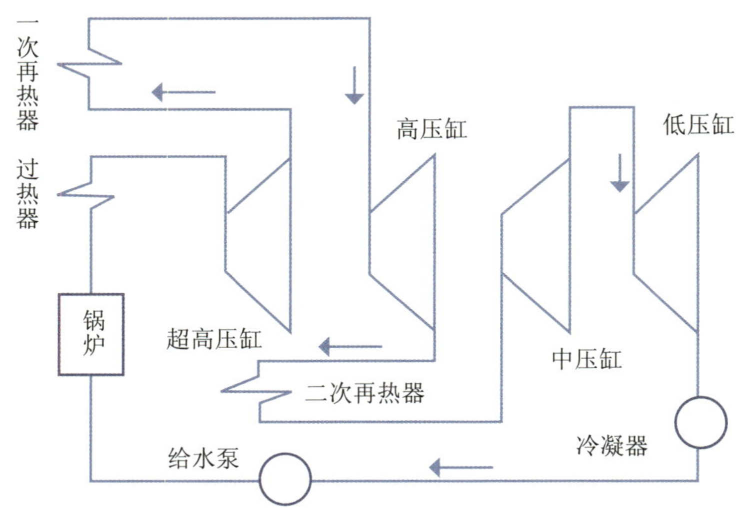

图8-1　二次再热系统示意图

加快火电机组灵活性改造技术研究与创新　为提高电力系统运行可靠性，加大系统的火电调节规模与能力，缓解采暖季热电矛盾、提高新能源消纳水平，加快了火电机组的低负荷（宽负荷/全负荷）脱硝技术、低负荷稳燃及低氮燃烧技术、锅炉启停及负荷快速升降技术、热电解耦技术、热控灵活性改造技术、汽轮机组灵活性运行技术等领域的技术研究与创新。

成果案例——火电机组灵活性调峰锅炉和燃烧系统技术

低氮燃烧技术

在水平方向上，采取高效分离技术对燃料进行分级，保证超低负荷稳燃

采用百叶窗浓缩器保证高效浓淡分离

立体分级燃烧的基础上提高燃烧效率，降低NOx排放

宽负荷脱硝技术

省煤器分级技术——不需要额外加省煤器的换热面积，只需增设两级省煤器间的集箱、连接管道

省煤器给水旁路技术——部分给水旁路通过省煤器，直接进入省煤器出口联箱，减少省煤器的传热量

零号高加方案——增设一台高压给水加热器，在低负荷段，保证锅炉省煤器出口烟气温度处于合理区间

（三）自主知识产权核电技术达到世界先进水平

我国核电技术研发、建设、运行与管理水平已经达到世界先进水平。

第三代核电技术达到世界先进水平 具备自主设计建设第三代核电机组能力，具有自主知识产权的“华龙一号”已获国家批准开工建设；“CAP1400”示范工程已具备开工条件。

“华龙一号”提出“能动和非能动相结合”的安全设计理念，采用177个燃料组件的反应堆堆芯、多重冗余的安全系统、单堆布置、双层安全壳，按照“纵深防御”的设计原则，设置了完善的严重事故预防和缓解措施，其安全指标和技术性能达到国际三代核电技术先进水平。截至2016年年底，我国已有两个“华龙一号”示范工程共4台机组——福清5、6号机组和防城港3、4号机组开工建设。

主泵泵壳

2016年7月，“华龙一号”首台核电主泵泵壳锻造成功。该主泵泵壳专为福清核电站5号机组提供，攻克了高纯净钢水冶炼、超大截面压实锻造、超大型截面的细化晶粒热处理工艺等难关，有效地控制了冶炼夹杂物，满足了硬度均匀、性能稳定等关键技术要求，最终评定泵壳性能试验一次成功。

蒸汽发生器

2016年11月，福清核电5号机组全球首台蒸汽发生器成功完成出厂水压试验，标志着该蒸汽发生器研制成功。机组使用的ZH-65型蒸汽发生器所采用的设计技术、制造工艺技术完全基于我国装备制造业的成熟技术，设备性能均得到保证，可靠性大为提高，工程可行性良好。

“CAP1400”示范工程采用非能动安全理念，落实了福岛事故后最新技术安全要求，简化了核电站安全系统及其支持系统，设置非能动专设安全设施，预留了足够的应急响应时间，具有系统性的严重事故缓解措施，能保持安全壳的完整性，避免放射性向环境释放。CAP1400继承了AP1000的先进理念，在安全性、经济性和环境友好性等方面均有较大幅度提升，通过了国内最为严格的安全审评。

燃料组件

2016年9月，CAP1400自主化燃料定型组件样件顺利下线。组件研制攻克了格架激光焊接、管座一体化精密铸造等制造技术难关，突破了国外多项关键零部件设计制造技术封锁，是国内首个使用全锆合金骨架、满足14英尺堆芯要求的主性能燃料组件，高燃耗水平、高热工裕量等六大关键性能指标均达到国际先进水平。

反应堆保护系统平台

2016年12月，开发的反应堆保护系统平台（NuPAC）完成了美国核管会（NRC）和中国HAF601取证全部工作，成为中国首个通过NRC评审、具备完整自主知识产权的核电站安全级数字化仪控系统设备，填补了国内空白，满足了示范工程进度的需要。

模块化小型核反应堆技术成为世界小堆发展的一个重要里程碑 ACPR50S型压水堆——自主设计、研发的紧凑型、多用途、模块化小型压水堆，单堆热功率为20万千瓦，成为世界上首个通过IAEA安全审查的小堆技术，具有能源输出高效、稳定、可靠，以及能源补给需求很低、安全性高等特点。ACPR50S可为海洋资源开采、海岛居民生活、生产活动提供充足电力和热力能源及淡水供应，为周边海域开发活动奠定坚实的能源基础，还可以很好地满足中小型电网的供电，城市供热，工业工艺供汽和海水淡化等特殊领域的需求。

先进核燃料组件向国产自主设计、制造迈进了关键一步 燃料组件是反应堆的核心部件，其性能直接影响核电站的可靠性、安全性和经济性。具体见图8-2。

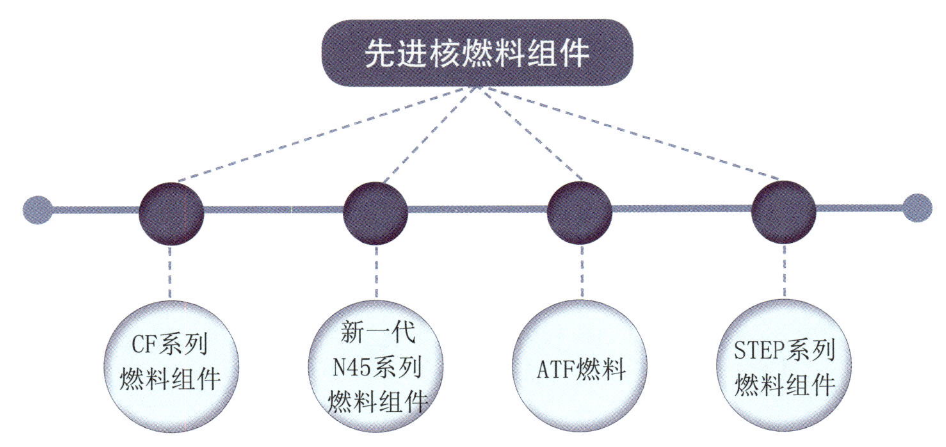

图8-2 先进核燃料组件

2016年，经过对燃料棒氧化膜厚度、组件高度、燃料棒间距等多项指标的检查，CF系列燃料组件整体性能良好，顺利完成了辐照考验；STEP部分系列燃料组件在商业堆内运行稳定，各项参数良好，开始堆内辐照考验；新一代N45锆合金筛选出多种堆外性能表现优异的成分，即将进行堆内辐照；ATF燃料初步解决了碳化硅包壳制备的关键工艺问题，完成了包壳管样件研制。研发成果对尽快具有我国自主知识产权的先进燃料组件具有十分重要的意义。

（四）非水可再生能源发电技术不断创新

我国非水可再生能源发电技术，特别是太阳能发电、海上风力发电、低风速发电、储能等技术领域，在加速创新发展。

海上风力发电技术达到国际先进水平 “我国首座大型海上风电场系统关键技术及工程应用”项目率先研制出大容量海上风电机组；首次提出了多桩混凝土—钢组合式海上风机承台结构；攻克了在海洋强台风、强腐蚀等严酷环境下，机组安全控制与长期稳定运行等多项技术难题，体现了我国在海上风电机组制造、安装、运行、控制等方面已经达到世界先进水平。

低风速风电技术取得突破 “低风速兆瓦级风电机组关键技术研究与机组研发”项目攻克了超低风速风电开发核心技术难题，开展整机与叶片集成优化设计技术研究，实现发电能力与载荷的最佳匹配，研制出超长柔性叶片，大幅提高了风电机组的技术经济性。

储能新技术正在向大容量装备方向发展 目前正在研究的领域主要针对大规模可再生能源消纳的新型化学储能系统应用技术、兆瓦级新型电能与其他能源形式转化装备、百兆瓦级新型化学储能系统的基层与监控关键技术。案例情况见图8-3。

湖北桃花山低风速地区示范项目

采用风电场全生命周期风资源服务体系，利用涂料的疏水作用，降低冰层对叶片的附着力，借助硬件检测设备及软件监测模块判断机组敷冰情况。

参数：风速——年平均风速5米/秒；小时数——年等效满负荷利用小时数达到2000+小时；机型——GW115/2000Kw-HH85(轮毂高度)。

如东300兆瓦海上风电场工程

采用全球首创的可拆卸式稳桩平台浮吊吊打沉桩工艺运用自升式平台单叶片安装工艺，实现了国内外海上风电领域的多个“第一”。2016年5月，该工程正式开始施工；8月，首台风机基础混凝土开展浇筑；12月，48#机位的第三片叶片完成对接，该工程6台风机安装节点任务圆满完成。

锡—石墨纳型高能量密度双离子电池

直接采用锡箔同时作为电池负析和集流体，石墨作为正极；电解液采用廉价易得的六氟磷酸纳作为纳盐电解质溶于有机溶剂中。具有超出预期的能量密度和较长的循环寿命，并且大幅降低了电池的生产成本。在2C倍率下充放电循环400圈后，仍保持94%的容量，且能量密度可达到144Wh/kg，高于现有传统锂离子电池能量密度。

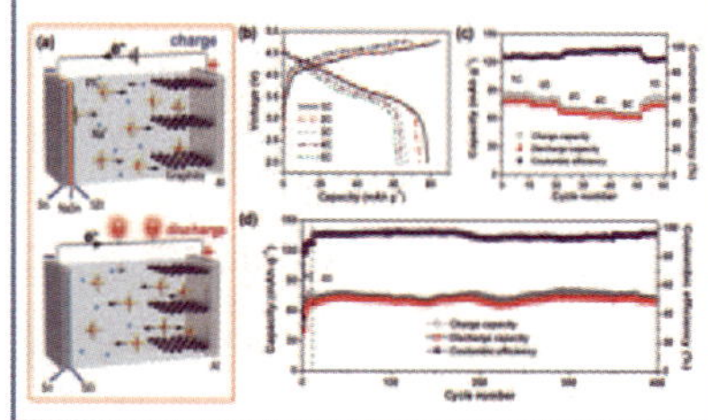

图8-3 新能源发电与储能技术案例图

太阳能热发电实现光热电厂系统集成技术和机组运行技术的重点突破 熔盐吸热介质的槽式集热管、线性菲涅尔集热系统、太阳能超临界CO_2布雷顿循环发电系统和设备是2016年太阳能热发电技术的研发重点。详细情况如下：

碟式太阳能热发电技术

2016年3月，国内首座碟式太阳能发电示范电站落户铜川。通过斯特林循环发电的太阳能热发电系统，采用空冷技术，其光学效率可达到90%，吸热器工作温度可达800℃以上，系统峰值光电转化效率可达29.4%。

项目建成后可年发电126万千瓦时，同时为碟式太阳能热发电行业标准的建立提供依据，促进碟式太阳能热发电产业化。

线性菲涅尔太阳能热发电技术

2016年7月，"太阳能集热加温供水"项目采用线性菲涅尔太阳能集热技术，通过聚光集热系统聚集太阳光提供主要热能。在天气恶劣、无法使用太阳能时，由空气源热泵系统提供热能。

项目建成后将成为目前我国甚至全球最大的线性菲涅尔太阳能集热供热站，也是首个将太阳能集热技术用于大工业供热的项目。

水上漂浮式光伏电站投运 利用水上基台将光伏组件漂浮在水面进行发电。特点在于不占用土地资源，水体对光伏组件有冷却效应，可以抑制组件表面温度上升，从而获得更高的发电量。与传统陆上光伏电站相比，不受土地等资源的限制，并可在靠近负荷中心的地方建站，对降低投资成本、提高发电效率具有重要意义。

案例

绿华能源公司建设的双轴追光柔性支架水上光伏电站示范项目，实现了双轴追光，属全球首创，比行业同类产品发电量提高20%以上；完全自主设计的柔性网架，比行业同类产品成本降低30%以上。

二、电网领域

（一）特高压技术成果

依托±1100千伏准东—皖南特高压直流输电工程，在电气绝缘与电磁环境特性、核心装备研制、系统成套设计关键技术等领域进行技术攻关，为超远距离、超大容量电力输送提供解决方案。此外，在±800kV特高压直流输电换流阀关键技术上，也取得了显著的创新成果。

±1100千伏准东—皖南特高压直流输电工程 成功研制了±1100千伏换流变压器、换流阀等关键设备；首次采用±1100千伏户内直流场和送端换流变现场组装方案；线路受端高、低分层接入500千伏和1000千伏交流电网，安全稳定水平高，灵活性和适应性强。该工程是目前世界上电压等级最高、输送容量最大、输送距离最远、技术水平最先进的特高压输电工程，刷新了世界电网技术的新高度，对于全球能源互联网的发展具有重大示范作用。

±800kV特高压直流输电换流阀关键技术及应用 特高压直流输电换流阀是实现电能交直流转换的核心装备，也是我国重点发展的战略性高端装备。该技术成果在多物理综合调控技术、晶闸管串联宽频均衡技术、强电磁环境下触发与保护技术和多应力等效试验技术四大方面完成重大技术创新，研制出我国首个自主知识产权的A5000型特高压换流阀，综合技术指标国际领先，形成我国首个自主知识产权特高压换流阀技术体系。突破了制约我国超远距离、超大容量电力输送的关键瓶颈，填补了国内空白，并使换流阀高端装备走出国门，步入世界前列。

(二)柔性直流技术成果

在超大功率IGBT关键技术、碳化硅技术、±500kV直流电缆关键技术领域加大科技创新力度，为实现大规模可再生能源发电的高效接入提供了技术支撑。

超大功率IGBT关键技术

重点攻克以下技术难点：

- 定制化IGBT/FRD芯片设计与大规模芯片压接并联封装压力和电流均衡控制技术
- 定制化IGBT长期可靠性等效试验方法
- 基于定制化IGBT器件的柔性直流输电装备优化设计技术等难点

碳化硅技术

重点研制以下内容：

- 国际先进水平的6500V/25A碳化硅MOSFET芯片
- 6500V400A全碳化硅模块
- 全碳化硅电力电子变压器

±500kV直流电缆关键技术

重点开展以下研究：

- 直流电缆绝缘设计基础
- 绝缘料与屏蔽料
- 电缆及附件设计与制造
- 电缆应用及环境适应性
- 电缆系统试验及运维技术

我国柔性直流技术示范工程见图8-4。

鲁西背靠背直流工程

世界上首次采用柔性直流与常规直流组合模式，克服了常规直流和柔性直流的协调控制、单台换流器功率模块多的限制等多个世界级难题。该工程促进了高电压大容量柔性直流输电整体设计技术、试验技术、装备制造业的发展创新。

张北柔直电网示范工程

通过两端3000兆瓦换流站汇集张北地区的风电，另一端1500兆瓦换流站接入当地抽水蓄能，并通过一端3000兆瓦换流站接入北京电网，有效解决了该地区高比例可再生能源的高效接纳和外送问题，预计可减少经济损失达3亿元以上。

参数：电压等级±500千伏，单端容量最大3000兆瓦。

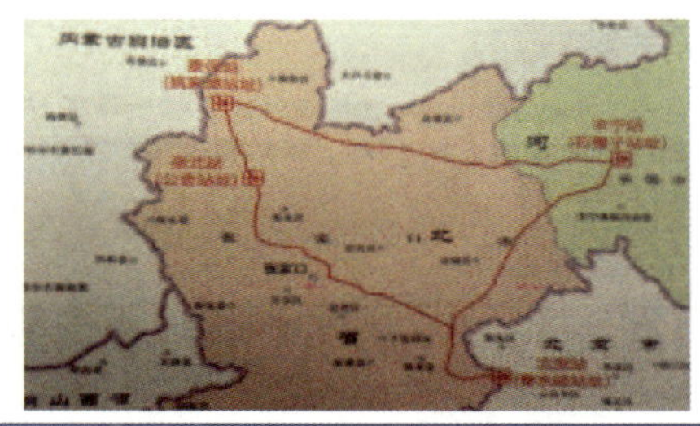

图8-4 柔性直流技术示范工程

(三)分布式能源并网运行技术成果

重点突破大规模分布式能源灵活并网运行控制、分布式光伏发电等一批核心关键技术。

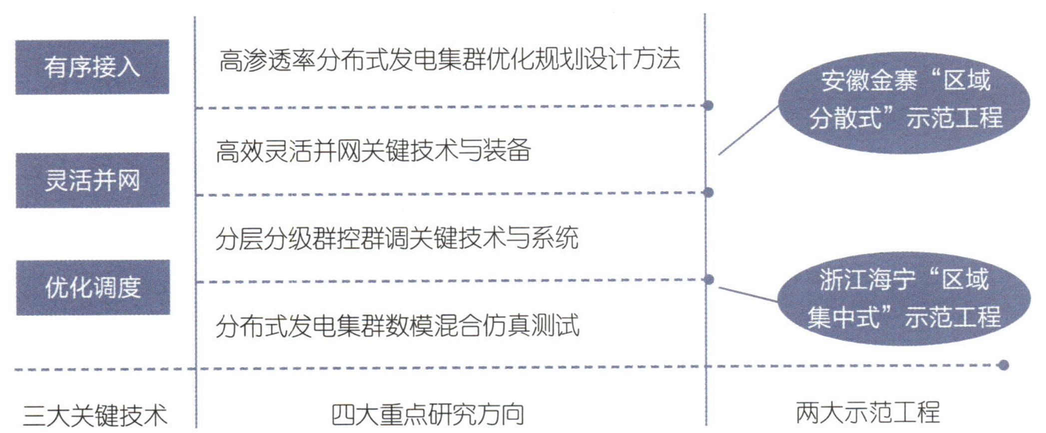

研制出高功率密度、高效变流并网关键设备(功率密度≥1.0w/cm^3、转换效率＞98%)与智能测控保护装置，开发区域群控群调系统，建成具有国际领先水平的区域分散型和区域集中型两种典型模式的分布式可再生能源发电集群示范工程，实现了多种类、多容量、大规模分布式能源集群的有序接入、灵活并网和优化调度。在关键技术研究、核心系统和装置研发到典型应用示范全链条布局方面，获得了一系列具有自主知识产权的国际领先的重大成果。

案例

污水处理厂+鱼腹式光伏索桁架项目并网

采用了国内首创的鱼腹式光伏索桁架的形式和具有通透感的单双玻组件，解决了“污水处理厂跨度空间大和光伏电站融合难”和“大跨度、高空间组件易隐裂”等难题，取得了减震节点、上空支架防腐等多项专利技术成果。

(四)电网安全与控制技术成果

电网安全控制与保护技术　“互联电网动态过程安全防御关键技术及应用”项目攻克了功率波动峰值预测、振荡性质辨识、扰动源定位和功率控制等四项难题；提出了电网主导失稳模式辨识方法，研制出电压稳定全过程防控系统，提出了国家电网动态电压支撑能力提升方案，大幅提升了电网电压稳定水平；研发出世界首套“毫秒级—秒级—分钟级”统一仿真的电力系统全过程动态仿真软件，实现了数十分钟乃至数小时动态过程的准确仿真，为分析确定关键输电断面和电压失稳风险区域提供了必要手段。

该成果在国内省级及以上电网规划调度运行和高校科研教学以及巴西、印度尼西亚等国家的电网安全分析中得到应用，大幅提升了关键输电断面输电能力，避免了大停电造成的巨大经济损失，全面促进了我国电力系统分析与控制技术的升级和突破，整体技术达到国际领先水平。

大电网安全稳定运行技术　“支撑大电网安全高效运行的负荷建模关键技术与应用”项目突破了电力负荷建模的难题，构建了负荷模型的统一结构，解决了复杂多样符合的低阶聚合难题；创建了大电网负荷的非线性建模理论，破解了模型参数测辨的多解和鲁棒的难题；提出了大电网负荷的分类分区并行的整体建模技术，实现了广域分布负荷的快捷建模；实施了多次大电网人工大扰动试验，突破了大电网负荷模型的实证校核技术。该技术推广应用到国内26个省级电网，提升了东北、西北、江苏、福建等电网关键输送断面的极限输送功率，最高提升了上千兆瓦；提升了藏中电网的预防停电风险的能力，年均停电次数降为原来的10%以下，有力地支撑了大电网的安全高效运行，社会经济效益巨大。

（五）配电网自动化技术成果

重点突破智能配电网优化规划、配电网供电可靠性等一批核心关键技术。

成果案例——智能配电网优化规划与运行支撑关键技术

复杂不确定性智能配电网高可行优化规划方法

提出了考虑能源出力、柔性边界、随机负荷及多种主动管理，满足高可行和环保需求的智能配电网优化规划方法，发明了适合多微网接入的智能配电网接线结构，解决了配电网规划方法适应性差的难题。

智能配电网分布式自愈技术

提出了基于局部拓扑的智能分布式馈线自动化方法，突破了多电源联络复杂配电网故障分布式处理技术瓶颈，研制了智能分布式配电网自动化装置，解决了故障响应时间长、动作成功率低的难题。

智能配电网全景信息一体化交互技术

自主开发了考虑多种新能源的智能配电网全景网络拓扑一体化信息支撑平台，解决了配电网信息碎片化难题。国内首次成功实现具有新能源接入、电动汽车交互、信息管理共享的智能配电网综合示范应用。

多维度智能配电网综合评价方法

创建了含规划、自动化、信息化的综合评价方法，揭示了微网、新能源等对配电网性能影响规律，突破了自愈可靠性验证和信息一致性验证技术瓶颈，解决了配电网评价片面化难题。

配电网供电可靠性 针对配电网电压等级多、接线模式各异，建设方案决策过程中经济性与可靠性协调优化困难；运行故障诱因繁多、特性表征不明显，复杂故障辨识准确率低；智能配用电园区电网侧与用户侧电源/负荷高度耦合、交互影响，一体化协调控制困难等难题，依托“配电网高可靠性供电关键技术及工程应用”项目，提出了配电网多电压等级网架协调优化技术，开发了配电网建设优化决策系统；提出了融合多重判据的故障诊断与快速供电恢复方法，研发了集中/分布协同的配电自动化系统与关键装备；构建了故障抢修效率量化评估模型，提出了基于多源信息交互的抢修资源优化调度方法，研制了配电网故障抢修平台；系统发展了智能配用电园区高可靠供电保障技术，开发了配用电一体化集成控制系统。成果应用区域成效显著，城市核心区年户均停电时间由十几小时降低至几十分钟，智能配用电园区年户均停电时间小于1分钟。成果显著推动了我国电力工业技术进步，极大提升了我国配电网高可靠性供电技术的国际影响力。

三、行业获奖

2016年电力行业获得国家科学技术发明奖1项、进步奖11项；获得中国电力科学技术奖114项；获得中国电力创新奖50项。

行业获奖情况见图8-5。

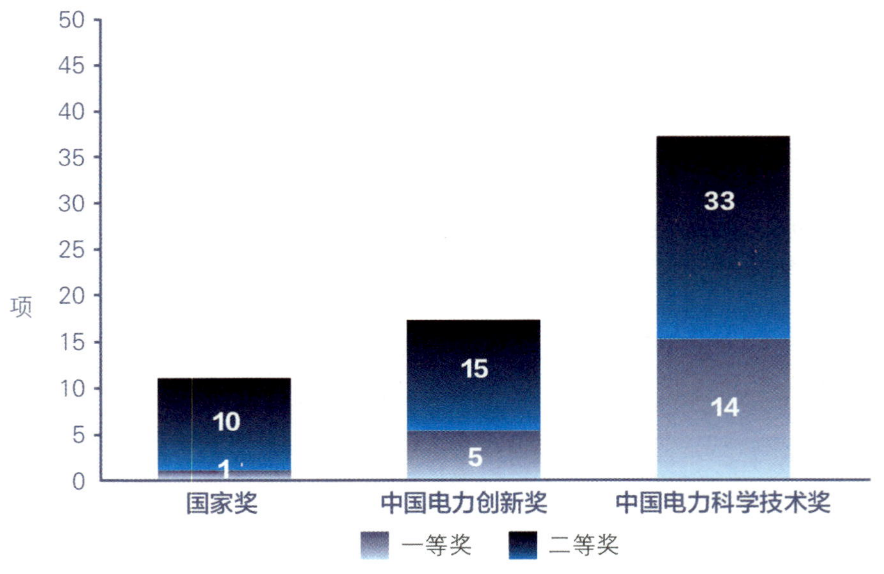

图8-5 2016年电力行业获奖情况

第二节 主要电力企业科技发展

中电联对国家电网等15家大型电力企业[1]的科研机构及其人力资源、新签科技项目、科技投入资金、知识产权以及行业获奖情况5个维度统计年度数据。

一、基本概况

15家大型电力企业共有各级科研机构278家，从事科研活动人员160889人，其学历、职称结构情况如图8-6所示。

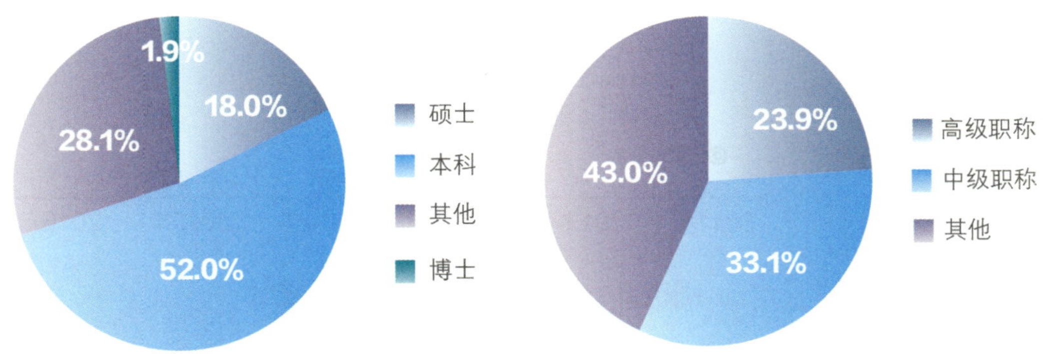

图8-6 科研活动人员学历结构与职称结构

二、新签科技项目

新签科技项目12127项，其中横向项目[2]数10509项，纵向项目[3]数1618项。具体情况见图8-7。

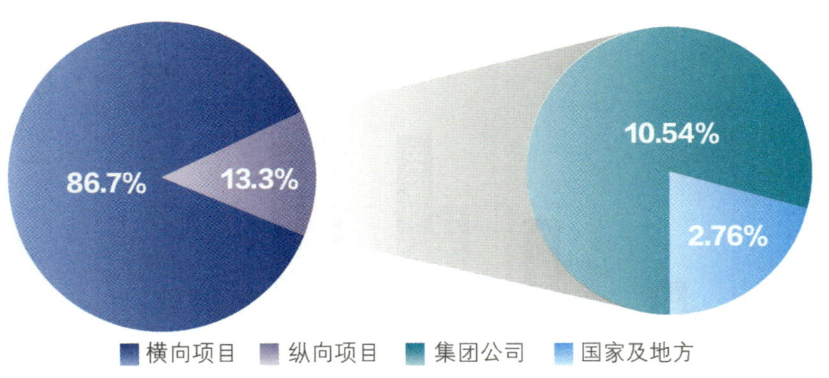

图8-7 新签科技项目情况

[1] 15家大型电力企业为：国家电网、南方电网、华能集团、大唐集团、华电集团、国电集团、国家电投集团、三峡集团、神华集团、中核集团、中广核、中国电建、中国能建、浙能集团、粤电集团。

[2] 横向项目指企事业单位、兄弟单位委托的各类科技开发、科技服务、科学研究等方面的项目，以及政府部门非常规申报渠道下达的项目。

[3] 纵向项目指上级科技主管部门或机构批准立项的各类计划（规划）、基金项目。

三、科技投入资金

科技投入资金550.32亿元，较上年小幅增长4.3%。其中，电网公司投入资金161.16亿元，发电公司投入资金389.16亿元。

近6年科技投入金额统计情况见图8-8。

图8-8 近6年科技投入金额统计

四、知识产权

专利申请量和专利授权量均大幅增加，同比分别增长39.9%和58.9%。涉外知识产权申请有新进展，专利申请量为160项，涉外专利授权量及有效量分别为20项和124项。

近6年专利的申请量和授权量统计情况见图8-9。

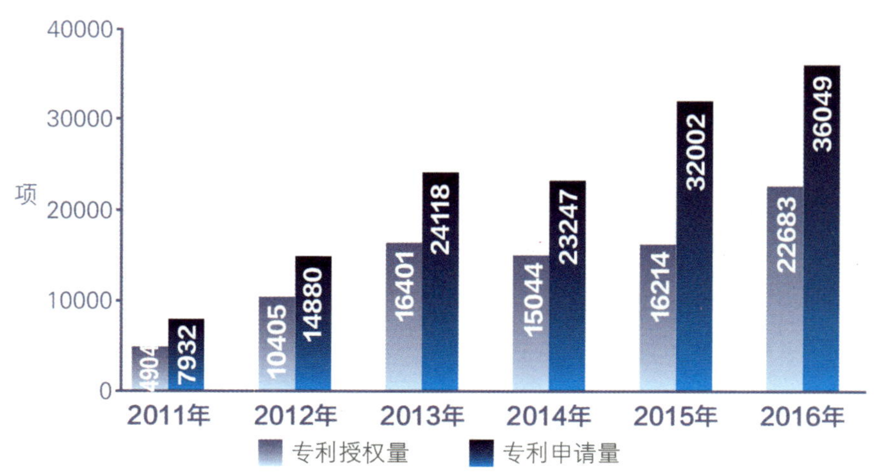

图8-9 近6年专利的申请量和授权量统计

全年累计公开发表论文12649篇，其中SCI和EI收录论文分别为456篇和1820篇；发布技术标准合计1131项，其中国际标准26项，国家标准103项。发布技术标准分类占比情况见图8-10。

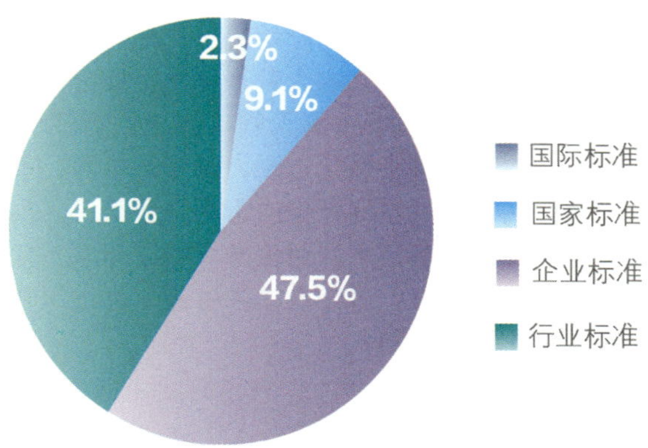

图8-10　发布技术标准分类占比

第三节　电力信息化

一、电力信息化概况

国家先后出台《关于推进“互联网+”智慧能源发展的指导意见》《国家信息化发展战略纲要》《信息化和工业化融合发展规划（2016－2020年）》《“十三五”国家信息化规划》等文件，对推进能源互联网、建设智慧化现代电力系统，起到了极大的促进作用。具体如下：

《关于推进“互联网+”智能能源发展的指导意见》

- 加强能源互联网基础设施建设，建设能源生产消费的智能化体系、多能协同综合能源网络、与能源系统协同的信息通信基础设施。营造开放共享的能源互联网生态体系，建立新型能源市场交易体系和商业运营平台，发展分布式能源、储能和电动汽车充电应用、智慧用能和增值服务、绿色能源灵活交易、能源大数据服务应用等新模式和新业态。推动能源互联网关键技术攻关、核心技术研发和标准体系建设，促进能源互联网技术、模式的国际应用与合作。

《国家信息化发展战略纲要》

- 推进物联网设施建设，优化数据中心布局，加强大数据、云计算、宽带网络协同发展，增强应用基础设施服务能力。加快电力、民航、铁路、公路、水路、水利等公共基础设施的网络化和智能化改造。发挥信息化支撑作用，推动安全支付、信用体系、现代物流等新型商业基础设施建设，形成大市场、大流通、大服务格局，奠定经济发展新基石。

《信息化和工业化融合发展规划（2016-2020年）》

- 分行业、分领域开展两化融合贯标示范，总结提炼贯标成果和经验，鼓励和推进各地市级贯标试点示范工作，推动两化融合管理体系贯标由试点推广向全面普及转变。推动企业以管理体系贯标为牵引实现管理模式创新和管理现代化水平提升，培育和提升精益管理、大规模个性化定制、供应链协同、市场快速响应、精准营销等核心竞争能力。培育壮大贯标评定的市场服务队伍，推动完成贯标企业开展评定。健全面向互联网化发展需求的两化融合评估体系，依托中国两化融合服务平台建设两化融合大数据平台，每年推动各省级单位组织辖区内企业开展周期性两化融合自评估、自诊断与自对标。

《“十三五”国家信息化规划》

- 推进“互联网+智慧能源”发展。探索建设多能源互补、分布式协调、开放共享的能源互联网，构建清洁低碳、高效安全的现代能源体系。推进绿色能源网络发展，构建能源消费生态体系，发展用户端智慧用能，促进能源共享经济发展和能源自由交易。实施国家能源监管信息化工程，建立基于互联网的区域能源生产管理调度信息公共服务平台，建设能单位能耗在线监测系统。
- 构建关键信息基础设施安全保障体系。落实国家信息安全保护制度，全力保障国家关键信息基础设施安全。加强金融、能源、水利、电力、通信、交通、地理信息等领域关键信息基础设施核心技术装备威胁感知和持续防御能力建设，增强网络安全防御能力和威慑能力。

电力行业企业按照国家的总体部署，研判国内外形势，结合企业发展战略，积极开展“十三五”信息化规划研究，推进关键应用系统和信息化管理体系建设，提高信息安全保障能力和信息化服务能力，新一代信息通信技术与企业生产、经营、管理的深度融合取得显著成效。电力企业通过运用物联网、云计算、大数据等技术手段，将电力生产端数以万计的设备、机器、系统连接起来，实时感知、采集、监控生产过程中产生的海量数据，促进生产过程的无缝衔接和企业间的协同共享，实现生产系统的智能分析和决策优化，同时通过整合运行数据、电力市场数据打通并优化能源生产和能源消费端的运作效率，对传统电力企业的创新和升级发展带来重要影响。

（一）依托大数据、云计算、物联网等技术开展信息化与电力工业融合创新

发电领域 以自动化、信息化为基础，综合应用大数据、云计算、物联网等技术，深入开展智能发电运行控制与管理模式方面的研究和建设。

大数据支撑发电运行

- 神华国华（北京）燃气热电示范工程，建成了一键启停、无人值守、全员值班及一体化平台基础上的流程驱动智能电站，实现了生产组织模式创新，采用“一控三中心、30人”运营模式，为国内火电类机组人员最少的电站，业务运作精干高效。

大数据、物联网技术支撑燃料优化

- 中国大唐集团公司在智能发电新模式、大数据支撑燃料掺配、燃烧优化、节能环保等方面开展深入研究，把加强“燃煤火电”发电技术作为两化融合工作的重点，集团总部布置的燃料管理信息系统、燃料综合调度监控中心启动实施。集团每年耗煤超过2亿吨，按每吨煤仅控制全水分采制化人为、环境误差一个百分点这一项，每年保守计算挖潜增效5亿～7亿元，效果十分显著。

电网领域 在推进信息化与工业融合创新，围绕大数据、云计算、移动应用等多个方面开展了关键技术研发和应用验证，制定包括智能输变电、智能配用电、源网荷协调优化、智能调度控制等技术领域的重点任务，并开展了试点建设：

- 基于大数据平台实现国网总部电网运检智能分析管控系统试点上线。变压器状态预测、故障诊断等大数据分析模型初步建立，全网谐波监测分析应用建设稳步推进。

- 掌上电力、95598网站等智能互动服务 渠道整合成效明显，配网运维管控系统试点投运。客户用电行为分析、防窃电预警、配变重过载和配网停电优化等30余个配用电大数据分析场景投入应用。

- 形成配售电新型业务和新能源服务技术支撑方案，开展电力负荷预测、大规模储能等大数据分析应用，有效提升源网荷精准预测和控制能力。

- 建立一批调控大数据分析模型，持续深化基于大数据平台的混合仿真决策应用，云计算应用在调度模型、仿真培训等方面取得突破。

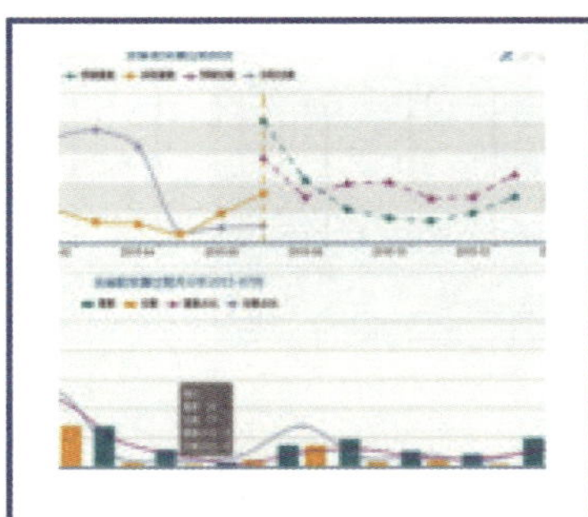

智能配用电应用——配变重过载分析与预测

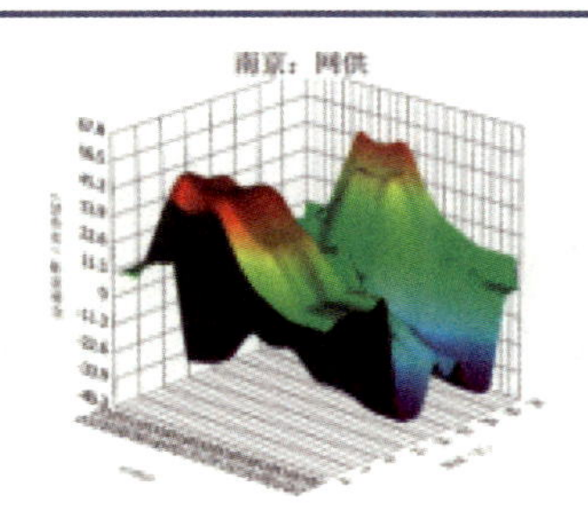

源网荷协调优化应用——行业用电负荷的时间、温度模型可视化

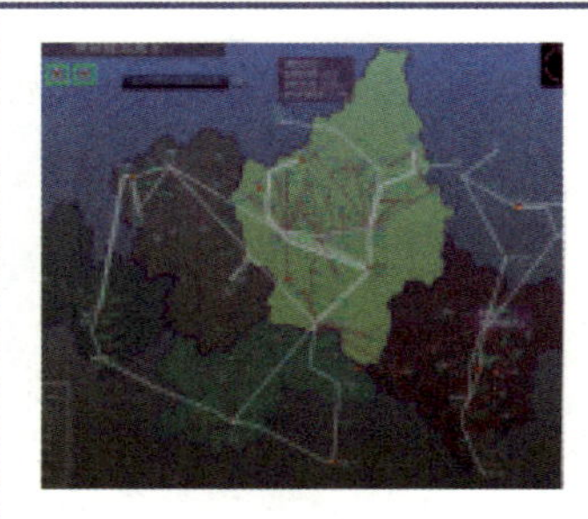

智能调度控制应用——电网在线智能调度决策

电力市场服务领域 通过有效整合客户数据、服务渠道、财务金融等资源，实现数据共享和业务融合，支持售电侧放开后各市场主体之间双向甚至多向的数据交互、交流、互动，支持向用户提供用电分析、节能分析、市场预测等多种个性化、精准化的数据服务。

大数据支撑电力营销

- 国家电力投资集团公司充分调研电力市场业务模式，开展了电力营销、配售电与综合智慧能源系统的顶层设计，研究大数据在发电、售电环节的应用，尝试开展电力市场分析与需求预测、发电计划优化等大数据应用。

大数据支撑电力市场交易

- 中国南方电网公司依托云平台和大数据平台，实现对电动汽车运行、电能替代、合同能源等商业运营模式的信息化支撑。2016年，广东电网有限责任公司建设的广东电力市场交易系统投入运行，该系统具备交易管理、合同管理、结算管理、信息发布等功能，支撑了广东电力用户与发电企业直接交易业务。

专栏：电力企业两化融合管理体系建设及发展水平

两化融合试点

截至2016年年底，70余家电力企业成为国家级两化融合管理体系试点单位。

两化融合评定

截至2016年年底，共有16家电力企业取得两化融合管理体系评定证书，获得该证书的还有电网企业8家，发电企业5家，电力设备制造企业13家。

两化融合水平

2016年两化融合发展水平自评估情况，电网企业平均得分72.94分，发电企业平均得分59.17分，均高于我国所有企业两化融合平均得分50.86分。

（二）全面加强工控信息安全与自主可控

电力企业高度重视网络与信息安全工作，各单位先后成立了网络安全领导小组，强化网络安全监督体系和保障体系。具体情况如下：

国家电网公司

• 组织开展量子保密通信技术、可信计算等前沿技术研究，不断深化内控管理，强化队伍建设，确保系统安全、业务安全、数据安全。

中国大唐集团公司

• 网络与信息安全监测中心建成并投入运行，实现对全集团软硬件、网络的实时监测。

中国华电集团公司

• 网络安全统一管控项目在央企中率先实现集团级的互联网、广域网和移动网络接入的安全统一管控，实现了用户上网流量统一管理、统一控制。

中国电力建设集团有限公司

• 建成互联网服务区云防护平台。实现总部9个互联网应用系统和78家成员单位的232个网站及邮件系统7×24小时不间断与防护。

中国广核集团有限公司

• 依托国家队，构建扫描、分析、监控、防护和管理五位一体的中广核一体化网站安全防护管控体系。

国家电网、南方电网、华能集团、浙能集团等企业，以最高标准完成了“G20杭州峰会”、2016年“两会”、长征七号运载火箭发射等重大活动期间的网络与信息安全保障任务。华能集团还被公安部授予“网络与信息安全通报工作先进单位”称号。

（三）以电力业务需求为导向，开展信息技术研究与应用

电力企业以业务需求为导向，在电力线宽带载波通信芯片、全X86架构下的系统集中部署、核反应堆堆芯物理分析及燃料管理软件等方面开展研究及应用，取得

了良好成效。上述研究及应用情况如下：

面向能源互联网的电力线宽带通信芯片研究及应用

- 该项目由国家电网公司信息通信分公司完成。该项目创新性地以“中频带”理念为技术基础，采用针对我国复杂的低压配电网络化OFDM物理层宽带通信、优化信令组网、ISP休眠唤醒、数模集成等核心技术，实现了智能电网应用需求的全国产化、定制化解决方案。项目成果在国际上填补了中频带电力线通信的空白。与目前市场上的窄带PLC技术相比，速率提升98倍。芯片功耗不到国际主要宽带芯片的二分之一，芯片采购成本降低了50%以上。首次实现了该领域的中国自主知识产权，改变了我国在电力线载波宽带通信芯片领域长期被发达国家垄断的局面。

电网企业管理信息系统去小型机架构关键技术研究及应用

- 该项目由南方电网牵头组织广东、云南及深圳三个电网公司完成。通过本研究及验证，实现了全X86架构下省集中营销管理系统在省级电网（云南电网公司，1360万用户）首次平稳运行，打破了大型信息系统数据库服务器被国外小型机服务器垄断的局面。使电网企业级管理信息系统彻底摆脱对小型机的依赖成为现实，为南方电网存量小型机X86化提供理论及实践支撑，为企业的降本增效，构建协调、开放、绿色及共享的信息系统基础架构环境打下了坚实基础。

压水堆核电厂堆芯物理分析与燃料件系统研发及应用

- 该项目由中核核电运行管理有限公司完成。压水堆核电厂堆芯物理分析与燃料件系统（ORIENT软件）是国内首个具有完全自主知识产权、适用于方形组件压水堆核电厂的堆a芯物理分析及燃料管理软件系统。在充分调研国际压水堆堆芯分析方法发展历程和发展趋势的基础上，该软件系统的成功研制改变了我国长期以来缺乏该类国产高水平商用软件的局面，对实现我国核电堆芯设计技术的自主化具有重要意义。该系统适用于方形组件压水堆垓电厂堆芯运行支持。

二、主要电力企业信息化统计

对国家电网等16家大型电力企业[1]年度信息化建设的数据统计显示：

（一）专职人员情况

从事信息化工作专职人员共计37328人，占企业从业总人数2.07%，其中，

[1] 16家大型电力企业为：国家电网、南方电网、华能集团、华电集团、国电集团、国家电投集团、神华集团、中广核、浙能集团、粤电集团、陕西地电、内蒙古电力、北京能源、广州发展、江苏国信。

20076人取得了信息化专业认证，11279人取得了中高级职称。

16家电力企业信息化人员职称结构见图8-11。

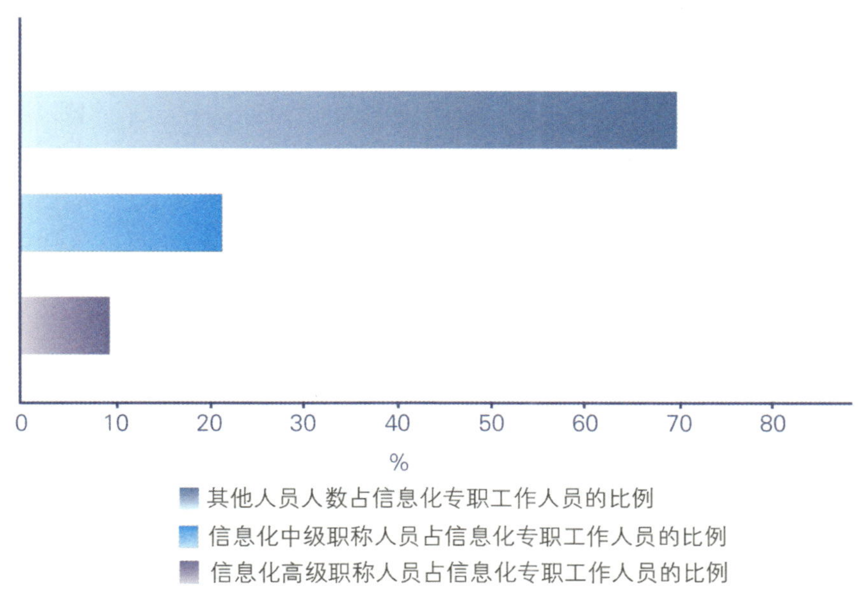

图8-11　16家电力企业信息化人员职称结构

（二）信息化投入情况

年度信息化投入共计113亿元。其中软件与应用系统开发投入25.6亿元，硬件投入35亿元，信息安全投入8.8亿元，信息化培训投入0.4亿元，IT服务与运维投入15.7亿元。

16家电力企业信息化建设投入构成情况见图8-12。

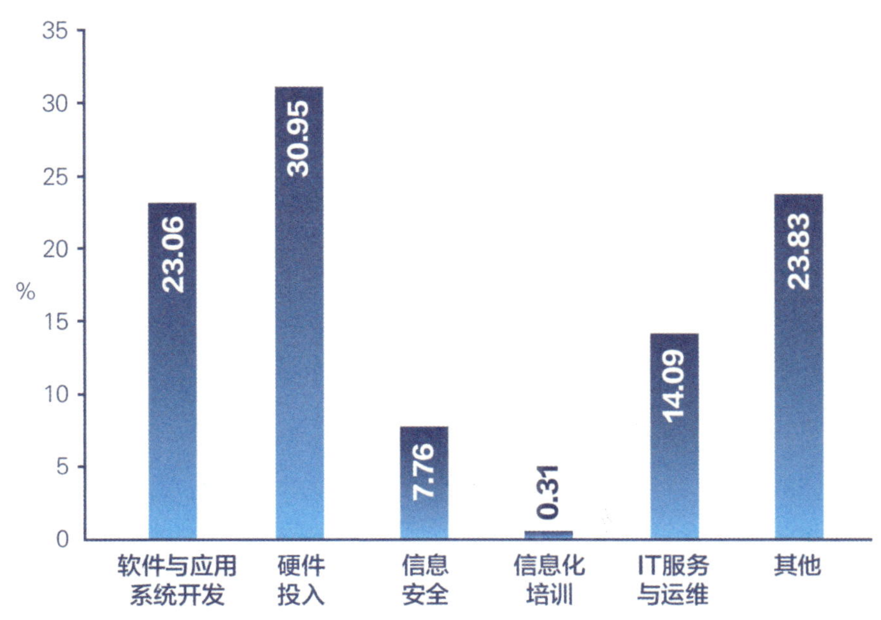

图8-12　16家电力企业信息化建设投入构成

(三)信息技术专利申报情况

年度信息技术专利共计990项。16家大型电力企业信息化专利技术申请情况见图8-13。

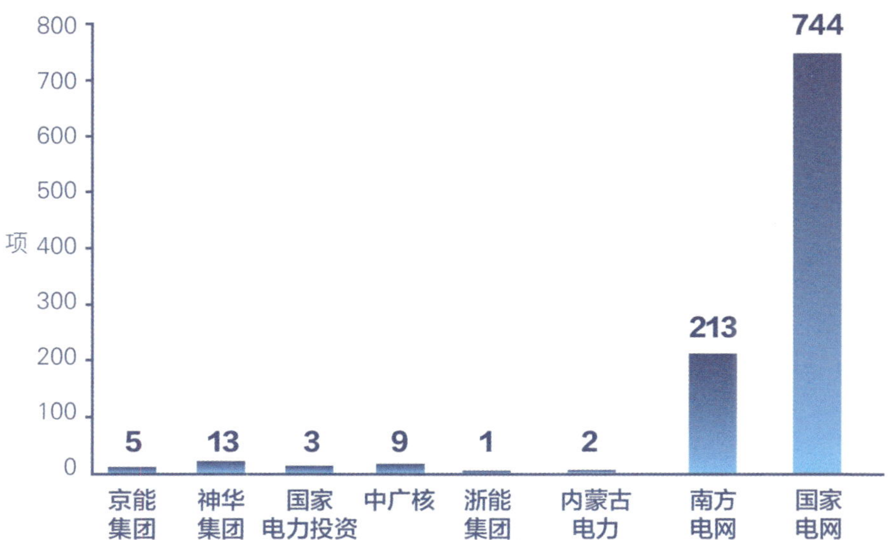

图8-13 16家大型电力企业信息化专利技术申报情况

第九章　电力标准化

第一节　国家和行业标准化

一、国家和行业标准建设

2016年，全国共完成1万多项强制性标准整合精简评估，启动10万余项推荐性标准集中复审，团体标准快速发展。电力行业标准化工作按照标准化体制改革的要求，建立了中电联团体标准工作体系，并围绕电力产业发展方向，加快了在智能电网、新能源、电动汽车充电设施以及电力生产建设急需等领域标准的制修订。2016年经有关部门批准发布电力标准共483项。其中，国家标准40项（见附录21），包括国家标准化管理委员会批准发布标准32项，住房和城乡建设部批准发布工程建设国家标准8项；国家能源局批准发布行业标准398项（见附录22），中国电力企业联合会批准发布标准45项（见附录23）。

（一）水电

进一步完善了水电标准体系。立项标准20项，其中国家标准5项，行业标准13项，中电联标准2项。发布标准43项，其中国家标准10项，行业标准31项，中电联标准2项。

水电领域发布的重要标准简介见图9-1。

（二）火电

积极推广新技术和新设备的应用。重点在节能减排、新材料和新技术应用领域以及相关设备领域的标准规范建设。共立项标准75项，发布标准97项。火电领域发布的重要标准简介见图9-2。

施工

DL/T 5363-2016《水工碾压式沥青混凝土施工规范》
DL/T 5400-2016《水工建筑物滑动模板施工技术规范》
DL/T 5741-2016《水电水利工程截流施工技术规范》
DL/T 5742-2016《水电水利地下工程施工测量规范》
DL/T 5728-2016《水电水利工程控制性灌浆施工规范》

规范了水电施工工艺方法，进一步适应了我国水电工程建设快速发展对水电施工标准化的迫切需求，为水电施工质量提供了有力保障。

机械

DL/T 5730-2016《水电水利工程施工机械安全操作规程 振捣机械》
DL/T 5731-2016《水电水利工程施工机械安全操作规程 振动碾》
DL/T 1557-2016《电动振冲器》

规定了水电施工机械性能、运行和保养等方面的要求，规范了安全操作的流程，为水电施工安全和人员安全提供了技术保障。

大坝安全

DL/T 5178-2016《混凝土坝安全监测技术规范》
DL/T 1558-2016《大坝安全监测系统运行与维护规程》
DL/T 1559-2016《水电站水工技术监督导则》

保证了大坝安全监测系统的运行可靠性，进一步提高了大坝安全监测工作水平，为保障大坝上下游人民生命财产的安全和社会稳定提供了有力的技术支持。

试验检测

T/CEC 5001-2016《水电水利工程砂砾石料压实质量密度桶法检测技术规程》
T/CEC 5002-2016《水工碾压混凝土工艺试验规程》

规范了水电工程试验检测方法，进一步提高了试验检测技术水平，保障了水电工程施工质量。

智能水电厂

DL/T 1547-2016《智能水电厂技术导则》
DL/T 860.7410-2016《变电站通信网络和系统》第7-410部分：变电站和馈线设备基本通信结构 水电厂监视和控制通信
DL/Z 860.7510-2016《变电站通信网络和系统》第7-510部分：变电站和馈线设备基本通信结构 水电厂建模原理与应用指导

规范了智能水电厂规划、设计、调试、验收和运行维护等方面的基本技术要求，为智能水电厂的标准化奠定了基础，为智能水电厂的发展指明了方向。

自动化

DL/T 1009-2016《水电厂计算机监控系统运行及维护规程》
DL/T 1625-2016《梯级水电厂集中监控系统基本技术条件》
DL/T 1626-2016《700MW及以上机组水电厂计算机监控系统基本技术条件》

规范了国内水轮发电机组和梯级水电厂计算机监控系统的技术条件及运维要求，进一步提高了计算机监控系统运行可靠性，并为智能领域的建设提供了技术支持。

图9-1　水电领域发布的重要标准简介

电站材料

DL/T 438-2016《火力发电厂金属技术监督规程》
DL/T 1603-2016《奥氏体不锈钢锅炉管内壁喷丸层质量检验及验收技术条件》
DL/T 1611-2016《输电线路铁塔钢管对接焊缝超声波检测与质量评定》
DL/T 1622-2016《钎焊型铝过渡设备线夹的超声波检测导则》

规范了火电机组的金属监督、质量检测与评定等方面的内容，为机组的安全运行提供了重要的技术支持。有效保障了电力设备和电网的安全，填补了国内电力设备超声检测和检验标准的空白。

节能技术

DL/T 1052-2016《电力节能技术监督导则》
DL/T 1629-2016《火电机组供电煤耗率构成分析技术导则 基于热力学第二定律方法》
DL/T 1645-2016《火力发电厂吸收式热泵工程验收规范》
DL/T 1646-2016《采用吸收式热泵技术的热电联产机组技术指标计算方法》

规范了火电厂规划、设计、制造、安装、调试、运行维护、技改大修等环节的全过程监督指标及相关的计算分析方法。具有较强的实用性和可操作性，为火电行业节能改造、能效考核提供了技术依据。

燃煤机械

DL/T 183-2016《斗轮堆取料机技术条件》
DL/T 513-2016《电子称重式给煤机》
DL/T 1588-2016《圆形料场堆取料机技术条件》
《堆取料机使用维护规程》
《环式给煤机》

规范了燃煤机械设备设施的型式、参数、检验试验方法、检验规则等方面的技术内容，明确了煤炭机械化采制样设备的采购、验收、使用、维护和巡检等技术要求，为设计制造和用户使用提供了指导。

环保技术

DL/T 362-2016《火力发电厂环保设施运行状况评价技术规范》
DL/T 986-2016《湿法烟气脱硫工艺性能检测技术规范》
DL/T 998-2016《石灰石-石膏湿法烟气脱硫装置性能验收试验规范》
DL/T 1655-2016《火电厂烟气脱硝装置技术监督导则》
DL/T 1050-2016《电力环境保护技术监督导则》

规范了电厂脱硫设施性能检测等方面的技术要求和环保等方面的监督评价方法，具有较强的适用性，对降低环保改造成本具有重要意义，促进了环保行业整体水平提高。

新技术应用

DL/T 1034-2013《135MW级循环流化床锅炉运行导则》
DL/T 1594-2016《循环流化床锅炉滚筒冷渣机技术条件》
DL/T 1595-2016《循环流化床锅炉受热面防磨喷涂技术条件》
DL/T 1596-2016《循环流化床锅炉风机技术条件》
DL/T 1600-2016《循环流化床锅炉燃烧系统技术条件》

循环流化床锅炉系列标准对于循环流化床锅炉的连续可靠、安全经济运行起着至关重要的作用，填补了国内循环流化床锅炉技术领域的空白。标准的实施使水冷壁管磨损泄漏、爆管等问题得到有效控制，反映了最新的技术水平。

图9-2 火电领域发布的重要标准简介

（三）核电（核电常规岛和BOP）

持续优化完善核电标准体系。逐步形成并完善核电标准体系的配套性、适用性、可用性、正确性和权威性。核电常规岛和BOP领域共立项标准17项，发布标准30项。

核电领域发布的重要标准简介见图9-3。

施工及验收

NB/T 25043-2016《核电厂常规岛及辅助配套设施施工技术规范》第4部分：热工仪表及控制装置；第5部分：水处理及制氢系统；第6部分：管道及系统；第7部分：采暖通风；第8部分：保温及油漆
NB/T 25044-2016《核电厂常规岛及辅助配套设施建设施工质量验收规程》第4部分：热工仪表及控制装置；第5部分：水处理及制氢系统；第6部分：管道及系统；第7部分：采暖通风与空气调节；第8部分：保温及油漆
NB/T 25064-2016《核电厂常规岛及辅助配套设施建设施工质量评价导则》

系列标准规范了核电厂常规岛及BOP施工的技术要求、质量验收和质量评价等方面的内容，涵盖了热工仪表、化学、管道系统、空气调节、保温及油漆等专业技术领域，形成了系统完整、衔接配套的施工标准体系，保障了常规岛及BOP的施工质量。

焊接

NB/T 25056-2016《核电厂常规压力容器焊接修复技术规程》
NB/T 25057-2016《核电厂常规岛有色金属焊接工艺规程》
NB/T 25058-2016《核电厂常规岛阀门焊接修复技术规程》
NB/T 25059-2016《核电厂常规岛焊接热处理技术规程》

针对核电厂常规岛及BOP设备最常用的再制造技术，建立了一套完整的焊接修复标准，作为制造、安装、维修领域的基础技术规程，为核电厂常规岛及BOP设备的安全稳定运行提供了基础保障。

调试运维

NB/T 25047-2016《核电厂发电机运行维护导则》
NB/T 25048-2016《核电厂汽轮机仿真调试技术导则》
NB/T 25052-2016《核电厂常规岛热力性能试验导则》
NB/T 25055-2016《核电厂汽轮机焊接转子检验规程》

规范了核电厂常规岛热力性能试验及关键设备调试检验、运行维护等方面的技术内容。针对核电厂常规岛与常规火电机组性能试验、调试运行的差异，总结了国内外核电厂常规岛设备调试运行的先进实践经验，为提高核电厂常规岛调试及运维水平提供依据。

设备技术条件

NB/T 25049-2016《压水堆核电厂凝结水泵选型技术条件》
NB/T 25050-2016《压水堆核电厂给水泵选型技术条件》
NB/T 25051-2016《压水堆核电厂常规岛疏水泵选型技术条件》
NB/T 25053-2016《核电厂发电机出口断路器技术条件》
NB/T 25054-2016《压水堆核电厂高压电动机技术条件》
NB/T 25061-2016《压水堆核电厂汽轮机技术条件》
NB/T 25062-2016《核电厂除氧器技术条件》

规定了核电厂常规岛关键设备的技术要求，从设计结构、选用要求、安装试验等方面对关键设备的技术条件进行了规范，对于保障核电厂常规岛的安全、经济运行有着重要意义。

图9-3　核电领域发布的重要标准简介

（四）新能源

●风电标准体系加快建设

为适应风电快速、规模化发展对技术管理以及设备的运维、检修等专业领域的需求，配合海上风电的建设发展，2016年立项标准30项，在编标准66项。

风电领域编制的重要标准简介见图9-4。

维护检修

《风电机组变桨系统检修技术规程》
《风电机组偏航系统检修技术规程》
《风电机组齿轮箱检修技术规程》
《风电机组发电机检修技术规程》
《风电机组联轴器检修技术规程》
《风电机组制动器检修技术规程》
《风电机组变流器检修技术规程》

正在编制的系列标准规范了风电机组变桨、偏航、齿轮箱、发电机、联轴器、制动器以及变流器等主要零部件的维护检修技术要求，对于提高风电场的精细化运行维护和管理水平具有重要意义。

安全管理

《风电场应急预案编制导则》
《风电场重大危险源辨识规程》
《风力发电机组高处逃生应急演练规程》
《风力发电机组安全带/安全工器具应用技术规范》
《海上风电场运行安全规程》
《海上风电场运行安全性评价技术规程》

正在编制的系列标准规范了风电场运行安全、人员安全及安全工器具应用等方面的技术内容，为风电行业健康稳定的发展奠定基础。

海上风电

NB/T 31080-2016《海上风力发电机组钢制基桩及承台制作技术规范》
《海上风电场风力发电机组混凝土基础运行防腐蚀技术规范》
《海上风电场风机基础维护技术规范》

规定了海上风力发电机组钢制基桩及钢制承台的材料选取、制作、存放及保护的要求，总结了国内海上风电场风力发电机组基础维护的经验，从基础维护检查、检测、维护、防腐蚀四个方面规范了海上风电场风力发电机组基础维护及防腐蚀的内容和技术要求。

并网技术

《风电场接入电力系统设计内容深度规定》
《风电功率预测技术规定》
《风电场调度运行信息交换规范》
《风电场有功功率调节与控制技术规定》
《风电机组商电压穿越测规程》
NB/T 31099-2016《风力发电场无功配置及电压控制技术规定》

正在编制的系列标准规范了分散式风电接入配电网及海上风电场接入电力系统的技术内容，形成了完善的风电并网标准体系，对新建或扩建风电场的运行调度和接入起到指导作用。

技术监督

《风力发电场技术监督导则》
《风力发电场金属技术监督规程》
《风力发电场继电保护技术监督规程》
《风力发电场电测技术监督规程》
《风力发电场绝缘技术监督规程》
《风力发电场化学技术监督规程》
《风力发电场监控系统技术监督规程》
《风力发电场润滑技术监督规程》
《风力发电场风力机技术监督规程》

正在编制的系列标准规定了风力发电机组技术监督原则、内容及要求，范围涵盖了电测、润滑、化学、金属、监控、绝缘等专业，考虑了各标准之间的协调，对风力发电机组技术监督管理具有很强的规范和指导作用。

图9-4　风电领域编制的重要标准简介

●**太阳能发电领域启动了光热发电标准建设**

太阳能发电继续建设完善光伏发电标准规范，同时结合启动了太阳能热发电标准建设。全年立项标准3项，发布标准10项。

太阳能发电领域编制发布的重要标准简介见图9-5。

光伏技术要求与检测

GB/T 51101-2016《太阳能发电站支架基础技术规范》
NB/T 32032-2016《光伏发电站逆变器效率检测技术要求》
NB/T 32034-2016《光伏发电站现场组件检测规程》
GB/T 32512-2016《光伏发电站防雷技术要求》
NB/T 32033-2016《光伏发电站逆变器电磁兼容性检测技术要求》
GB/T 32900-2016《光伏发电站继电保护技术规范》
GB/T 32892-2016《光伏发电系统模型及参数测试规程》
GB/T 32826-2016《光伏发电系统建模导则》
NB/T 32031-2016《光伏发电功率预测系统功能规范》

规范了重要部件和系统的安全、性能、运行、功率预测方面的内容，促进了光伏电站建设水平提升。有力地支撑了光伏电站建设，并为光伏电站安全运行、效率提升提供了技术依据，进一步完善了标准体系。

分布式光伏

GB/T 33342-2016《户用分布式光伏发电并网接口技术规范》
国家标准《分布式光伏发电系统集中运维技术规范》

规范了户用分布式光伏发电并网接口应遵循的一般原则和技术要求，保障了分布式光伏发电接入后电力系统运行的可靠性、安全性。进一步完善了分布式光伏发电运维技术要求，为快速发展的分布式光伏发电运维水平和运维质量的提升提供指导。

光热工程建设

国家标准《塔式太阳能光热发电站设计规范》
国家标准《槽式太阳能光热发电站设计规范》

规范了塔式、槽式太阳能光热发电站设计行为，促进太阳能光热发电产业健康、有序发展

光热基础通用

国家标准《太阳能光热发电站术语》
国家标准《典型太阳年产生方法》

规范了术语、太阳年产生方法，促进行业技术发展和产业进步，并为光热电站的可行性研究和技术经济性分析奠定基础。满足行业发展对于规范性、统一性和协调性的需要，为后续标准化工作开展打下良好基础，填补光热领域标准空白。

图9-5　太阳能发电领域编制发布的重要标准简介

（五）电网

加强特高压、柔性直流输电、输变电设备状态检修及其在线监测、配用电等重点领域相关的标准体系研究，立项或制定了一批重点标准。立项标准192项，发布标准239项。

电网领域发布的重要标准简介见图9-6。

特高压

DL/T 5735-2016《1000kV可控并联电抗器设计导则》
DL/T 1584-2016《1000kV串联电容器补偿装置现场试验规程》
DL/T 1669-2016《±800kV直流设备现场直流耐压试验实施导则》

规定了电压等级为1000kV分级式可控并联电抗器的工程设计原则和技术要求和1000kV串联电容器补偿装置的现场试验项目、试验方法，以及±800kV直流设备现场直流耐压试验所涉及试验电压的实现方法等相关技术细则，对指导及规范后续1000kV可控并联电抗器设计和现场试验工作提供了依据，为±800kV直流设备现场直流耐压试验的实施提供了技术指导。

柔性直流输电

DL/T 1526-2016《柔性直流输电工程系统试验规程》
DL/T 1513-2016《柔性直流输电用电压源型换流阀电气试验》

全面总结了国内首套柔性直流输电工程的各项重大研究成果及示范工程试验，形成柔性直流输电工程系统试验的项目、方法及评价标准，解决了我国柔性直流输电工程系统试验方面无相关技术标准依据的问题，满足了电网对柔性直流输电工程高可靠性和安全性的要求，促进了我国柔性直流输电技术的进步。

配电网

DL/T 5729-2016《配电网规划设计技术导则》
DL/T 599-2016《配电网改造技术导则》
DL/T 1406-2015《配电网自动化技术导则》

规定了配电网规划与改造的基本技术原则和县级供电企业配电自动化系统的架构、功能、技术要求等。更好地满足了经济发达地区农村建设对中低压配电网供电可靠性、电能质量及自动化需求的不断增长，利用国家新农村建设的开展，提高我国整体配电网的技术水平。

输变电设备状态检修与在线监测

DL/T 1498-2016《变电设备在线监测装置技术规范》
第1部分：通则
第2部分：变压器油中溶解气体在线监测装置
第3部分：电容型设备及金属氧化物避雷器绝缘在线监测装置
DL/T 1432.2-2016《变电设备在线监测装置检验规范》
第2部分：变压器油中溶解气体在线监测装置
第3部分：电容型设备及金属氧化物避雷器绝缘在线监测装置
DL/T 1506-2016《高压交流电缆在线监测系统通用技术规范》

规定了在线监测装置的组成、通用技术要求、安全性要求、功能要求、性能要求以及对应的试验方法、检验项目、检验设备及要求、检验内容、检验结果处理及检验周期等，对规范输变电设备在线监测装置的技术要求和检验、提高在线监测装置的质量水平具有重要的意义。

多表合一

T/CEC 122《电、水、气、热能源计量管理系统》
第1部分：总则
第2部分；功能规范
第3部分：集中器技术规范
第4部分：采集器技术规范、
第5部分：主站远程通信协议
第6部分：低功耗微功率无线通信协议

规范了电、水、气、热能源计量管理系统的架构、功能要求、设备要求、通信协议、试验方法等内容，标志着国内首个电、水、气、热能源计量技术标准体系正式建立，将有效指导电、水、气、热能源计量管理系统建设，促进系统、设备间互联互通，降低系统建设投资及运行维护成本。

能源互联网

T/CEC 101.1-2016《能源互联网》
第1部分：总则

提出了能源互联网系统概念、系统架构、基本原则等内容，标志着能源互联网标准体系的初步建立，是未来能源互联网标准完善和发展的重要基础和依据。

图9-6　电网领域发布的重要标准简介

（六）电动汽车充电设施

重点是电动汽车的充换电设施以及充换电服务领域的标准化建设。发布标准10项，立项标准16项。

●进一步完善换电设备标准体系

发布《电动汽车更换用电池箱连接器通用技术要求》（GB/T 32879-2016）、《电动汽车用动力锂离子蓄电池检测规范》（NB/T33024-2016）、《电动汽车快速更换电池箱通用要求》（NB/T33025-2016）、《电动汽车快换电池箱通信协议》（GB/T 32895-2016）等6项换电设备标准。

●加快建设充换电服务信息互联互通规范体系

组织制定了《电动汽车充换电服务信息交换》系列标准，发布T／CEC 102.1—2016《电动汽车充换电服务信息交换》“第1部分：总则”、T／CEC 102.2—2016《电动汽车充换电服务信息交换》“第2部分：公共信息交换规范”、T／CEC 102.3—2016《电动汽车充换电服务信息交换》“第3部分：业务信息交换规范”和T／CEC 102.4—2016《电动汽车充换电服务信息交换》“第4部分：数据传输与安全”4个标准。

二、标准化研究与成果

《新能源并网系列技术标准》《电动汽车充电设施》《高压直流IEC标准》等三项标准项目获得中国标准创新贡献奖一等奖。

GB/T 19963-2011《风电场接入电力系统技术规定》等24项标准是国际上首套新能源并网技术标准体系，该体系的建设与应用保障了我国1.6亿千瓦新能源的安全可靠并网、稳定运行和高效消纳，实现了我国在新能源并网国际标准领域的重大突破。

IEC/TS 62344《高压直流接地极设计通用技术导则》等2项标准是我国电力行业自主提出、主导编制并成功发布的首批IEC标准，解决了高压直流输电领域多项国际共性问题，对直流输电技术国际标准体系完善和中国技术标准、技术装备走出国门具有重要示范意义。

Q/GDW 485-2010《电动汽车交流充电桩技术条件》等19项标准首次建立了涵盖充换电设备制造、检验检测、规划建设和运营管理等的标准化规范，解决了电动汽车快速发展过程中的充电安全、互联互通、设备质量、设施规划布局、计量计费等关键问题，是我国充换电设施标准化体系建设的重要里程碑。

第二节　中电联标准化

一、制度体系建设

2016年2月29日，国家质量监督检验总局联合国家标准化管理委员会联合印发《关于培育和发展团体标准的指导意见》（国质检标联[2016]109号）（以下简称“《指导意见》”）指出，培育发展团体标准，是发挥市场在标准化资源配置中的决定性作用、加快构建国家新型标准体系的重要举措。《指导意见》提出了团体标准发展目标要求，争取到2020年，市场自主制定的团体标准发展较为成熟，团体标准数量和竞争力稳步提升，团体标准制定机构影响力明显增强，团体标准化工作机制基本完善。《指导意见》就当前要围绕释放市场活力，营造团体标准宽松发展空间；创新管理方式，促进团体标准有序规范发展；优化标准服务，保障团体标准持续健康发展等三方面提出了14条具体措施要求。

作为国家标准化管理委员会批复开展团体标准试点单位，中电联根据《指导意见》精神，经中电联第六次全国会员代表大会审议通过，将中电联标准的制定列入了中国电力企业联合会章程。

一年来，加快了中电联标准规章制度建设步伐。印发《中国电力企业联合会标准管理办法》和《中国电力企业联合会标准制定细则》两个中电联标准管理文件（中电联标准[2016]62号）。《中国电力企业联合会标准管理办法》规定了中电联标准的性质、制定原则、编号、版权和组织机构及其职责、工作流程、标准发布等内容；《中国电力企业联合会标准制定细则》规定了中电联标准制定工作的全流程管理内容，包括计划征集、立项、编制、征求意见、审查、发布、出版、复审等方面的工作内容。

二、标准化组织机构

截止到2016年年底，共批复组建了中电联配电网规划设计、输变电材料、抽水蓄能、垃圾发电、直流配电等5个专业标准化技术委员会。中电联标准化技术委员会一览表见表9-1。

表9-1　中电联标准化技术委员会一览表

编号	名称	职责	秘书处挂靠单位
CEC/TC 01	配电网规划设计标准化技术委员会	开展配电网设计标准体系的研究，负责配电网设计相关技术领域的标准化工作，包括配电网规划、勘测、设计等技术标准的研究、编制、审定和推广工作	国网北京经济技术研究院 中电联电力发展研究院

续表

编号	名称	职责	秘书处挂靠单位
CEC/TC 02	输变电材料标准化技术委员会	负责输变电导体材料、固体绝缘材料及磁性材料、输变电防护材料、输变电结构材料、电网用新能源材料、智能传感材料的术语、定义、分类、命名方法、技术条件、制造工艺、检测技术及运行维护等领域等技术标准的研究、编制、审定和推广工作	能源互联网研究院
CEC/TC 03	抽水蓄能标准化技术委员会	开展抽水蓄能标准体系的研究，负责抽水蓄能相关技术领域的标准化工作，包括抽水蓄能规划、勘测、设计、施工、安装、调试、验收、运行维护、检修、设备技术要求、试验检测、技术管理等技术标准的研究、编制、审定和推广工作	国网新源控股有限公司
CEC/TC 04	垃圾发电标准化技术委员会	开展垃圾发电标准体系的研究，负责垃圾发电相关技术领域的标准化工作，包括垃圾发电规划、勘测、设计、施工、安装、调试、验收、运行维护、检修、设备技术要求、试验检测、技术管理等技术标准的研究、编制、审定和推广工作	中国电力发展促进会
CEC/TC 05	直流配电系统标准化技术委员会	开展直流配电系统标准体系的研究，负责直流配电相关技术领域的标准化工作，包括直流配电规划、设计、施工、安装、调试、验收、运行维护、检修、设备技术要求、试验检测、技术管理等技术标准的研究、编制、审定和推广工作	中国电力科学研究院

三、中电联标准建设

中电联在能源互联网、电动汽车充电设施互联互通、太阳能发电、配电网、能源管理、电力计量、水电施工等领域共发布标准45项，对规范技术行为起到了积极作用。2016年中电联标准编制及发布涵盖领域：

01 构建能源互联网的总体框架、模型等总体技术要求

指导能源互联网的建设。

02 规定充电基础设施信息交换体系架构

为实现电动汽车充电信息互联和支付互联奠定基础。

03 规定新型城镇化配电网综合评估体系

有力支撑配电网改造行动计划实施。

04 编制了电池梯级利用规范

促进储能产业发展。

05 制定电热水汽四表计量系统、配电复合材料电杆、高温超导限流电抗器等标准

促进新材料、新技术、新产品的应用。

第三节　企业标准化

一、基本情况

企业标准化在企业的生产、经营、管理等活动中具有十分重要的作用，是企业管理现代化的重要组成部分和技术基础。其作用具体概括为：建立秩序、优化资源、提高效率、促进进步。企业标准化工作的一项重要内容即是建立并有效实施企业标准体系，促使企业各项活动依据标准或制度开展工作，从而使企业的生产、经营和管理有序进行。目前，绝大多数电力企业积极组织开展了标准化活动。

部分大型电力企业开展标准化活动的主要工作内容详见表9-2。

表9-2　部分大型电力企业开展标准化活动的主要工作内容

企业名称	主要内容
国家电网	以支持“一强三优”现代公司建设为先导，构建公司技术标准战略纲要，布局全公司规划、建设、运行、检修、营销、信通六大领域的技术标准工作
南方电网	以资产全生命周期管理为主线，以标准化战略为引领，按照“全业务、全品类”原则，制定生产设备技术标准“十三五”规划
大唐集团	颁布了《技术标准“十三五”规划》，具体部署重点领域的标准化建设工作；逐步开展标准化管理的经济效益数字化、量化的评估
华电集团	起草了《2016-2020标准化建设规划》，加强能源领域，特别是水电、煤电、气电、风电、太阳能发电，分布式能源以及煤炭及其高效清洁利用、非常规油气等领域的企业标准化研究工作；积极实施节能减排、智能制造和装备升级、新一代信息技术等系列标准化工程
国电集团	落实《关于推进安全生产领域改革发展的意见》要求，围绕公司“一五五”战略，坚持“安全第一、预防为主、综合治理”的方针，以火电企业安全文明生产标准化工作为基础，全面开展水电、风电和光伏发电等技术企业的安全文明生产标准化建设
国家电投集团	编制了国家电投集团重组后的技术标准体系规划
三峡集团	建立健全企业技术标准体系，积极参与国家标准和行业标准制修订，不断推进技术标准国际化工作
神华集团	建立了技术标准子战略，开展标准化工作
中核核工业建设集团	通过核电工程定额的推广应用，促进施工流程和工艺进一步优化；通过定额与财务管理、工程管理相结合，达到降本增效的目的

续表

企业名称	主要内容
中广核	在新能源、核技术领域标准建设方面，全面系统启动相关领域标准体系建设与研究工作；完善公司级标准化工作组织体系与制度，逐步建立风电、太阳能发电、核电技术企业的技术标准体系
中国能建	以《公司“十三五”科技发展规划》为引领，以标准化建设推动公司转型升级，提升公司科技创新能力和核心竞争力
粤电集团	以标准制度管理为基础，持续开展标准化工作，初步形成了具有粤电特色的管控体系

二、“标准化良好行为企业”确认

标准化良好行为企业是指按照《企业标准体系》系列国家标准以及电力行业相关标准要求，运用标准化的原理和方法，建立健全以技术标准为主体，包括管理标准和工作标准在内的企业标准体系并有效运作，在生产经营等各个环节已经实行标准化管理，且取得良好的经济效益和社会效益的企业。该确认工作是判定电力企业所建立的标准体系是否符合要求，以及企业标准化工作是否满足企业需要的客观评价活动。

中电联作为政府部门委托组织开展“标准化良好行为企业”试点及确认工作的实施单位，在总结历年开展“标准化良好行为企业”试点工作经验的基础上，继续推进试点工作的开展。在广大电力企业的积极参与下，2016年共有45家电力企业通过了“标准化良好行为企业”的现场确认（其中4家为申请复评企业），通过确认的企业地域范围、企业类型有所拓展，企业数量和质量创历史新高。

这些企业通过标准化良好行为企业的创建活动，进一步完善了技术标准、管理标准和工作标准体系，厘清了业务活动和管理流程，促进了企业的规范化管理，提高了参与国家、行业标准制修订工作的积极性，提升了企业的经营管理水平。

第四节　国际标准建设

一、国际标准制定

由我国提出的将《太阳能光热发电站　槽式太阳能光热发电站设计总体要求》列为国际标准的提案，获国际电工委员会投票通过。由我国主持制定的《电动汽车电池更换系统　通用要求》等共3项国际标准获批准发布。

发布的3项国际标准简介见图9-7。

IEC 62840-2 Electric vehicle battery system Part2:Safety requirements
《电动汽车电池更换系统》第2部分：安全要求

规定了电池更换系统车道子系统、换电子系统、充电子系统、电池箱子系统、监控子系统、支撑子系统和供电子系统的安全要求，规定了电池更换站通信、电击防护、结构、EMC和标识等方面的安全要求。
主要参与国家：中国、以色列、德国、法国、瑞士、英国、美国、荷兰、比利时。

IEc TS 61970-556:CIM-Based Graphic Exchange Format(CIM/G)
《基于CIM的图形交换规范》

CIM/E是一种开放的电力系统图形存储格式，同时也是适用于不同应用系统、不同厂家和不同电力企业之间进行电网图形交换的标准。该标准直接表达电力设备特征，支持高效地存取电力设备信息和电力图形数据，支持不同系统之间的电力设备信息和电力图形数据的交换。
主要参与国家：中国、法国、瑞士、美国、英国、德国、瑞典、韩国、意大利、西班牙和阿根廷。

IEc TS 61970-555:CIM Based Efficient Model exchange format(cim/E)
《基于CIM的高效模型交换规范》

CIM/E是一种新型高效的电力系统数据描述与交换规范。CIM/E将电力系统传统的面向关系的数据描述方式与面向对象的CIM相结合，既保留了面向关系方法的高效率，又吸收了面向对象方法的特点，其性能能够满足实时在线业务的需要。
主要参与国家：中国、法国、瑞士、美国、英国、德国、瑞典、韩国、意大利、西班牙和阿根廷。

图9-7　发布的3项国际标准简介

二、电力标准英文版翻译

为支持电力“走出去”战略的实施，服务电力企业开拓国际市场，中电联积极组织开展电力标准的英文版翻译工作，在国家电网公司、南方电网公司和五大发电集团公司等企业的共同参与下，共完成253项电力标准的英文版翻译工作，初步形成了工程建设标准英文版体系，基本满足了电力企业在国外工程建设中对中国标准英文版的需求。

第十章　电力企业发展与经营

第一节　总体情况

一、企业总量与结构概况

截至2016年年底，纳入国家统计局统计口径的电力企业数量[1]合计5751家，比上年增加170家，同比增长3%。其中：供电企业1109家，因农电企业上划等因素，同比减少374家；发电企业4642家，随着新能源发电快速发展，发电企业数量同比增加544家。2016年年底全国分类型发电企业数量见图10-1。

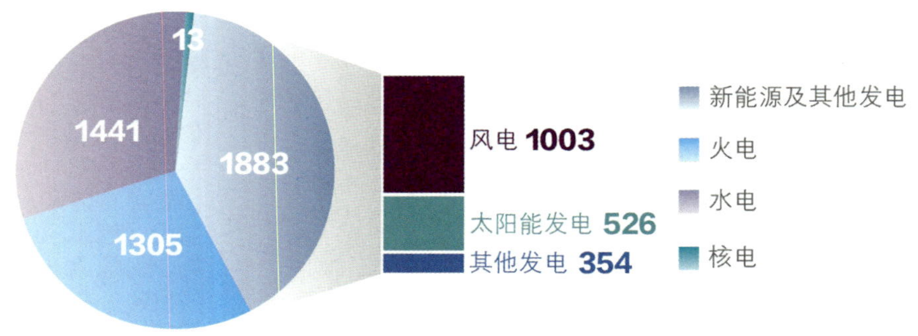

图10-1　2016年年底全国分类型发电企业数量（单位：个）

在新增发电企业中，风电、光伏发电企业数占发电企业增加数的比重达到74.5%。2016年分类型发电企业增加数见图10-2。

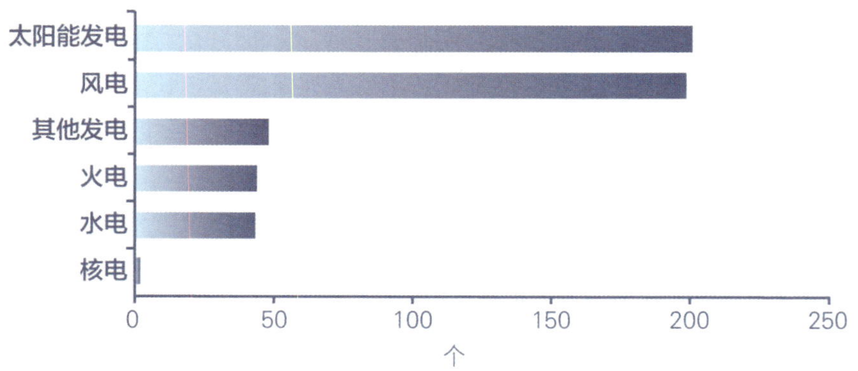

图10-2　2016年分类型发电企业增加数

注：此处发电企业中“其他发电”指地热、潮汐能、温差能、波浪能、生物能及其他未明细能源的发电企业。

[1] 电力企业数量统计数据来源：国家统计局；统计口径：规模以上独立核算法人单位。

二、部分大型电力企业人力资源

据中电联对国家电网公司等16家大型电力企业[1]人力资源情况统计调查，截至2016年年底，16家电力企业的人力资源情况如下：

（一）大型电力企业职工人员构成

职工总数214.7万人，同比增长0.51%。其人力资源结构特点为：

●生产技能人员是电力职工的主力，其占比继续提高

职工人员分类构成情况见图10-3。

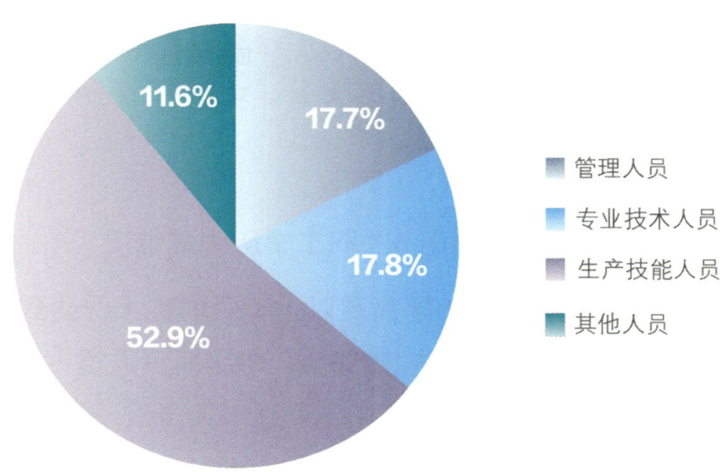

图10-3　职工人员分类构成情况

●35岁及以下、36～45岁、46～55岁各年龄档职工人数大致相当，但35岁及以下、36～45岁职工占比下降了1.44个百分点，下降幅度较大

职工年龄构成情况见图10-4。

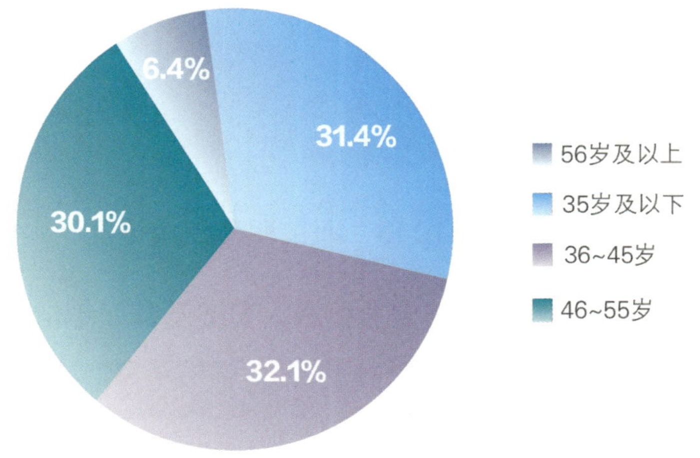

图10-4　职工年龄构成情况

[1]指国家电网（未含西藏电力有限公司）、南方电网、华能集团、大唐集团、华电集团、国电集团、国家电投集团、三峡集团、中广核、中国电建、中国能建、粤电集团、内蒙古电力、北京能源、陕西地电、申能股份。

●本科及以上学历职工合计91万人，占比持续提高

职工学历构成情况见图10-5。

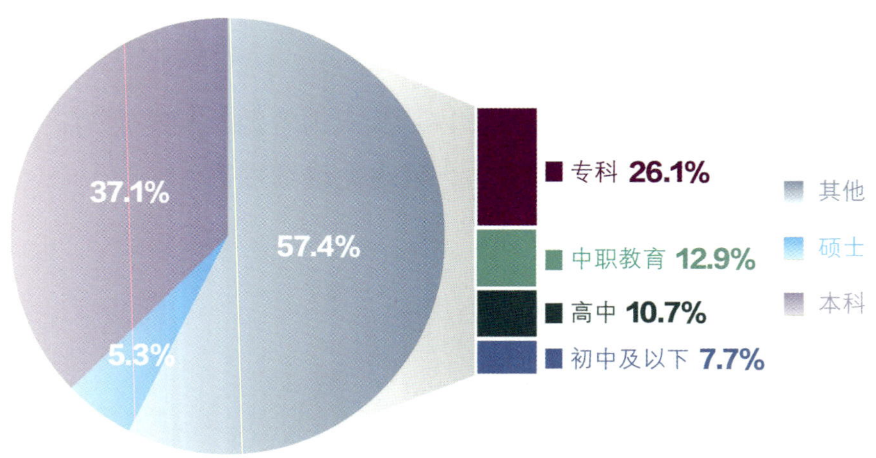

图10-5　职工学历构成情况

●职工职称结构继续优化，副高及以上等级职称人数达到15.22万人；专业技术人员中副高及以上职称人数占比达13.59%，中级职称人员占比提升幅度较大

职工职称结构情况见图10-6，职工专业技术人员数及其职称结构情况见表10-1。

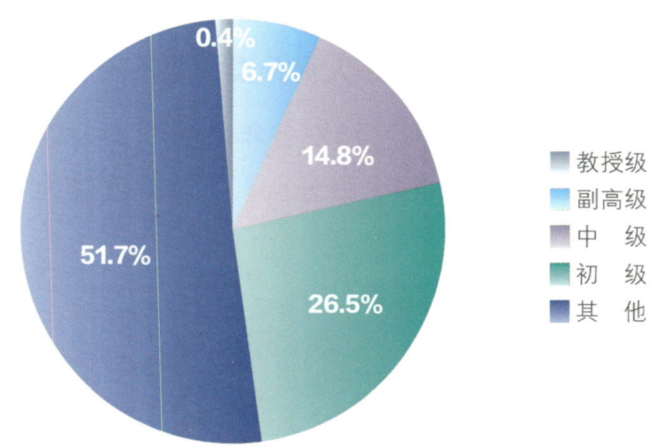

图10-6　职工职称结构情况

表10-1　职工专业技术人员数及其职称结构情况

	专业技术人员总数	正、副高级	中级	初级
人　数（人）	381162	51783	106114	133314
各职称等级人数占比（%）	100	13.59	27.84	34.98
比上年提高（百分点）		0.11	0.63	0.08

●生产技能人员中的高技能人才占比有所提高，合计人数达到60.2万人，占生产技能人员比重为53%

职工生产技能人员及高级人才职称结构情况见表10-2。

表10-2　职工生产技能人员高级人才职称结构

	生产技能人员总数	高级技师	技师	高级工
人　数（人）	1136271	84123	184320	333568
占生产技能人员总数比例（%）	100	7.4	16.22	29.36
较上年提高（个百分点）	0	1.24	0.51	-0.81

（二）电力行业三大业务板块职工构成变化情况

按电网、发电和电力建设三大业务板块划分的大型电力企业[1]职工人数及其构成情况比较如下：

●电网企业职工人数有所上升，发电企业职工人数持续下降，电建企业职工人数当年有所下降

三大板块大型电力企业人员数年度变化情况见图10-7。

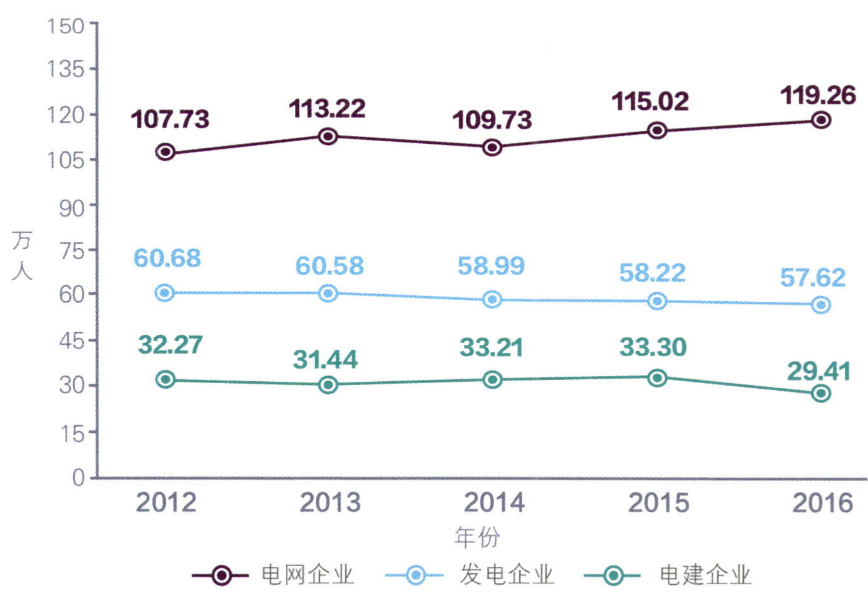

图10-7　三大板块大型电力企业人员数年度变化情况

●电网和发电企业技能人员比例较大，电建企业管理及专业技术人员比例相对略高

2016年三大业务板块大型企业职工构成比例见图10-8。

[1] 电网企业包括国家电网、南方电网、内蒙古电力和陕西地电等四家企业，发电企业包括华能集团、大唐集团、华电集团、国电集团、国家电投集团等五家企业，电建企业包括中国电建、中国能建等两家企业。

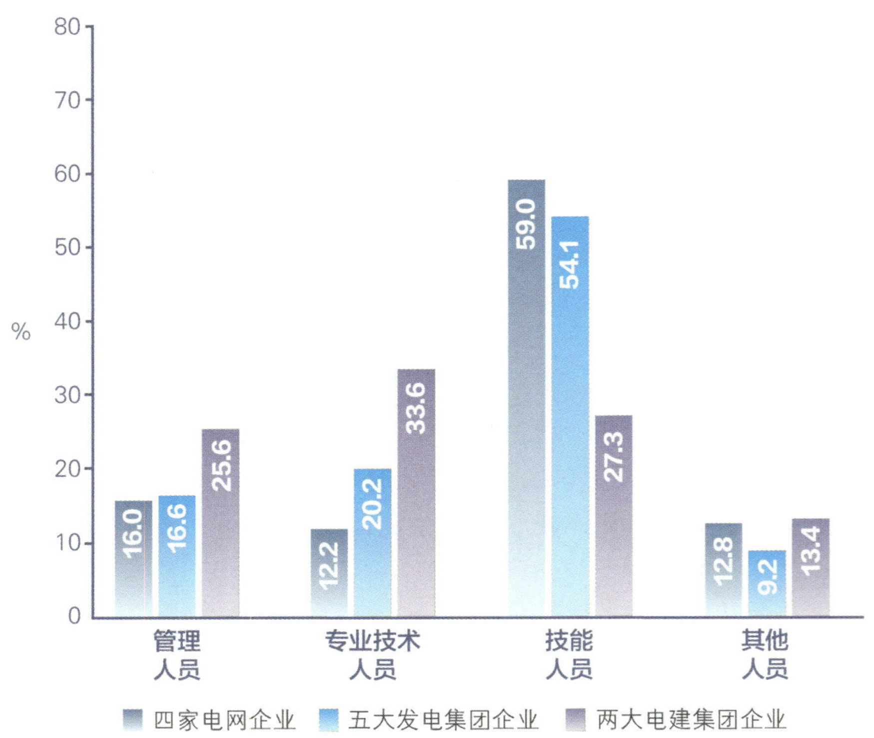

图10-8　2016年三大业务板块大型企业职工构成比例情况

●电网企业分类人员人数均有所增长；发电集团管理和专业技术人员有所增加，生产技能人员数减少接近1万人；电建企业分类人员人数均有所下降

三大业务板块大型电力企业管理人员、专业技术人员及生产技能人员人数年度变化情况分别见图10-9、图10-10、图10-11。

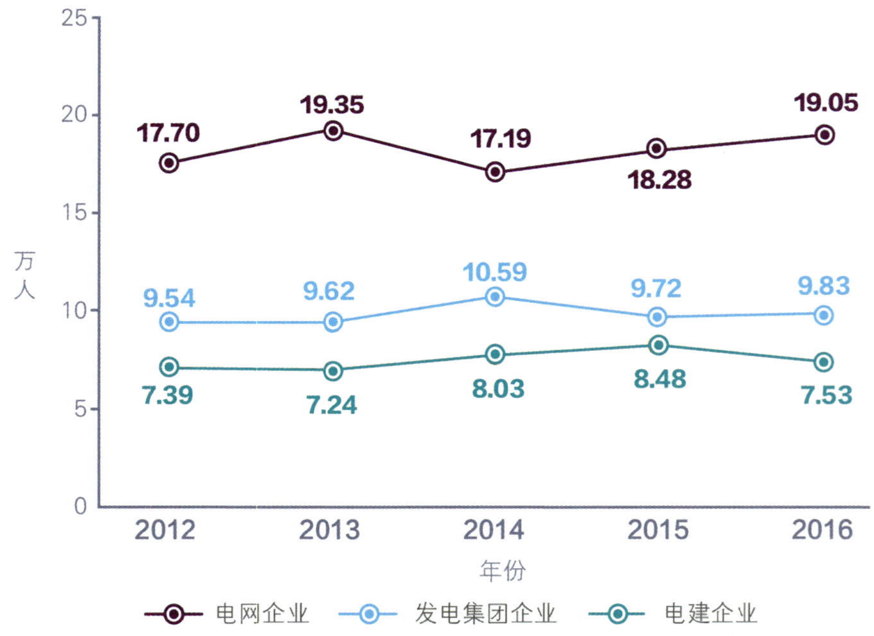

图10-9　三大业务板块大型电力企业管理人员年度变化情况

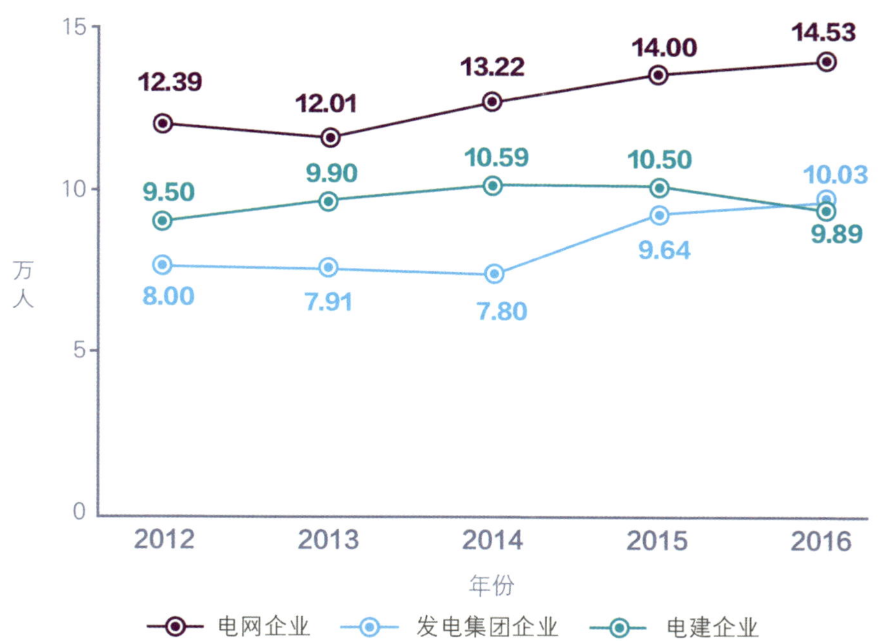

图10-10 三大业务板块大型电力企业专业技术人员人数年度变化情况

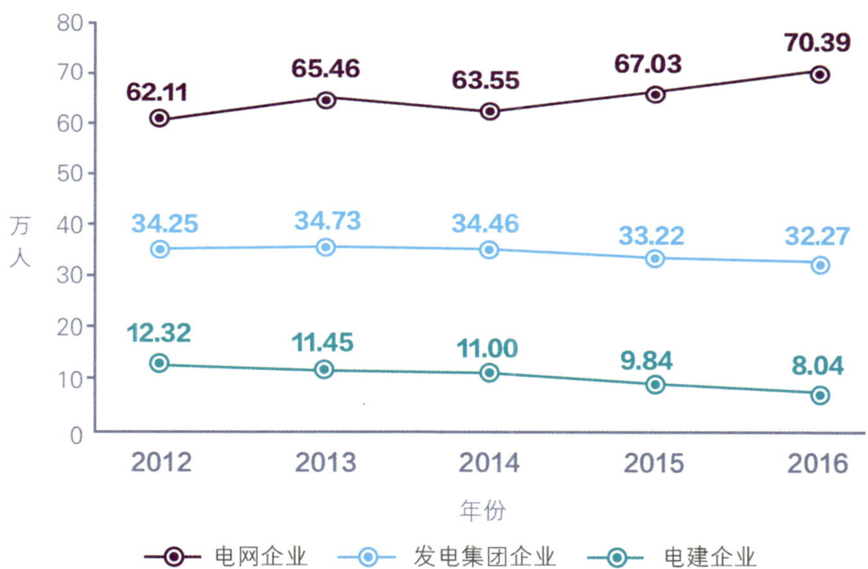

图10-11 三大业务板块大型电力企业生产技能人员人数年度变化情况

（三）分省份、分领域电力企业职工分布情况

1.分省份供电、发电领域职工占比情况

供电领域职工分省份占全国同口径比重，广东最高（10.9%），青海最低（0.5%）。发电领域职工分省份占全国同口径比重，内蒙古最高（9.5%），西藏最低（0.1%）。2016年供电、发电领域职工分省份占全国同口径职工人数比重情况见图10-12。

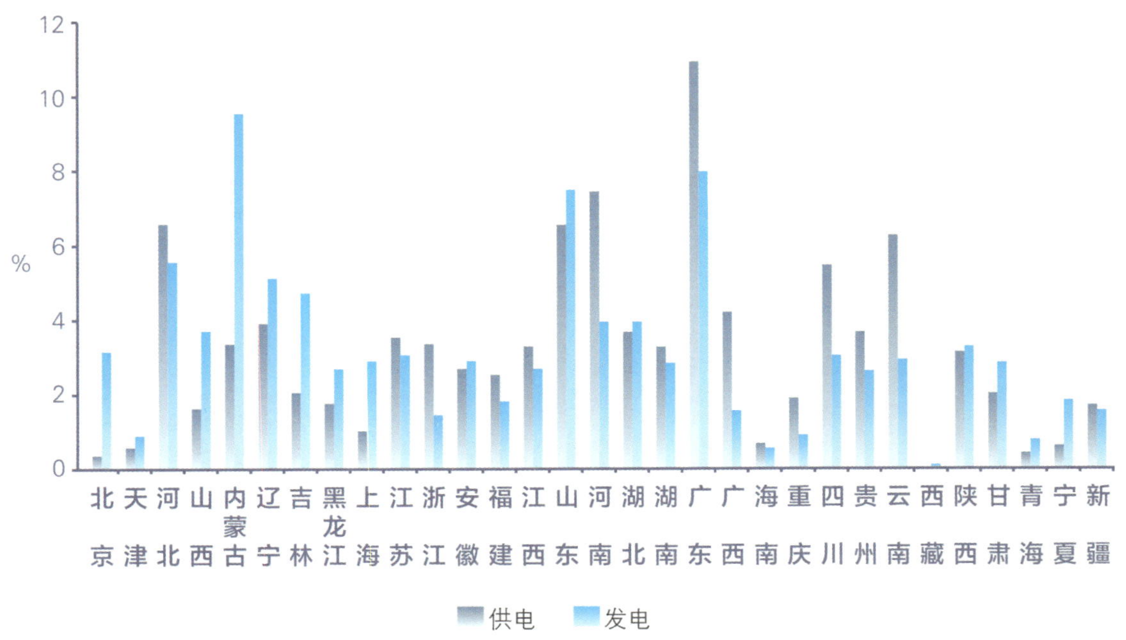

图10-12　2016年供电、发电领域职工分省份占全国同口径职工人数比重情况

2.发电领域分省份、分发电类型职工占比情况

发电领域职工队伍中，火电职工人数占同口径火电职工总人数比重最高的省份是内蒙古（12.1%），水电职工人数比重最高的省份是湖北（15.0%），风电职工人数比重最高的省份是内蒙古（17.8%）。2016年发电领域火电、水电、风电职工分省份占全国同口径职工人数比重情况见图10-13。

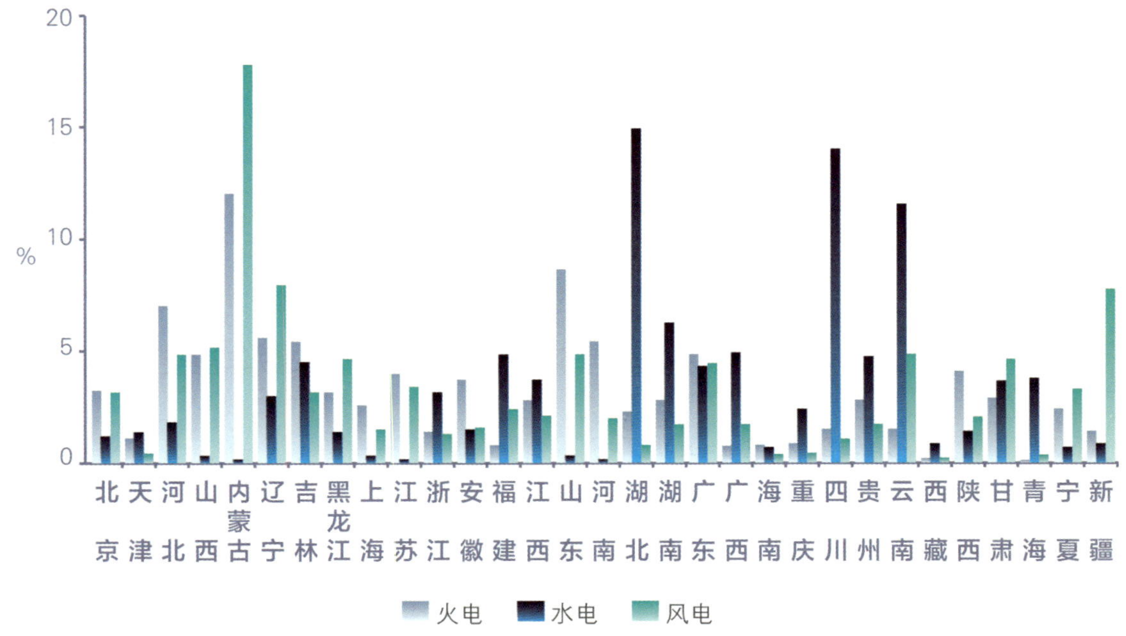

图10-13　2016年发电领域火电、水电、风电职工分省份占全国同口径职工人数比重情况

第二节　发展与经营

一、基本概况

受投资与生产效益增速趋缓影响，2016年电力企业资产总额增速回落。在火电电价下降、电煤采购成本大幅上涨等因素影响下，火电企业利润大幅下降，带动电力企业利润整体下降。

●资产总额增速回落

根据国家统计局统计，2016年年底，全国规模以上电力企业资产总额125330亿元，比上年增长7.6%，增速比上年回落1.1个百分点。其中，电力供应企业资产总额比上年增长11.2%，发电企业资产总额比上年增长4.9%。

2015年、2016年电力企业资产结构情况见图10-14，2016年年底分类发电企业资产结构情况见图10-15。

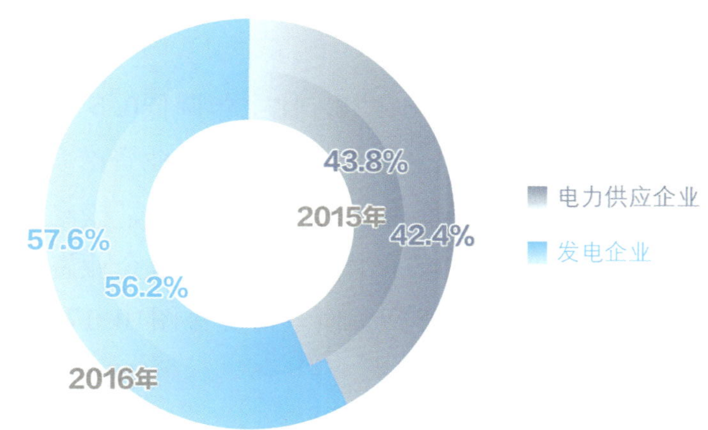

图10-14　2015年、2016年电力企业资产结构情况

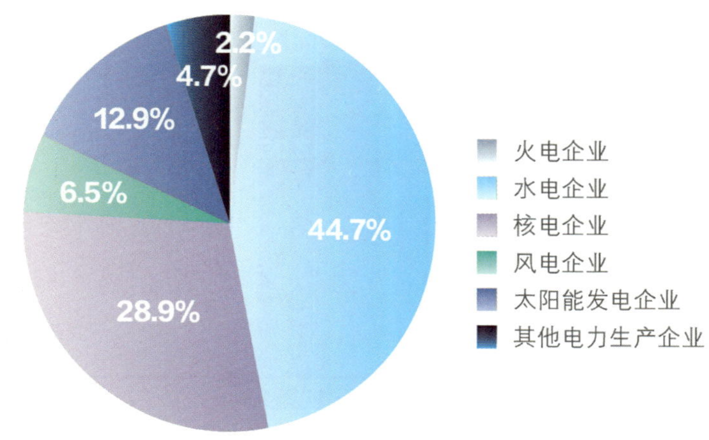

图10-15　2016年年底分类发电企业资产结构情况

●负债总额增速提高

规模以上电力企业负债总额76732亿元，比上年增长6.7%，增速比上年提高2.2个百分点。其中，电力供应企业负债总额比上年增长10.0%，发电企业负债总额比上年增长4.7%。2015年、2016年电力企业负债结构情况见图10-16。

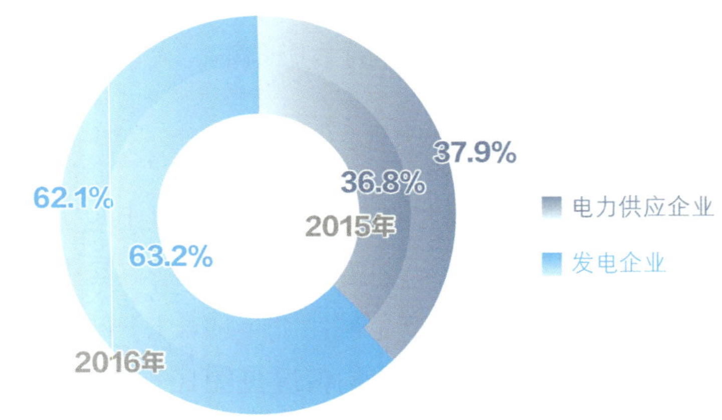

图10-16　2015年、2016年电力企业负债结构情况

●负债率小幅下降

规模以上电力企业资产负债率为61.2%，比上年降低0.5个百分点。其中，电力供应企业资产负债率比上年降低0.6个百分点，发电企业资产负债率比上年降低0.1个百分点。发电企业资产负债率降低主要是风电、水电、核电企业分别降低1.5、1.5和0.7个百分点；主要受利润大幅下滑的影响，火电企业资产负债率提高1.3个百分点。2015年、2016年电力企业资产负债率情况见图10-17，2015年、2016年发电企业分类型资产负债率情况见图10-18。

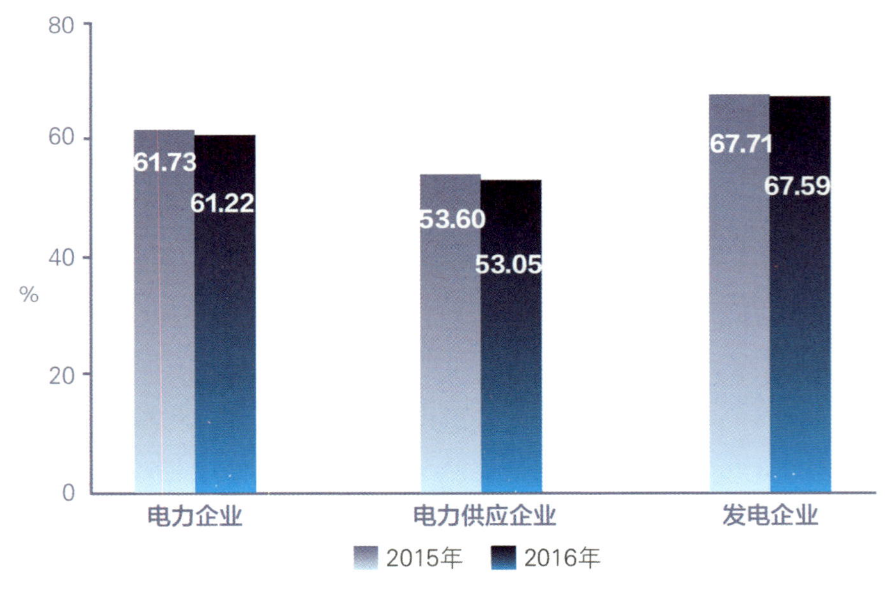

图10-17　2015年、2016年电力企业资产负债率情况

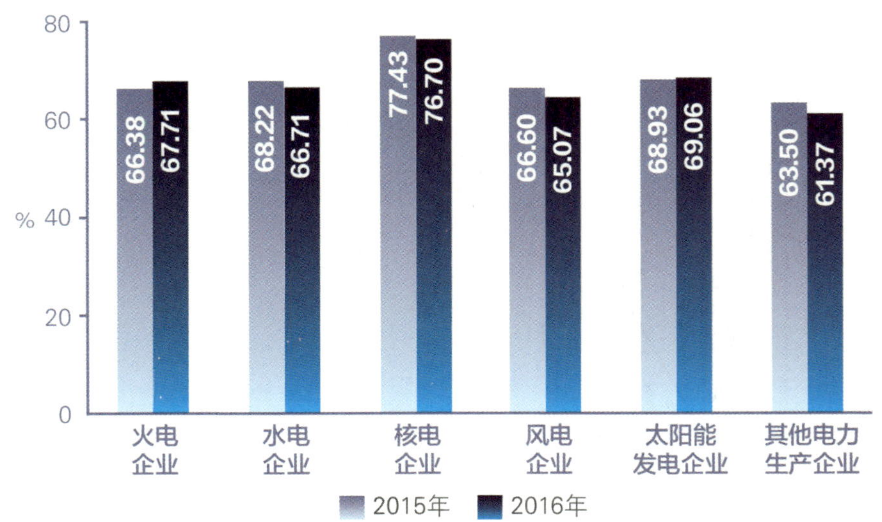

图10-18　2015年、2016年发电企业分类型资产负债率情况

●火电企业利润总额大幅下降

规模以上电力企业利润总额3845亿元，比上年下降17.4%。其中，电力供应企业利润总额比上年增长5.1%；发电企业利润总额比上年下降25.1%，主要是受火电企业利润大幅下降43.5%影响。

火电企业利润大幅下降原因主要有：

◎全国煤电上网标杆电价下调约3分/千瓦时，此次下调导致全年火电行业减利1100亿元左右；

◎市场交易电量价格平均下降7分/千瓦时，导致减利700亿元左右；

◎电煤价格大幅上涨，导致发电燃料成本大幅提升。

2015年、2016年电力企业利润构成情况见图10-19，2016年发电企业分类型利润总额及增速情况见图10-20。

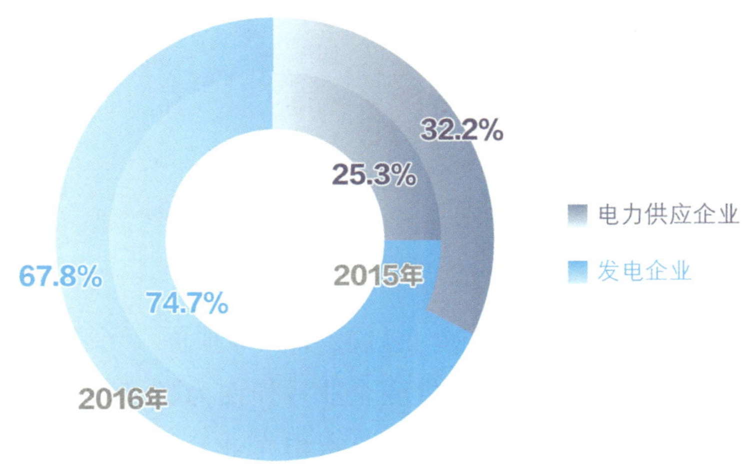

图10-19　2015年、2016年电力企业利润构成情况

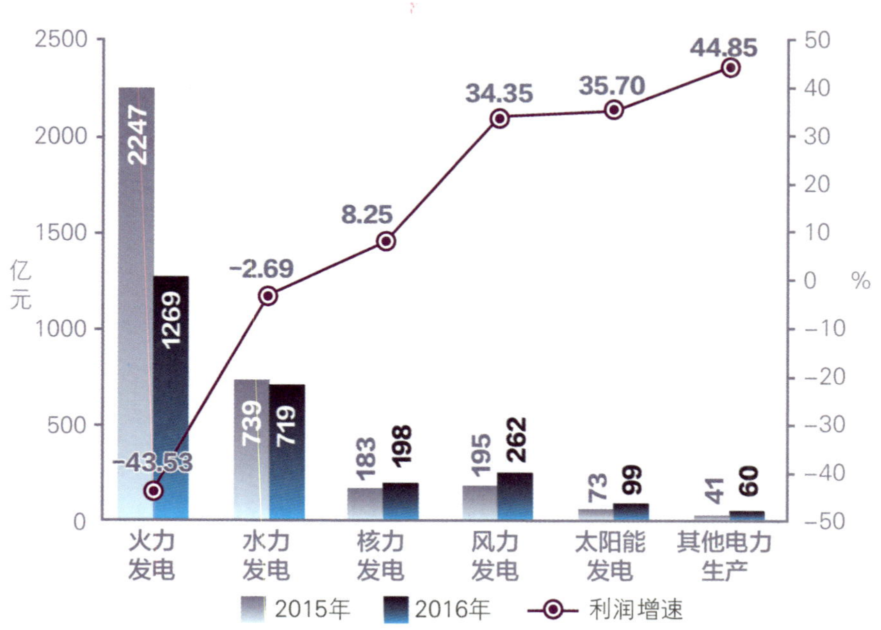

图10-20　2016年发电企业分类型利润总额及增速情况

2016年电力企业主要经营效益指标情况见表10-3。

表10-3　2016年电力企业主要经营效益指标情况表

企业类型	资产		负债		利润	
	总额（亿元）	同比增长（%）	总额（亿元）	同比增长（%）	总额（亿元）	同比增长（%）
电力企业	**125330**	**7.56**	**76732**	**6.67**	**3845**	**-17.42**
电力供应企业	54866	11.18	29105	10.02	1237	5.08
发电企业	70465	4.90	47628	4.72	2608	-25.04
火电企业	31521	2.68	21343	4.75	1269	-43.53
水电企业	20380	2.83	13596	0.56	719	-2.69
核电企业	4584	5.96	3516	4.99	198	8.25
风电企业	9089	11.59	5914	9.01	262	34.35
太阳能发电企业	3329	19.03	2299	19.24	99	35.70
其他电力生产企业	1561	12.67	958	8.96	60	44.85

●火电企业亏损面大幅增加

在规模以上电力企业中，亏损企业1142家，亏损面（亏损企业数占行业企业总数的比重）为19.86%。其中，电力供应企业亏损面为18.58%；发电企业亏损面为20.16%，比上年增加1.10个百分点，主要是火电企业亏损面比上年增加8.31个百分点。2015年、2016年发电企业分类型亏损面情况见图10-21。

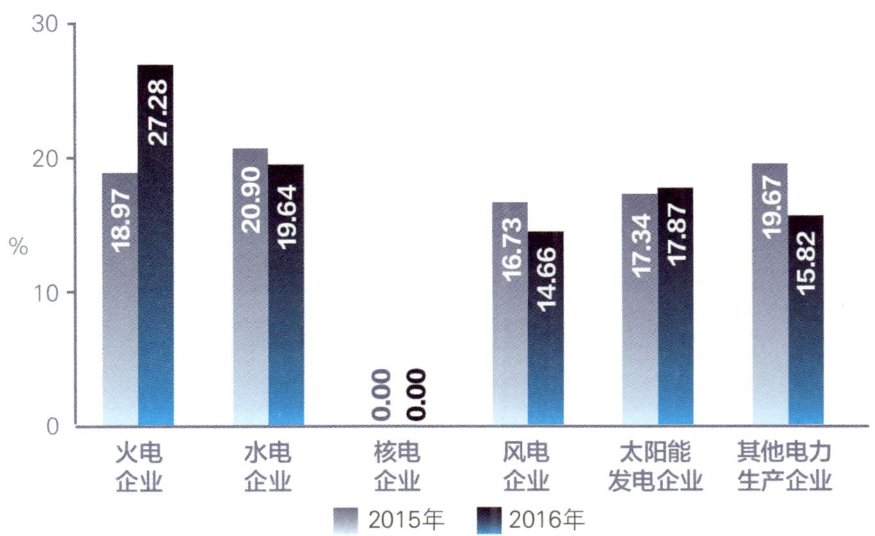

图10-21　2015年、2016年发电企业分类型亏损面情况

二、电网企业

（一）两大电网公司

国家电网、南方电网（以下简称“两大电网公司”）经营状况总体好于上年。具体体现为：

●资产总额持续增长

两大电网公司资产总额合计4.09万亿元，比上年增长9.23%。2010—2016年两大电网公司资产总额变化情况见图10-22。

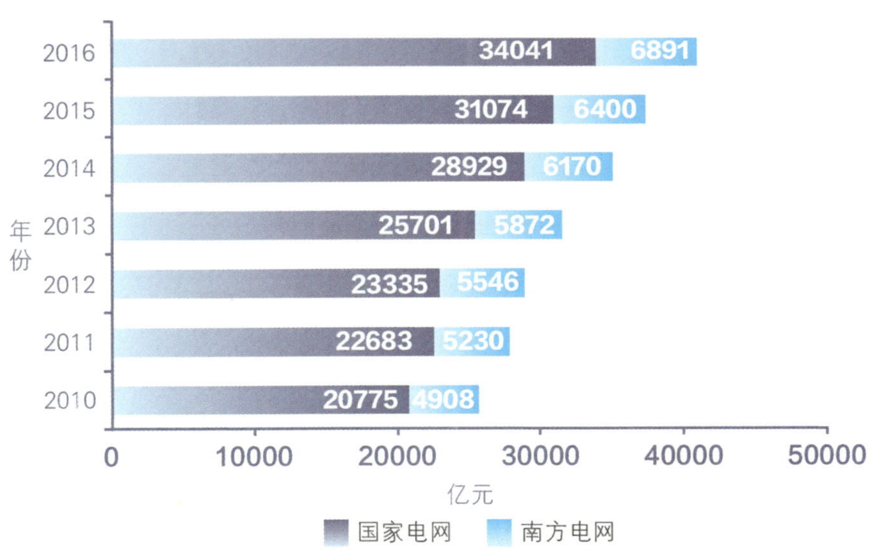

图10-22　2010—2016年两大电网公司资产总额变化情况

●主营业务收入低速增长

受电力消费需求放缓、自备电厂大规模发展导致公共电网售电量增长趋缓影

响，2016年两大电网公司售电量合计4.39万亿千瓦时，比上年增长2.5%；主营业务收入合计2.55万亿元，比上年增长1.1%。2010—2016年两大电网公司主营业务收入情况见图10-23。

图10-23　2010—2016年两大电网公司主营业务收入情况

● 主营业务利润率微增

两大电网公司实现主营业务利润合计1378亿元，比上年增长5.3%；平均利润率为5.4%，比上年提高0.2个百分点；企业资产负债率为56.7%，比上年提高0.3个百分点。2016年两大电网公司主营业务增长情况见图10-24。

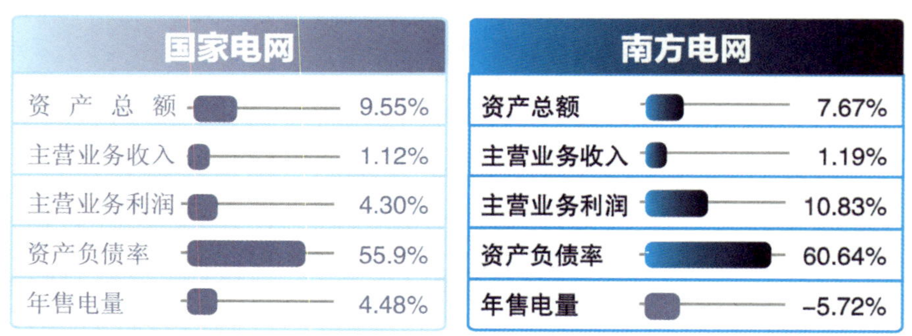

图10-24　2016年两大电网公司主营业务增长情况

● 投资力度进一步加大

在国家配电网建设改造行动计划及新一轮农村电网改造升级等政策影响下，两大电网公司加大配电网建设改造投资力度。全年共完成电网建设投资5751亿元，比上年增长10.8%，其中国家电网公司增长10.1%，南方电网公司增长14.9%。

（二）地方电网企业

内蒙古电力资产总额946亿元，比上年增长19.5%。受自治区政府出台的生产用电临时扶持政策和市场化交易电量规模快速扩张等因素影响，主营业务收入549亿元，比上年下降7.0%，全年主营业务亏损7.4亿元。资产负债率比上年提高6.3个百分点，达到62.5%；资本保值增值率为100.6%，比上年降低1.3个百分点。

陕西地电资产总额256亿元，比上年增长10.1%。生产经营方面，主营业务收入186亿元，比上年增长4.2%；盈利能力方面，主营业务利润总额达到9.9亿元，比上年增加3.2亿元；资产负债率比上年下降3.1个百分点至52.8%；资本保值增值率为117.4%，比上年降低3.0个百分点。

2016年电网企业生产经营数据见附录24。

三、发电企业

（一）五大发电集团

华能、大唐、华电、国电、国家电投五大发电集团受发电燃料价格大幅上涨、发电利用小时下降、上网电价下调、市场交易电量规模增加、新能源发电量电价补贴不到位、机组环保改造的持续投资等因素影响，全年经营形势严峻，经营状况持续恶化，具体体现为：

●资产规模增速逐年回落

近年来，华能集团、大唐集团、华电集团、国电集团、国家电投集团五大发电集团资产规模稳步增长，增速逐年回落，“十二五”期间合计资产总额年均增长9.1%。2016年，资产总额合计达到4.16万亿元，比上年增长3.5%；其中，华能集团资产总额首次突破1万亿元，大唐集团因剥离不良资产，资产总额出现负增长。

2010—2016年五大发电集团资产总额情况见图10-25。

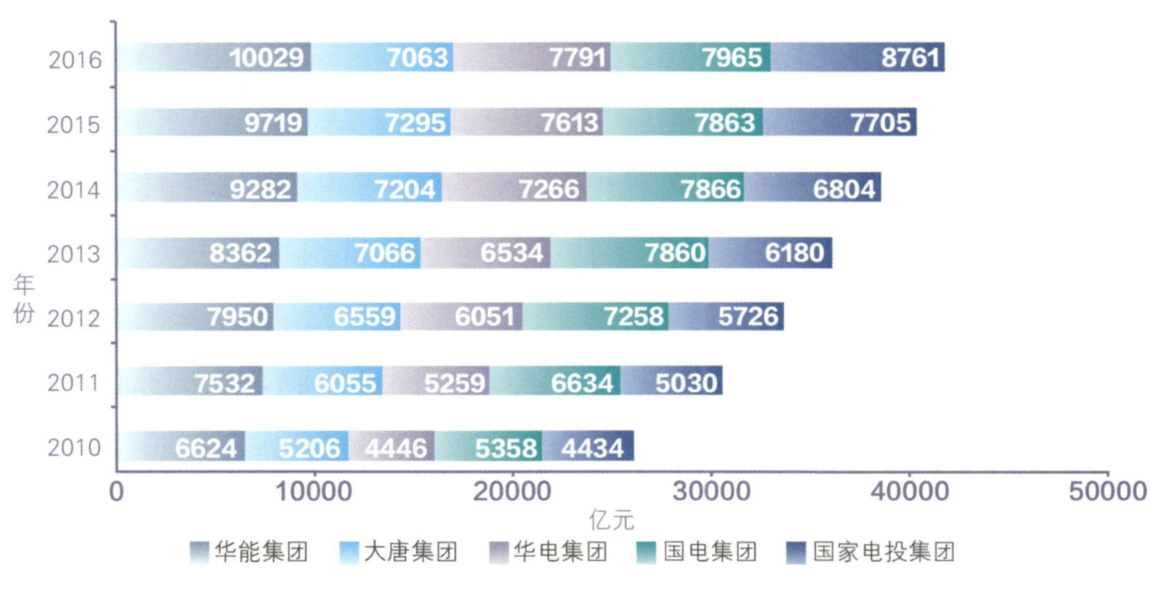

图10-25　2010—2016年五大发电集团资产总额情况

●**主营业务收入连续两年下降**

近两年，五大发电集团电力业务收入下降，且下降幅度呈逐年扩大趋势。2016年，五大发电集团综合业务收入合计9693亿元，同比下降4.6%，其中电力业务收入7558亿元，同比下降7.3%。企业资产负债率为82.0%，比上年下降0.2个百分点，但仍处于高位。

2010—2016年五大发电集团电力业务收入情况见图10-26。

图10-26　2010—2016年五大发电集团电力业务收入情况

●**火电利润创四年来新低**

2016年五大发电集团经营形势急剧恶化，电力业务尤其是火电业务利润出现“断崖式”下降，全年综合利润总额641亿元，同比下降41.7%。其中，电力业务利润总额701亿元，同比下降42.6%；主要是火电业务利润总额为367亿元，同比下降58.4%，占电力业务利润总额的比重下降19.9个百分点。尤其是下半年，煤电企业受到厂电煤价格大幅上涨因素影响，直接导致五大发电集团业务利润总额出现“断崖式”下降，9月、10月甚至出现亏损。

2010—2016年五大发电集团利润情况见图10-27；2015年、2016年五大发电集团电力板块业务利润构成情况见图10-28；2016年各月五大发电集团电力业务利润及到厂煤价走势见图10-29。

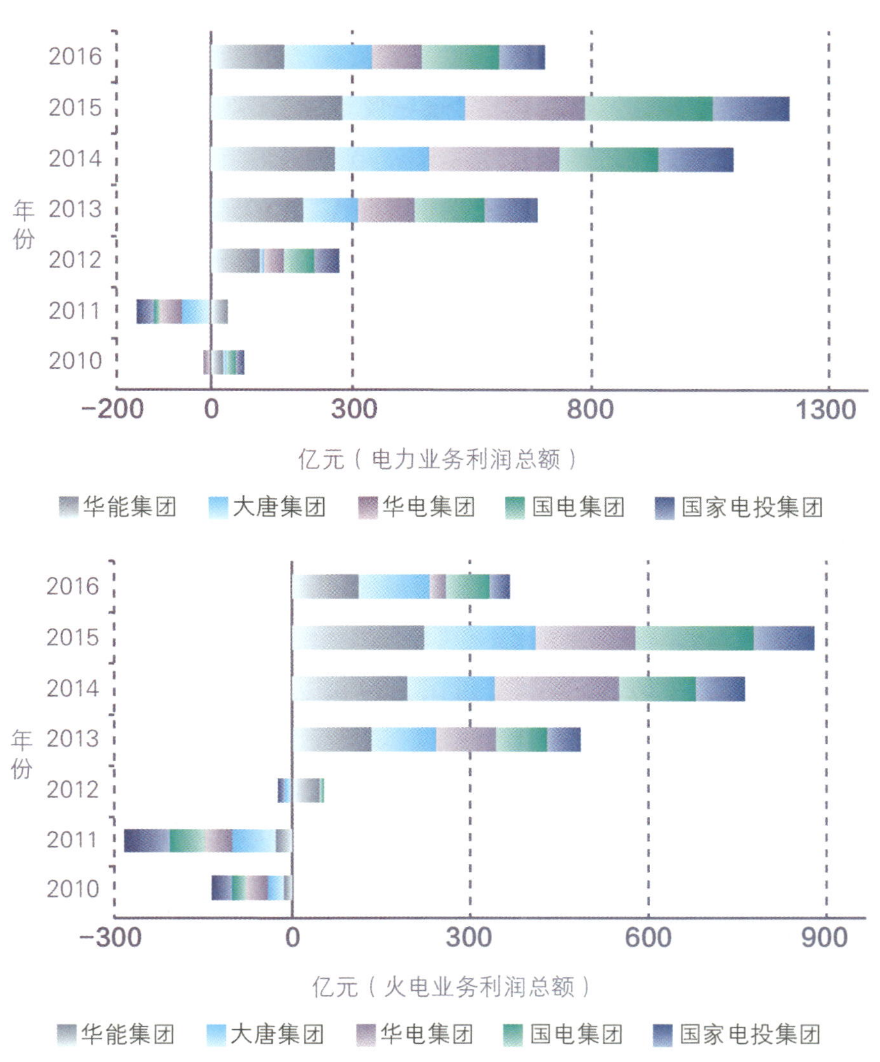

图10-27　2010—2016年五大发电集团利润情况

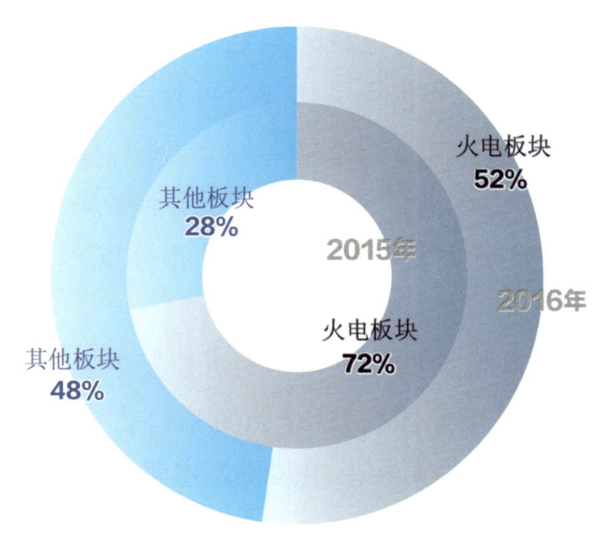

图10-28　2015年、2016年五大发电集团电力板块业务利润构成情况

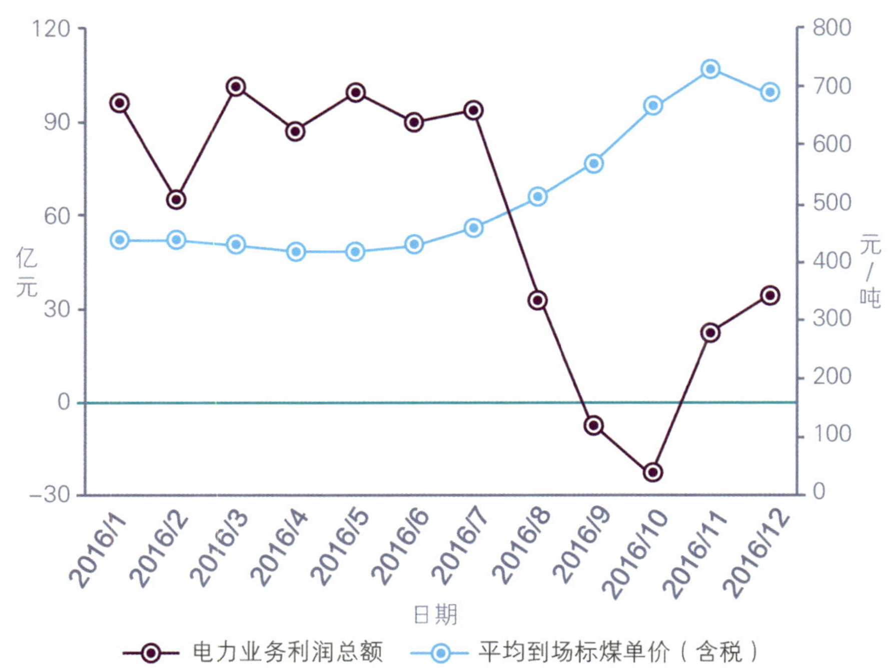

图10-29　2016年各月五大发电集团电力业务利润及到厂煤价走势

●市场份额小幅下降

2016年年底，五大发电集团可控发电装机容量6.98亿千瓦，同比增长5.0%；占全国总装机容量的比重为42.3%，比上年下降1.3个百分点。可控发电装机的发电量合计24857亿千瓦时，同比增长1.8%，增速明显低于全国平均增速；占全国总发电量的比重为41.3%，比上年下降1.3个百分点，其中，非化石能源发电量为5361亿千瓦时，占同口径总发电量的比重21.6%，比上年提高了1.5个百分点。五大发电集团非化石能源发电量占比较全国低7.6个百分点。

●市场交易电量比重大幅提高

五大发电集团合计参与市场交易电量6374亿千瓦时，同比增长69.6%，占同口径总发电量的比重为25.6%，比上年提高了10.3个百分点。

（二）其他大型发电企业

根据对17家其他大型发电企业[1]的调查，2016年年底资产总额合计38779亿元，比上年增长9.7%，增速比五大发电集团高6.2个百分点。

●市场份额有所扩大

截至2016年年底，17家其他大型发电企业的可控发电装机容量为3.96亿千瓦，同比增长9.1%，增速比五大发电集团高4.0个百分点；占全国总装机容量的比重为24.0%，比上年提高0.2个百分点。可控发电装机发电量合计1.61万亿千瓦时，同比

[1] 17家大型发电企业分别是中核集团、三峡集团、神华集团、中广核、粤电集团、浙能集团、国投电力、华润电力、北京能源、河北建投、四川能投、甘肃电投、广州发展、晋能集团、山西漳泽电力、安徽皖能、新力能源。

增长10.8%，高于全国平均增速5.8个百分点；占全国总发电量的26.8%，比上年提高1.4个百分点，其中，中核集团、三峡集团等7家其他央企[1]发电量占比提高1.6个百分点，而粤电集团、浙能集团等10家地方发电企业[2]发电量占比下降0.2个百分点。

●市场交易电量比重小幅提高

14家大型发电企业[3]合计参与市场交易电量1880亿千瓦时，比上年增长41.7%；占同口径总发电量的比重为11.7%，比上年提高2.54个百分点，比五大发电集团市场交易电量比重低13.99个百分点，这与企业的发电类型、机组结构、地区分布、当地市场交易规模等因素有关。

●资产负债率好于行业平均水平

得益于发电量较快增长的拉动，以及市场电量比重不高、降价影响较少的影响，17家其他大型发电企业实现综合业务收入7958亿元，比上年增长5.5%，远好于五大发电集团；其中电力业务收入4997亿元，比上年增长2.3%。整体资产负债率为56.7%，低于全国发电企业平均水平。

2015年、2016年17家其他大型发电企业与五大发电集团资产负债率对比见图10-30。

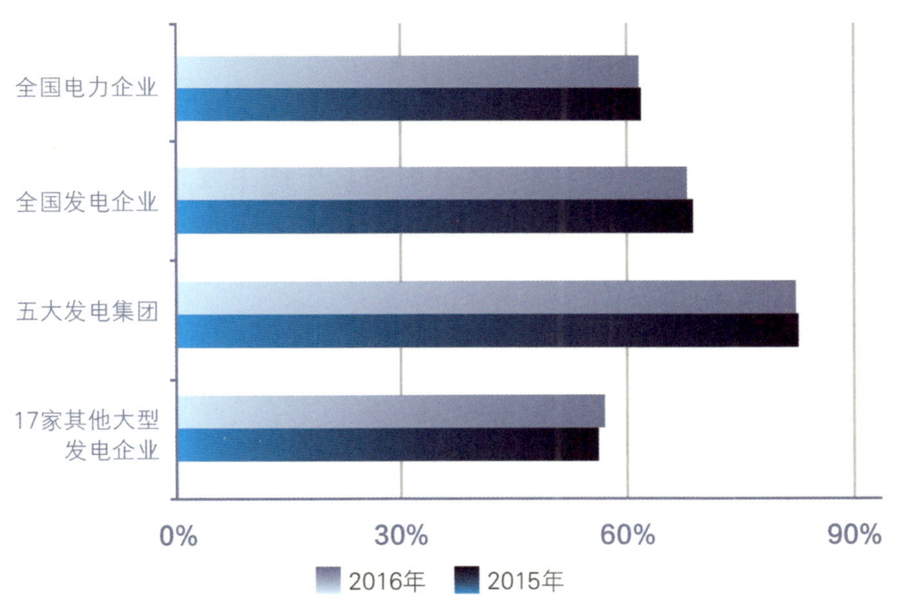

图10-30　2015年、2016年17家其他大型发电企业与五大发电集团资产负债率对比

[1] 7家其他央企分别是中核集团、三峡集团、神华集团、中广核、国投电力、华润电力、新力能源。

[2] 10家地方发电企业分别是粤电集团、浙能集团、北京能源、河北建投、四川能投、甘肃电投、广州发展、晋能集团、山西漳泽电力、安徽皖能。

[3] 指上述17家其他大型发电企业中不包括中广核、晋能集团和安徽皖能。

●**盈利能力优于五大发电集团**

2016年14家大型发电企业[1]电力业务利润合计925亿元，同比下降11.59%，下降幅度远低于五大发电集团。分析其中原因，一是其市场交易电量比重明显低于五大发电集团；二是其资产负债率远低于五大发电集团，节约了一定的财务费用支出。2016年五大发电集团与14家其他大型发电企业主要经营数据对比见表10-4，2016年部分大型发电企业生产经营数据见附录25。

表10-4　2016年五大发电集团与14家其他大型发电企业主要经营数据对比

主要经营指标	五大发电集团	14家其他大型发电企业
电力业务收入比上年增长（%）	-7.28	2.34
电力业务利润比上年增长（%）	-42.62	-11.59
资产负债率（%）	81.95	56.64
年发电量比上年增长（%）	1.8	10.75
参与市场交易电力比重（%）	25.64	11.65

四、电力建设企业

（一）基本概况

2016年年底，纳入中国电力建设协会（以下简称“中电建协”）统计口径内的电力建设企业分别隶属于国家电网、南方电网、中国电建、中国能建、内蒙古电力建设（集团）有限公司及地方能源投资集团和部分民营企业。

1.施工企业

中央及国有企业下辖的施工企业　共有115家，其中，水电29家，火电52家，送变电34家；有水利水电和电力工程施工总承包特级资质的企业共23家（中国电建16家、中国能建6家、内蒙古电力建设1家），其余均为施工总承包一级资质。

中国核工业建设集团公司受国务院国有资产监督管理委员会直接管理，承担我国境内所有在建核电站核岛部分的建设任务。

其他电力建设施工企业　新能源发电建设施工企业呈现国有和民营投资多元化的格局，承担220千伏以下送变电及配电网的设计、施工，主要集中在国家电网和南方电网所属原各区县级送变电设计、施工企业，这些企业资质等级不高，基本为集体企业，数量有几百家。

[1] 指17家其他大型发电企业中不包括粤电集团、华润电力和甘肃省投。

2.监理企业

主要电力工程监理企业130余家。其中，具有监理综合资质的企业5家；电力工程监理甲级资质企业105家，乙级资质企业26家；水电工程监理甲级资质企业14家，乙级资质企业11家。主要电力监理企业的地区分布情况见图10-31。

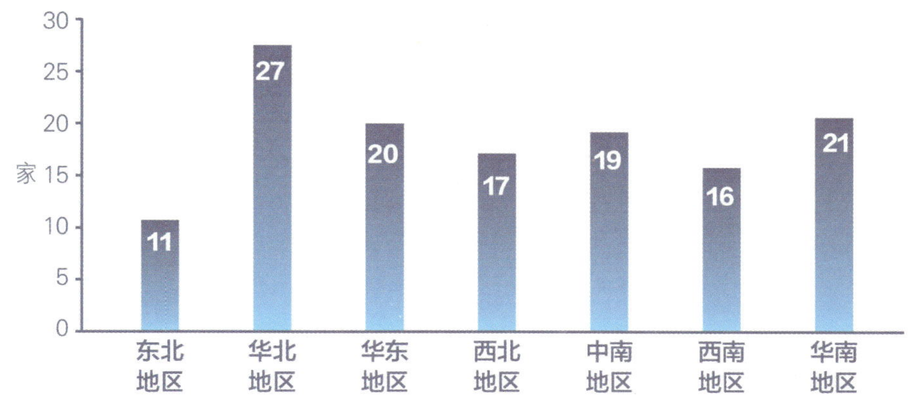

图10-31 主要电力监理企业地区分布情况

3.调试企业

主要电力工程调试企业约97家，调试能力资格分布情况如下：

具有发电类特级调试资质企业28家 甲级17家；乙级10家；丙级15家。

具有送变电类调试特级资质的企业21家 甲级26家；乙级13家；丙级6家。

（二）经营情况

1.施工企业

营业收入 随着配电网投资建设力度加大，送变电施工企业营业收入同比增速高于火电、输电建设企业；电力建设施工“走出去”业绩突出，境外送变电施工项目营业收入同比增长35.3%。2016年主要水电、火电、送变电施工企业营业收入情况见表10-5。

表10-5 2016年主要水电、火电、送变电施工企业营业收入情况

企业类型	集团名称	国内		境外	
		营业收入（亿元）	增长率（%）	营业收入（亿元）	增长率（%）
总计		4036	6.6	775	7.6
水电施工企业	小计	2197	· 7.9	544	10.2
	中国电建集团所属18家企业	1655		410	
	中国葛洲坝集团所属9家企业	493		117	
	其他2家水电施工企业	49		17	

续表

企业类型	集团名称	国内		境外	
		营业收入（亿元）	增长率（%）	营业收入（亿元）	增长率（%）
火电施工企业	小计	1282	3.7	223	3.9
	中国电建集团所属20家企业	501		131	
	中国能建集团所属29家企业	760		92	
	内蒙古电建集团所属企业	22			
送变电施工企业	小计	557	8.4	8	35.3
	国家电网所属28家企业	468		7	
	中国南方电网公司所属5家企业	72		1	
	内蒙古电建集团所属企业	17			

资产负债率 火电施工企业资产负债率高达90.8%，经营十分困难。2016年主要水电、火电、送变电施工企业资产负债情况见表10-6。

表10-6 2016年主要水电、火电、送变电施工企业资产负债情况

企业分类	集团名称	总资产（亿元）	总负债（亿元）	资产负债率（%）	较2015年提高（个百分点）
总 计		4194	3438.2	82.0	0.2
水电施工企业	小计	2495	1965.1	78.8	0.4
	中国电建集团所属18家企业	1949	1542.2	78.2	-0.3
	中国葛洲坝集团所属9家企业	475	379.8	79.9	-1.9
	其他2家水电施工企业	71	61.1	86.5	5.5
火电施工	小计	1336	1213.0	90.8	0.0
	中国电建集团所属20家企业	606	538.3	88.8	2.3
	中国能建集团所属29家企业	704	647.2	91.9	-0.7
	内蒙古电建集团所属企业	26	27.6	105.6	-13.5
送变电施工企业	小计	363	260.1	71.6	0.6
	国家电网所属28家企业	277	195.6	70.6	0.3
	中国南方电网公司所属5家企业	62	45.6	73.1	10.0
	内蒙古电建集团所属企业	24	18.9	79.9	-5.9

利润总额 送变电和水电施工企业的利润大幅增加，火电施工企业亏损加重。2016年主要水电、火电、送变电施工企业利润总额见表10-7。

表10-7 2016年主要水电、火电、送变电施工企业利润总额

企业类型	集团名称	利润总额（亿元）	同比增长（%）
总计		80.6	21.9
水电施工企业	小计	64.7	7.9
	中国电建集团所属18家企业	49.8	42.6
	中国葛洲坝集团所属9家企业	18.2	32.4
	其他2家水电施工企业	-3.3	
火电施工企业	小计	7.0	-32.8
	中国电建集团所属20家企业	0.1	
	中国能建集团所属29家企业	5.8	
	内蒙古电建集团所属企业	1.1	
送变电施工企业	小计	8.9	36.3
	国家电网所属28家企业	8.2	15.9
	中国南方电网公司所属5家企业	0.2	128.6
	内蒙古电建集团所属企业	0.4	115.0

2.监理企业

电力建设监理企业的监理收入较快增长，占总收入比重也在逐步提高，2016年达到43.8%；随着我国境外投资建设电力项目不断增加，赴境外电力建设监理业务较快增长，境外合同存量额占电力监理企业合同存量额的比重达到了27%。2016年电力建设监理企业经营情况见表10-8。

表10-8 2016年电力建设监理企业经营情况表

单位：亿元；%

营业收入			合同额			资产负债			利润	
总收入	其中：监理收入	监理收入增长	合同存量	监理合同存量	境外合同存量	总资产	总负债	负债率	利润总额	同比增长
198.84	87.16	10.26	313.0	94.06	34.90	274.49	178.49	65.03	24.10	6.6

3.调试企业

电力建设调试企业经营情况总体良好，资产负债率为55.9%。但是2016年调试业务收入与上年持平，利润同比下降。在调试业务收入中，电源调试收入比重为67%。2016年电力建设调试企业经营情况见表10-9。

表10-9　2016年电力建设调试企业经营情况表

单位：亿元；%

营业收入					合同额			资产负债			利润	
总收入	调试收入	其中:国内		境外调试收入	合同存量	新签	境外	总资产	总负债	负债率	利润总额	同比增长
		电源调试收入	电网调试收入									
173.99	28.12	18.83	9.29	1.77	35.26	23.35	5.39	432.84	241.9	55.89	27.83	-4.03

2016年电力建设企业生产经营数据见附录26。

第三节　电力上市公司

一、基本概况

以2016年年报业务占比分类，沪、深两市共有59家电力上市公司。其中，火电（含燃机、热电）企业36家，总市值占电力板块比重为55.6%；水电企业9家，总市值占比28.1%；电网企业10家，总市值占比4.2%。以2016年12月31日收盘价计算，电力板块总市值为14321.5亿元，比上年下降13.1%；占全市场比重约2.6%，比上年下降0.4个百分点；不含限售股的流通A股市值为9999.5亿元，比上年下降6.7%；占不含限售股的流通A股市值约2.6%，比上年降低0.1个百分点。2016年电力板块上市公司基本情况见附录27。2016年不同类型电力上市企业总市值占电力板块总市值的比重情况见图10-32。

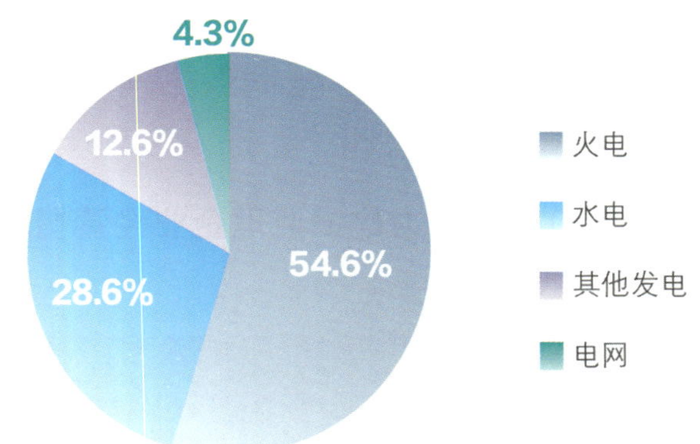

图10-32　2016年不同类型电力上市企业总市值占电力板块总市值的比重情况

注：上市公司情况的图、表资料来源均为Wind资讯、中信证券研究部。

二、走势回顾

受我国证券市场结构不够完善及政策监管趋严影响，全年证券市场大盘呈现年初延续上年年底暴跌、第二季度开始呈“慢牛”的走势，沪深300指数全年跌幅为11.3%；电力行业指数全年跌幅为16.6%，走势弱于大盘。2016年电力板块及大盘走势比较见图10-33。

图10-33　2016年电力板块及大盘走势比较

在电力板块中，火电板块全年跌幅为21.0%；水电全年跌幅为10.2%；电网全年涨幅为15.6%。2016年电力各子板块走势比较见图10-34。

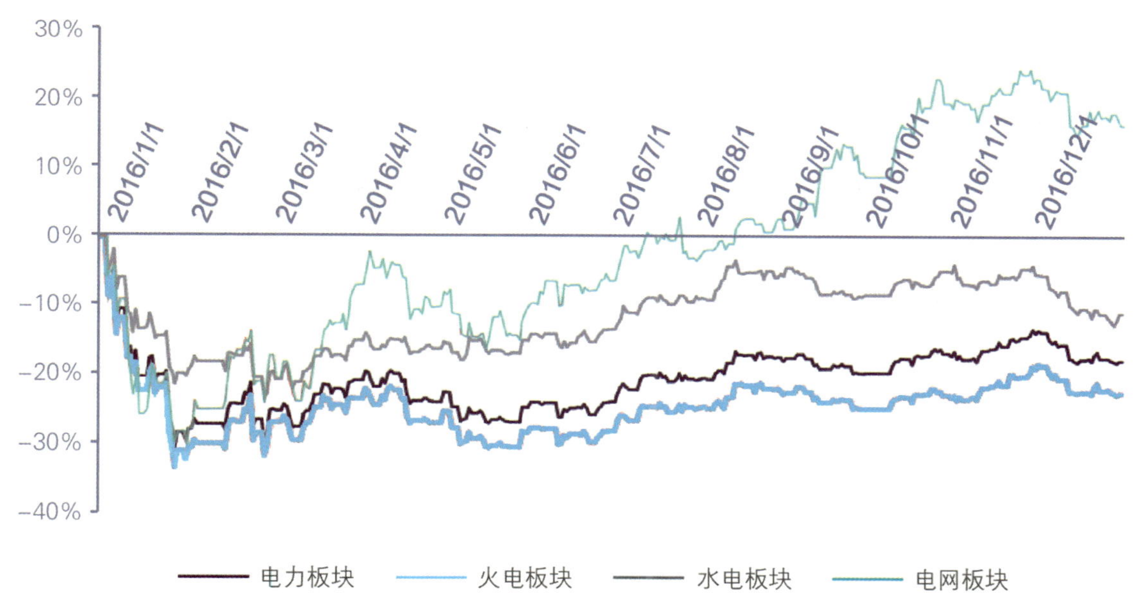

图10-34　2016年电力各子板块走势比较

三、估值情况

2016年，电力板块的动态市盈率（P/E）从年初的18.3倍（同期全市场为23.2倍）下降至年底的17.9倍（同期全市场为21.4倍）。2016年电力板块及大盘动态市盈率（P/E）比较见图10-35。

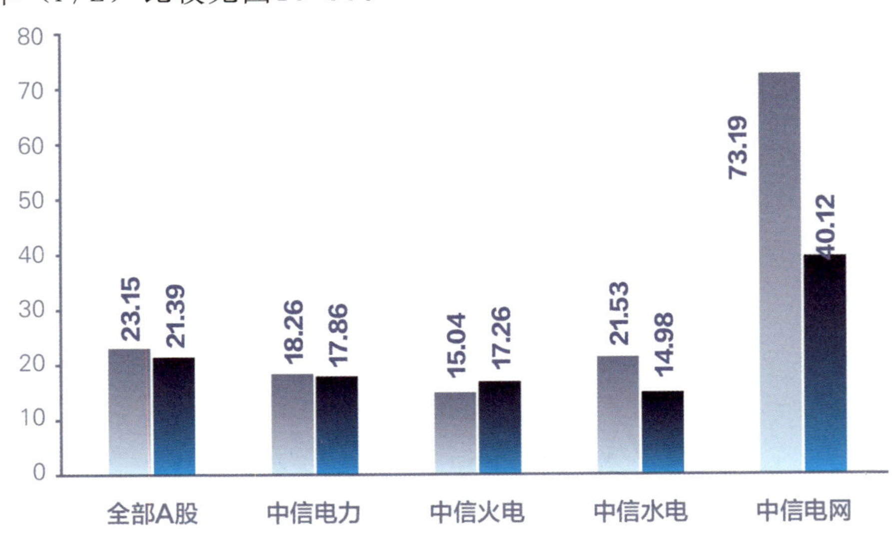

图10-35　2016年电力板块及大盘动态市盈率（P/E）比较

2016年，电力板块的市净率（P/B）从年初的2.3倍（同期全市场为2.5倍）下降至年底的1.8倍（同期全市场为2.0倍）。2016年电力板块及大盘市净率（P/B）比较见图10-36。

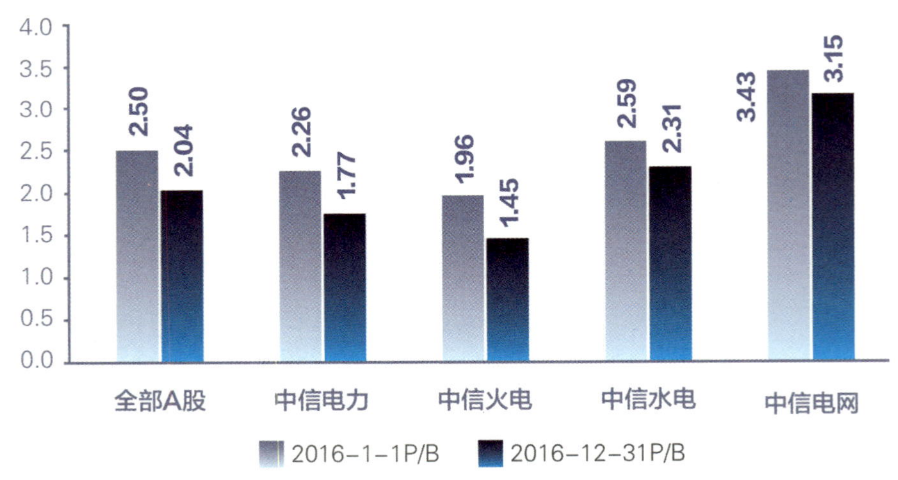

图10-36　2016年电力板块及大盘市净率（P/B）比较

四、业绩情况

2016年，电力行业上市公司主营业务收入合计7195.4亿元，比上年增长0.2%；受全年煤炭均价同比上升影响，行业总体毛利率较上年下降3.9个百分点，为27.2%；电力板块投资收益同比下滑17.7%，为197.5亿元。2016年电力板块主营收入、毛利率、投资收益及增长情况见表10-9。

表10-9　2016年电力板块主营收入、毛利率、投资收益及增长情况

		2016年主营收入（亿元）	2016年主营收入增长率(%)	2016年毛利率(%)	2015年毛利率(%)	2016年投资收益（亿元）	2016年投资收益增长率(%)
电力合计		7195.4	0.2	27.2	31.1	197.5	-17.7
其中	火电	5926.8	-4.8	23.2	29.0	142.3	-13.7
	水电	665.0	50.7	57.3	55.8	51.1	-19.2
	电网	196.0	16.6	19.6	21.0	2.5	-74.2

2016年，电力板块营业费用率为1.3%，比上年上升0.3个百分点；管理费用率为3.5%，比上年下降0.1个百分点；财务费用率比上年下降0.4个百分点，为8.3%。2015年、2016年电力板块三项费用率情况见表10-10。

表10-10　2015年、2016年电力板块三项费用率情况

		营业费用率（%）		管理费用率（%）		财务费用率（%）	
		2016年	2015年	2016年	2015年	2016年	2015年
电力合计		1.3	1.0	3.5	3.6	8.3	8.7
其中	火电	1.2	1.0	3.4	3.4	7.3	8.0
	水电	2.1	1.9	2.7	3.2	14.3	14.4
	电网	1.0	0.9	6.9	8.0	3.2	4.0

2016年电力板块盈利787.4亿元，比上年下降13.1%。其中，火电盈利下降32.9%，为438.9亿元，是电力板块利润的主要来源；水电板块受2016年水情偏丰影响，盈利上升46.7%，为275.9亿元；电网公司盈利为16.0亿元。总体净资产收益率比上年下降3.3个百分点，为10.0%，其中水电净资产收益率提升，而火电、电网则有所回落。2016年电力板块净利润、净资产收益率及增长情况见表10-11。

表10-11　2016年电力板块净利润、净资产收益率及增长情况

		2016年净利润（亿元）	2016年净利润增长率（%）	2016年净资产收益率（%）	2015年净资产收益率（%）
电力合计		787.4	-13.1	10.0	13.3
其中	火电	438.9	-32.9	8.1	13.3
	水电	275.9	46.7	17.4	14.5
	电网	16.0	4.3	8.9	9.6

五、新能源类上市公司

港股上市公司主业为新能源的公司包括龙源电力、华能新能源、京能清洁能源、华电福新、大唐新能源、中国电力新能源、联合光伏、协合新能源、瑞风新能源及中国再生能源投资；A股包括太阳能及节能风电板块。以2016年12月31日收盘价计算，港股新能源类上市公司市值合计为1238.0亿港元，其中中国再生能源投资市值为7.7亿港元；A股上市公司市值合计为369.2亿元，其中太阳能板块市值为185.3亿元，节能风电板块市值为183.9亿元。

2016年12月31日港股新能源类上市公司市值见图10-37。

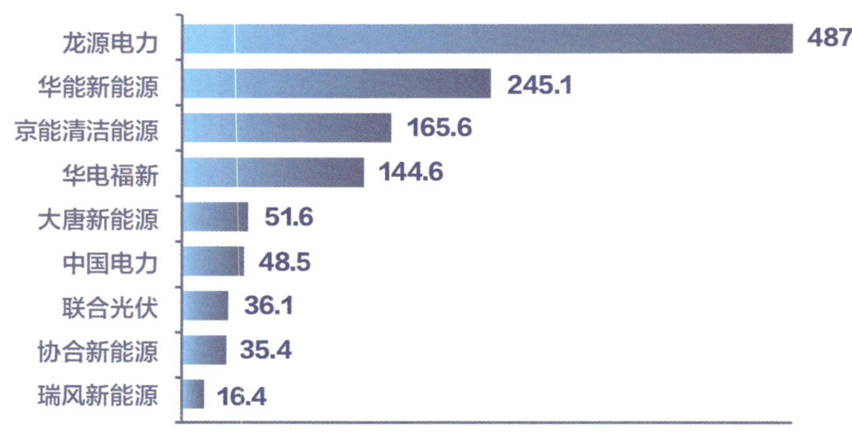

图10-37　2016年12月31日港股新能源类上市公司市值（单位：亿港元）

2016年，港股反映综合走势的恒生指数全年上升0.4%，市值较大的龙源电力、华能新能源、京能清洁能源、华电福新及大唐新能源全年变动幅度分别为4.9%、10.2%、-9.3%、-20.3%及-26.8%；A股沪深300指数全年跌幅为11.3%，太阳能及节能风电板块全年变动幅度分别为-40.5%、-43.7%。

2016年，A股新能源类上市公司及大盘走势比较见图10-38；港股新能源类上市公司及大盘走势比较见图10-39；新能源类上市公司市盈率（P/E）比较见图10-40；新能源类上市公司市净率（P/B）比较见图10-42。

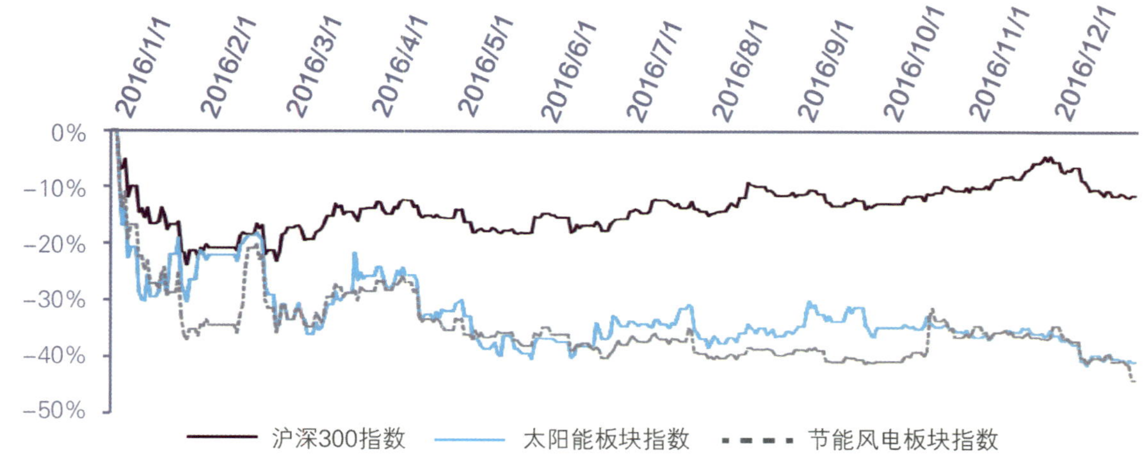

图10-38　2016年A股新能源类上市公司及大盘走势比较

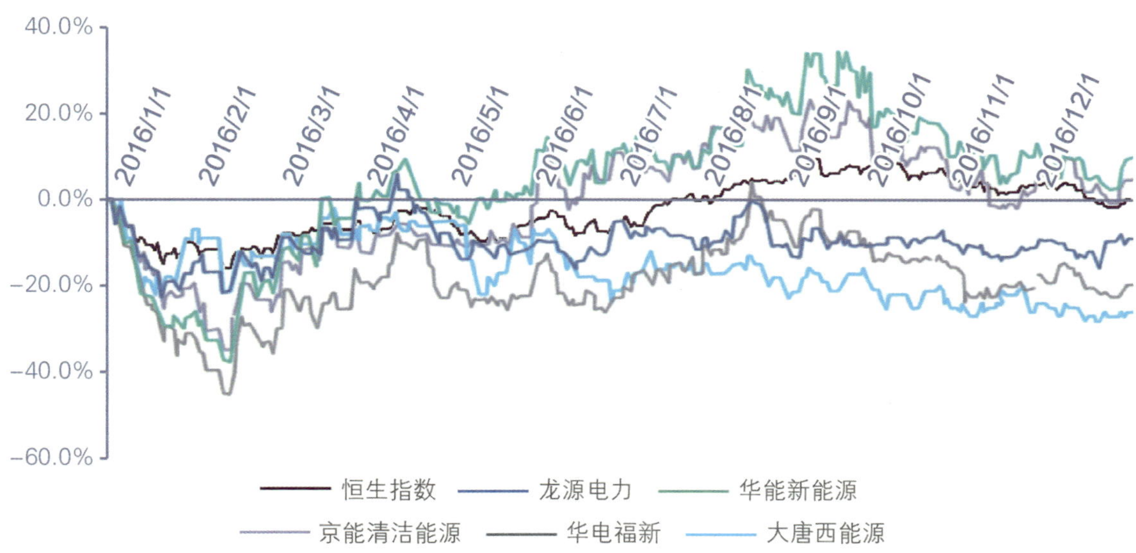

图10-39 2016年港股新能源类上市公司及大盘走势比较

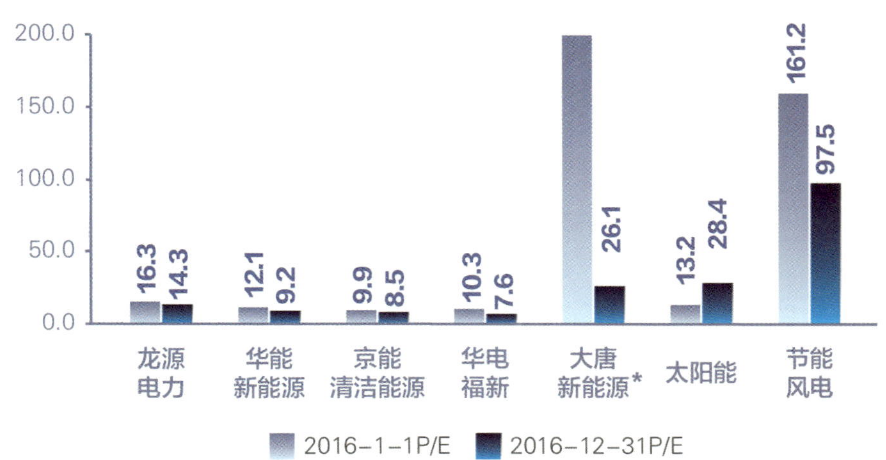

图10-40 2016年新能源类上市公司市盈率（P/E）比较

*本图中大唐新能源2016年年初的市盈率（P/E）为514.6，因数值过大，未在图中显示。

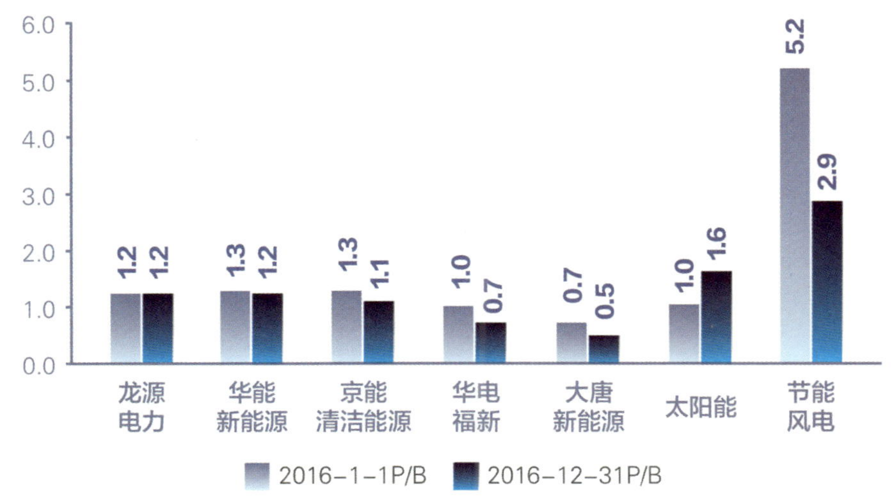

图10-41 2016年新能源类上市公司市净率（P/B）比较

2016年，港股新能源类上市公司主营业务收入合计761.9亿港元，比上年增长7.8%；总体毛利率比上年上升3.4个百分点，为30.0%。A股新能源类上市公司主营业务收入合计57.0亿元，比上年增长14.7%；总体毛利率比上年下降1.1个百分点，为30.0%。2016年新能源类上市公司主营收入、毛利率、投资收益及增长情况见表10-12。

表10-12　2016年新能源类上市公司主营收入、毛利率、投资收益及增长情况

能源类上市公司	2016年主营收入（亿港元/亿元）	2016年主营收入增长率(%)	2016年毛利率(%)	2015年毛利率(%)	2016年投资收益（亿港元/亿元）	2016年投资收益增长率(%)
龙源电力	223.3	13.5	31.0	34.1	13.1	100.8
大唐新能源	58.0	3.7	33.4	35.1	0.2	106.8
中国电力新能源	47.5	96.4	21.2	25.1	0.0	
华能新能源	92.6	25.7	49.8	50.1	0.2	119.7
京能清洁能源	148.0	1.9	15.3	2.4	2.4	-33.2
华电福新	159.4	3.6	32.6	30.3	6.7	36.7
联合光伏	10.1	8.1	48.3	25.6	0.0	
协合新能源	17.9	-58.6	17.6	12.2	0.0	
瑞风新能源	3.7	17.1	19.6	12.9	0.0	
中国再生能源投资	1.3	-1.4	16.1	15.5	0.0	
港股部分总计	**761.9**	**7.8**	**30.0**	**26.6**	**22.7**	**49.0**
太阳能	42.9	18.8	27.4	27.1	0.3	73.7
节能风电	14.0	3.8	38.0	42.0	0.1	148935.8
A股部分总计	**57.0**	**14.7**	**30.0**	**31.1**	**0.4**	**143.5**

2016年，港股新能源类上市公司其他营业费用合计费用率为4.4%，比上年上升0.37个百分点。2015年、2016年新能源类上市公司费用率情况见表10-13。

表10-13　2015年、2016年新能源类上市公司费用率情况

上市公司	2016年其他营业费用合计费用率(%)	2015年其他营业费用合计费用率(%)
龙源电力	2.32	2.96
大唐新能源	5.72	4.76
中国电力新能源	8.96	10.52
华能新能源	4.05	3.70
京能清洁能源	4.54	4.66
华电福新	5.60	3.57
联合光伏	7.40	7.19

续表

上市公司	2016年其他营业费用合计费用率(%)	2015年其他营业费用合计费用率(%)
协合新能源	1.99	3.58
瑞风新能源	0.00	0.00
中国再生能源投资	0.00	0.00
港股部分总计	**4.36**	**3.99**

2016年，港股新能源类上市公司净利润上升20.9%，全年盈利113.9亿元；A股上市公司净利润上升24.5%，全年盈利8.4亿元。2016年新能源类上市公司净利润、净资产收益率及增长情况见表10－14。

表10-14　2016年新能源类上市公司净利润、净资产收益率及增长情况

新能源类上市公司	2016年净利润（亿元）	2016年净利润增长率（%）	2016年净资产收益率（%）	2015年净资产收益率（%）
龙源电力	34.2	18.6	8.6	8.1
大唐新能源	2.0	1345.5	1.8	0.1
中国电力新能源	4.0	273.8	5.0	1.4
华能新能源	26.6	43.0	14.0	11.0
京能清洁能源	19.6	2.4	13.3	14.4
华电福新	19.1	4.8	9.9	10.9
联合光伏	3.7	1.8	15.9	18.3
协合新能源	4.6	-9.9	8.6	9.0
瑞风新能源	-0.4	-54.7	-6.8	-19.6
中国再生能源投资	0.6	51.0	3.9	2.4
港股部分总计	**113.9**	**20.9**	**9.4**	**8.5**
太阳能	6.5	38.2	7.5	14.7
节能风电	1.9	-7.3	3.0	4.3
A股部分总计	**8.4**	**24.5**	**5.6**	**8.5**

六、电力装备上市公司

以2016年年报业务占比分类，沪、深两市共有136家电力设备上市公司，其中，新能源设备企业29家（包括核电设备企业1家、光伏设备企业17家、风电设备企业11家），总市值占电力设备板块比重为32.8%；输变电设备企业89家（包括一次设备企业36家、二次设备53家），总市值占比为56.7%；电站设备企业18家，总市值占比为10.4%。以2016年12月31日收盘价计算，电力设备板块总市值为15311.1亿元，比上年下降10.4%；占全市场比重约2.8%，比上年下降了0.3个百分点；不含限售股的流通A股市值为11080.6亿元，比上年下降11.8%；占不含限售股的流通A股市值约2.8%，比上年降低0.4个百分点。2016年不同类型电力设备上市企业总市值占电力设备板块总市值的比重情况见图10-42。

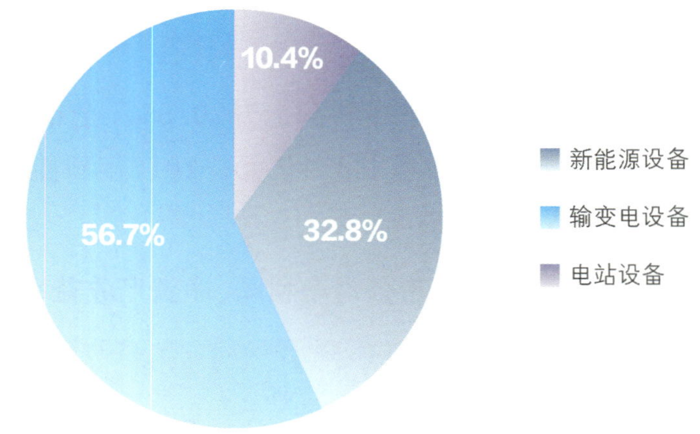

图10-42　2016年不同类型电力设备上市企业总市值占电力设备板块总市值的比重情况

2016年电力设备指数全年跌幅为17.1%，走势弱于大盘；其中，新能源设备板块全年跌幅为18.8%；输变电设备板块全年跌幅为16.8%；电站设备板块全年涨幅为12.3%。2016年电力设备板块及大盘走势比较见图10-43，电力设备板块各子板块走势比较见图10-44，电力设备上市公司市盈率（P/E）比较见图10-45，电力设备上市公司市净率（P/B）比较见图10-46。

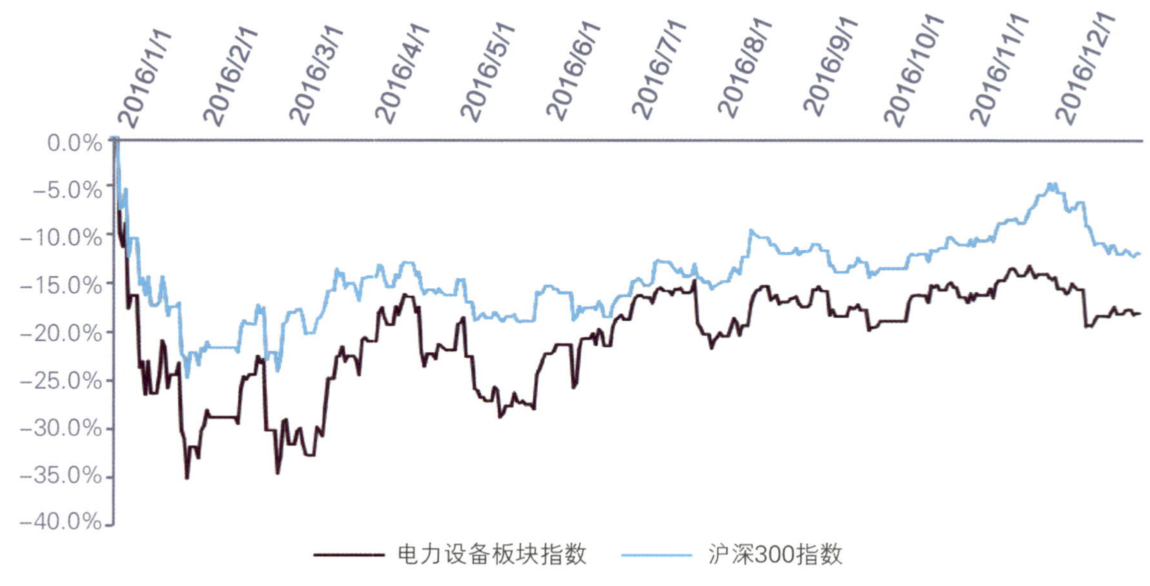

图10-43　2016年电力设备板块及大盘走势比较

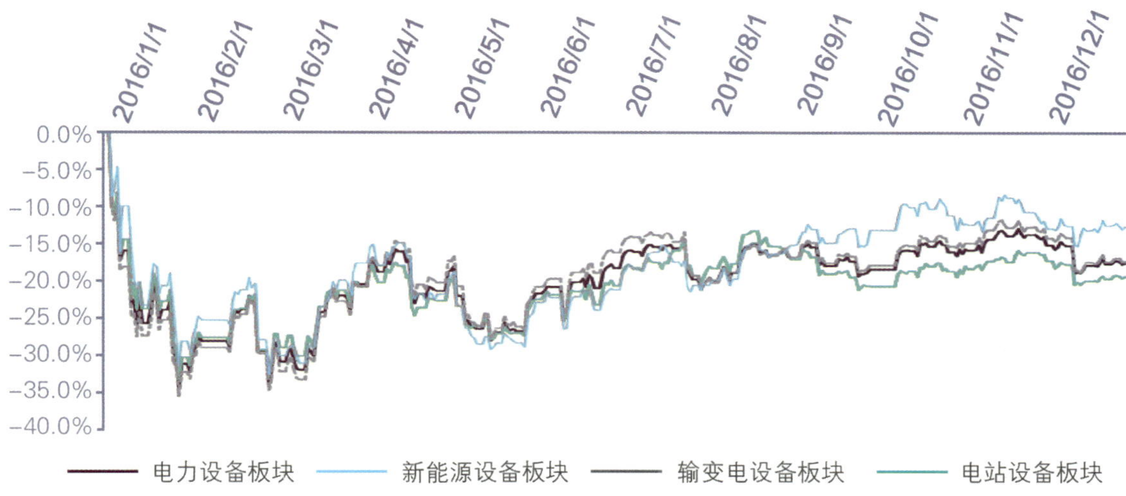

图10-44 2016年电力设备板块各子板块走势比较

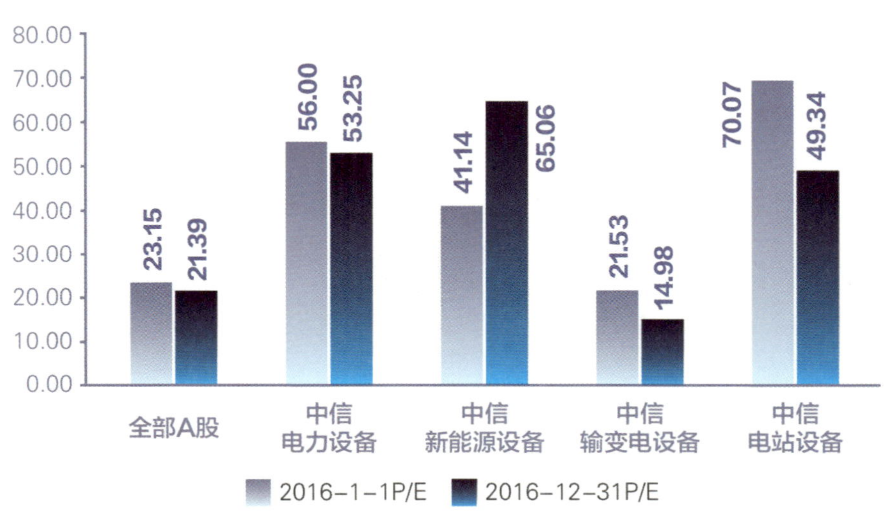

图10-45 2016年电力设备上市公司市盈率（P/E）比较

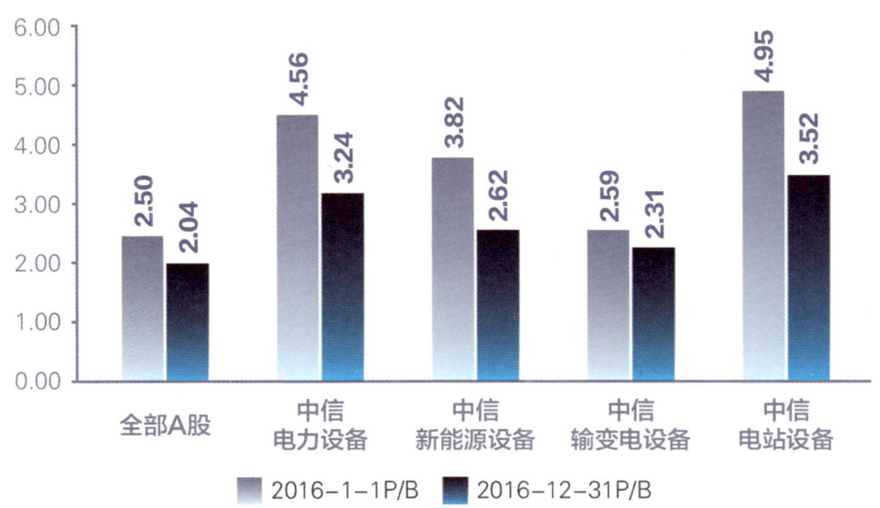

图10-46 2016年电力设备上市公司市净率（P/B）比较

2016年，电力设备行业上市公司主营业务收入合计5660.0亿元，比上年增长12.9%；行业总体毛利率与上年持平，为22.3%；电力设备板块投资收益同比下滑5.4%，为55.9亿元。2016年电力设备板块主营收入、毛利率、投资收益及增长情况见表10-15。

表10-15　2016年电力设备板块主营收入、毛利率、投资收益及增长情况

		2016年主营收入（亿元）	2016年主营收入增长率(%)	2016年毛利率(%)	2015年毛利率(%)	2016年投资收益（亿元）	2016年投资收益增长率(%)
电力设备		5660.0	12.9	22.3	22.3	55.9	-5.4
其中	新能源	2387.8	7.8	21.5	21.5	31.7	-6.0
	输变电	2913.7	18.3	22.9	22.6	21.7	1.7
	电　站	358.5	6.7	23.6	25.1	2.5	-38.0

2016年，电力设备板块营业费用率为0.8%，比上年上升0.2个百分点；管理费用率为7.9%，比上年上升0.1个百分点；财务费用率则比上年下降0.2个百分点，为1.2%。2015年、2016年电力设备板块3项费用率情况见表10-16。

表10-16　2015年、2016年电力设备板块3项费用率情况

		营业费用率（%）		管理费用率（%）		财务费用率（%）	
		2016年	2015年	2016年	2015年	2016年	2015年
电力设备		0.8	0.6	7.9	7.8	1.2	1.4
其中	新能源	0.8	0.6	8.3	8.2	1.3	1.3
	输变电	0.8	0.6	7.5	7.4	1.2	1.4
	电　站	0.7	0.6	8.8	8.7	0.7	0.9

2016年，电力设备板块盈利293.1亿元，比上年增加18.6%。其中，新能源设备盈利增长21.8%，为76.8亿元；输变电设备板块盈利增加22.6%，为188.4亿元；电站设备板块盈利下降8.1%，为27.9亿元。总体净资产收益率比上年下降0.2个百分点，为6.8%，其中新能源设备板块净资产收益率提升，其余则有所回落。2016年电力设备板块净利润、净资产收益率及增长情况见表10-17。

表10-17　2016年电力设备板块净利润、净资产收益率及增长情况

		2016年净利润（亿元）	2016年净利润增长率（%）	2016年净资产收益率（%）	2015年净资产收益率（%）
电力设备		293.1	18.6	6.8	7.0
其中	新能源	76.8	21.8	4.5	4.4
	输变电	188.4	22.6	8.4	8.5
	电　站	27.9	-8.1	8.4	10.2

第十一章　电力国际合作与交流

第一节　国际电力行业发展概述

一、发电装机

2010—2016年全球发电装机容量年均增速达到4.1%。

2010—2016年全球发电装机容量发展情况见图11-1。

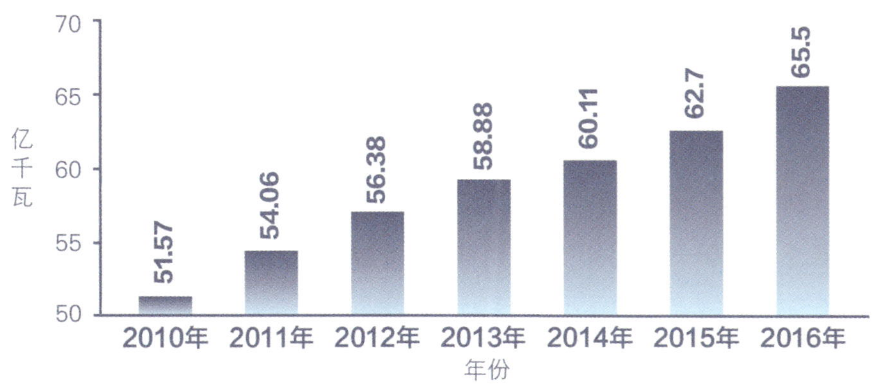

图11-1　2010—2016年全球发电装机容量发展情况

根据国际能源署（IEA）、全球能源互联网发展合作组织、国网能源研究院等有关机构的综合统计，初步估算，2016年全球新增发电装机容量约2.8亿千瓦，年底发电装机容量达到65.5亿千瓦左右，其中，化石能源发电装机占比57.6%；全年发电量24.5万亿千瓦时，其中，化石能源发电量占比66.2%。2016年全球发电装机容量结构情况见图11-2，2016年全球发电量结构情况见图11-3。

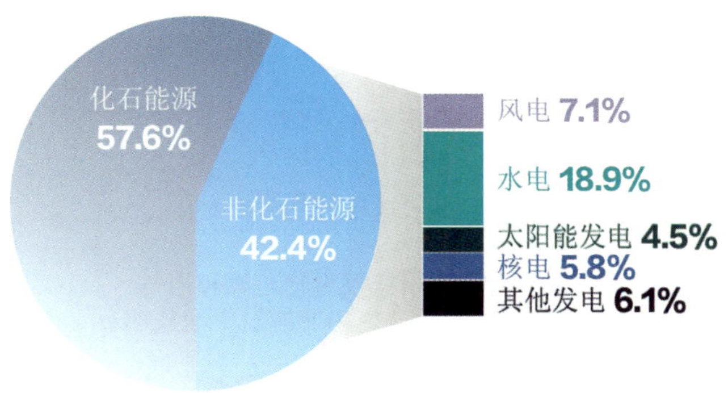

图11-2　2016年全球发电装机容量结构

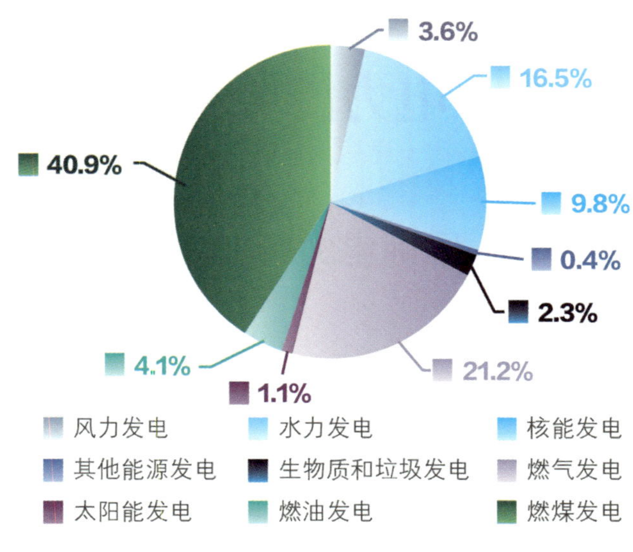

图11-3　2016年全球发电量结构

二、可再生能源发电装机

自2010年开始，全球风电、太阳能发电装机快速发展，带动可再生能源发电装机容量高速增长。2010—2016年全球可再生能源发电装机增长情况见图11-4。

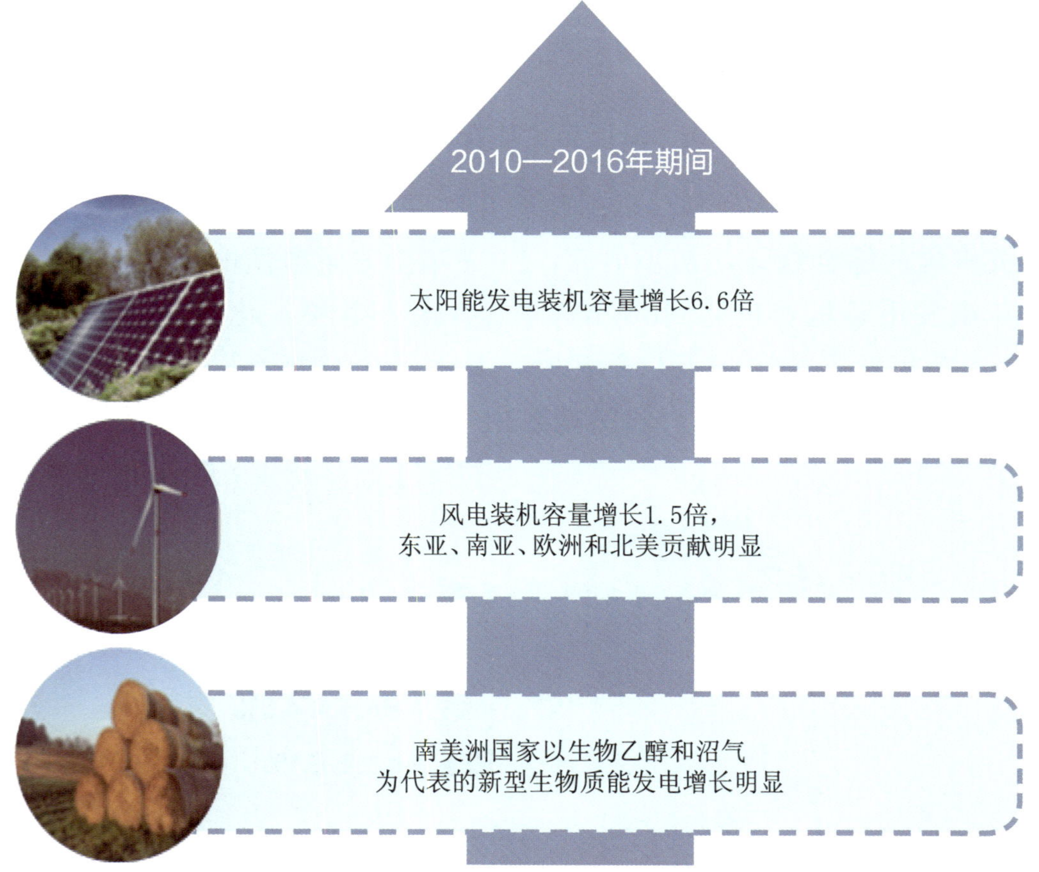

图11-4　2010—2016年全球可再生能源发电装机增长情况

三、全球能源电力交换互济情况

2016年各地区电力进出口总量达1.53万亿千瓦时。2016年各地区电力进出口总量情况见表11-1。

表11-1　2016年各地区电力进出口总量情况

单位：亿千瓦时

	北美	中南美洲	欧洲	东亚	南亚	东南亚	俄罗斯和中亚	西亚和北非	撒哈拉以南非洲	大洋洲	合计
电力进口	930	470	5074	67	124	205	245	290	288	0	7693
电力出口	929	461	5110	33	119	174	343	186	291	0	7648

数据来源：《全球能源互联网发展与展望2017》。

第二节　全球能源互联网

一、全球能源互联网基本概念

以清洁能源为主导，以特高压电网为骨干网架，在全球范围内开发、配置、利用能源电力的智能电网，具体见图11-5。

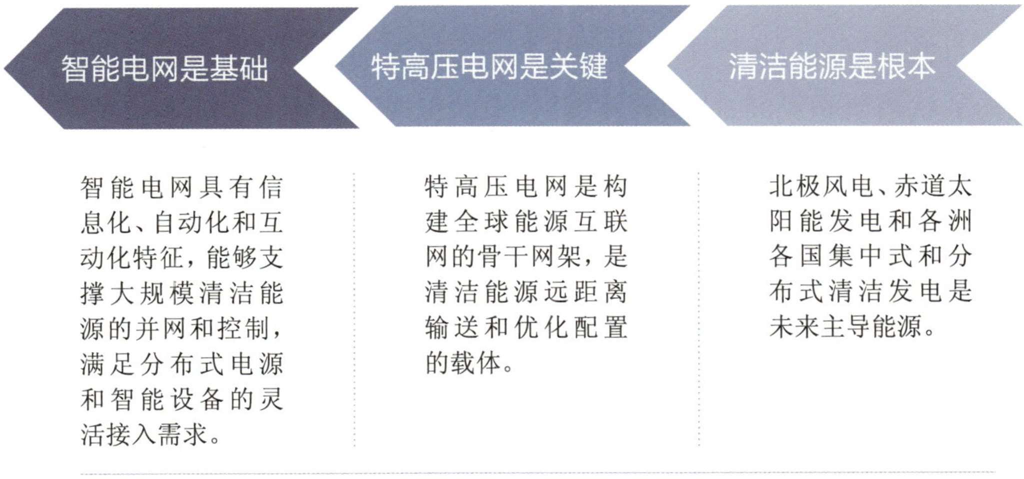

智能电网是基础

智能电网具有信息化、自动化和互动化特征，能够支撑大规模清洁能源的并网和控制，满足分布式电源和智能设备的灵活接入需求。

特高压电网是关键

特高压电网是构建全球能源互联网的骨干网架，是清洁能源远距离输送和优化配置的载体。

清洁能源是根本

北极风电、赤道太阳能发电和各洲各国集中式和分布式清洁发电是未来主导能源。

图11-5　全球能源互联网基本概念

图片来源：《全球能源互联网发展与展望2017》。

二、建设展望

全球能源互联网建设规划分3个阶段。具体见图11-6。

2020年左右

国内电网互联：加强各国国内联网的智能电网建设，开发各国清洁能源。

2030年左右

洲内各国互联：实现洲内跨国电网互联，洲内清洁能源基地开发和消纳。

2050年左右

洲际电网互联：建成跨洲联网骨干网架，“一极一道”等大型能源基地开发并全球配置，“两个替代”全面实现，基本建成全球能源互联网。

图11-6　全球能源互联网建设规划3个阶段展望

图片来源：《全球能源互联网发展与展望2017》。

三、全球能源互联网合作组织

为推动构建全球能源互联网，2016年3月，由国家电网公司独家发起，联合80家国内外相关企业、组织、机构在北京发起成立能源领域首个由中国主持与主导的国际组织——全球能源互联网发展合作组织。一年来，全球能源互联网合作组织会员队伍不断扩充，覆盖能源、电力、信息、环保、科研、咨询和金融等领域；与数十个国家和地区的上百家国际组织、政府部门、行业协会、企业、研究机构和高校建立了合作关系；成功举办、合办2016全球能源互联网大会、北京高端论坛、纽约联合国总部高端研讨会、未来能源亚太峰会等活动；系统开展了全球清洁能源资源、电网现状调研和亚洲、非洲、欧洲、美洲电网互联研究，编制了全球能源互联网发展战略白皮书和技术装备规划，成功发布了系列研究成果，有力支撑了全球能源互联网建设推动工作。

第三节　交流与合作

国际能源署、国际能源宪章、美国能源信息署、日本海外电力调查会等多家机构与我国电力行业相关政府、行业组织和企业在电力信息和统计、可再生能源发展、电力体制改革等方面进行了双向充分交流与合作，我国电力行业的国际影响力得到进一步提升。

一、加入国际组织及参与活动

参与活动　国内电力企业积极参与国际电力行业交流，先后参与、主导、组织各类国际组织交流活动60余场，进一步提升我国电力行业在国际能源事务中的影响力和话语权，为中外电力行业建立长效沟通机制、研究未来发展方向、促进双边多边产能合作奠定了基础。在重要国际组织任职的中国电力企业相关负责人出席有关国际会议情况见图11-7。

国际特大电网运营商组织（GO15）2016年第一次理事会

4月10—13日，南方电网公司副总经理王良友作为GO15 2016年主席主持会议并发表主席致辞。

国际大坝委员会董事会及HYDRO2016国际会议

10月7—12日，中国电建股份总工程师周建平作为国际大坝委员会副主席作了题为《中国水电开发与国际合作》的主旨演讲，分享了中国水电开发取得的伟大成就和成功经验，以及中国政府、金融机构和中方企业对国际水电开发所做的贡献，并对下一步国际水电开发与合作提出了建议。

10月9—15日，国家电网公司董事长舒印彪作为IEC副主席和市场战略局召集人，出席大会开幕式和闭幕式，并分别发表致辞，倡议世界各国进一步深化合作，强化标准引领，促进产业上下游标准对接，以标准全面提升带动技术创新和产业升级，为世界互联互通贡献力量。

图11-7　在重要国际组织任职的中国电力企业相关负责人出席有关国际会议情况

加入国际组织　截至2016年年底，国内电力行业有数十家机构和企业分别加入了美国电气电子工程师协会（IEEE），美国机械工程师学会（ASME），法国核电设计、建造、在役检查规则标准协会（AFCEN），亚太电协（AESIEAP），爱迪生电气协会（EEI），国际大电网组织（CIGRE），国际大坝委员会（ICOLD），能源宪章(Energy Charter)等国际组织，参加国际组织总数超过60个。同时，还有近40位各类专家、学者在上述组织担任主要职务。如国家电网公司董事长舒印彪2013年开始出任国际电工委员会（IEC）副主席，至今已连任两届，具体负责领导两个市场战略委员会成员更新和技术观察工作。

二、国际会议和展览

国内主要电力企业[1]参加各类境内外国际会议186场、境内外国际展览55个，

[1] 主要电力企业是指国家电网、南方电网、华能集团、大唐集团、华电集团、国电集团、国家电投集团、三峡集团、神华集团、中核集团、中广核集团、中国电建、中国能建、内蒙古电力等。

向世界充分展示了中国电力行业的发展成果和市场吸引力。2016年电力行业举办的重要国际会议和展览见图11-8。

东北亚区域电力互联与合作论坛

- 中电联联合能源宪章共同主办首届论坛。来自东北亚各国政府部门、企业、研究机构和相关国际组织代表近80人参会；
- 论坛全面梳理研究成果，引导各方建言献策，共同探讨解决方案，明确未来合作方向，活跃学术研究氛围，对于加强东北亚区域电力联网理念转化为现实起到了积极的推动作用。

第21届亚太电协大会

- 中国大陆亚太电协会员企业均派代表出席了会议；
- 以更加开放和合作的态度，共同促进全球电力及能源行业交流。400多篇来自中国大陆的论文入选本次会议论文集，40多位来自中国大陆的论文作者在会议论文交流环节中发表演讲。

中国–东盟电力合作与发展论坛

- 来自东盟各成员国的30多位同行及近300位国内电力同行参加会议；
- 增进了中国与东盟双方的相互了解和认识，为建立长期合作机制、开展进一步合作奠定了基础。

图11–8　2016年电力行业举办的重要国际会议和展览

电力企业积极参加日本东京工业展、第十四届国际核工展、亚洲电力展览会等境外国际知名展览会及活动。“2016年中国国际清洁能源博览会”“第十六届中国国际电力设备和技术展览会”“中国（珠海）绿色创新电力大会”等国内主要电力行业展览会参观规模更是取得了历史突破，来自世界25个国家和地区超过1000家企业参展，展会面积累计超过7.5万平方米，专业观众达到6.2万多人次。

三、涉外培训

多家电力企业[1]先后承担了来自孟加拉、苏丹、加纳、哥斯达黎加、阿尔及利亚、缅甸、白俄罗斯、斯里兰卡、南非、菲律宾、蒙古等国家能源、工业、矿产政府主管部门和国家电力（电网）公司，以及阿拉伯原子能机构、马来西亚工艺大学、巴基斯坦原子能委员会等机构共45批次、1015人的来华培训，培训内容主要集

[1] 多家电力企业指国家电网、华能集团、华电集团、国家电投集团、中核集团、中广核集团、中国电建、中国能建、内蒙古电力等。

中在核电项目管理、能源规划建设、电站运营、新能源开发利用及其他管理岗位培训等。

四、海外分支机构或办事处

2016年，国内11家主要电力企业[1]在全球范围内新设立了64家主要驻外机构或办事处，分布于亚洲、欧洲、南美洲、北美洲、非洲和大洋洲的多个国家和地区。截至2016年年底，国内电力企业共设立海外分支机构或办事处828个，遍布世界各地。

五、对外签署的主要交流与合作协议、备忘录

2016年，我国主要电力企业[2]对外签署的重要协议及备忘录共31项，内容涵盖了战略合作、信息交流、科技合作、项目开发与运营、人力资源管理等，涉及电网、火电、水电、核电、环境保护、工程建设、金融服务等领域。2016年我国主要电力企业签署的重要合作协议及备忘录见图11-9。

2016年3月30日，国家主席习近平出访捷克期间，在习主席和捷克总统泽曼的见证下，中国国电集团公司、中国广核集团有限公司、国电电建集团国际工程有限公司与捷克有关企业和机构签署了一系列关于可再生与清洁能源及交通设施建设等项目的合作框架协议。

2016年5月23日，在国家发展改革委副主任、国家能源局局长努尔•白克力和苏丹财政与经济计划部部长巴德尔丁的见证下，中核集团与苏丹水资源与电力部签署了《厂址初可研和可研技术服务框架协议》、《人力资源开发服务框架协议》。

2016年10月13日，在国家主席习近平、柬埔寨首相洪森的见证下，中国南方电网有限责任公司与柬埔寨皇家集团有限公司签署了《关于柬埔寨国家电网投资建设的谅解备忘录》。

2016年11月22日，在国家主席习近平和智利总统巴切莱特的见证下，国家电力投资集团公司、中国建设银行与太平洋水电智利公司在智利首都圣地亚哥签署了《金融服务战略合作协议》。

图11-9 2016年我国主要电力企业签署的重要合作协议及备忘录

[1] 11家主要电力企业指国家电网、南方电网、大唐集团、华电集团、国电集团、国家电投集团、神华集团、中核集团、中广核集团、中国电建、中国能建、国投电力等。

[2] 主要电力企业指南方电网、大唐集团、国电集团、国家电投集团、中核集团、中广核集团、中国电建、内蒙古电力、华润电力、漳泽电力等。

第四节　对外工程与投资

一、“一带一路”合作

国家将“一带一路”倡议内容分别列入《能源发展“十三五”规划》、《电力发展“十三五”规划》和《可再生能源发展“十三五”规划》，充分利用国际国内两个市场、两种资源，积极推进电力装备、技术、标准和工程服务国际合作。

2016年，我国电力企业在52个“一带一路”沿线国家开展投资业务，其中投资额3000万美元及以上项目年度完成投资39.56亿美元，涉及沿线10余个国家和地区；在52个沿线国家开展承包项目工程，其中大型承包项目120个，涉及国家29个，合同金额274.72亿美元，工程领域包括火电、水电、风电、太阳能发电、核电、输电工程、基础设施建设等。其中，中国电建在“一带一路”沿线的27个国家正在执行428个工程项目；中国能建在“一带一路”沿线国家签约项目329个；南方电网通过加强对“一带一路”沿线国家的能源资源开发与合作，实现了与越南、老挝、缅甸电网互联。电力企业在“一带一路”沿线国家开展的主要投资项目见图11-10。

图11-10　电力企业在“一带一路”沿线国家开展的主要投资项目

二、对外投资

（一）总体情况

国内11家主要电力企业（具体见图11-11企业名单）实际完成对外投资77.85亿美元，同比增长168.66%。电力对外投资项目共计65项，其中，实际完成投资额超过3000万美元及以上的重大电力对外投资项目37项，比上一年度增加14项。截至2016年年底，国内电力企业对外投资总额累计突破390亿美元。2016年我国主要电力企业对外投资总体情况见图11-11，2011—2016年实际完成投资额3000万美元及以上项目情况见图11-12。

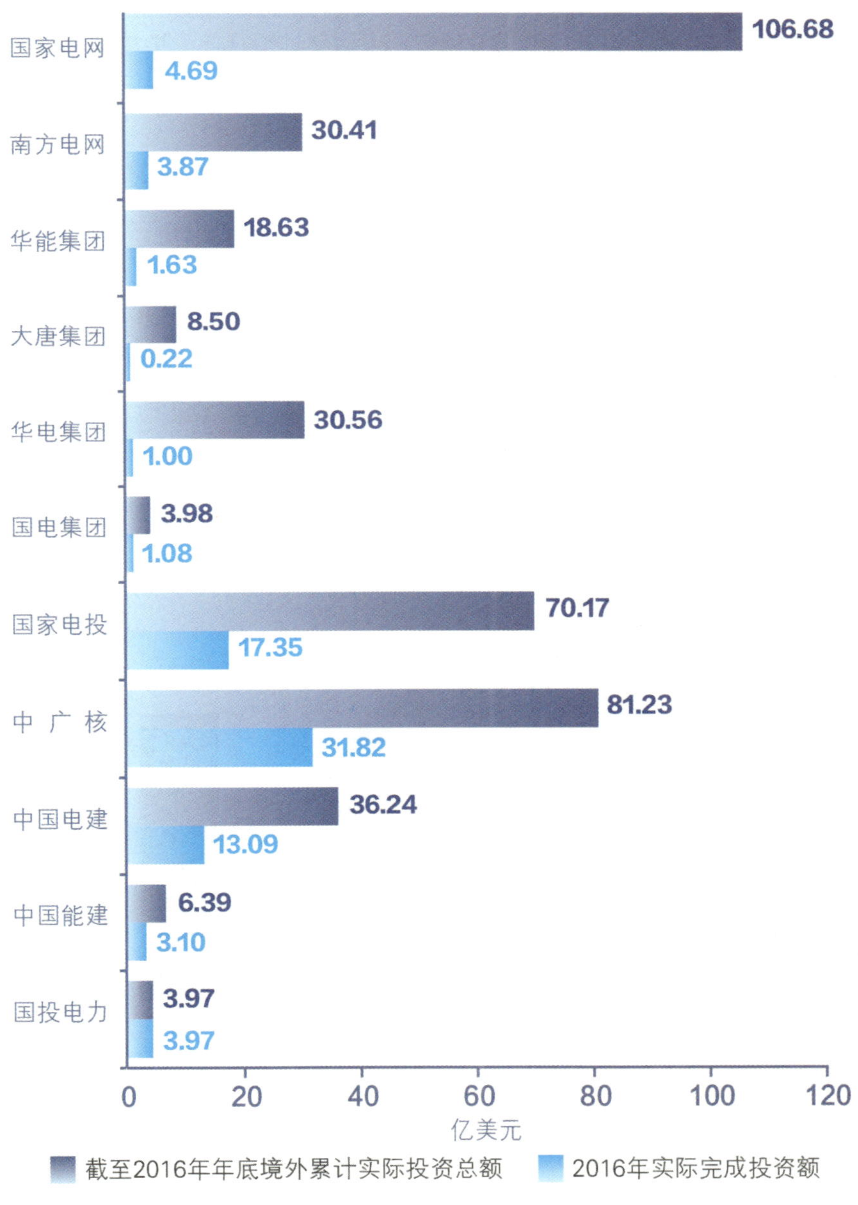

图11-11 2016年我国主要电力企业对外投资总体情况

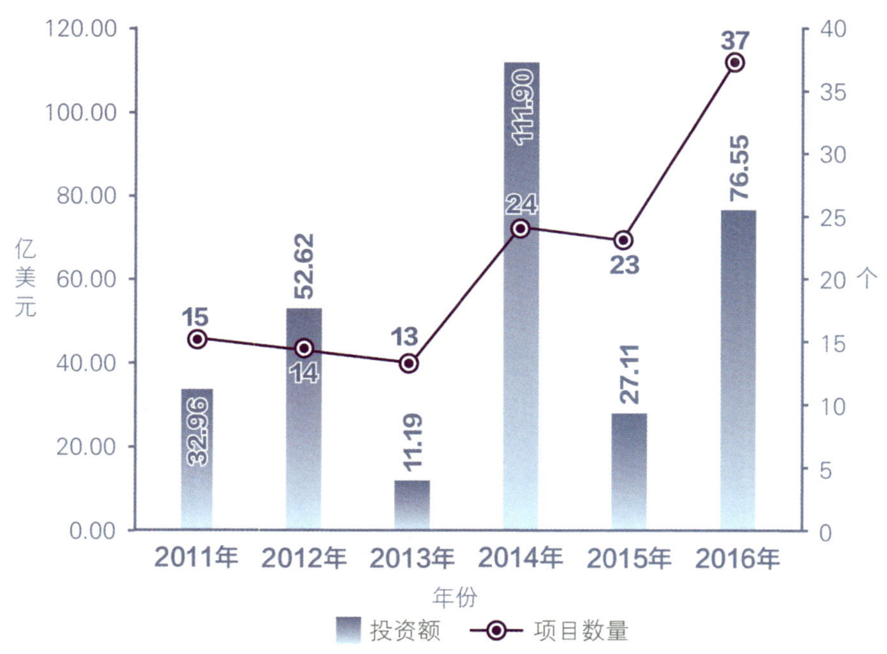

图11-12　2011—2016年实际完成投资额3000万美元及以上项目情况

（二）投资方式

各电力企业以对“一带一路”沿线国家投资为基础并形成亮点，投资区域持续扩展到美国、巴西、加拿大、法国、俄罗斯、希腊、马耳他、澳大利亚、南非等其他国家。投资以BOT/BOOT/BOO模式为主，股权并购、绿地投资以及其他投资为补充，已形成多种形式并存的投资模式。投资领域包括火电、水电、风电、太阳能发电、输变电、矿产资源等。2016年对外投资重大项目投资模式结构情况见图11-13。2016年国内主要电力企业重大项目投资区域分布情况见图11-14。

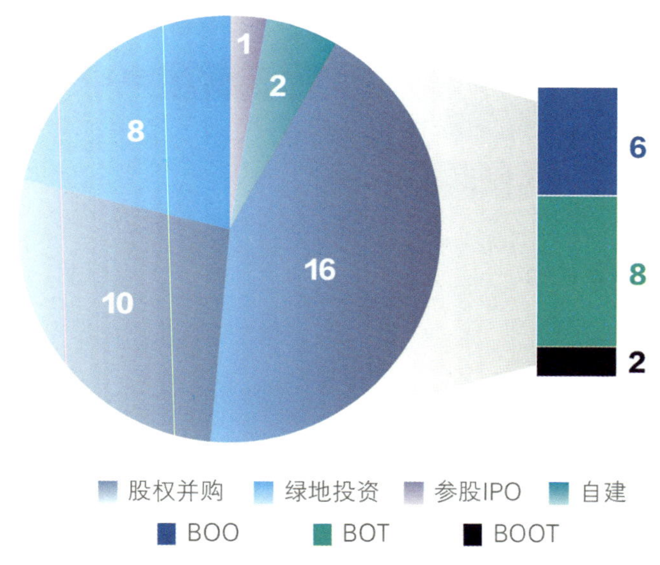

图11-13　2016年对外投资重大项目投资模式结构情况（单位：个）

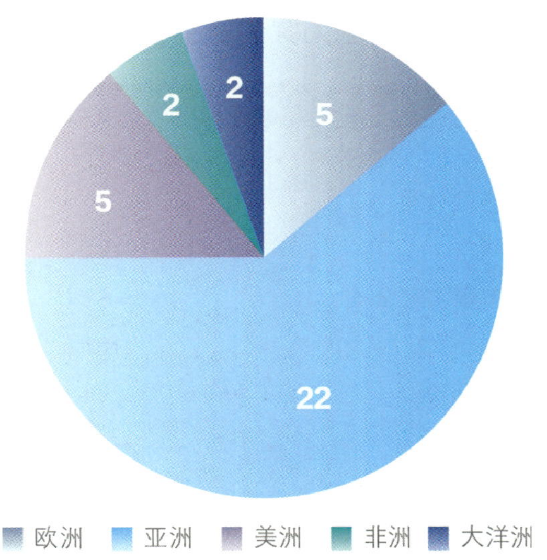

图11-14 2016年国内主要电力企业重大项目投资区域分布情况（单位：个）

三、对外承包工程

8家主要电力企业（企业名单见表11-2）对外承包工程新签合同额合计488.47亿美元，同比增长3.48%；年度营业额181.68亿美元，同比增长0.41%。截至2016年年底，在建项目1691个，同比减少2项；在建项目合同额1610.67亿美元，同比增长4.07%。2016年主要电力企业对外承包工程总体情况见表11-2。

表11-2 2016年主要电力企业对外承包工程总体情况

企业名称	2016年年底在建项目数量（个）	2016年年底在建项目合同额累计（万美元）	2016年新签合同额合计（万美元）	2016年对外承包项目年度营业额（万美元）
国家电网	82	527208	231594	91104
大唐集团	3	18200		2510
华电集团	3	13777	300	2953
国电集团	2	4058	4058	
国家电投	16	170900	111084	10600
中核集团	2	947800		84415
中国电建	1332	11563385	2775183	1167236
中国能建	251	2861446	1762453	457997

根据美国《工程新闻纪录》（ENR）公布的2016年度250家国际最大承包商排名，共有10家中国电力企业上榜，较2015年度新增2家。入选“ENR 2016年度250家国际最大承包商”的中国电力企业名单见表11-3。

表11-3　入选"ENR2016年度250家国际最大承包商"的中国电力企业名单

序号	企业名称	2016年度排名	2015年度排名
1	中国电建	11	11
2	中国葛洲坝集团股份有限公司	45	44
3	中国水利电力对外公司	74	74
4	哈尔滨电气国际工程有限责任公司	88	**
5	中国东方电气集团有限公司	107	72
6	中国中原对外工程有限公司	109	110
7	上海电气集团股份有限公司	114	94
8	中国电力技术装备有限公司	128	**
9	中国能建天津电力建设有限公司	166	138
10	中国电力工程顾问集团有限公司	236	234

在商务部发布的2016年我国对外承包工程业务新签合同额前100名企业排行榜上，共有26家电力企业上榜，总数比上年增加5家。入选"2016年中国对外承包工程业务新签合同额前100家企业"的电力企业见表11-4。

表11-4　入选"2016年中国对外承包工程业务新签合同额前100家企业"的电力企业名单

序号	企业名称	榜上排名	新签合同额（万美元）
1	中国水电建设集团国际工程有限公司	3	1210099
2	中国葛洲坝集团股份有限公司	5	1118761
3	山东电力建设第三工程公司	12	310365
4	中国水电工程顾问集团有限公司	14	275550
5	上海电气集团股份有限公司	15	263616
6	哈尔滨电气国际工程有限责任公司	18	235000
7	中国水利电力对外公司	24	182047
8	中国电力技术装备有限公司	27	168148
9	中国电建核电工程公司	30	153152
10	中国能建广东火电工程有限公司	37	125336
11	山东电力工程咨询院有限公司	40	114406
12	中电工程西南电力设计院有限公司	43	106050
13	中国电力工程有限公司	47	103382
14	中国电建昆明勘测设计研究院有限公司	50	101015
15	中国能建浙江火电建设有限公司	54	83131
16	中国电建华东勘测设计研究院有限公司	59	72589
17	中国能建东北电力第一工程有限公司	60	71743
18	中国电建成都勘测设计研究院有限公司	62	69948

续表

序号	企业名称	榜上排名	新签合同额（万美元）
19	中国能建广东省电力设计研究院有限公司	64	66776
20	中国核工业建设集团公司	68	62573
21	中国电建中南勘测设计研究院有限公司	70	60868
22	中国能建天津电力建设有限公司	72	57217
23	云南能投对外能源开发有限公司	79	47650
24	上海电力建设有限责任公司	85	41330
25	中国能源建设股份有限公司	88	40477

四、电力设备及技术出口

8家主要电力企业设备和技术出口总额39.04亿美元，同比降低71.42%。其中，直接出口设备总额21.03亿美元，同比降低27.35%；直接出口技术服务总额8.29亿美元，同比增长54.10%。2016年主要电力企业设备出口情况见表11-5，主要电力企业技术出口情况见表11-6。

表11-5　2016年主要电力企业设备出口情况

单位：万美元

企业名称	直接出口设备总额	境外工程带动出口设备总额
国家电网	98458	17803
大唐集团		238
华电集团	576	3892
国电集团	1594	
国家电投	791	7753
中核集团		11358
中 广 核	1773	
中国电建	107131	42826

表11-6　2016年主要电力企业技术出口情况

单位：万美元

企业名称	直接出口技术服务费	境外工程带动出口技术服务费
国家电网	565	8405
华能集团		488
华电集团	269	
国家电投	645	3891
中 广 核	12	17
中国电建	65997	
中国能建	15109	952

第十二章　电力行业文化建设

第一节　基本概况

全国电力行业企业文化建设直面新形势、适应新常态，创新行业文化建设平台，凝聚行业力量，全力创造企业品牌和形象，推动全国电力行业企业软实力建设迈上新台阶，为中国电力工业发展与改革提供了智力支持和文化环境的支撑。

一、国家文化战略

党的十八大提出，倡导富强、民主、文明、和谐，倡导自由、平等、公正、法治，倡导爱国、敬业、诚信、友善，积极培育和践行社会主义核心价值观。

社会主义核心价值观是社会主义核心价值体系的内核，体现社会主义核心价值体系的根本性质和基本特征，反映社会主义核心价值体系的丰富内涵和实践要求，是社会主义核心价值体系的高度凝练和集中表达。

党的十八大以来，中央高度重视培育和践行社会主义核心价值观。习近平总书记多次作出重要论述，提出明确要求。中央政治局围绕培育和弘扬社会主义核心价值观、弘扬中华传统美德进行集体学习。中办下发《关于培育和践行社会主义核心价值观的意见》。党中央的高度重视和有力部署，为加强社会主义核心价值观教育实践指明了努力方向，提供了重要遵循。

2016年7月1日，习近平总书记在庆祝中国共产党成立95周年大会上指出："文化自信，是更基础、更广泛、更深厚的自信。在5000多年文明发展中孕育的中华优秀传统文化，在党和人民伟大斗争中孕育的革命文化和社会主义先进文化，积淀着中华民族最深层的精神追求，代表着中华民族独特的精神标识"。建设社会主义文化强国，是中共中央把握时代特点和形势发展变化、主导经济发展主方向、引领相适应的文化环境需求所作出的重大战略决策。

二、繁荣行业文化

近年来，全国电力行业切实贯彻文化强国战略，在弘扬中华民族优秀传统文化和继承电力行业、企业优良传统的基础上，积极吸收借鉴国内外现代管理和企业文化的优秀成果，将制度创新与观念更新相结合，以爱国奉献为追求，以促进发展为宗旨，以诚信经营为基石，以人本管理为核心，以学习创新为动力，努力建设具有鲜明时代特征、丰富管理内涵且各具特色的文化体系，内强素质，外塑形象，增强了行业凝聚力，提高了企业竞争力，促进电力行业的持续发展，为发展壮大国有经济、全面建设小康社会做出了新贡献。

中电联持续推动电力行业文化建设，在引导行业舆论、凝聚行业共识、传递行业理念、启迪行业智慧、树立行业形象、促进行业发展等方面开展了一系列工作，为促进行业文化建设、增强企业核心竞争力发挥了积极作用。主要有：

出台《关于加强电力行业文化建设的指导意见》

- 明确了电力行业文化建设必须坚持社会主义方向、坚持行业文化战略与行业发展战略相适应等7项原则，提出了电力行业文化建设的指导思想、总体目标、重点内容、主要任务和实施途径，为电力行业企业文化建设指明了行动路线。

发布《全国电力行业核心价值公约》

- 电力行业践行社会主义核心价值体系的生动实践，是电力行业的精神旗帜、文化宣言和行动指南，也是电力行业团结奋斗的共同思想基础和精神纽带，指引着电力行业企业文化建设的总体方向。

创建《当代电力文化》杂志

- 是全国电力行业唯一的企业文化类期刊，是打造电力企业品牌、搭建行业电力职工的精神家园、凝聚全行业发展合力的交流平台和成果展示窗口。

举办了“中国电力主题日”活动

- 通过集中组织展览展示、科普教育、开放互动等主题鲜明的活动，加强行业内外的交流沟通，树立行业品牌，培育电力节日，传播电力价值，让公众走近电力、熟悉电力、理解电力。在“中国电力主题日”活动期间，各大电力集团及基层企业积极开展相关活动，增进了社会对电力行业的认知度。

评审表彰电力企业文化优秀成果

- 2006年以来，中电联开展了电力行业企业文化优秀成果评审工作，成为中电联面向广大会员单位的一项品牌服务。2016年按照10%、20%和30%确定一、二、三等奖的比例，组织了评审表彰，并对优秀成果进行了宣传推广。

三、发展企业文化

全国电力企业在培育企业精神、提炼经营理念、推动制度创新、提高员工素质、塑造企业形象等方面进行广泛探索，从理论到实践，不断创新，不断发展，取得了丰硕成果。特别是一些大型电力集团公司，结合国内国际发展新形势，不断总结、发展和完善适合自身特点的企业文化，不断提炼企业文化精髓，引领企业综合效益提升，极大地推动了行业文化建设。大型电力企业文化一览见图12-1。

企业文化铸就行业的未来

国家电网的卓越文化

华能集团的三色文化

华电集团的《华电宪章》

国家电投集团的“和”文化

南方电网的南网总纲

大唐集团的大唐精神

国电集团的家园文化

三峡集团的三峡精神

图12-1　大型电力企业文化一览

电力企业注重发挥企业文化的作用，促进企业文化与企业战略、管理创新、营销服务和人才管理等管理工作的深度融合，渗透到企业生产经营管理的全过程。在管理方法上，重视民主管理、自主管理和人本管理；在管理方式上，既有价值观的导向，又有制度化的约束，制度标准与价值准则协调同步，激励约束与文化导向优势互补，从而使电力企业文化得到进一步发展，打造出核心竞争力。

电力企业高度重视自身的社会表现，维护国家、社会和人民的根本利益，积极承担对员工、消费者、供应商、社区、环境、民间社团和政府等方面的社会责任，树立了越来越好的行业形象。近10年来，各大电力企业越来越重视企业社会责任的履行和信息披露，纷纷发布社会责任报告、绿色发展报告或可持续发展报告，阐述企业的责任情怀、责任管理、责任绩效、责任实践和未来计划等。国家电网公司是我国最早发布社会责任报告的中央企业，从2006年发布第一份社会责任报告至今，已连续发布了11份，在我国企业社会责任理论研究和实践探索方面保持领先地位。截至2016年，全国电力行业共有49家电力企业发布社会责任报告，从当年一枝独秀，发展到如今春色满园。

2016年10月30日，《中国企业社会责任蓝皮书（2016）》正式发布，系统披露了电力、医药、房地产、食品等16个重点行业的社会责任发展指数，电力行业社会责任发展指数得分最高，达到四星级领先水平，其中南方电网95分、华电集团94分、华能集团89分，一批电力企业在承担社会责任方面表现优秀。“履行社会责任，塑造行业品牌”已是全国电力企业的共同认知。

第二节　行业文化体系主体构成

全国电力行业文化体系由价值理念、自律规范、职业操守等三项基本内容组成。它们各具功能、各有侧重，相互联系、不可分割，科学严谨、完整系统，是有机统一的整体。

一、价值理念

近年来，全国电力行业以社会主义核心价值体系为指导，以“创新、协调、绿色、开放、共享”的发展理念为旗帜，以我国能源发展“四个革命、一个合作”战略思想为引领，立足电力工业发展实践，把握电力行业发展规律，凸显电力行业企业特质，科学回应电力行业的当代价值追寻，形成了全面、明晰、系统的电力行业价值理念。

跟随着时代发展的步伐，行业文化在不断进步。能源发展的“四个革命、一个合作”战略思想的提出，标志着我国进入了能源生产和消费革命的新时代，同时，也引领着电力文化不断创新发展，为电力文化理念的更新提供了科学的理论基础。

作为国民经济的基础产业，电力行业以保障电力安全、可靠供应为己任，积极为国家富强和民族繁荣多做贡献；电力作为现代工业的支柱产业，秉承“人民电业为人民”的光荣传统，竭力满足经济社会和文化环境建设用电需求，努力为人民大众生活改善创造物质条件，为社会发展进步注入强劲动力。

电力行业追求科技进步，加强自主创新，建设低碳社会，践行绿色发展，推动能源转型，争当构建智慧化能源体系的领跑者，新型能源供应与服务产业业态的倡导者与实践者；追求经济繁荣、行业文明、企业进步、员工发展相协调，为实现强国复兴的中国梦而努力。

二、自律规范

为了加强行业自律，规范行业从业行为，维护公平有序的市场环境，促进行业健康可持续发展，在行业文化建设层面，从遵纪守法、加强管理、安全生产、技术创新、节能环保、团结协作、公平竞争、优质服务、关爱员工、社会责任等10个方面初步构建了电力行业的企业行为规范体系。

（1）自觉遵守国家有关法律、法规和政策，依法经营，规范管理，照章纳税，自觉接受国家有关部门的监管和社会各界对本行业的监督，不断加强行业自律，共同抵制和纠正行业不正之风，共建电力行业新风尚。

（2）树立现代企业经营管理思想，大力推进现代企业制度建设，加快电力发展方式转变和产业结构调整，积极应用现代管理技术和管理方法，不断提升电力企业的整体效益和可持续发展能力。

（3）坚持“安全第一、预防为主、综合治理”的方针，建立健全电力安全保障机制和电力安全生产预警及应急管理机制，认真落实安全生产责任制，严格执行规章制度，防止各类事故发生，努力建设本质安全型企业。

（4）开展技术革新和发明创造，大力推广新工艺、新技术、新材料的应用，不断提高企业自主创新能力和技术装备及信息化水平，加快实现以特高压电网、智能电力系统、清洁多元发电技术为主要特征的产业升级。

（5）加强资源节约和环境保护，坚持节约优先方针，积极应对全球气候变化，做好节能减排，保护生态环境，倡导绿色电力消费，促进资源节约型和环境友好型社会建设。

（6）树立“全国电力行业一盘棋”思想，凝聚行业智慧，加强行业协作，形成行业合力，发挥行业优势，有效实现电源、电网以及电力产业上下游的协调发展和企业、行业、社会利益的协调统一。

（7）自觉遵守市场竞争规则，遵守合约，恪守承诺，讲求信誉，不断完善行业信用体系，反对任何不正当的竞争方式，共同维护公开、公平、公正的电力市场秩序，努力营造良好的电力市场环境。

（8）树立客户至上的思想，遵守电力行业职业道德，认真倾听客户意见，履行服务承诺，规范服务流程，优化服务环境，提高服务品质，不断提升服务价值，努力塑造服务品牌。

（9）坚持以人为本，重视员工劳动条件和工作环境的改善，重视员工思想道德教育和业务技能培训，满足员工日益增长的物质文化需求，努力实现员工与企业的共同发展，不断提高员工的“幸福指数”。

（10）积极履行企业社会责任，热心社会公益事业，不断促进电力与经济、社会、环境的和谐发展，努力把电力行业建设成为政府放心、人民满意、社会称赞、员工幸福的现代文明行业。

三、职业操守

为加强电力企业员工自律，规范电力员工从业行为，在行为文化建设层面，对电力企业员工行为从6个方面进行了“约定”，采用了正反相对、一取一舍的“六要六不要”形式，具有鲜明的导向性与可操作性，并为基层员工所喜闻乐见。电力职业操守“六要六不要”的具体内容见图12-2。

图12-2　电力职业操守“六要六不要”的具体内容

第三节　企业文化建设实践案例

●国家电网

国家电网着力推动企业文化建设向纵深发展。修编《公司发展战略纲要》（企业文化部分），编制完成《“十三五”企业文化建设规划》，及时滚动修编《企业文化建设三年发展规划（2016-2018）》。举办各级企业文化培训4742次，参加培训26万余人次；建成文化长廊4038个，征集基层实践做法120篇，建成各级企业文化示范点2095个，立项实施重点文化项目116项。结集成册出版《“卓越之星”企业文化系列丛书》（共五册）。3项成果获全国电力企业文化优秀成果一等奖，10项成果获全国电力企业文化优秀成果二、三奖，2项成果被推荐参评全国企业文化优秀成果奖。在央企中首家开展企业文化国际化研究，提出了公司企业文化国际化的内涵、定位、深化方向和目标，研究提出了理念传播、发展战略、激励体系、制度标准、员工队伍、跨文化管理、海外党建等七个方面的努力方向和重点措施。

●**南方电网**

南方电网全面实施价值观管理，出台《南网总纲》，完善了企业的价值观体系。设计制作《南网总纲》说唱MV、画册系列宣传品，开设专栏解读《南网总纲》，专题报道各单位学习、践行《南网总纲》的先进做法与典型事迹。加大“万家灯火，南网情深”品牌推广力度，在主流媒体刊载报道超过1.2万篇次，央视报道总时长超过367分钟。深化员工辅导计划，采用内外结合的EAP模式开展人文关怀和心理疏导的特色工作，累计培养了6000多名内部辅导员，参与员工辅导的员工超过10万人次。运用“互联网+宣传”思维，运营好“幸福南网”和“南网50Hz”，将22.5万员工实名绑定的106个微信公众号接入到统一的云平台，形成微信矩阵。2016年各单位利用平台共组织活动1860次，平台总访问量718万人次，浏览量1522万人次。南网“50Hz”微信公众号粉丝数12.4万，文章总阅读量426万次，累计阅读人数286万人。

●**华能集团**

华能集团始终将企业文化建设置于公司软实力建设的重要位置，推进以“三色公司”理念体系为核心的企业文化建设。开展“创建企业文化示范单位”活动，各产业、区域公司积极参与。通过举办企业文化建设培训，组织研讨，打造样板，以点带面，推进公司系统企业文化建设工作。加强企业文化培训，开展丰富多彩的企业文化主题活动。注重发挥劳模等先进典型的辐射和带动作用，积极培育和选树各类先进典型。将企业文化建设纳入党建绩效考核，从企业文化建设管理体系、理念宣贯、活动开展、视觉识别系统使用、子文化建设等方面，对企业文化建设成效进行考核评价。各单位按照本质化统一、个性化发展的要求，培育与企业相适应的特色文化，构建了兼容并蓄、各具特色的华能“子文化体系”。公司系统先后有6家单位被国资委、中电联、中企联命名为“全国企业文化示范单位（基地）”，15家单位被集团公司命名为“企业文化建设示范单位”。

●**大唐集团**

中国大唐集团公司把践行大唐精神贯穿“价值思维、效益导向”理念的实践过程，推动企业文化的“落地”和管理效能的提升，为促进集团公司改革发展稳定、实现十万员工共同的“大唐梦”提供强大的精神动力和文化支撑。

务实是中国大唐的精神基石。近年来，中国大唐求真务实，尊重规律，尊重实际，实事求是作决策、抓管理、定措施，用科学发展观去分析、研究、解决企业发展中的问题；大唐员工真抓实干，谋实事、出实招，抓落实、求实绩，确保工作效率与工作质量。

奉献是中国大唐的精神品格。近年来，中国大唐积极承担对党、对国家、对社会、对员工的责任，保障国家能源安全，满足社会发展对能源的需求，保护和推进生态文明；大唐员工以国为重、服务社会，以企为家、勇于担当，讲执行不讲困难，讲奉献不讲条件。

创新是中国大唐的精神动力。近年来，中国大唐主动应对内外部环境变化带来的挑战，在继承优良传统的基础上，冲破旧思维、打破旧格局、突破旧技术，持续推进管理创新、制度创新和技术创新；大唐员工主动接受新思想、探求新思路、发掘新方法，积极推进一切有利于集团公司发展进步的创新。

奋进是中国大唐的精神追求。近年来，中国大唐坚持正确的发展方向，始终保持奋发有为的精神状态和艰苦奋斗的作风，心无旁骛、积极进取、奋发图强，力争早日达到“四强四优”，努力建设国际一流综合能源企业；大唐员工不断增强忧患意识、危机意识，以只争朝夕、时不我待的紧迫感和责任感，像愚公移山那样坚持不懈，创业不息，奋斗不止，积小胜为大胜，积跬步以致千里。

●华电集团

华电集团把加强文化软实力建设作为企业文化建设转型升级的现实需要，提出企业文化建设的重心由“文化价值宣贯”向“文化管理实践”转移、由“文化体系构建”向“软实力建设”转移的现实需要，研究制定了《中国华电集团公司企业文化建设“十三五”规划》，提出以社会主义核心价值观为统领，以《华电宪章》为核心，以服务公司愿景目标为宗旨，不断推动文化管理，着力提升企业软实力，努力建设具有华电特色的企业文化。筑牢中国华电“精神之魂”，把《华电宪章》持续宣贯作为企业文化建设的核心任务；厚植中国华电“经营之道”，把价值思维念贯穿于企业生产经营管理各环节；塑造中国华电“行为之规”，全面落实从严治党、从严治企责任，确保民主集中制、“三重一大”等决策制度落到实处；优化中国华电“品牌之形”，不断提高“中国华电”品牌的国际知名度、社会认同度和消费者美誉度；提升中国华电“文化之力”，把企业文化“软实力”转化为集团公司改革发展的“硬道理”，为实现公司愿景提供强大文化动力。

●国电集团

国电集团扎实培育践行社会主义核心价值观，持续深化“为核心价值观代言、为一五五战略添彩”主题实践，其经验做法曾在央企系统作交流。依托“思享家园”专栏，开展了培育践行社会主义核心价值观和深化集团战略系列征文，刊发稿件300余篇。建立“网络云盘”，促进了各单位文化交流。总结衡丰公司精益管理文化建设经验，创作了衡丰精益管理故事，组织专家团队编撰了《精益衡丰》经验案例集，承办了国务院国资委召开的“中央企业精益管理文化现场交流会”。全面开展了“以人为本、生命至上”安全文化主题活动，全系统组织安全宣讲、警示教育、知识竞赛等1500余场次，创作文化产品500余件篇，评选推广了优秀工作案例，有力促进了安全文化建设。开展了创新文化论文征集活动，在集团系统进行了宣传推广，其中2篇论文获国资委表彰；评选推荐了全国电力行业优秀企业文化成果10项。修订了集团公司《履行社会责任指引》，编撰发布了年度社会责任报告；搞好展厅维护和管理，展示国电发展成就和良好形象。

●国家电投集团

国家电投集团把企业文化放在战略地位，作为推进企业重组融合的重要内容及实施企业新战略新使命的重要支撑。一是抓顶层设计。制定了《国家电力投资集团公司企业文化建设三年规划（2015—2017）》，把2015年定位为文化规划年，2016年定位为文化宣贯年，2017年定位为文化深植年。2016年又制定了《国家电投企业文化建设“十三五”规划》。二是抓组织管理。成立集团公司企业文化建设领导小组，制定《国家电力投资集团公司企业文化管理办法》《企业文化建设工作考核管理办法》《员工价值观考核管理办法》。三是抓系统构建。通过充分调研、广泛听取意见，目前已初步构架起完整的企业文化四大体系，即“和文化”理念体系、形象体系、行为体系、传播体系。四是抓宣贯传播。举办集团公司领导干部企业文化培训班、企业文化骨干培训班、“和文化”宣贯班，系统各单位对本单位员工进行脱产一天的“和文化”集中培训，做到“一个也不能少”。

●中国电建

2016年，中国电力建设集团公司强化文化战略，企业文化建设成效显著。组织编制公司企业文化建设“十三五”规划，制定公司2015—2020年品牌发展战略，大力加强跨文化管理，助推国际优先发展战略落地。坚持把宣贯社会主义核心价值观作为事关改革发展大局的基础工程和灵魂工程，加强道德讲堂建设，强化“阳光电建”建设。落实“三级两化五统一”建设举措，推进企业文化建设“四项工程”，凝炼培育优秀“电建文化”。充分发挥工会、共青团组织作用，建立了学雷锋、郭明义爱心团队志愿活动长效机制。公司有1327个学雷锋小组和237支郭明义爱心团队活跃在基层企业。组织开展选先树优活动，103名职工的先进事迹在公司网站、报刊推广，3项研究成果被全国党建研究会国企专委会评为二、三等奖，7项成果荣获中央企业党建政研会课题一、二、三等奖。

●中国长江电力股份有限公司

中国长江电力股份有限公司将企业文化建设纳入公司整体发展战略，旗帜鲜明地提出了“做世界水电行业引领者”的目标愿景和“为社会奉献清洁能源、为长江提供防洪保障”的企业使命以及“国家放心、股东满意、同行敬佩、员工幸福”的企业宗旨，引领公司生产经营、改革发展各项工作。“精益—责任”成为公司企业文化的核心内容，企业文化体系包括经营文化、生产文化、安全文化、团队文化、创新文化、廉洁文化、学习文化、健康文化。建设“三级网络”提供组织保障，即公司企业文化领导小组、党群工作部牵头的工作组、各二级单位企业文化工作团队。出台“三个同步”实施规划引领，即企业文化“规划、制度、手册”和公司“战略规划、管理制度、员工手册”同步出台。打造“三个阵地”提供传播平台，即推广视觉形象识别体系，打造文化形象阵地；开展企业文化宣传活动，打造文化宣贯阵地；开展富有特色的主题活动，打造文化艺术阵地。

●中国核能电力股份有限公司

中国核能电力股份有限公司形成了系列文化制度、产品，筑牢了企业文化落地的基础。推出了《重新定义安全》文化图书，升级了《中国核电视觉形象识别手册》和《企业文化建设管理制度》；形成了卓越文化徽章的实体产品，原创了“核电宝宝”“华龙宝宝”等吉祥物。进行了全板块的卓越文化宣讲师认证培训，举行了全员卓越文化知识竞赛，发布了《卓越核安全文化的十大原则》，定期进行核安全文化内部评估和接受外部评估。举行了青年卓越文化节微话剧比赛活动，开展了全国中学生核电科普知识竞赛和夏令营活动，参与人数超过74万，网络关注人次达7600万，成为名副其实的全国唯一的核电科普品牌和平台。发布中国核电行业的首份《公众沟通白皮书》和公众沟通的《上海倡议》，赢得业内外广泛关注。开展“微文化”的工作探索与实践，形成了独具特色的核电微文化。

第十三章　电力行业服务

2016年是中电联第六届理事会开局之年，按照年度第一次理事长会议提出的“推进电力统一规划、大力推动清洁发展、积极稳妥推进电力改革、抓好行业重大问题研究、密切关注电力企业面临的困难和问题、加大国际合作力度、理顺中电联团体标准与国标行标关系”等要求，中电联围绕建设“国内领先、国际一流”行业协会目标，以提升行业服务能力、凝聚行业发展合力、扩大行业影响力为重点，加强调查研究，坚决维护行业利益，不断提升服务水平，服务工作成效显著。

第一节　开展重大问题研究

针对电力系统安全、电力企业经营、新能源发展面临的突出问题，组织电力企业联合开展调研，向政府有关部门反映诉求。具体见表13-1。

表13-1　2016年中电联重大问题调研报告情况

报告名称	内容概要
电力系统安全运行及政策建议调研报告	随着我国用电负荷的大幅提高，跨区域、大容量、远距离特高压直流输电工程集中投产，电力系统形态及运行特性发生重大变化，电力系统安全面临新的问题：交直流电网发展不协调，存在大面积停电风险。网源发展不协调、管理弱化，系统运行困难。电力法规修订滞后，技术标准不能满足发展需求。建议：加快发展交流特高压电网，消除电网重大安全风险；加强统一规划、强化监督管理，提升系统安全运行水平；尽快修订电力法规，切实加强电力标准化工作
电力企业经营状况及政策建议调研报告	随着我国电力市场需求增速大幅下滑，电力企业面临电力供需矛盾加剧、清洁能源发电未能充分利用，电力市场交易机制不健全、上网电价非正常大幅下降，电煤价格过快上涨、燃煤发电企业成本骤增，农网改造任务艰巨、电网经营难题众多等问题，经营形势严峻。建议：强化电力统筹规划，引领行业可持续发展；有序推进电力改革，建立健全市场机制；完善煤炭去产能政策，促进煤炭与电力协调发展；加强政策资金扶持，提升电能替代水平
新能源发电情况及发展建议调研报告	“十二五”期间，我国以风能、太阳能发电为代表的新能源发电取得了巨大成就，但同时也出现大面积弃风、弃光现象，厂网发展不协调。还存在补贴缺口大且拖欠严重、法规政策不协调、核心技术仍有差距等问题。建议：坚持能源规划以电力为中心；完善新能源电价机制；完善市场机制促新能源电量消纳；坚持有法必依，加强顶层设计，减少政策和监管交叉；提高新能源技术创新水平

续表

报告名称	内容概要
非水可再生能源发电配额考核制度对燃煤发电机组影响专题调研报告	我国能源电力工业清洁发展和绿色转型行业、企业必须顺势而为，并充分发挥市场对资源配置的决定性作用和政府作用，加快能源绿色转型步伐。报告通过调研，对通过出台非水可再生能源配额考核制来实现清洁能源发展目标的可行性、经济性、合理性和制度设计科学性等方面提出了忧虑。建议：不应单独让燃煤发电企业承担非水可再生能源电力产业建设重任，低碳经济、非水可再生能源发展投入应由全社会共同承担；对于不同可再生能源资源禀赋地区，配额制应体现承担有差别义务的原则；在加强绿证交易制度实施后加大对风光资源和风光发电项目交易的监管力度，避免哄抬项目价格；将非水可再生能源绿证制度与碳排放权配额制度合并操作，不另设炉灶；在风、光等资源核准配置过程中优先将资源配置给与配额制要求发电量目标仍有较大差距的发电企业；暂缓对煤电企业实施非水可再生能源配额考核

此外，围绕节能减排、低碳发展、需求侧管理等问题，完成了《论河北和内蒙古的风电开发与京津冀雾霾的关系》《工业领域能源消费及需求侧管理政策》《电力行业节能标准体系》《电力排污许可证“一证式”管理》等专题调研报告。

第二节 向政府建言献策

一、参与相关政策法规修订

2016年中电联参与一系列相关政策法规的修订，具体见表13-2。

表13-2 参与修订的相关政策法规一览表

参与方式	文件名称
受国务院有关部门委托，协助或参与起草相关文件	《关于在燃煤电厂推行环境污染第三方治理的指导意见》
	《培育环境治理和生态保护市场主体的意见》
	《火电厂污染防治技术政策》
	《环境污染第三方治理合同》
	《电力工程质量监督管理办法》
	《风力发电工程质量监督检查大纲》
	《光伏发电工程质量监督检查大纲》
	《电力工程质量专项监管报告》

续表

参与方式	文件名称
提出修订（修改）意见，报送相关政府部门	《中华人民共和国电力法》
	《碳排放权交易管理条例》
	《能源发展“十三五”规划》
	《电力发展“十三五”规划》
	《能源体制改革“十三五”规划》
	《能源体制革命战略行动计划（2016—2030年）》
	《关于利用综合标准依 法依规推动落后产能退出的指导意见》
	《节能低碳电力调度办法》
	《排污许可证管理暂行办法》
	《火电厂污染防治最佳可行技术指南》
	《钢铁行业实行差别电价和阶梯电价促进供给侧改革有关意见》
	《实施工业污染源全面达标排放计划》
	《造纸、火电行业及部分区域流域排污许可证管理工作方案》
	《中国汽车发展战略纲要》

二、反映行业企业诉求

中电联充分发挥统计数据、企业调研信息作用，针对行业发展改革和经济运行中出现的新形势、新问题，组织力量大力开展专题分析研究，通过不同层级汇报、对话通道，代表行业企业持续反映诉求，一年来取得了显著成效。重点专题内容和情况主要有：

关于电煤供应

- 针对电煤价格过快上涨问题，组织发电企业共同研讨，形成专题报告报送国家发展改革委；
- 在国家发展改革委召开的煤炭生产专题会议上，由中电联首先提出的“增加释放煤炭产量不低于每日100万吨”的建议得到采纳，三部委印发了相关文件。

关于企业效益

- 在马凯副总理主持召开的部分行业协会负责人座谈会上，在国务院相关机构座谈会上，分别反映火电利用小时持续下降、电力直接交易降低幅度过大、煤电企业效益大幅下滑、部分地区“弃风、弃光、弃水”严重等突出问题，提出了有针对性的建议，引起政府高度关注。

关于调峰能力建设

- 为提高系统调峰能力和促进新能源消纳、提出了加强燃煤机组调峰能力改造的建议，引起高度重视。国家能源局已确定16个项目开展提升火电灵活性改造试点。

关于节能减排

- 针对“十三五”全国节能和能源消费总量控制目标、火电厂污染物控制技术路线、火电厂污染防治技术政策、自行监测技术指南分类交易、排放许可证等，提出行业建议。

关于电力经济运行

- 定期参加中央财经领导小组办公室以及国家发展改革委、财政部、工信部、国家能源局等部门的经济运行分析会，汇报行业发展情况，反映行业共性问题，全年报送月度、季度、年度电力行业运行分析报告上百份。

第三节　编制行业报告

根据政府授权，组织开展电力行业统计工作，逐月编印《全国电力工业统计月报》，定期向会员单位企业发送；按季度编制《全国电力供需形势分析预测报告》，编印《2015年电力工业统计资料汇编》，为会员企业、电力行业乃至全社会提供重要的基础性数据资源，为行业经济运行和会员企业健康稳定发展当好参谋和助手。全年完成各类形势分析材料60余份。编撰的其他行业发展年度报告主要有：

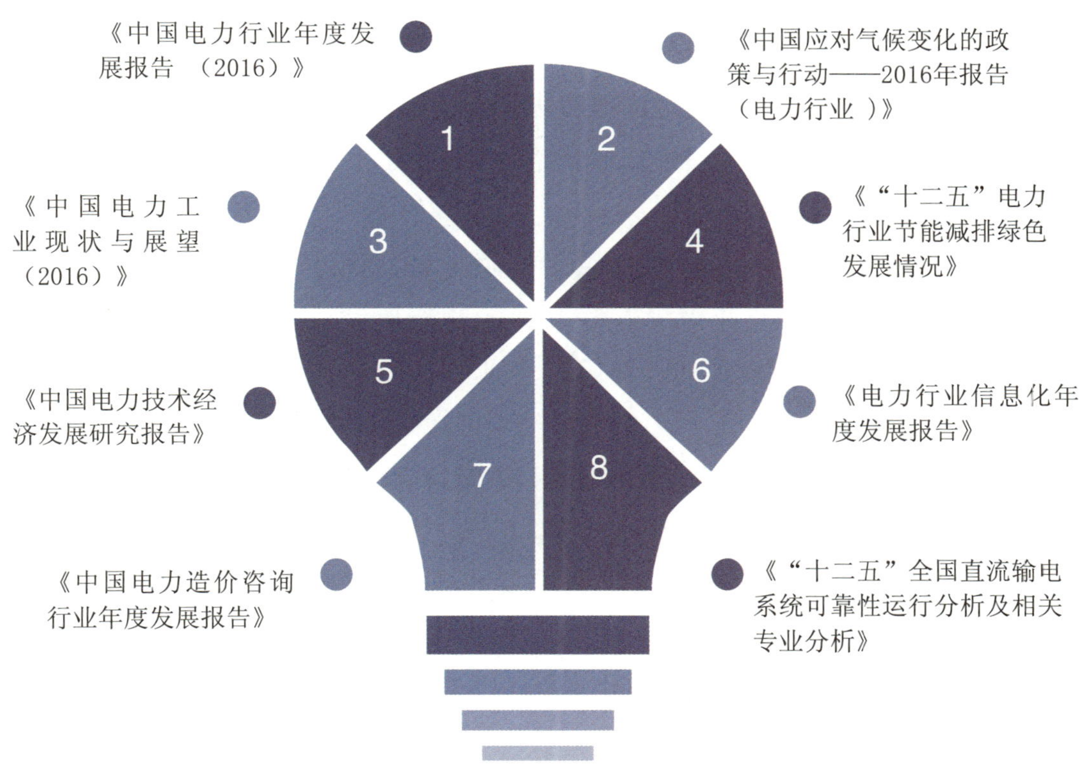

第四节　积极发挥电力市场第三方作用

一、为政府、企业提供电力市场化改革的协调咨询交流与服务

开展“中小电力企业改革诉求”专题研究并形成报告，呈送国家有关部门和电力企业；协助国家能源局建立了电力改革专家库；举办电力体制改革配套文件宣贯培训班；参与北京、广州电力交易中心市场管理委员会组建工作。编

辑《电力改革动态》，探索建立理事长、副理事长单位电力改革负责人联席会议机制。

二、加快推进电力市场主体信用体系建设

建立电力行业信用体系建设系统平台，运用信息技术手段开展市场主体信用评价；制定《电力行业“十三五”信用体系建设发展规划》；编制《电力行业信用信息采集指南》《售电企业及电力大用户信用评价指标体系（试行）》，为行业信用评价提供了标准规范。

三、推动构建全球能源互联网，服务电力企业“走出去”

牵头成立中国电力国际产能合作企业联盟 搭建电力国际产能合作全方位服务平台，该平台已纳入国家整体推进国际产能合作协同工作机制与项目对接机制。配合国家发展改革委推动部分电力项目纳入中韩、中印产能合作项目清单。

与全球能源互联网发展合作组织、能源宪章共同举办“东北亚区域电力联网和合作论坛” 展示东北亚电力互联互通的最新研究成果，听取各方意见。俄罗斯、日本、韩国、蒙古等国政府部门、企业、研究机构和有关国际组织的代表参加论坛。

广泛与各国同业机构和国际组织交流，组织和参与国际展会和品牌活动 与美国爱迪生电力协会签署合作备忘录，与日本海外电力调查会、能源宪章、国际能源署、美国能源信息署等多家机构，就电力信息和统计、可再生能源发展、电力体制改革等议题进行了交流。组织“国有企业低碳能源转型研讨会”“中国-东盟电力合作与发展论坛”“国际能源变革论坛——电力转型分论坛”等国际交流活动；组织举办国际会议及国（境）内、外电力展览；组织会员企业出国（境）培训、访问和专业交流与合作，开展国（境）外智力引进管理等。

编写相关报告 编写了《中国电力行业对外投资合作发展报告》《“十三五”电力国际产能合作规划研究报告》《2015中国电力行业“一带一路”双向投资报告》《中国对外投资合作政策法规汇编（2015）》等专题报告，并编译《电力国际信息参考》24期、《应对气候变化专刊》3期。

第五节　立足会员需求提供专业服务

一、组织举办各类大型活动

2016年，中电联组织举办了一系列大型活动，具体见图13-1。

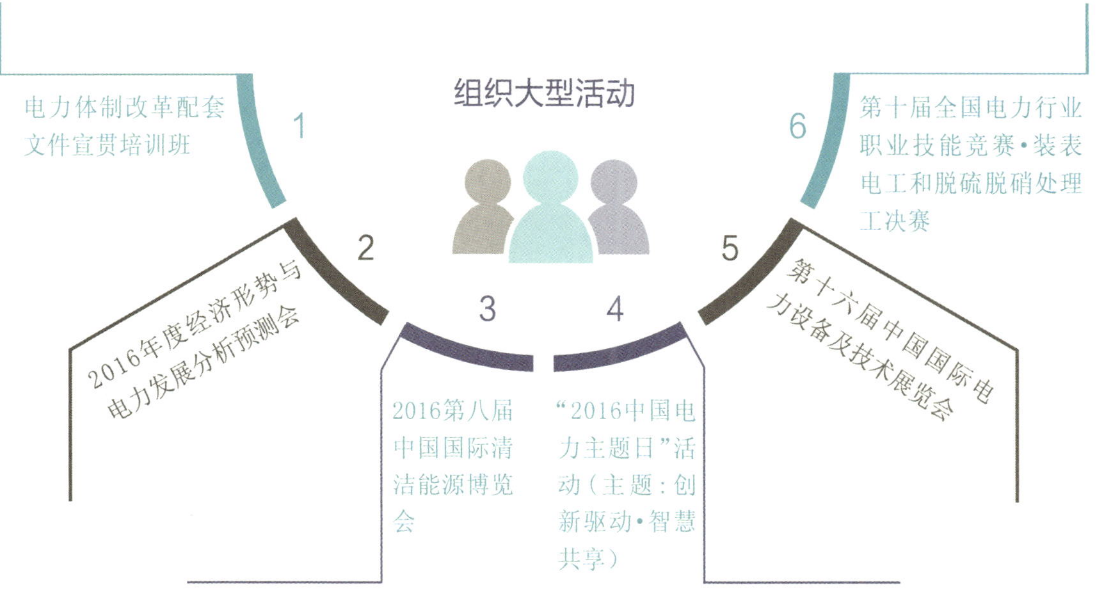

图13-1　2016年电力行业大型活动一览

二、开展行业评比表彰

2016年中电联开展了一系列行业评比表彰活动，具体见表13-3。

表13-3　2016年中电联组织开展的行业评比表彰一览表

序号	奖项名称	一等奖	二等奖	三等奖
1	中国电力创新大奖	5	15	30
2	2016年度电力企业文化建设优秀成果	11	22	33
3	2016年度电力行业信息化优秀成果	48	99	117
4	全国电力职工技术成果	64	161	280
5	2015—2016年度电力行业技术能手	共评选出146名技术能手		
6	300MW、600MW火力发电机组竞赛及能效对标	600MW及以上等级机组102台获“优胜机组”称号； 300MW级机组129台获“优胜机组”称号		

三、加强电力工程质量监督

编制了《全国在建电力工程项目名录》；对21个国家重点试验示范项目实施了工程质量监督检查，提出整改问题2723项，及时消除质量隐患。

四、开展行业企业标准化服务

2016年，中电联在行业企业标准化服务方面开展了以下工作，并取得了显著成效：

行业标准重点工作和成效

1 中电联团体标准建设取得突破，批准颁布第一批45项中电联团体标准。

2 以智能电网、新能源发电、配电网建设以及电力生产建设急需为重点，组织编制电力国家标准34项、行业标准286项，已由政府有关部门批准发布。

3 下达国家标准、行业标准编制计划269项。

4 中电联归口管理并推荐的“高压直流接地极设计通用技术导则等2项标准”“风电场接入电力系统技术规定等24项标准”“电动汽车交流充电桩技术条件等19项标准”三个项目荣获国家标准委2016年“中国标准创新贡献奖”一等奖。

5 进一步加大标准国际化工作力度，《电动汽车电池更换系统——通用要求》等3项国际电工委员会（IEC）标准已发布，《风电场和光伏电站并网符合性评价方法》等4项标准已提交IEC审议，其中《槽式太阳能光热发电站设计总体要求》已通过提案。

五、推动电力可靠性创新管理

举办2016年电力可靠性指标发布会，发布了2015年度电力可靠性指标。发布了《全国发电机组手册》《2015年发电机组运行可靠性分析》《2015年200MW及以上容量火电机组主要辅助设备运行可靠性简述》《2015年全国电网220kV及以上电压等级输变电设施可靠性分析报告》《“十二五”全国直流输电系统可靠性运行分析报告》。

六、开展行业职业技能鉴定

组织开展了电力行业特有职业（工种）技能鉴定人数25.1万，鉴定通过率66.3%，其中4643人获得高级技师资格。完成电力行业74个特有职业（工种）技能鉴定理论考试题库建设，入库试题达16万道，访问量达479万人次。

七、开展工程建设咨询服务

组织开展了江苏、北京、浙江等18个省配电网建设改造“十三五”规划咨询论证工作。制修订《配电网规划设计技术导则》、《中低压配电网改造技术导则》和《县域配电自动化技术导则》等三项技术标准。完成40余个电力项目后评价咨询，其中，电网造价咨询涉足电压等级±1100千伏直流输电工程、海底电缆工程和特高压大跨越工程。

八、编制电力工程计价依据

编制修订了电网应急抢修工程定额、电力建设工程估算指标、电力建设工程量清单计价与计量规范等一系列定额规范，发布了电力建设工程投资单项价格指数、综合价格指数，为工程建设投资提供可靠依据。

九、开展科技开发服务

受有关政府部门委托，开展工业领域需求侧管理、信息化和工业化两化深度融合、行业对标、产品认证、电力行业信用体系建设等工作，推动电力科技发展。受理项目鉴定，组织对103家单位申报的173个项目进行了新成果、新产品鉴定，鉴定结果被国家电网、南方电网和各发电集团广泛用作招投标和科技成果奖励的依据。

附　录

附录 1

2016年电力行业大事记

1月10日，由三峡集团投资的“一带一路”首个大型水电项目，也是“中巴经济走廊”首个水电投资项目——巴基斯坦卡洛特水电站主体工程开工。

1月11日，世界上电压等级最高、输送容量最大、输送距离最远、技术水平最先进的特高压输电工程——准东—皖南±1100千伏特高压直流输电工程开工。

3月1日，北京电力交易中心和广州电力交易中心分别在北京、广州挂牌成立。

3月17日，国家发展改革委、国家能源局印发《关于促进我国煤电有序发展的通知》，旨在引导地方及发电企业有序推进煤电项目规划建设，促进煤电行业健康发展。

3月20日，全球首座模块式高温气冷堆核电示范工程反应堆压力容器在华能山东石岛湾核电站吊装就位，标志着国家重大科技专项——高温气冷堆核电示范工程建设进入全面安装阶段。

3月23日，国家发展改革委、国务院扶贫办、国家能源局等五部门联合下发关于《实施光伏发电扶贫工作的意见》，意见指出，在2020年之前，在16个省的471个县的约3.5万个建档立卡贫困村，以整村推进的方式，保障200万建档立卡无劳动力贫困户每年每户增收3000元以上。

3月26日，我国首座微型中子源反应堆圆满完成低浓化改造，实现首次满功率运行。这是继中美核安保示范中心3月18日建成运行后，我国在核安保领域取得的又一重要成绩，也是中美核安保合作的重大成果。

3月30日,在国家主席习近平和捷克共和国总统米洛什·泽曼的共同见证下，国电集团与捷克SWH集团公司、中广核与捷克能源集团分别签署了《关于在可再生能源与清洁能源领域开展经济技术合作及中方拟收购捷方若干风电项目的协议》《关于在核能及可再生能源领域全面合作的谅解备忘录》。

3月30—31日，以“全球能源互联网——以清洁和绿色方式满足全球电力需求”为主题的2016全球能源互联网大会在北京举行。

4月18日，为加快淘汰煤电行业落后产能、促进行业结构优化，国家发展改革委、国家能源局印发《关于进一步做好煤电行业淘汰落后产能工作的通知》。

4月22日，国际原子能机构（IAEA）向中核集团提交ACP100通用反应堆安全审查报告，标志着中核集团自主设计、自主研发的多用途模块化小型反应堆ACP100成为世界上首个通过IAEA安全审查的小堆技术，是全世界小堆发展的重要里程碑。

5月25日，国家发展改革委、国家能源局等八部门联合发布《关于推进电能替代的指导意见》，明确要求逐步扩大电能替代范围，在北方居民采暖、生产制造、交通运输、电力消费与供应4大电能替代重点领域，形成清洁、安全、智能的新型能源消费方式。

6月13日，在国务院总理李克强和德国总理默克尔的共同见证下，三峡集团、美国黑石集团、德国稳达风电公司在京签署了《关于德国海上风电项目投资合作协议》，标志着三峡集团成为中国第一家控股境外已投运海上风电项目的企业。

6月18日，在国家主席习近平和塞尔维亚总统尼科利奇、总理武契奇的共同见证下，中国能建集团、丝路基金有限责任公司、中国环保能源有限公司代表中方联营体与塞尔维亚矿产和能源部在贝尔格莱德签署了《联合投资开发塞尔维亚新能源项目合作谅解备忘录》。

6月25日，在国家主席习近平和俄罗斯总统普京的共同见证下，国家电网公司与俄罗斯电网公司在人民大会堂签署了双方设立合资公司开展电网业务的股东协议。

7月5日，国内首座大规模应用的太阳能光热发电站——德令哈5万千瓦塔式太阳能光热发电站（一期）1万千瓦工程顺利并入青海电网，标志着我国自主研发的太阳能光热发电技术向商业化运行迈出坚实步伐，填补了我国大型太阳能光热电站并网发电的空白。

7月10日，依托华能天津IGCC电站建成的我国首套燃煤电厂燃烧前二氧化碳捕集装置完成72小时满负荷连续运行测试，标志着我国燃烧前二氧化碳捕集技术取得重要进展，向近零排放的煤基能源清洁发电迈出了关键一步。

7月14日，中国能建承建的亚洲最大的生物质环保发电机组——泰国巴真NPP9机组正式移交生产。

7月20日，美国《财富》杂志发布2016年世界500强企业名单，国家电网、南方电网、中国电建、华能集团、神华集团、中国能建、华电集团、国家电投集团、国电集团、大唐集团分列第2位、第95位、第200位、第217位、第270位、第309位、第331位、第342位、第345位和第406位。

8月21日，中国首座拥有自主知识产权的规模化储能光热电站——中控太阳能德令哈1万千瓦塔式熔盐储能光热电站在青海投运。

8月30日，世界电压等级最高、输电容量最大的柔性直流输电工程——鲁西背靠背柔性直流工程建成投运。该工程是目前世界上首次采用柔性直流与常规直流组合模式的背靠背工程，创造了该领域多个世界第一。

9月1日，国家发展改革委印发《关于太阳能热发电标杆上网电价政策的通知》，核定太阳能热发电标杆上网电价为每千瓦时1.15元，并明确上述电价仅适用于国家能源局2016年组织实施的示范项目。

9月14日，国家能源局正式发布《国家能源局关于建设太阳能热发电示范项目的通知》，确定第一批20个太阳能热发电示范项目名单，总装机容量134.9万千瓦，分别分布在青海省、甘肃省、河北省、内蒙古自治区、新疆维吾尔自治区。

9月29日，中广核与法国电力公司正式签署英国新建核电项目一揽子合作协议，与英国政府同步签署欣克利角C核电项目收入及投资保障等政府性协议，并完成相关公司的股权交割，意味着欣克利角C项目已经完成所有审批和商务流程，将实质性启动。

10月10日，为进一步做好煤电规划建设工作，国家能源局印发《关于进一步调控煤电规划建设的通知》。

10月11日，国家发展改革委、国家能源局印发《售电公司准入与退出管理办法》《有序放开配电网业务管理办法》，明确售电公司作为市场主体可以参与电力交易；按照管住中间、放开两头的体制架构，结合输配电价改革和电力市场建设，有序放开配电网业务，鼓励社会资本投资、建设、运营增量配电网。

10月13日，在国家主席习近平和柬埔寨首相洪森的共同见证下，南方电网公司与柬埔寨皇家集团公司签署了《电网投资合作谅解备忘录》。

10月17日，我国首个商业化运营的海上风电项目——江苏响水20万千瓦近海风电项目全部并网发电。该项目创造了亚洲首座220千伏海上升压站、国内首条220千伏三芯海缆等多项第一。

11月7日，国家发展改革委、国家能源局正式发布《电力发展“十三五”规划》。随后，由国家能源局组织编制的水电、风电、煤层气、生物质、可再生能源、太阳能等一大批能源电力领域专项规划相继公布。

11月18日，由中国电建施工建设的海外最大水电工程——厄瓜多尔辛克雷水电站全面建成投产。电站共安装8台单机18.75万千瓦机组，总投资23亿美元，总装机150万千瓦、年发电量88亿千瓦时，是中厄两国深度合作的重大典范性工程。

11月22日，在国家主席习近平和智利总统巴切莱特的共同见证下，国家电投集团、太平洋水电智利公司、中国建设银行在智利首都圣地亚哥共同签署了《金融服务战略合作协议》，旨在建立长期合作关系，共同推进智利和拉美地区清洁能源开发。

11月24日，江西省宜春丰城电厂三期扩建工程D标段冷却塔平桥吊倒塌，造成上面模板混凝土通道坍塌。事故造成74人死亡，2人受伤。

11月27—30日，国家发展改革委、国家能源局先后批复同意天津市、青海省、湖南省开展电力体制改革综合试点。至此，电改试点覆盖29个省(自治区、直辖市)及新疆生产建设兵团。输配电价改革试点范围扩大到除西藏以外的所有省级电网，基本实现全覆盖，首批增量配电网试点项目达到105个。

12月12日，由中核集团西南物理研究院自主研发制造的国际热核聚变核心部件——超热负荷第一壁原型件率先通过国际权威机构认证，这是我国对国际热核聚变项目的重大贡献。

12月26日，国家发展改革委印发《国家发展改革委关于调整光伏发电陆上风电标杆上网电价的通知》，提出2017年1月1日后一类至三类资源区新建光伏电站的标杆上网电价分别调整为每千瓦时0.65元、0.75元、0.85元，2018年1月1日后一类至四类资源区新核准建设陆上风电标杆上网电价分别调整为每千瓦时0.40元、0.45元、0.49元、0.57元。分布式光伏发电补贴标准和海上风电标杆电价不作调整。

12月26日，国家发展改革委、国家能源局印发《能源发展“十三五”规划》，全面部署能源“四个革命、一个合作”的战略思想。

12月29日，国家发展改革委、国家能源局印发《电力中长期交易基本规则（暂行）》，为规范各地电力现货市场启动前的电力中长期交易，依法维护电力市场主体的合法权益，保证电力市场建设工作统一、开放、竞争、有序提供了重要依据。

附录 2

各省（自治区、直辖市）燃煤发电上网电价和一般工商业用电价格调整表

单位：元/千瓦时（含税）

省级电网	统调燃煤发电上网电价平均降低标准	一般工商业用电价格平均降低标准	调整后的燃煤发电标杆上网电价	提高后的可再生能源电价附加征收标准
北　京	0.0239	0.0000	0.3515	0.0190
天　津	0.0301	0.0313	0.3514	0.0190
冀　北	0.0337	0.0310	0.3634	0.0190
冀　南	0.0417	0.0309	0.3497	0.0190
山　西	0.0333	0.0609	0.3205	0.0190
山　东	0.0465	0.0415	0.3729	0.0190
蒙　西	0.0165	0.0118	0.2772	0.0190
辽　宁	0.0178	0.0117	0.3685	0.0190
吉　林	0.0086	0.0000	0.3717	0.0190
黑龙江	0.0141	0.0130	0.3723	0.0190
蒙　东	0.0033	0.0000	0.3035	0.0190
上　海	0.0311	0.0212	0.4048	0.0190
江　苏	0.0316	0.0312	0.3780	0.0190
浙　江	0.0300	0.0447	0.4153	0.0190
安　徽	0.0376	0.0428	0.3693	0.0190
福　建	0.0338	0.0204	0.3737	0.0190
湖　北	0.0435	0.0300	0.3981	0.0190
湖　南	0.0249	0.0108	0.4471	0.0190
河　南	0.0446	0.0557	0.3551	0.0190
四　川	0.0390	0.0060	0.4012	0.0190
重　庆	0.0417	0.0203	0.3796	0.0190
江　西	0.0403	0.0362	0.3993	0.0190
陕　西	0.0450	0.0517	0.3346	0.0190
甘　肃	0.0272	0.0139	0.2978	0.0190
青　海	0.0123	0.0000	0.3247	0.0190
宁　夏	0.0116	0.0316	0.2595	0.0190
广　东	0.0230	0.0058	0.4505	0.0190
广　西	0.0284	0.0150	0.4140	0.0190
云　南	0.0205	0.0030	0.3358	0.0190

注：以上电价从2016年1月开始执行。

附录 3

七省市输配电价

2015—2017年深圳供电局有限公司输配电价表

电压等级	2015年	2016年	2017年
平均输配电价	0.1435	0.1433	0.1428
其中：220千伏	0.0541	0.0539	0.0537
110千伏	0.0683	0.0682	0.0679
20千伏	0.1363	0.1360	0.1354
10千伏	0.1805	0.1802	0.1794

注：1.深圳市为城市电网，目前无500千伏用户。

2.表中输配电价均含增值税，不含线损和政府性基金及附加。

3.表中数据仅为深圳市当地电网的输配电价，未包含广东省省级电网输电线路分摊的成本和广东省地区间交叉补贴。

4.深圳供电局2015年至2017年的综合线损率均按4.1%计算，实际运行中线损率超过或低于4.1%带来的风险或收益均由深圳供电局承担。

5.2015-2017年深圳供电局有限公司预测的销售电量分别为778.45亿千瓦时、811.02亿千瓦时和846.71亿千瓦时。

2015—2017年内蒙古西部电网输配电价表

单位：元/千瓦·月；元/千伏安·月

项目	平均输配电价	电度电价						基本电价	
		不满1千伏	1~10千伏	35千伏	110千伏	220千伏	500千伏	最大需量	变压器容量
平均输配电价（含交叉补贴）	0.1386	0.2357	0.2008	0.1511	0.1358	0.1162	0.0642		
一般工商业及其他用电		0.4023	0.3415	0.2453					
大工业用电			0.1743	0.1246	0.1093	0.0897		28	19
其中：电石、电炉铁合金、电解烧碱、合成氨、电炉钙镁磷肥、电炉黄磷、电解铝、多晶硅、单晶硅用电			0.1313	0.0816	0.0663	0.0467		28	19

注：1.表中电价含增值税，含交叉补贴。

2.500千伏电压等级仅指跨省送电。

3.表中所列价格均不含政府性基金及附加。具体征收标准：农网还贷资金2分钱、国家重大水利工程建设基金0.4分钱；大中型水库移民后期扶持资金0.31分钱；可再生能源电价附加1.5分钱；城市公用事业附加费0.7分钱。未开征城市公用事业附加费的地区，未经许可一律不得开征。

4.参与电力用户与发电企业直接交易的输配电价水平按附表标准执行；其他用户继续执行现行目录销售电价政策。

5.2015-2017年内蒙古电力（集团）有限公司综合线损率按5.15%计算，实际运行中线损率超过或低于5.15%带来的风险或收益均由内蒙古电力（集团）有限公司承担。

2016—2018 年云南电网输配电价表

单位：元/千瓦•月；元/千伏安•月

项目	电度电价（元/千瓦时）						基本电价	
	不满1千伏	1~10千伏	35千伏	110千伏	220千伏	500千伏	最大需量	变压器容量
一、一般工商业及其他用电	0.3205	0.3105	0.3005					
二、大工业用电		0.1692	0.1462	0.0700	0.0520		37	27

注：1.表中电价含增值税，含交叉补贴，不含线损。

2.500千伏电压等级仅指跨省送电。

3.表中所列价格均不含政府性基金及附加。具体征收标准：农网还贷资金2分钱、国家重大水利工程建设基金0.4分钱；大中型水库移民后期扶持资金0.5分钱；地方水库移民后期扶持资金0.05分钱；可再生能源电价附加1.9分钱。

4.参与电力用户与发电企业直接交易的输配电价水平按附表标准执行；其他用户继续执行现行目录销售电价政策。

5.2016-2018年云南省电网公司综合线损率按4.9%计算，实际运行中线损率超过或低于4.9%带来的风险或收益均由电网企业承担。

2016—2018 年贵州电网输配电价表

单位：元/千瓦•月；元/千伏安•月

项目	电度电价（元/千瓦时）						基本电价	
	不满1千伏	1~10千伏	35千伏	110千伏	220千伏	500千伏	最大需量	变压器容量
一、一般工商业及其他用电	0.4660	0.3991	0.3365					
二、大工业用电		0.1739	0.1302	0.0799	0.0567		35	26

注：1.表中电价含增值税，含交叉补贴，不含线损。

2.表中所列价格均不含政府性基金及附加。具体征收标准：国家重大水利工程建设基金0.4 分钱；大中型水库移民后期扶持资金0.63 分钱；可再生能源电价附加1.9 分钱；地方水库移民后期扶持资金0.05 分钱；城市公用事业附加费0.8 分钱。

3.参与电力用户与发电企业直接交易的输配电价水平按附表标准执行；其他用户继续执行现行目录销售电价政策。

4.2016-2018 年贵州省电网公司综合线损率按4.38%计算，实际运行中线损率超过或低于4.38%带来的风险或收益均由电网企业承担。

2016—2018 年安徽电网输配电价表

单位：元/千瓦•月；元/千伏安•月

项目	电度电价（元/千瓦时）						基本电价	
	不满1千伏	1-10千伏	35千伏	110千伏	220千伏	500千伏	最大需量	变压器容量
一、一般工商业及其他用电	0.3932	0.3782	0.3632					
二、大工业用电		0.1784	0.1634	0.1484	0.1384		40	30

注：1.表中各电价含增值税、含交叉补贴，含线损。

2.表中所列价格不含政府性基金及附加。具体征收标准为：农网还贷资金2 分钱；国家重大水利工程建设基金1.292 分钱；大中型水库移民后期扶持基金0.83 分钱；可再生能源电价附加1.9 分钱；地方水库移民后期扶持资金0.05 分钱；城市公用事业附加费0.8 分钱，其中：大工业用电0.4 分钱。未开征城市公用事业附加费的地区，除城市居民生活用电按规定标准征收外，其他用电不得征收。

3.参与电力用户与发电企业直接交易的输配电价水平按附表标准执行，不含上缴中央财政工业企业结构调整专项资金；其他用户继续执行现有目录销售电价政策。

4.2016-2018 年安徽省电力公司综合线损率按7.55%计算，实际运行中线损率超过或低于7.55%带来的风险或收益均由电网企业承担。

2016—2018 年湖北电网输配电价表

单位：元/千瓦•月；元/千伏安•月

项 目	电度电价（元/千瓦时）					基本电价	
	不满1千伏	1~10千伏	35~110千伏以下	110千伏	220千伏及以上	最大需量	变压器容量
一、一般工商业及其他用电	0.4862	0.4662	0.4462				
二、大工业用电		0.1329	0.1131	0.0950	0.0760	42	28

注：1.表中电价含增值税，含交叉补贴，含线损。

2.表中所列价格均不含政府性基金及附加。具体征收标准以现行目录电价表中征收标准为准。

3.参与电力用户与发电企业直接交易的输配电价水平按此表标准执行；其他用户继续执行现行目录销售电价政策。

4.2016-2018年国网湖北省电力公司综合线损率按6.98%计算，实际运行中线损率超过或低于6.98%带来的风险和收益均由电网企业承担。

2016—2018 年宁夏电网输配电价表

单位：元/千瓦•月；元/千伏•月

项 目	电度电价（元/千瓦时）						基本电价	
	不满1千伏	1~10千伏	35千伏	110千伏	220千伏	330千伏	最大需量	变压器容量
一、一般工商业及其他用电	0.3713	0.3513	0.3313					
二、大工业用电		0.1649	0.1349	0.1049	0.0739	0.0589	33	22
其中：电石、铁合金、碳化硅、电解铝、单多晶硅行业生产用电		0.1369	0.1069	0.0869	0.0669	0.0519		

注：1.表中电价含增值税，含交叉补贴，含线损。

2.表中所列价格均不含政府性基金及附加。具体征收标准为：农网还贷资金2分钱；国家重大水利工程建设基金0.4分钱；大中型水库移民后期扶持资金0.16分钱；可再生能源电价附加1.9分钱；城市公用事业附加费1分钱。

3.参与电力用户与发电企业直接交易的输配电价水平按此表标准执行；其他用户继续执行现行目录销售电价政策。

4.2016-2018年宁夏电力公司综合线损率按3.64%计算，实际运行中线损率超过或低于3.64%带来的风险和收益均由电网企业承担。

附录 4

2016年东、中、西、东北地区部分省、市用户目录电价

2016年广州、珠海、佛山、中山、东莞五市销售电价表

单位：元/兆瓦时

用电分类		电价	可再生能源电价附加	城市建设附加费	重大水利工程建设基金	水库移民后期扶持基金	合计
一、大工业	变压器容量（元／千伏安•月）	23.00					23.00
（一）基本电价	最大需量（元／千瓦•月）	32.00					32.00
（二）电度电价	1～10千伏	63.17	1.90	1.40	0.70	0.88	68.05
	20千伏	62.85	1.90	1.40	0.70	0.88	67.73
	35～110千伏	60.67	1.90	1.40	0.70	0.88	65.55
	220千伏及以上	58.17	1.90	1.40	0.70	0.88	63.05
二、一般工商业电度电价	不满1千伏	84.95	1.90	1.40	0.70	0.88	89.83
	1～10千伏	82.45	1.90	1.40	0.70	0.88	87.33
	20千伏	82.04	1.90	1.40	0.70	0.88	86.92
	35千伏及以上	79.95	1.90	1.40	0.70	0.88	84.83
	广州、佛山市地铁电价	75.25	1.90	1.40	0.70	0.88	80.13
三、稻田排灌、脱粒电度电价		37.91			0.70		38.61
四、农业生产电度电价		62.51		1.40	0.70		64.61

注：1.本价目表执行范围为广州、珠海、佛山、中山、东莞五市城乡地区。
2.居民生活用电价格标准按原广东省物价局《关于公布居民阶梯电价和峰谷电价价目表的通知》（粤价〔2012〕182号）的规定执行。

2016年河北省南部电网销售电价表

单位：元/千瓦时

用电分类	电压等级	电度电价					基本电价	
		平段	尖峰	高峰	低谷	双蓄	最大需量（元／千瓦·月）	变压器容量(元／千伏安·月)
一、居民生活用电	不满1千伏	0.5200						
	1～10千伏	0.4700						
	35千伏及以上	0.4700						

续表

用电分类	电压等级	电度电价					基本电价	
		平段	尖峰	高峰	低谷	双蓄	最大需量(元/千瓦·月)	变压器容量(元/千伏安·月)
二、一般工商业及其他用电	不满1千伏	0.7162	1.1213	0.9863	0.4461	0.3786		
	1～10千伏	0.7012	1.0973	0.9653	0.4371	0.3711		
	35千伏及以上	0.6912	1.0813	0.9513	0.4311	0.3661		
其中：中小化肥生产用电	不满1千伏	0.6642	1.0381	0.9135	0.4149			
	1～10千伏	0.6492	1.0141	0.8925	0.4059			
	35千伏及以上	0.6392	0.9981	0.8785	0.3999			
三、大工业用电	1～10千伏	0.6011	0.9378	0.8255	0.3767		35	23.3
	35～110千伏	0.5861	0.9138	0.8045	0.3677		35	23.3
	110千伏	0.5711	0.8898	0.7835	0.3587		35	23.3
	220千伏及以上	0.5661	0.8818	0.7765	0.3557		35	23.3
其中：电石、电解烧碱、合成氨、电炉黄磷生产用电	1～10千伏	0.5471	0.8514	0.7499	0.3443		35	23.3
	35～110千伏	0.5321	0.8274	0.7289	0.3353		35	23.3
	110～220千伏	0.5171	0.8034	0.7079	0.3263		35	23.3
	220千伏及以上	0.5121	0.7954	0.7009	0.3233		35	23.3
其中：中小化肥生产用电	1～10千伏	0.4695	0.7272	0.6413	0.2977		24.8	16.5
	35～110千伏	0.4545	0.7032	0.6203	0.2887		24.8	16.5
	110千伏	0.4395	0.6792	0.5993	0.2797		24.8	16.5
	220千伏及以上	0.4345	0.6712	0.5923	0.2767		24.8	16.5
四、农业生产用电	不满1千伏	0.5215						
	1～10千伏	0.5115						
	35千伏及以上	0.5015						
其中：贫困县农业生产用电	不满1千伏	0.3095						
	1～10千伏	0.3045						
	35千伏及以上	0.2995						

注：1.表中所列价格，除贫困县农业生产用电外，均含国家重大水利工程建设基金0.7分钱。

2.表中所列价格，除农业生产用电外，均含城市公用事业附加费，其中：居民生活用电1.5分钱，大工业用电1分钱，一般工商业及其他用电1.1分钱；未开征城市公用事业附加费的地区，各类用电按表中所列价格相应扣减。

3.表中所列价格，除农业生产用电外，均含大中型水库移民后期扶持资金0.35分钱,地方水库移民后期扶持资金0.05分钱。

4.表中所列价格，除农业生产用电外，均含可再生能源电价附加，其中：居民生活用电0.1分钱，其他用电1.9分钱。

2016年湖北省电网销售电价表

单位：元/千瓦时

用电分类			电度电价						基本电价	
			不满1千伏	1~10千伏	20~35千伏以下	35~110千伏以下	110千伏	220千伏及以上	最大需量元/千瓦/月	变压器容量元/千伏安/月
一、居民生活用电	城乡“一户一表”居民用电	年用电2160千瓦时以内	0.5580							
		年用电2161~4800千瓦时	0.6080							
		年用电4800千瓦时以上	0.8580							
	居民合表用电		0.5800	0.5700	0.5700	0.5700				
二、一般工商业及其他用电			0.8800	0.8600	0.8550	0.8400				
其中：中小化肥生产用电			0.6860	0.6660	0.6610	0.6460				
三、大工业用电				0.6348	0.6298	0.6148	0.5948	0.5748	42	28
其中	离子膜法烧碱生产用电			0.6078	0.6028	0.5878	0.5678	0.5478	42	28
	中小化肥生产用电			0.5480	0.5430	0.5280	0.5130	0.4980	42	28
四、农业生产用电			0.5587	0.5387	0.5337	0.5187				
其中：贫困县农业排灌用电			0.3917	0.3717	0.3667	0.3517				

注：1.表中所列价格，均含农村低压电网维护费1.88分钱，除农业排灌用电外，均含农网还贷资金2分钱。

2.表中所列价格，除农业生产用电外，均含大中型水库移民后期扶持资金0.83分钱和地方水库移民后期扶持资金0.05分钱。

3.表中所列价格，除农业生产用电外，均含可再生能源电价附加，其中：居民生活用电0.1分钱，其他类别用电1.9分钱。

4.抗灾救灾用电、中小化肥生产用电，按表列分类电价降低2分钱执行。

5.湖北省城市公用事业附加2015年10月1日起暂停征收，上述电价不含城市公用事业附加。

2016年陕西省电网销售电价表

单位：元/千瓦时

用电分类	电度电价						基本电价	
	不满1千伏		1~10千伏	35千伏	110千伏	220千伏及以上	最大需量(元/千瓦·月)	变压器容量(元/千伏安·月)
一、居民生活用电	0.4983	0.4983	0.4983					
二、一般工商业用电	0.8134	0.7934	0.7734					

续表

用电分类	电度电价						基本电价	
	不满1千伏		1~10千伏	35千伏	110千伏	220千伏及以上	最大需量(元/千瓦·月)	变压器容量(元/千伏安·月)
其中：中、小化肥生产用电	0.5759	0.5719	0.5679					
三、大工业生产用电		0.5801	0.5601	0.5401	0.5351	31	24	
其中：1. 电解烧碱、电解铝、合成氨、电炉钙镁磷肥、电炉黄磷生产用电		0.5701	0.5501	0.5301	0.5251	31	24	
2. 电石生产用电		0.5601	0.5401	0.5201	0.5151	31	24	
3. 中、小化肥生产用电		0.4589	0.4439	0.4339	0.4289	24	16	
四、农业生产用电	0.5174	0.5094	0.4994					
其中：农业排灌用电	0.2994	0.2974	0.2944					
深井、高扬程农业排灌用电	0.2794（50～100米）	0.2694 100米以上～300米	0.2594（300米以上）					

注：1.表中所列价格，除农业生产用电类中农业排灌和深井、高扬程农业排灌用电外，均含农网还贷资金2分钱和国家重大水利工程建设基金0.4分钱。除居民生活用电和农业生产用电类外，均含地方水库移民后期扶持资金0.05分钱和可再生能源电价附加1.9分钱。除农业生产用电类外，均含大中型水库移民后期扶持资金0.83分钱和城市公用事业附加费（居民生活用电类2分钱，一般工商业、大工业用电类0.6分钱）。

2.对已下放地方核工业铀扩散厂和堆化工厂生产用电价格，按上表所列分类价格降低1.7分钱执行。

3.抗灾救灾用电和中、小化肥生产用电，按上表所列分类价格降低2分钱执行。

4.未开征城市公用事业附加费的地区，一般工商业用电和大工业生产用电类按表中所列价格降低0.6分钱执行。

2016年辽宁省电网销售电价表

单位：元/千瓦时

用电分类	电度电价（元/千瓦时）						基本电价	
	不满1千伏	1~10千伏	20千伏	35千伏~110千伏以下	110千伏	220千伏及以上	最大需量(元/千瓦/月)	变压器容量(元/千伏安/月)
一、居民生活用电	0.5000	0.4900	0.4900	0.4900				
二、一般工商业及其他用电	0.8303	0.8203	0.8183	0.8103				
三、大工业用电		0.5456	0.5426	0.5326	0.5196	0.5096	33	22

续表

用电分类	电度电价（元/千瓦时）						基本电价	
	不满1千伏	1~10千伏	20千伏	35千伏~110千伏以下	110千伏	220千伏及以上	最大需量（元/千瓦/月）	变压器容量（元/千伏安/月）
其中：电石、电解烧碱、合成氨、电炉黄磷生产用电		0.5356	0.5326	0.5226	0.5096	0.4996	33	22
四、农业生产用电	0.4946	0.4846	0.4826	0.4746				

注：1.表中所列价格，均含农网还贷资金2分钱，国家重大水利工程建设基金0.4分钱。

2.农业排灌、抗灾救灾，按上表所列相应分类电价降低2分钱（农网还贷资金）执行。

3.表中所列价格，除农业生产用电外，均含大中型水库移民后期扶持资金0.83分钱，地方水库移民后期扶持资金0.05分钱。

4.表中所列价格，除农业生产用电外，均含可再生能源电价附加，其中：居民生活用电0.1分钱，其余各类用电1.9分钱。

5.表中所列价格，除农业生产用电外，均含城市公用事业附加费，其中：居民生活用电1.5分钱，一般工商业及其他用电1.1分钱,大工业用电0.7分钱。未开征城市公用事业附加费的地区不得征收。

6.大工业用电、一般工商业及其他用电实行峰谷分时电价和功率因数调整电费办法。

附录 5

2016年电源工程新投产重点项目

序号	工程名称	容量（规模）	建设地点	竣工时间
一	水电工程			
1	大唐观音岩水电项目	1×60万千瓦	云南丽江	2016-05
2	华电金沙江梨园水电站	2×60万千瓦	云南丽江	2016-08
3	南网清远抽水蓄能电站	3×32万千瓦	广东清远	2016-08
4	国网新源控股洪屏抽水蓄能电站	4×30万千瓦	江西宜春	2016-12
5	国网新源控股仙居抽水蓄能电站	4×37.5万千瓦	浙江仙居	2016-12
6	国电大渡河猴子岩水电站	1×42.5万千瓦	四川大甘孜	2016-12
二	火电工程			
1	内蒙古锦联电厂	4×66万千瓦	内蒙古通辽	2016-11
2	上海华电奉贤南桥新城能源中心燃机工程	2×43万千瓦	上海奉贤	2016-01
3	江苏华电戚墅堰燃机扩建工程项目	2×40万千瓦	江苏常州	2016-05
4	华电扬州燃机扩建项目	2×47.5万千瓦	江苏扬州	2016-12
5	江苏国信宜兴2×40万千瓦级燃机热电联产	2×40万千瓦	江苏无锡	2016-01
6	国信靖江电厂“上大压小”新建项目	2×66万千瓦	江苏泰州	2016-01
7	江苏国电泰州电厂“二次再热”示范工程	2×100万千瓦	江苏泰州	2016-06
8	江苏射阳港电厂“上大压小”扩建	1×66万千瓦	江苏盐城	2016-01
9	江苏华电昆山东部燃机热电联产项目	2×40万千瓦	江苏苏州	2016-12
10	江苏新海发电有限公司“上大压小”扩建工程	1×100万千瓦	江苏连云港	2016-12
11	浙江台州第二发电厂“上大压小”新建工程	2×100万千瓦	浙江台州	2016-01
12	华电江东天然气热电联产项目	2×48万千瓦	浙江杭州	2016-03
13	浙江浙能温州电厂“上大压小”扩建工程	2×66万千瓦	浙江温州	2016-04
14	华能安源电厂“上大压小”新建工程	2×60万千瓦	江西萍乡	2016-02
15	河南新中益“上大压小”扩建工程	2×66万千瓦	河南新乡	2016-08
16	河南焦作龙源电厂“上大压小”新建工程	2×66万千瓦	河南焦作	2016-08
17	河南神华国网能源焦作电厂“上大压小”扩建工程	2×66万千瓦	河南焦作	2016-08
18	河南鹤壁鹤淇电厂“上大压小”新建工程	2×66万千瓦	河南鹤壁	2016-08
19	湖南株洲攸县电厂一期工程	2×63万千瓦	湖南株洲	2016-11
20	东莞中电新能源热电厂天然气热电联产工程	2×46万千瓦	广东东莞	2016-09
21	广东粤电大埔电厂“上大压小”新建工程	2×66万千瓦	广东大埔	2016-04
22	韶关发电厂“上大压小”燃煤机组工程（2×600MW）	2×60万千瓦	广东韶关	2016-04
23	贵州六枝电厂2×66万千瓦工程	2×66万千瓦	贵州六盘水	2016-12
24	国电织金发电有限公司2×60万千瓦级机组新建工程	2×66万千瓦	贵州安顺	2016-10

续表

序号	工程名称	容量（规模）	建设地点	竣工时间
25	贵州黔北电厂“上大压小”异地新建工程	2×66万千瓦	贵州毕节	2016-01
26	习水二郎电厂（4×66万千瓦）新建工程	2×66万千瓦	贵州遵义	2016-01
27	中电投西宁火电厂2×66万千瓦超超临界机组工程	1×66万千瓦	青海西宁	2016-03
三	**风电工程**			
1	国电康保五福堂四期风电场30万千瓦工程	30万千瓦	河北张家口	2016-12
2	昔阳上海斯能西寨风电场	20万千瓦	山西晋中	2016-03
3	斯能平鲁卧龙洞15万千瓦风电场新建工程	15万千瓦	山西朔州	2016-05
4	华能赤峰书声30万千瓦风电项目工程	30万千瓦	内蒙古赤峰	2016-06
5	中广核如东15万千瓦海上风电场示范项目	15万千瓦	江苏南通	2016-06
6	江苏龙源如东海上风电场示范项目扩建	20万千瓦	江苏南通	2016-06
7	中广核风力发电有限公司江苏射阳风电项目	20万千瓦	江苏盐城	2016-06
8	江苏华电滨海20.1万千瓦风电项目	20.1万千瓦	江苏盐城	2016-06
9	江苏响水近海风电场项目	20.2万千瓦	江苏盐城	2016-12
10	江苏大丰三期（20万千瓦）风电项目	20万千瓦	江苏盐城	2016-06
11	中广核都匀青峰风电场14.97万千瓦项目	15万千瓦	贵州都匀	2016-01
12	华润新能源贵州剑河天堂界项目、剑河老山界项目、锦屏青山界项目、黎平竹山项目四个风电场工程	18万千瓦	贵州都匀	2016-05
13	华能华家岭义岗200MW风电工程项目	20万千瓦	甘肃定西	2016-03
14	中电投中卫香山风电场扩建工程	20万千瓦	宁夏中卫	2016-06
15	国华盐池苏步井一/二期风电项目	20万千瓦	宁夏吴忠	2016-03
16	龙源宁夏盐池15万千瓦风电项目	15万千瓦	宁夏吴忠	2016-10
17	华电新疆发电有限公司苇湖梁电厂达坂城风电场30万千瓦项目	30万千瓦	新疆乌鲁木齐	2016-01
18	金风天润达坂城20万千瓦风电场工程	20万千瓦	新疆乌鲁木齐	2016-01
19	三塘湖20万千瓦风电场项目	20万千瓦	新疆哈密	2016-01
20	中广核三塘湖20万千瓦风电场	20万千瓦	新疆哈密	2016-01
21	中电投哈密景峡第三风电场A区20万千瓦风电工程	20万千瓦	新疆哈密	2016-01
22	华能新疆哈密风电基地20万千瓦风电工程	20万千瓦	新疆哈密	2016-01
23	哈密天润烟墩七区20万千瓦风电场工程	20万千瓦	新疆哈密	2016-01
24	哈密风电基地二期烟墩八C中核20万千瓦风电项目	20万千瓦	新疆哈密	2016-01
25	大唐哈密十三师三塘湖20万千瓦项目	20万千瓦	新疆哈密	2016-01
26	大唐哈密淖毛湖风电场20万千瓦项目	20万千瓦	新疆哈密	2016-01
27	宣力哈密十三师三塘湖30万千瓦整装风电项目	30万千瓦	新疆哈密	2016-10

续表

序号	工程名称	容量（规模）	建设地点	竣工时间
28	巴里坤融信华创风电投资有限公司三塘湖20万千瓦风电场项目	20万千瓦	新疆哈密	2016-11
29	新疆华电哈密烟墩八B20万千瓦风电场工程	20万千瓦	新疆哈密	2016-01
30	新疆哈密三塘湖第三风电场A区20万千瓦项目	20万千瓦	新疆哈密	2016-01
31	新疆哈密风电基地二期景峡第六风电场A区20万千瓦工程	20万千瓦	新疆哈密	2016-01
32	新疆哈密风电基地二期景峡第六风电场B区20万千瓦工程	20万千瓦	新疆哈密	2016-01
33	新疆哈密风电基地二期项目三塘湖第一风电场C区200MW工程	20万千瓦	新疆哈密	2016-01
34	新疆哈密风电基地二期项目烟墩第七风电场B区200MW工程	20万千瓦	新疆哈密	2016-01
35	景峡四ABC风电场（60万千瓦）	60万千瓦	新疆哈密	2016-12
36	龙源哈密三塘湖三B200MW风电项目	20万千瓦	新疆哈密	2016-06
四	**光伏发电工程**			
1	江苏舜大新能源投资有限公司宝应县柳堡镇10.8万千瓦鱼塘水面光伏电站项目	10.8万千瓦	江苏扬州	2016-06
2	鄱阳县饶丰镇120MW渔光互补光伏电站	12万千瓦	江西上饶	2016-05
3	上蔡县鑫光新能源科技有限公司15万千瓦农光互补项目	15万千瓦	河南上蔡	2016-08
4	中卫云计算基地配套13万千瓦光伏电站	13万千瓦	宁夏中卫	2016-06
5	中国自动化集团红寺堡光伏发电项目	20万千瓦	宁夏吴忠	2016-07
6	中民投同心20万千瓦光伏发电项目	20万千瓦	宁夏吴忠	2016-06
7	中民投盐池新能源综合示范区一期200万千瓦光伏项目	200万千瓦	宁夏吴忠	2016-06
8	宁夏宁东欣润光伏发电有限公司宁东30万千瓦并网光伏发电项目	30万千瓦	宁夏宁东	2016-07
9	宁夏宝丰红墩子矿区光伏发电项目	35万千瓦	宁夏宁东	2016-07
五	**核电工程**			
1	红沿河核电一期工程	2×111.87万千瓦	辽宁大连	2016-08
2	宁德核电厂一期工程	4×100万千瓦	福建福鼎	2016-07

附录 6

2016年电源工程新开工重点项目

序号	工程名称	容量（规模）	建设地点	计划竣工时间
一	**水电工程**			
1	辽宁清原抽水蓄能电站	3×60万千瓦	辽宁省抚顺市	
2	江苏句容抽水蓄能电站	6×22.5万千瓦	江苏省镇江市	
3	福建厦门抽水蓄能电站	4×35万千瓦	福建省厦门市	
4	白鹤滩水电站	16×100万千瓦	四川省凉山彝族自治州	
5	西藏内需电源重大项目	4×16.5万千瓦	西藏自治区山南地区	
6	陕西镇安抽水蓄能电站	4×35万千瓦	陕西省商洛市	
7	新疆阜康抽水蓄能电站	4×30万千瓦	新疆维吾尔自治区阜康市	
二	**火电工程**			
1	华能北京热电厂三期扩建工程	99.8万千瓦	北京朝阳	2017-05
2	河北华润曹妃甸“上大压小”扩建工程	2×100万千瓦	河北唐山	2018-03
3	河北华电石家庄天然气热电联产工程	2×40万千瓦	河北石家庄	2018-02
4	山西神头“上大压小”二期2×1000MW扩建项目	2×100万千瓦	山西朔州	2019-06
5	山西漳泽电厂改扩建“上大压小”工程	2×100万千瓦	山西长治	2018-03
6	潞安长子高河2×660MW低热值煤发电工程	2×66万千瓦	山西长治	2017-12
7	北方胜利电厂新建工程项目	2×66万千瓦	内蒙古锡林浩特	2018-10
8	大唐国际锡林浩特电厂2×660MW机组扩建工程	2×66万千瓦	内蒙古锡林浩特	2017-06
9	华润电力（锦州）有限公司燃煤发电供热机组工程	2×66万千瓦	辽宁锦州	2018-11
10	江苏华电句容电厂二期工程	2×100万千瓦	江苏句容	2018-06
11	华电扬州燃机扩建项目	2×47.5万千瓦	江苏扬州	2017-06
12	神皖庐江电厂新建项目	2×66万千瓦	安徽合肥	2018-12
13	安徽华电芜湖电厂扩建工程	1×100万千瓦	安徽芜湖	2018-02
14	江西丰城电厂三期扩建工程	2×100万千瓦	江西丰城	2018-02
15	山东大唐东营电厂新建工程	2×100万千瓦	山东东营	2018-09
16	华能烟台八角电厂“上大压小”新建工程	2×60万千瓦	山东烟台	2019-04
17	山东华电莱州二期工程	2×100万千瓦	山东莱州	2018-10
18	河南国投南阳电厂一期工程	2×100万千瓦	河南南阳	2018-12
19	周口2×300MW燃气-蒸汽联合循环热电厂	2×30万千瓦	河南周口	2017-12
20	商丘民生热电（2×350MW）“上大压小”工程	2×35万千瓦	河南商丘	2018-06

续表

序号	工程名称	容量（规模）	建设地点	计划竣工时间
21	河南焦作丹河电厂异地扩建工程	2×100万千瓦	河南焦作	2018-05
22	郑州新力电力有限公司2×660万千瓦燃煤供热机组	2×66万千瓦	河南郑州	2018-06
23	华能东莞谢岗天然气热电联产项目	2×40万千瓦	广东东莞	2018-09
24	黄埔电厂天然气热电联产工程项目	2×40万千瓦	广东广州	2018-03
25	惠州天然气电厂扩建热电联产工程	3×46万千瓦	广东惠州	2018-04
26	广东陆丰甲湖湾电厂新建工程	2×100万千瓦	广东汕尾	2018-08
27	新会发电厂天然气热电联产工程	2×35万千瓦	广东江门	2018-06
28	广东大唐国际雷州电厂“上大压小”新建工程	2×100万千瓦	广东湛江	2018-12
29	大唐国际高要金淘天然气热电冷联产项目	2×40万千瓦	广东肇庆	2018-06
30	广西神华国华广投北海电厂新建工程	2×100万千瓦	广西北海	2018-06
31	贵州黔西电厂二期扩建1×660MW工程	1×66万千瓦	贵州毕节	2017-07
32	陕西商洛发电有限公司2×660MW机组工程	2×66万千瓦	陕西商洛	2017-12
33	华能延安电厂一期（2×660MW）项目	66万千瓦	陕西延安	2018-12
34	陕西榆能横山煤电一体化工程	2×100万千瓦	陕西榆林	2018-06
35	陕西能源雷龙湾电厂新建工程	2×100万千瓦	陕西榆林	2018-08
36	大唐平罗2×660MW新建火电工程	2×66万千瓦	宁夏石嘴山	2018-05
37	华能宁夏大坝电厂四期工程	2×66万千瓦	宁夏青铜峡	2017-08
38	新疆生产建设兵团红星发电2×660MW机组新建工程	2×66万千瓦	新疆哈密	2017-11
39	潞安准东电厂（2×660MW）工程	2×66万千瓦	新疆哈密	2018-10
40	新疆信友能源奇台电厂2×660MW项目	2×66万千瓦	新疆奇台	2016-08
41	华能新疆准东五彩湾北三电厂项目	2×66万千瓦	新疆昌吉	2019-06
42	大唐准东五彩湾北一电厂（2×660MW）工程	2×66万千瓦	新疆昌吉	2017-11
43	新疆准东五彩湾北二电厂（2×660MW）工程	2×66万千瓦	新疆昌吉	2017-11
44	新疆石河子开发区化工新材料产业园天富发电厂一期工程	2×66万千瓦	新疆石河子	2016-07
三	风电工程			
1	围场御道口牧场神仙洞15万千瓦风电场项目	15万千瓦	河北承德	2016-12
2	大唐新能源朔州利民风电场133×1.5MW项目	20万千瓦	山西朔州	2016-12
3	中电投运城市垣曲100×2.0MW风电场项目	20万千瓦	山西运城	2016-12
4	华能如东300兆瓦海上风电场工程项目	30万千瓦	江苏南通	2016-12
5	国家电投集团江西新干七琴城上风电场项目	14.5万千瓦	江西吉安	2016-12
6	华润新能源海原西华山风电场300MW风电项目	30万千瓦	宁夏中卫	2016-12
7	华润海原西华山风电场项目	30万千瓦	宁夏中卫	2016-12
8	宁夏同心风电场国博二期300MW项目	30万千瓦	宁夏吴忠	2017-12
9	景峡第三风电场B区200MW工程	20万千瓦	新疆哈密	2017-12

续表

序号	工程名称	容量（规模）	建设地点	计划竣工时间
10	景峡第二风电场C区200MW工程	20万千瓦	新疆哈密	2016-08
四	**光伏发电工程**			
1	200MWP库布其沙漠生态太阳能治沙发电综合示范项目工程	20万千瓦	内蒙古鄂尔多斯	2016-06
2	玉环晶能电力经济开发区120MWP农光互补地面光伏发电站	12万千瓦	浙江台州	2017年03
3	乐清150MW农光互补光伏发电项目	15万千瓦	浙江温州	2017-03
4	灵璧磬阳渔沟120MW地面光伏电站项目	12万千瓦	安徽宿州	2016-11
5	国家电投淮南窑河渔场200MWP“渔光互补”光伏发电项目	20万千瓦	安徽淮南	2016-12
6	鄱阳县饶丰镇120MW渔光互补光伏电站	12万千瓦	江西上饶	2016-06
7	南昌县绿川新能源有限公司蒋巷三洞湖140MW渔光一体光伏电站	14万千瓦	江西南昌	2016-12
8	上蔡县鑫光新能源科技有限公司150MWP农光互补光伏发电项目	15万千瓦	河南上蔡	2016-06
9	兰考县200MWP农光互补光伏电站工程	20万千瓦	河南兰考	2015-12
10	信义遂平光伏农业产业园130MWP光伏电站项目	13万千瓦	河南遂平	2016-03
11	榆神200MWP光伏发电项目	20万千瓦	陕西榆林	2017-06
12	青海黄河水电公司共和新增（三期）200MWP并网光伏发电项目	20万千瓦	青海海南	2016-06
13	中国自动化集团红寺堡光伏发电项目	20万千瓦	宁夏吴忠	2016-06
14	宁夏宁东欣润光伏发电有限公司宁东300MWP并网光伏发电项目	30万千瓦	宁夏宁东	2016-06
15	宁夏宝丰红墩子矿区光伏发电项目	35万千瓦	宁夏宁东	2016-06

附录 7

2016年新投产330千伏及以上电压等级重点电网项目

序号	工程名称	容量（规模）	建设地点	竣工时间
一	**特高压输电工程**			
1	蒙西—天津南1000千伏特高压交流输变电工程	8×3000MVA/2×616km	内蒙古准格尔—天津	11月
2	锡盟—山东1000千伏特高压交流输变电工程	2×730 km	内蒙古锡盟—山东	07月
3	灵州—绍兴±800千伏特高压直流输电工程	8000MW/1720km	宁夏灵武—浙江绍兴	07月
4	淮南—南京—上海1000千伏交流特高压输变电工程	4×3000MVA/2×779.5km	安徽—上海	11月
5	苏州交流特高压站上海段500千伏配套工程	65km	上海青浦	11月
二	**750kV输变电工程**			
1	兰州东750kV变电站2号主变扩建工程	1500MVA	甘肃兰州	12月
2	西宁—玛尔挡750kV线路工程	1×332km	青海果洛	10月
3	贺兰山—沙湖750kV线路工程	2×125.8km	宁夏吴忠	01月
4	六盘山750kV变电站新建工程	1×2100MVA	宁夏固原	11月
5	银川东—沙湖750kV线路工程	2×106km	宁夏宁东	01月
6	沙湖750kV变电站工程	2×1500MVA	宁夏石嘴山	01月
7	吐鲁番750kV变电站扩建工程	1500MVA	新疆吐鲁番	02月
8	三塘湖750kV变电站新建工程	2×150MVA	新疆哈密	02月
9	哈密750kV变电站扩建工程	1500MVA	新疆哈密	02月
10	天山（哈密南）换流站750kV联变扩建工程	4200MVA	新疆哈密	01月
11	喀什750kV变电站工程	1500MVA	新疆喀什	01月
12	巴楚—喀什750kV线路工程	184km	新疆喀什	01月
13	巴楚750kV变电站工程	1500MVA	新疆喀什	01月
14	乌苏750kV开关站扩建工程	1500MVA	新疆塔城	06月
15	五彩湾750kV变电站工程	2×150MVA	新疆昌吉	03月
16	库车—阿克苏750kV线路工程	280km	新疆阿克苏	02月
17	阿克苏750kV变电站工程	6000MVA	新疆阿克苏	01月
三	**500kV输变电工程**			
1	保东500kV输变电工程	2×1000MVA/2×56km	河北保定	10月
2	北京西配套500kV线路工程	2×98km	河北保定	12月
3	保沧500kV输变电工程	2×1000MVA/1×150km	河北沧州	09月
4	西柏坡变电站新建工程	2×750MVA	河北石家庄	07月

续表

序号	工程名称	容量（规模）	建设地点	竣工时间
5	西柏坡输电线路工程	81km	河北石家庄	07月
6	衡北500kV变电站新建工程	2×750MVA/10km	河北衡水	12月
7	五寨—兴县500kV线路工程	2×66.6km	山西忻州	12月
8	平鲁—五寨500kV输电线路工程	148.5km	山西朔州	12月
9	平鲁—雁同500kV输电线路工程	148.5km	山西朔州	12月
10	汗海—白音高勒（桑根达来至辉腾梁）第二回500kV线路工程	377km	内蒙古 乌兰察布	12月
11	定远营500kV输变电工程	127.5km	内蒙古 巴彦浩特	08月
12	河套至德岭山二回线路工程	167km	内蒙古 巴彦淖尔	04月
13	磴口500kV输变电工程	240MVA/23.5km	内蒙古 巴彦淖尔	04月
14	辽宁利州500kV输变电工程	2×100MVA/99km	辽宁朝阳	01月
15	辽宁鹤乡500kV变电站	2×100MVA	辽宁盘锦	06月
16	盘锦鹤乡500kV输变电工程	2×100MVA/18.4km	辽宁盘锦	01月
17	营口西海500kV输变电工程	2×100MVA/1km	辽宁营口	01月
18	营口西海输变电工程变电站	2×100MVA	辽宁营口	06月
19	500kV鞍山长岭变线路联网工程	155.4km	辽宁鞍山	11月
20	长岭500kV变电站新建工程	2×100MVA	辽宁鞍山	06月
21	吉林通榆风电场500kV送出工程	201km	吉林通榆	01月
22	鸡西—林海500kV输电线路新建工程	1×186km	黑龙江鸡西	07月
23	鸡西500kV变电站新建工程	3×250MVA	黑龙江鸡西	07月
24	秦淮升压500kV变电站	2×1000MVA	江苏南京	06月
25	500kV宜兴东变电站	2×1000MVA	江苏无锡	03月
26	大丰500kV变电站	2×1000MVA	江苏盐城	04月
27	南翼500kV变电站	2×1000MVA	江苏连云港	06月
28	500kV明州变电站工程	2×1000MVA	浙江宁波	07月
29	金华500kV永康变电站工程	1×1000MVA	浙江金华	05月
30	安徽涓桥500kV变电站工程	1×1000MVA	安徽池州	06月
31	官山—涓桥500kV线路工程	2×127km	安徽池州	06月
32	芜湖福渡500kV变电站工程	1×1000MVA	安徽芜湖	10月
33	500kV五峰变二期扩建工程	1×1000MVA	福建漳州	11月
34	漳州东林500kV变电站工程	1×1000MVA	福建漳州	07月
35	潭埠500kV输变电工程	1×750MVA/91km	江西上饶	09月
36	500kV抚州至红都输电线路工程	1×254km	江西抚州	06月
37	临沂500kV苍山变电站工程	2×100MVA	山东临沂	07月
38	泰安500kV新泰变电站工程	2×100MVA	山东泰安	07月

续表

序号	工程名称	容量（规模）	建设地点	竣工时间
39	济宁500kV汶上变电站扩建工程	100MVA	山东济宁	05月
40	济宁500kV金乡变电站工程	2×100MVA	山东济宁	08月
41	济宁500kV金乡输电线路工程	2×75.5km	山东济宁	08月
42	潍坊500kV寿光变电站3号主变扩建工程	100MVA	山东潍坊	01月
43	聊城500kV高唐变电站工程	2×100MVA	山东聊城	05月
44	南阳中500kV输变电工程	1×1000MVA/55.5km	河南南阳	11月
45	周口西500kV输变电工程	1×1000MVA/10.9km	河南周口	10月
46	汝州500kV输变电工程	1×1000MVA/2×17.2km	河南平顶山	06月
47	许昌西500kV输变电工程	1×1000MVA/27.8km	河南许昌	10月
48	卧龙500kV变电站新建工程	2×1000MVA	湖北襄阳	03月
49	岳阳南500kV变电站工程	1×1000MVA	湖南岳阳	06月
50	阳江500kV回隆输变电工程	2×1000MVA/2×7km	广东阳江	10月
51	习水二郎电厂500千伏送出工程	2×130km	贵州习水	07月
52	金沙江中游500kV交流送出工程（子项1：梨园-金官线路）	1×162km	云南丽江	02月
53	金沙江中游500kV交流送出工程（子项2：金官—过渡搭接点线路）	116km	云南丽江	02月
54	500kV铜都输变电工程	320km	云南曲靖	09月
55	永仁至富宁±500kV直流输变电工程	12×250MVA/1×557km	云南楚雄	06月
四	**330kV输变电工程**			
1	330kV池阳变主变扩建工程	360MVA	陕西咸阳	07月
2	延安西330kV变电站工程	2×240MVA	陕西延安	07月
3	统万—定边Ⅱ回π入延安西330kV线路II标	138km	陕西延安	07月
4	长安330kV变电站工程	2×360MVA	陕西西安	06月
5	甘肃尚家塬330kV输变电工程	39km	甘肃华亭	12月
6	民主（阿克塞）330kV变电站	2×360MVA	甘肃敦煌	07月
7	民主（阿克塞）330kV输电线路工程	2×70.3km	甘肃敦煌	04月
8	330kV中川输变电工程	2×360MVA/2×1km	甘肃景泰	01月
9	宝兰客专供电工程清水330kV变扩建工程	2×360MVA	甘肃清水	07月
10	天水750kV变—晒金330kV线路工程	93.6km	甘肃甘谷	12月
11	晒金—武都Ⅱ回330kV线路工程	91.9km	甘肃西和	08月
12	宝兰客专供电工程通渭330kV变扩建工程	2×360MVA	甘肃通渭	07月
13	汇明330kV变电站扩建工程	1×360MVA	青海海南	03月

续表

序号	工程名称	容量（规模）	建设地点	竣工时间
14	格尔木东出口330kV汇集站工程	2×360MVA	青海海西	03月
15	格尔木东出口330kV汇集站送出线路工程	2×360MVA/1×8.6km	青海海西	03月
16	南朔330kV变电站工程	2×360MVA	青海西宁	03月
17	临河330kV变电站工程	2×360MVA	宁夏宁东	01月
18	凯歌330kV变电站3#主变扩建工程	1×360MVA	宁夏宁东	01月
五	**柔性直流工程**			
1	厦门±320柔性直流输电科技示范工程	1140MVA/10.7km	福建厦门	02月

附录 8

2016年新开工330千伏及以上电压等级重点电网项目

序号	工程名称	容量（规模）	建设地点	计划竣工时间
一	特高压输变电工程			
1	锡盟—胜利1000千伏特高压交流输变电工程	2×3000MVA/240km	内蒙古	2017-07
2	昌吉—古泉±1100千伏特高压直流输电工程	11000MW/3319km	新疆—安徽	2018-12
3	滇西北—广东±800千伏特高压直流输电工程	5000MW/1928km	云南—广东	2017-12
二	750kV输变电工程			
1	沙坡头750kV变电站新建工程	2×2100MVA	宁夏中卫	2017-12
2	乌北750kV变电站六期扩建工程	2×318.4km	新疆乌北	2017-04
3	准北—乌北双回750kV线路工程	625.6km	新疆乌北	2017-05
4	准北750kV变电站工程	2×1500MVA	新疆准北	2017-05
三	500kV输变电工程			
1	500kV邢西变电站工程	2×1000MVA	河北邢台	2018-04
2	500kV邢西线路工程	186km	河北邢台	2018-04
3	成峰500kV输变电工程	2×1000MVA/2×73.5km	河北邯郸	2017-12
4	涉武500kV输变电工程	2×1000MVA/59.8km	河北邯郸	2018-03
5	晋北直流换流站—平鲁500kV变电站三回线路工程	193.9km	山西朔州	2017-05
6	朔州平鲁500kV输变电工程	2×1000MVA/300km	山西朔州	2017-05
7	盂县电厂—河北南网输变电工程（山西段）	228km	山西阳泉	2018-06
8	吉林南500kV输变电工程	2×750MVA/32km	吉林	2017-12
9	长岭500kV输变电工程	1×1000MVA/568km	吉林长岭	2017-12
10	五家500kV变电站新建工程	2×1000MVA	黑龙江哈尔滨	2017-06
11	庆南—五家500kV线路工程	2×149.6km	黑龙江大庆	2017-03
12	庆南500kV变电站新建工程	2×1000MVA	黑龙江大庆	2016-12
13	庆云—鸡西500kV输电线路新建工程	117km	黑龙江鸡西	2016-11
14	常州西津渡—廻峰山—武南单改双500kV线路	2×118km	江苏南京	2017-09
15	秋藤500kV变电站新建	1×1000MVA	江苏南京	2017-06
16	安澜500kV变电站#5主变扩建	2×1000MVA	江苏淮安	2016-12
17	淮安南500kV开关站扩建	1×1000MVA	江苏淮安	2017-01
18	昆南500kV变电站新建	1×1000MVA	江苏苏州	2017-06

续表

序号	工程名称	容量（规模）	建设地点	计划竣工时间
19	上党500kV变电站扩建	1×1000MVA	江苏镇江	2017-06
20	访仙500kV变电站扩建	1×1000MVA	江苏镇江	2017-01
21	安徽肥北500kV变电站工程	2×1000MVA	安徽合肥	2017-06
22	500kV五峰变二期扩建工程	1×1000MVA	福建漳州	2016-06
23	龙岩卓然500kV变电站扩建输变电工程	2×750MVA/87.1km	福建龙岩	2017-03
24	峄城—兰陵500kV线路工程	144km	山东枣庄	2017-07
25	枣庄—峄城500kV线路工程	174km	山东枣庄	2017-03
26	潍坊特高压—密州500kV线路工程	96km	山东潍坊	2017-01
27	潍坊特高压—益都/潍坊500kV线路工程	124km	山东潍坊	2017-01
28	河南南阳群英500kV变电站三期扩建工程	1×750MVA	河南内乡	2018-01
29	新乡北500kV输变电工程	1×1000MVA/36.3km	河南新乡	2018-05
30	河南漯河西500kV输变电工程	1×1000MVA	河南漯河	2017-05
31	500kV桂南变电站工程	2×750MVA/33km	广西桂林	2017-05
32	盐源500kV变电站新建工程	1×750MVA	四川凉山	2018-09
33	宣汉500kV变电站新建工程	2×1000MVA	四川达州	2017-08
34	遵义诗乡500kV变二期扩建工程	1×750MVA	贵州遵义	2017-12
35	贵州诗乡（遵义东）至碧江（大兴）500kV输电线路工程	140km	贵州铜仁	2017-12
四	**330kV输变电工程**			
1	蔡家坡330kV输变电工程	2×240MVA/68.6km	陕西宝鸡	2017-02
2	甘肃宝兰客专330kV供电工程	385.7km	甘肃天水	2017-03
3	洛大—绿源—巩昌330kV输变电工程线路工程	156.2km	甘肃岷县	2017-12
4	宝兰客专供电工程清水330kV变电站工程	2×360MVA	甘肃清水	2016-12
5	八零三电厂330kV送出线路工程	2×99.8km	甘肃玉门	2016-12
6	宝兰客专供电工程通渭330kV变电站工程	2×360MVA	甘肃通渭	2016-12
7	共塔330kV汇集站工程	2×360MVA	青海海南	2017-06
8	青海切吉西330kV升压站送出线路工程	1×105km	青海海南	2017-06
9	青海切吉西330kV变电站工程	2×250MVA	青海海南	2017-06
10	西台330kV变电站工程	2×240MVA	青海海西	2017-04
11	巴浪湖330kV变电站工程	2×240MVA	宁夏吴忠	2018-03
12	盐州330kV变电站扩建工程	1×360MVA	宁夏吴忠	2017-03
13	原州330kV变电站新建工程	2×240MVA	宁夏固原	2017-10
14	古峰330kV输变电工程	2×360MVA/2×114km	宁夏宁东	2017-05

附录 9

主要发电生产企业发电装机容量及发电量

单位:万千瓦;亿千瓦时

企业名称	发电装机容量										发电量									
	合计		水电		火电		核电		风电		合计		水电		火电		核电		风电	
	2016年	2015年	2016年	2015年	2016年	2015年	2016年	2015年	2016年	2015年	2016年	2015年	2016年	2015年	2016年	2015年	2016年	2015年	2016年	2015年
中国华能集团公司			2104	2089	12662	12348			1632	1508	6108	6040	782	743	5029	5071			279	212
中国大唐集团公司			2380	2290	9213	9171			1355	1190	4700	4788	804	799	3668	3793			216	187
中国华电集团公司			2681	2522	10150	9628			1232	1163	4919	4838	873	844	3827	3832			196	145
中国国电集团公司			1693	1645	9940	9478			2583	2303	5053	4837	542	466	4054	3985			445	375
国家电力投资集团公司			2160	2094	7146	6827	448	336	1198	998	3969	3808	677	728	2829	2754	200	144	183	126
神华集团有限责任公司	8305	7851	13	13	7524	7242			736	580	3303	3172	7	7	3167	3057			126	106
国投电力控股股份有限公司	2928	2839	1672	1657	1176	1108			68	64	1242	1222	805	744	427	470			9	8
中国核工业（集团）总公司	1430	1222					1326	1152	89	61	892	764					879	755	11	9

续表

企业名称	发电装机容量										发电量									
	合计		水电		火电		核电		风电		合计		水电		火电		核电		风电	
	2016年	2015年	2016年	2015年	2016年	2015年	2016年	2015年	2016年	2015年	2016年	2015年	2016年	2015年	2016年	2015年	2016年	2015年	2016年	2015年
中国长江三峡集团公司	6044	5263	5064	4695	245				512	426	2368	1981	2183	1923	91				71	43
华润电力控股有限公司	3732	4044	47	47	3685	3570				425	1691	1641	19	19	1672	1552				69
黄河万家寨水利枢纽有限公司	150	150	150	150							24	31	24	31						
新力能源开发有限公司	394	390			394	390					202	189			202	189				
北京能源投资（集团）有限公司	1993	1774	58	58	1626	1455			230	212	804	750	19	19	734	688			42	37
河北省建设投资集团有限公司	1010	862			766	694			240	165	403	372			361	340			41	31
山西国际电力集团有限公司	609	507	13	13	512	447			59	33	169	144	4	6	156	131			8	5
申能股份有限公司	904	753			869	733			35	20	297	247			292	243			5	4
江苏省国信资产管理集团有限公司	1116	993	10	10	1035	942			65	35	515	443	2	2	502	436			10	5

续表

企业名称	发电装机容量										发电量									
	合计		水电		火电		核电		风电		合计		水电		火电		核电		风电	
	2016年	2015年	2016年	2015年	2016年	2015年	2016年	2015年	2016年	2015年	2016年	2015年	2016年	2015年	2016年	2015年	2016年	2015年	2016年	2015年
浙江省能源集团有限公司	3126	3067	85	85	3036	2981			1	1	1201	1089	24	20	1177	1068			0	0
安徽省皖能股份有限公司	555	555			555	555					261	252			261	252				
江西省投资集团公司	150	150	10	10	140	140					64	71	3	3	61	67				
广东省粤电集团有限公司	2965	2909	218	218	2694	2659			38	23	1055	1152	94	87	954	1061			6	3
中国广核集团有限公司	3459	2677	158	158	55	65	2038	1492	1020	835	1519	1177	56	57	21	22	1254	960	169	130
广州发展集团有限公司	449	323			439	319			5	3	185	127			183	127			1	0
深圳能源集团股份有限公司	687	623	71	14	548	548			42	42	242	217	28	4	204	204			7	6
甘肃省电力投资集团公司	468	468	174	174	197	197			80	80	134	127	57	61	67	55			8	9
中铝宁夏能源集团公司	264	264			132	132			115	115	88	91			66	69			19	19

附录 10

2016年年底累计投运的袋式除尘器机组容量

（按2016年年底累计投运的袋式除尘器机组容量大小排序）

序号	除尘产业公司名称	累计投运机组容量（万千瓦）
1	北京国电龙源环保工程有限公司	1237
2	中钢集团天澄环保科技股份有限公司	538.3
3	福建龙净环保股份有限公司	566.1
4	大唐环境产业集团股份有限公司	385
5	国家电投集团远达环保股份有限公司	142
6	山东泰开环保科技有限公司	15
7	北京国能中电节能环保技术股份有限公司	4.5
8	北京清新环境技术股份有限公司	3

附录 11

2016年年底累计投运的电袋复合式除尘器机组容量

（按2016年年底累计投运的电袋复合式除尘机组容量大小排序）

序号	除尘产业公司名称	累计投运机组容量（万千瓦）
1	福建龙净环保股份有限公司	11433
2	大唐环境产业集团股份有限公司	1223
3	中国华电科工集团有限公司	841.5
4	中钢集团天澄环保科技股份有限公司	752.5
5	北京国电龙源环保工程有限公司	702
6	西安西热环保工程有限公司	312
7	国家电投集团远达环保股份有限公司	159.5
8	江苏峰业科技环保集团股份有限公司	93
9	山西同煤电力环保科技有限公司	70
10	武汉凯迪电力环保有限公司	43

附录 12

2016年年底累计投运的烟气脱硫工程机组容量

（按2016年年底累计投运的烟气脱硫工程机组容量大小排序）

序号	脱硫公司名称	累计投运容量（万千瓦）	采用的脱硫方法及所占比例（%）
1	北京国电龙源环保工程有限公司	11653	石灰石-石膏湿法 89.42 海水法 9.73 有机胺法 0.52 氨法 0.23 烟气循环流化床 0.10
2	北京博奇电力科技有限公司	6651.6	石灰石-石膏湿法 100
3	国家电投集团远达环保股份有限公司	5531.8	石灰石-石膏湿法 98.01 干法 1.16 烟气循环流化床 0.83
4	福建龙净环保股份有限公司	5515.7	石灰石-石膏湿法 82.25 烟气循环流化床 17.75
5	武汉凯迪电力环保有限公司	4397	石灰石-石膏湿法 90.36 循环流化床法 7.76 氨法 0.94 半干法 0.94
6	中国华电科工集团有限公司	3908.2	石灰石-石膏湿法 100
7	浙江天地环保科技有限公司	3039	石灰石-石膏湿法 99.46 海水法 0.54
8	大唐环境产业集团股份有限公司	2064	石灰石-石膏湿法 100
9	北京清新环境技术股份有限公司	2052.8	石灰石-石膏湿法 100
10	浙江蓝天求是环保股份有限公司	1085	石灰石-石膏湿法 89.68 烟气循环流化床 10.32
11	江苏新世纪江南环保股份有限公司	663.1	氨法 100
12	中钢集团天澄环保科技股份有限公司	133.5	石灰石-石膏湿法 100
13	江苏科行环保科技有限公司	115	石灰石-石膏湿法 86.09 半干法 13.91
14	上海电气电站环保工程有限公司	66	石灰石-石膏湿法 100
15	山东泰开环保科技有限公司	21.2	石灰石-石膏湿法 100

注：累计投运机组容量不包含改造项目。

附录 13

2016年年底累计投运的火电厂烟气脱硝机组容量

（按2016年年底累计投运的烟气脱硝机组容量大小排序）

序号	脱硝公司名称	累计投运容量（万千瓦）	采用的脱硝方法及所占比例（%）
1	北京国电龙源环保工程有限公司	10860.7	SCR 95.82 SNCR 3.90 SNCR+SCR 0.28
2	中国华电科工集团有限公司	6562.7	SCR 95.63 SNCR 3.14 SNCR+SCR 1.23
3	大唐环境产业集团股份有限公司	5445	SCR 95.32 SNCR 4.68
4	东方电气集团东方锅炉股份有限公司	4621.6	SCR 93.14 SNCR 6.28 SNCR+SCR 0.58
5	国家电投集团远达环保股份有限公司	4315	SCR 97.29 SNCR 2.71
6	浙江天地环保科技有限公司	4031.5	SCR 100
7	福建龙净环保股份有限公司	2540.9	SCR 99.80 SNCR 0.20
8	江苏科行环保科技有限公司	2420.5	SCR 78.81 SNCR+SCR 18.41 SNCR 2.78
9	西安西热锅炉环保工程有限公司	1580	SCR 90.19 SNCR+SCR 7.59 SNCR 2.22
10	北京博奇电力科技有限公司	1252	SCR 95.21 SNCR 4.79
11	浙江蓝天求是环保股份有限公司	697.5	SCR 96.42 SNCR+SCR 3.58
12	上海电气电站环保工程有限公司	552	SCR 100
13	北京国能中电节能环保技术股份有限公司	365.5	SCR 98.50 SNCR 0.82 SNCR+SCR 0.68
14	北京清新环境技术股份有限公司	330	SCR 69.70 SNCR 30.30
15	江苏峰业科技环保集团股份有限公司	241	SCR 100
16	武汉凯迪电力环保有限公司	165	SCR 100
17	中钢集团天澄环保科技股份有限公司	69	SCR 100
18	山西同煤电力环保科技有限公司	60	SCR 100
19	北京北科欧远科技有限公司	35	SNCR 100
20	江苏新世纪江南环保股份有限公司	34.5	SCR 52.17 SNCR 47.83
21	山东泰开环保科技有限公司	3.6	SNCR 100

注：累计投运机组容量不包含改造项目。

附录 14

2016年全国百万千瓦级超超临界火电机组能效指标

序号	电厂名称	机组编号	容量（万千瓦）	出厂编号	锅炉厂家	投产日期（年-月-日）	供电煤耗（克/千瓦时）	厂用电率（%）	耗水率（千克/千瓦时）	油耗（吨/年）	备注
上海汽轮机厂											
1	国投天津津能	1	100	196	上锅	2009-09-24	278.19	4.63	0.18	112.78	供热
2	国投天津津能	2	100	196	上锅	2009-11-30	283.08	4.62	0.18	75.30	供热
3	国信江苏新海	1	100	196	上锅	2012-11-21	285.01	4.60	1.69	118.31	
4	国电江苏谏壁	13	100	196	上锅	2011-05-22	277.10	2.73	0.25	23.50	供热
5	神华江苏徐州	1	100	196	上锅	2011-12-20	286.76	4.39	2.02	333.18	
6	神华江苏徐州	2	100	196	上锅	2011-12-31	287.19	4.57	1.97	180.71	
7	华能浙江玉环	1	100	196-1-1	哈锅	2006-11-28	282.67	3.25	0.25	0.00	
8	华能浙江玉环	2	100	196-2-2	哈锅	2006-12-30	282.35	2.93	0.27	0.00	
9	华能浙江玉环	3	100	196-3-3	哈锅	2007-11-11	282.42	2.97	0.26	0.00	
10	华能浙江玉环	4	100	196-4-4	哈锅	2007-11-25	282.64	3.03	0.24	0.00	
11	神华浙江宁海	5	100	196	上锅	2009-10-14	289.27	5.19	0.19	85.81	
12	神华浙江宁海	6	100	196	上锅	2009-09-21	290.82	5.00	0.19	193.75	
13	神华广东台山	7	100	196-11-20	上锅	2011-11-30	294.69	4.96	0.24	127.19	
14	江苏南通发电	1	105	196-24-45	上锅	2014-01-10	279.61	2.64	0.28	19.47	
15	江苏南通发电	2	105	196-24-46	上锅	2014-02-26	281.54	2.61	0.28	253.66	
16	华润广东海丰	1	100	A196-05-9	哈锅	2015-05-12	293.97	4.79	0.29	222.48	
17	华润广东海丰	2	100	A196-05-10	哈锅	2015-03-07	293.78	4.64	0.29	218.42	

续表

序号	电厂名称	机组编号	容量（万千瓦）	出厂编号	锅炉厂家	投产日期（年-月-日）	供电煤耗（克/千瓦时）	厂用电率（%）	耗水率（千克/千瓦时）	油耗（吨/年）	备注
18	华电江苏句容	1	103		东锅	2013-08-14	277.57	3.93	0.30	147.10	
19	华电江苏句容	2	103		东锅	2013-11-01	279.49	4.45	0.30	152.11	
20	国电湖北汉川	6	100	D196	东锅	2016-08-18	281.02	3.35	1.14	10.00	
21	神华安徽安庆	3	100		东锅	2015-05-31	276.92	4.00	0.46	75.52	
22	神华安徽安庆	4	100		东锅	2015-06-19	276.71	3.85	0.52	92.53	
23	国电江苏泰州	3	100	DR96-01-1	上锅	2015-09-25	271.47	4.37	0.26	21.35	
24	国电江苏泰州	4	100	DR96-01-2	上锅	2016-01-13	272.49	4.19	0.26	34.84	
25	国信江苏新海	2	100		上锅	2016-01-23	288.74	4.31	2.82	159.14	
26	浙能台二发电	1	100	A196-04-7	东锅	2015-09-14	286.69	5.03	0.23	241.85	
27	浙能台二发电	2	100	A196-04-8	东锅	2015-12-14	286.87	4.79	0.23	343.33	
28	国电湖北汉川	5	100	196	东锅	2012-12-21	282.56	3.31	1.17	140.00	
29	神华广东台山	6	100	196-11-19	上锅	2011-03-31	292.60	4.84	0.24	131.83	
30	华能山东莱芜	6	103	DR96-02-3	哈锅	2015-12-24	271.16	4.02	1.90	80.40	
31	华能南京金陵	2	100	196	哈锅	2012-08-21	276.84	3.86	0.21	7.68	
32	国家电投江苏常熟	6	100	196	上锅	2013-12-14	281.46	4.18	0.33	34.00	
33	国电浙江北仑	6	100	196-7-11	东锅	2008-12-20	276.12	3.02	0.31	185.00	
34	国电浙江北仑	7	100	196-7-12	东锅	2009-06-02	278.52	3.06	0.31	284.00	
35	华润徐州彭城	5	100	196	上锅	2010-06-23	282.94	4.07	1.34	351.56	
36	华润徐州彭城	6	100	196	上锅	2010-07-07	280.76	4.03	1.34	330.29	
37	浙能浙江嘉兴二	7	100	196	哈锅	2011-06-23	286.53	4.73	0.30	54.30	
38	浙能浙江嘉兴二	8	100	196	哈锅	2011-10-18	285.66	4.83	0.30	159.46	
39	国家电投江苏常熟	5	100	196	上锅	2013-01-03	285.46	4.27	0.33	72.00	

续表

序号	电厂名称	机组编号	容量（万千瓦）	出厂编号	锅炉厂家	投产日期（年-月-日）	供电煤耗（克/千瓦时）	厂用电率（%）	耗水率（千克/千瓦时）	油耗（吨/年）	备注
40	国家电投上海漕泾	1	100	196	上锅	2010-01-20	278.04	4.08	0.43	153.59	
41	国家电投上海漕泾	2	100	196	上锅	2010-04-06	279.38	4.12	0.43	204.97	
42	国电江苏谏壁	14	100	196	上锅	2012-06-24	276.53	2.54	0.25	11.52	
43	皖能安徽铜陵	5	105	196	上锅	2011-05-06	284.10	3.86	1.71	49.80	
44	华能南京金陵	1	100	196	哈锅	2009-12-23	276.09	3.99	0.21	6.83	
纯凝湿冷机组平均值							282.57	4.02	0.64	128.98	
总平均值							282.36	4.01	0.61	124.99	
哈尔滨汽轮机厂											
45	国电江苏泰州	1	100	CCH02	哈锅	2007-12-04	292.52	3.51	0.38	8.85	
46	国电江苏泰州	2	100	CCH02	哈锅	2008-03-31	292.89	3.40	0.39	10.85	
47	华能河南沁北	6	100	CCH02	东锅	2013-03-06	283.05	3.17	1.96	292.79	
48	华能河南沁北	5	100	CCH02	东锅	2012-03-06	282.96	3.23	1.96	183.25	
49	大唐广东三百门	3	100	CCH02	哈锅	2010-07-22	277.21	4.26	0.06	0.00	
50	大唐广东三百门	4	100	CCH02	哈锅	2010-07-22	281.15	4.72	0.06	0.00	
51	国家电投河南鲁阳	1	100	CCH02	东锅	2010-11-23	297.63	3.85	1.57	140.07	
52	国家电投河南鲁阳	2	100	CCH02	东锅	2010-12-08	292.02	3.78	1.57	105.68	
总平均值							287.43	3.74	3.74	3.74	
东方汽轮机厂											
湿冷机组											
53	华电山东邹县	7	100	D1000A	东锅	2006-12-04	283.38	4.05	1.05	51.00	
54	华电山东莱州	2	105	F1000A	东锅	2012-12-06	278.94	3.81	0.19	68.50	
55	浙能浙江六横	1	103	D1000H-B00001AZM	北京巴威	2014-07-10	287.91	4.32	0.24	178.50	

续表

序号	电厂名称	机组编号	容量（万千瓦）	出厂编号	锅炉厂家	投产日期（年-月-日）	供电煤耗（克/千瓦时）	厂用电率（%）	耗水率（千克/千瓦时）	油耗（吨/年）	备注
56	神华福建鸿山	4	100		东锅	2015-04-24	294.98	3.62	0.17	16.31	
57	神华福建鸿山	3	100		东锅	2015-03-20	295.02	3.82	0.13	341.88	
58	浙能浙江六横	2	103	D1000H-B00002AZM	北京巴威	2014-09-17	284.72	4.07	0.24	49.36	
59	神华重庆万州港电	1	100	D1000K-N1	东锅	2015-02-09	287.62	4.02	1.62	247.49	
60	神华重庆万州港电	2	100	D1000K-N2	东锅	2015-09-18	286.31	3.90	1.65	291.81	
61	大唐江西抚州	1	100			2015-12-29	289.82	4.40	1.46	0.00	
62	大唐江西抚州	2	100			2016-04-27	292.95	4.25	1.46	0.00	
63	神华辽宁绥中	3	100	D1000A	东锅	2010-02-12	295.23	5.31	0.24	192.40	
64	神华辽宁绥中	4	100	D1000A	东锅	2010-05-18	294.62	5.49	0.23	163.28	
65	华能广东海门	1	103.6	D1000A	东锅	2009-06-30	284.85	4.06	0.09	21.60	
66	华能广东海门	2	103.6	D1000A	东锅	2009-09-27	284.80	3.82	0.09	34.59	
67	华电山东邹县	8	100	D1000A	东锅	2007-07-05	280.88	4.29	1.05	87.00	
68	粤电广东靖海	3	100	HD171-1-12	东锅	2013-01-10	299.75	5.04	0.23	0.00	
69	粤电广东靖海	4	100	HD171-2-12	东锅	2013-01-09	300.26	4.73	0.23	0.00	
70	华电山东莱州	1	105	F1000A	东锅	2012-11-04	279.40	3.71	0.19	83.50	
71	华能广东海门	3	100	D1000A	东锅	2013-03-19	285.04	3.09	0.09	24.10	
72	华能广东海门	4	100	D1000A	东锅	2013-03-19	281.31	2.58	0.09	76.18	
73	华润浙江温州	1	100	D1000A-000106BSM	东锅	2014-01-24	293.23	4.23	0.26	367.93	
74	华润浙江温州	2	100	D1000A-000106BSM	东锅	2014-05-31	294.52	4.20	0.26	269.47	
总平均值							288.89	4.13	0.51	116.59	

续表

序号	电厂名称	机组编号	容量（万千瓦）	出厂编号	锅炉厂家	投产日期（年-月-日）	供电煤耗（克/千瓦时）	厂用电率（%）	耗水率（千克/千瓦时）	油耗（吨/年）	备注
空冷机组											
75	华电宁夏灵武	3	100	HD211-1-12	东锅	2011-01-01	299.40	5.60	0.38	10.17	
76	华电宁夏灵武	4	100	HD211-2-12	东锅	2011-05-01	298.36	5.62	0.38	16.35	
空冷机组平均值							298.88	5.61	0.38	13.26	
北重汽轮机厂											
77	中电投安徽平圩	5	100	1BCD403644-THD	北京巴威	2015-05-29	284.69	4.37	2.01	61.00	
78	中电投安徽平圩	6	100	1BCD403644-THD	北京巴威	2015-09-18	281.32	4.16	2.03	154.00	
总平均值							283.01	4.27	2.02	107.50	

附录 15

2016年全国60万千瓦级超超临界湿冷火电机组能效指标

序号	电厂名称	机组编号	容量（万千瓦）	出厂编号	锅炉厂家	投产日期（年–月–日）	供电煤耗（克/千瓦时）	厂用电率（%）	耗水率（千克/千瓦时）	油耗（吨/年）
上海汽轮机厂										
1	国家电投安徽田集二	3	70	E195-01	上锅	2013-12-22	280.57	3.84	2.40	0.00
2	国家电投安徽田集二	4	70	E195-02	上锅	2014-04-29	278.87	3.63	2.40	0.00
3	大唐江苏南京	1	66	195	哈锅	2010-08-05	289.02	4.06	0.16	0.00
4	大唐江苏南京	2	66	196	哈锅	2010-12-15	288.98	4.08	0.16	0.00
5	神华江苏陈家港	1	66	195-6-11	上锅	2012-08-20	285.37	3.65	0.23	0.75
6	华能浙江长兴	1	66	F195-01-1	哈锅	2014-12-17	278.65	3.62	2.04	18.53
7	华能浙江长兴	2	66	F195-01-2	哈锅	2014-12-29	278.91	3.35	2.04	87.02
8	华电江苏望亭	3	66	195	上锅	2009-06-27	281.28	3.93	1.87	51.00
9	国电江西九江	157	66	D195-1	上锅	2013-01-01	288.01	3.39	2.44	126.00
10	神华江苏陈家港	2	66	195-6-11	上锅	2012-08-20	283.40	3.71	0.24	0.51
11	国信江苏靖江	2	66	195-4-7	哈锅	2015-02-10	291.12	4.83	0.38	103.18
12	浙能浙江温州	7	66	195	北京巴威	2015-12-19	287.18	4.88	0.25	244.05
13	浙能浙江温州	8	66	195	北京巴威	2015-11-11	285.56	4.68	0.25	349.80
14	华电安徽六安	3	66	195-13-25	上锅	2014-05-17	287.17	4.45	1.81	0.00
15	华电安徽六安	4	66	195-15-28	上锅	2014-07-31	282.22	4.53	1.87	0.00
16	国信江苏靖江	1	66	195-4-7	哈锅	2015-02-10	288.06	4.83	0.38	77.44
17	华电常德	1	66	195-02-3	上锅	2015-12-17	289.62	4.62	1.97	0.00
18	华电常德	2	66	195-02-4	上锅	2015-12-29	292.87	4.83	2.18	0.00
19	浙能安徽风台	3	66	D195	上锅	2013-12-09	285.10	3.16	2.11	228.75

续表

序号	电厂名称	机组编号	容量（万千瓦）	出厂编号	锅炉厂家	投产日期（年-月-日）	供电煤耗（克/千瓦时）	厂用电率（%）	耗水率（千克/千瓦时）	油耗（吨/年）
20	华能山东威海	5	68	195.00	哈锅	2010-12-01	286.79	3.89	0.14	29.36
21	华能山东威海	6	68	195.00	哈锅	2011-01-01	277.55	2.77	0.14	181.02
22	浙能浙江乐清	3	66	195.00	上锅	2010-03-30	285.36	4.17	0.25	96.44
23	浙能浙江乐清	4	66	195.00	上锅	2010-07-25	285.62	4.33	0.25	99.56
24	华能福建福州	5	66	195	哈锅	2010-07-22	293.44	4.60	0.43	259.70
25	华能福建福州	6	66	195	哈锅	2010-11-15	291.22	4.61	0.43	130.82
26	华能上海石洞口二	3	66	195	上锅	2009-11-16	286.87	4.61	0.42	61.64
27	华能上海石洞口二	4	66	195	上锅	2009-12-15	283.10	4.24	0.42	20.35
28	华电江苏望亭	4	66	195	上锅	2011-07-12	285.04	3.97	2.30	45.00
29	浙能安徽凤台	4	66	D195	上锅	2013-12-23	286.36	3.07	2.11	285.56
平均值							285.63	4.08	1.11	86.09
哈尔滨汽轮机厂										
30	华能辽宁营口	3	60	107003	哈锅	2007-08-31	293.65	4.00	0.43	13.30
31	华电辽宁铁岭	5	60	CCH01	哈锅	2008-07-04	288.64	6.38	1.95	57.00
32	华电辽宁铁岭	6	60	CCH01	哈锅	2008-12-22	281.94	6.33	1.72	37.00
33	华能湖南岳阳	5	60	CCH01A	哈锅	2011-01-06	292.20	4.01	0.16	280.50
34	华能湖南岳阳	6	60	CCH01A	哈锅	2012-08-20	291.31	4.06	0.16	255.00
35	国家电投江苏阚山	1	60	CCH01A	哈锅	2007-10-22	300.54	4.11	1.32	56.34
36	国家电投江苏阚山	2	60	CCH01A	哈锅	2008-01-23	301.19	4.33	1.32	53.44
37	大唐江苏吕四港	3	66	CCH01A	哈锅	2010-03-31	286.44	4.45	0.17	37.00
38	大唐江苏吕四港	4	66	CCH01A	哈锅	2010-06-06	286.86	4.66	0.17	51.00
39	大唐河南禹州	3	66	CCH01A	上锅	2009-06-30	293.82	4.03	1.78	127.83
40	大唐河南禹州	4	66	CCH01A	上锅	2009-12-29	289.34	3.82	1.78	91.43

续表

序号	电厂名称	机组编号	容量（万千瓦）	出厂编号	锅炉厂家	投产日期（年-月-日）	供电煤耗（克/千瓦时）	厂用电率（%）	耗水率（千克/千瓦时）	油耗（吨/年）
41	大唐河南华豫	3	66	CCH01A	东锅	2009-03-23	293.53	4.26	1.49	182.58
42	大唐河南华豫	4	66	CCH01A	东锅	2009-10-15	289.19	4.22	1.52	205.25
43	华能辽宁营口	4	60	107004	哈锅	2007-10-14	292.36	4.00	0.41	34.20
44	大唐江苏吕四港	1	66	CCH01A	哈锅	2010-03-14	282.96	4.44	0.17	35.00
45	大唐江苏吕四港	2	66	CCH01A	哈锅	2010-03-06	287.79	4.48	0.17	35.00
平均值							290.74	4.47	4.47	4.47
东方汽轮机厂										
46	国家电投安徽芜湖	2	66	D660B16	北京巴威	2011-12-12	286.99	4.83	0.38	185.50
47	国家电投安徽芜湖	1	66	D660B12	北京巴威	2010-12-24	291.75	5.03	0.38	93.50
48	华电安徽芜湖	2	66	D600B	哈锅	2008-12-20	286.36	4.34	0.41	145.00
49	华电安徽芜湖	1	66	D600B	哈锅	2008-06-24	291.19	4.43	0.41	100.00
50	华电湖北西塞山	4	68	D600B	哈锅	2014-04-15	292.30	4.52	0.40	0.00
51	华电湖北西塞山	3	68	D600B	哈锅	2010-12-23	289.35	4.39	0.40	0.00
52	华能江西安源	2	66		哈锅	2015-08-24	282.44	3.73	1.76	11.90
53	华能江西安源	1	66		哈锅	2015-06-28	283.15	3.65	1.74	11.13
54	华能江西井冈山	4	66	D600B	东锅	2009-12-25	291.97	3.44	1.99	0.00
55	华能江西井冈山	3	66	D600B	东锅	2009-11-19	293.34	3.49	1.99	2.02
56	国家电投江西新昌	2	66	D600B	东锅	2010-02-14	297.13	3.28	1.85	0.00
57	国家电投江西新昌	1	66	D600B	东锅	2009-12-14	296.51	3.40	1.97	0.00
58	大唐福建宁德	2	66	D600B	东锅	2008-12-31	289.21	4.45	0.19	0.00
59	大唐福建宁德	1	66	D600B	东锅	2009-06-27	284.36	4.65	0.19	0.00
60	国家电投江西景德镇	2	66	D660B	哈锅	2011-05-18	299.01	4.09	1.25	18.08
61	国家电投江西景德镇	1	66	D660B	哈锅	2010-12-31	301.02	4.20	1.29	11.26

续表

序号	电厂名称	机组编号	容量（万千瓦）	出厂编号	锅炉厂家	投产日期（年-月-日）	供电煤耗（克/千瓦时）	厂用电率（%）	耗水率（千克/千瓦时）	油耗（吨/年）
62	粤电广东红海湾	4	66	D600B	东锅	2011-10-01	311.43	5.04	0.28	70.00
63	粤电广东红海湾	3	66	D600B	东锅	2011-10-01	311.79	5.27	0.28	61.50
平均值							293.29	4.24	0.95	39.44

附录 16

2016年全国60万千瓦级超临界湿冷火电机组能效指标

序号	电厂简称	机组编号	容量（万千瓦）	汽机编号	锅炉厂家	投产日期（年-月-日）	供电煤耗（克/千瓦时）	厂用电率(%)	耗水率（千克/千瓦时）	油耗（吨/年）	备注
东方汽轮机厂											
1	华润江苏南热	2	60	D600NN2	哈锅	2010-08-18	292.76	4.73	0.41	159.93	
2	华润江苏南热	1	60	D600NN1	哈锅	2010-01-21	305.68	4.77	0.41	263.74	
3	皖能安徽合肥	5	63	D600E	东锅	2009-01-08	297.85	4.23	1.29	0.00	
4	华润安徽阜阳	2	64	D600CN05	哈锅	2006-06-20	309.38	4.69	2.22	106.96	
5	华润安徽阜阳	1	64	D600CN04	哈锅	2006-03-30	307.89	4.80	2.22	91.09	
6	浙能安徽凤台	2	63	D600E	东锅	2008-09-29	304.33	5.08	2.11	84.58	
7	浙能安徽凤台	1	63	D600E	东锅	2008-08-06	305.33	4.80	2.11	0.00	
8	国信江苏扬州	4	63	C600C	哈锅	2007-01-26	306.39	4.74	0.34	66.00	
9	国信江苏扬州	3	63	C600C	哈锅	2006-10-27	304.25	4.79	0.35	142.90	
10	省投河南鸭河口	4	60	D600E	东锅	2008-04-24	299.98	5.02	1.75	277.51	
11	省投河南鸭河口	3	60	D600E	东锅	2007-12-18	302.63	5.21	1.74	242.36	
12	华润河南登封	4	60	D600E-N37	哈锅	2012-09-10	297.96	5.06	1.85	90.88	
13	华润河南登封	3	60	D600E-N37	哈锅	2011-11-12	297.79	4.83	1.85	45.40	
14	国电河南民权	2	63	D600E	东锅	2008-11-06	300.20	4.98	1.56	63.00	
15	国电河南民权	1	63	D600E	东锅	2008-08-23	301.10	5.09	1.56	75.00	
16	国电河南荥阳	2	63	D630E-NO.33	北京巴布科可•威尔科可斯锅炉厂（北京巴威）	2010-11-29	291.26	3.91	1.49	209.23	

续表

序号	电厂简称	机组编号	容量（万千瓦）	汽机编号	锅炉厂家	投产日期（年-月-日）	供电煤耗（克/千瓦时）	厂用电率(%)	耗水率（千克/千瓦时）	油耗（吨/年）	备注
17	国电河南荥阳	1	63	D630E-NO.32	北京巴布科可•威尔科可斯锅炉厂(北京巴威)	2010-11-13	291.47	4.19	1.49	150.53	
18	华润河南首阳山	2	63	D600C	哈锅	2006-10-06	299.34	4.74	1.68	318.09	
19	华润河南首阳山	1	63	D600C	哈锅	2006-05-05	297.80	4.74	1.68	171.06	
20	国家电投河南开封	2	60	D600E-29	东锅	2009-02-27	302.88	4.02	1.77	181.83	
21	国家电投河南开封	1	60	D600E-28	东锅	2008-12-18	306.58	3.96	1.77	173.15	
22	国电湖北荆门	7	64	D600E	东锅	2007-06-06	294.44	4.39	1.88	31.00	
23	国电湖北荆门	6	64	D600E	东锅	2006-12-29	299.09	4.71	1.88	8.00	
24	浙能浙江兰溪	4	60	D600E	北京巴布科可•威尔科可斯锅炉厂(北京巴威)	2007-05-22	303.00	4.91	2.43	227.00	
25	浙能浙江兰溪	3	60	D600E	北京巴布科可•威尔科可斯锅炉厂(北京巴威)	2006-12-28	303.00	4.99	2.43	86.00	
26	浙能浙江兰溪	2	60	D600E	北京巴布科可•威尔科可斯锅炉厂(北京巴威)	2006-08-23	303.80	5.57	2.43	101.00	
27	浙能浙江兰溪	1	60	D600E	北京巴布科可•威尔科可斯锅炉厂(北京巴威)	2006-04-19	300.90	5.11	2.43	0.00	
28	福能福建鸿山	2	60	D600P-2	哈锅	2011-01-31	286.83	4.32	0.41	0.00	

续表

序号	电厂简称	机组编号	容量（万千瓦）	汽机编号	锅炉厂家	投产日期（年–月–日）	供电煤耗（克/千瓦时）	厂用电率(%)	耗水率（千克/千瓦时）	油耗（吨/年）	备注
29	福能福建鸿山	1	60	D600P-1	哈锅	2011-01-10	289.18	4.53	0.43	0.00	
30	国家电投四川福溪	2	60	D600E	东锅	2012-05-15	307.88	6.83	2.77	592.97	
31	国家电投四川福溪	1	60	D600E	东锅	2011-11-01	310.07	7.11	2.79	421.86	
32	粤电广东红海湾	2	60	D600E	东锅	2008-02-11	315.36	5.35	0.28	77.50	
33	粤电广东红海湾	1	60	D600E	东锅	2008-01-27	313.12	5.10	0.28	105.00	
34	粤电广东靖海	2	60		东锅	2007-06-28	309.19	5.37	0.24	0.00	
35	粤电广东靖海	1	60		东锅	2007-02-18	309.15	5.72	0.24	0.00	
36	国投广西钦州	2	63	D600E	东锅	2007-11-02	307.71	6.53	0.22	0.00	
37	国投广西钦州	1	63	D600E	东锅	2007-07-05	319.06	7.85	0.22	0.00	
纯凝式机组平均值							304.43	5.17	1.56	121.94	
总平均值							302.56	5.05	1.43	123.34	
上海汽轮机厂											
38	华电山东潍坊	3	67	192	上海锅炉厂(上锅)	2006-10-24	299.08	5.75	2.20	179.00	
39	华电山东潍坊	4	67	192	上海锅炉厂(上锅)	2007-06-09	299.01	5.82	2.20	193.00	
40	华能山东日照	3	68	192	上海锅炉厂(上锅)	2008-12-07	297.99	4.38	0.18	76.58	
41	国电山东费县	1	65	191	哈锅	2007-02-02	298.03	4.02	1.81	0.00	
42	国电山东费县	2	65	191	哈锅	2007-08-05	296.60	3.96	1.82	0.00	
43	国电江苏常州	1	63	191-3	哈锅	2006-05-23	298.36	4.83	0.41	0.00	
44	安徽皖能马鞍山	2	66	192	上锅	2012-06-03	303.42	3.38	0.55	0.00	
45	华电福建可门	1	60	B191	上锅	2006-08-03	300.76	5.08	0.08	107.99	
46	新力江苏利港	5	63	CMG0	上锅	2006-12-09	300.65	4.22	0.29	14.64	

续表

序号	电厂简称	机组编号	容量（万千瓦）	汽机编号	锅炉厂家	投产日期（年–月–日）	供电煤耗（克/千瓦时）	厂用电率(%)	耗水率（千克/千瓦时）	油耗（吨/年）	备注
47	新力江苏利港	6	63	CMG0	上锅	2006-12-22	299.30	3.92	0.29	15.52	
48	国电江苏常州	2	63	191-4	哈锅	2006-11-30	296.58	4.39	0.41	0.00	
49	神华江苏太仓	8	63	CMG0	上锅	2005-11-08	300.20	4.61	0.16	16.44	
50	安徽皖能马鞍山	1	66	192	上锅	2012-03-27	308.31	3.48	0.55	0.00	
51	大唐安徽洛河	5	63		上锅	2007-12-08	304.62	3.99	1.98	10.50	
52	大唐安徽洛河	6	63		上锅	2007-11-30	306.37	3.97	1.98	12.00	
53	华电安徽宿州	1	63	191	东锅	2007-09-02	293.30	4.76	2.01	22.50	
54	国电安徽蚌埠	1	63	191	哈锅	2008-12-30	297.61	3.66	2.11	0.00	
55	国电安徽蚌埠	2	63	191	哈锅	2009-04-20	301.99	3.60	2.11	0.00	
56	国家电投安徽田集	1	63	191	上锅	2007-07-26	295.88	4.98	1.20	17.00	
57	国电安徽铜陵	1	63	191	东锅	2008-07-28	297.87	3.97	0.40	0.00	
58	国电安徽铜陵	2	63	191	东锅	2008-09-28	296.41	4.03	0.40	0.00	
59	神华江苏太仓	7	63	CMG0	上锅	2006-01-20	295.68	4.16	0.14	33.77	
60	皖能安徽合肥	6	63	C191	东锅	2013-06-30	304.31	4.28	1.29	0.00	
61	华电安徽宿州	2	63	191	东锅	2007-11-10	292.74	4.85	1.96	30.20	
62	国家电投安徽田集	2	63	191	上锅	2007-10-15	301.22	5.25	1.20	0.00	
63	江西省投丰城	6	70	192	上锅	2007-05-13	307.03	4.64	0.43	1.66	
64	华电福建可门	2	60	B191	上锅	2006-12-08	298.05	5.27	0.08	45.98	
65	国电福建江阴	1	60	B191	哈锅	2007-07-26	297.94	4.13	0.30	0.00	
66	国电福建江阴	2	60	B191	哈锅	2007-10-14	302.31	4.36	0.30	0.00	
67	华电湖北襄阳	5	60	B191	上锅	2007-01-25	296.17	4.51	0.29	42.30	
68	大唐湖南湘潭	3	60	191-7-13	东锅	2006-03-30	307.48	5.90	0.20	61.52	

续表

序号	电厂简称	机组编号	容量（万千瓦）	汽机编号	锅炉厂家	投产日期（年-月-日）	供电煤耗（克/千瓦时）	厂用电率(%)	耗水率（千克/千瓦时）	油耗（吨/年）	备注
69	国电江西黄金埠	2401	65		上锅	2007-03-15	306.89	4.31	2.19	0.00	
70	江西省投丰城	5	70	192	上锅	2007-01-16	307.03	4.64	0.43	4.28	
71	粤电广东金湾	3	60	B191	上锅	2007-02-17	312.86	5.65	0.28	208.10	
72	粤电广东金湾	4	60	B191	上锅	2007-02-10	314.29	5.74	0.26	178.20	
73	大唐安徽淮北	1	66	192.00	东锅	2013-09-27	303.14	4.36	0.49	14.60	
74	大唐安徽淮北	2	66	192.00	东锅	2013-10-26	302.68	4.24	0.49	16.70	
75	大唐湖南湘潭	4	60	191-7-14	东锅	2006-11-13	321.52	6.02	0.20	24.89	
76	国电江西黄金埠	2402	65		上锅	2007-07-31	308.26	4.44	2.19	0.00	
77	华电福建可门	3	60	B191	上锅	2008-08-23	302.07	5.09	0.08	51.70	
78	华电福建可门	4	60	B191	上锅	2008-12-18	302.22	4.60	0.08	81.51	
79	广东佛山恒益	1	60	B191-16-29	上锅	2011-06-27	317.20	6.17	2.26	68.01	
80	广东佛山恒益	2	60	B191-16-30	上锅	2011-10-07	321.42	6.30	2.26	78.82	
81	国电山东聊城	3	60	191	东锅	2009-02-27	297.84	4.87	1.99	59.30	
82	华电湖北襄阳	6	60	B191	上锅	2007-05-23	293.99	4.49	0.29	38.40	
83	国电山东聊城	4	60	191	东锅	2009-08-31	299.41	4.91	2.02	98.40	
84	浙能浙江乐清	1	66	191	上锅	2008-09-09	292.33	5.20	0.25	106.13	
85	浙能浙江乐清	2	66	191	上锅	2008-09-10	294.48	4.96	0.25	140.48	
86	华能山东日照	4	68	192	上锅	2008-12-19	293.01	4.41	0.18	129.98	
87	大唐山东黄岛	5	67	192	上锅	2006-11-08	303.63	4.18	0.17	49.00	
88	大唐山东黄岛	6	67	192	上锅	2007-11-14	298.88	4.14	0.17	55.00	
89	新力江苏利港	7	63	CMGO	上锅	2007-07-12	302.25	3.72	0.29	33.65	
90	新力江苏利港	8	63	190.00	上锅	2008-01-21	307.11	4.31	0.29	20.43	

续表

序号	电厂简称	机组编号	容量（万千瓦）	汽机编号	锅炉厂家	投产日期（年-月-日）	供电煤耗（克/千瓦时）	厂用电率(%)	耗水率（千克/千瓦时)	油耗（吨/年）	备注
纯凝式机组平均值							301.97	4.69	0.87	47.26	
总平均值							301.84	4.62	0.88	44.12	
哈尔滨汽轮机厂											
91	国电辽宁康平	1	60	CH01	哈锅	2008-12-08	304.50	4.85	2.20	0.00	
92	国电辽宁康平	2	60	CH01	哈锅	2009-08-15	297.60	4.38	2.20	0.00	
93	神华辽宁绥中	1	88	K-800	塔干罗格	2000-07-06	323.73	6.45	0.34	190.72	
94	国电辽宁庄河	1	60	CH01	哈锅	2007-08-06	304.76	4.88	0.47	0.00	
95	大唐吉林长山	1	66		哈锅	2011-03-15	326.78	5.96	1.67	201.00	
96	省投河北西柏坡	5	60	CH01	北京巴布科可•威尔科可斯锅炉厂（北京巴威）	2006-08-19	311.30	5.21	2.10	21.86	
97	省投河北西柏坡	6	60	CH01	北京巴布科可•威尔科可斯锅炉厂（北京巴威）	2006-11-24	311.70	5.22	2.10	20.26	
98	神华河北沧东	3	66	CH01B	上锅	2009-03-27	305.00	4.04	0.21	3.50	
99	神华辽宁绥中	2	88	K-800	塔干罗格	2000-10-19	320.36	6.13	0.34	89.54	
100	华能江苏太仓	3	63	CH01	东锅	2006-01-19	298.40	4.28	0.35	14.00	
101	华能江苏太仓	4	63	CH01	东锅	2006-02-22	303.10	4.13	0.35	28.00	
102	大唐浙江乌沙山	1	60	CH01-10	哈锅	2006-04-01	301.04	4.47	0.10	0.90	
103	大唐浙江乌沙山	2	60	CH01-10	哈锅	2006-07-09	301.05	4.38	0.10	1.60	
104	大唐浙江乌沙山	4	60	CH01-10	哈锅	2006-11-08	296.13	4.62	0.10	1.10	

续表

序号	电厂简称	机组编号	容量（万千瓦）	汽机编号	锅炉厂家	投产日期（年-月-日）	供电煤耗（克/千瓦时）	厂用电率(%)	耗水率（千克/千瓦时)	油耗（吨/年）	备注
105	华能安徽巢湖	1	60	CH01	哈锅	2008-08-09	300.22	4.10	1.68	30.50	
106	华能安徽巢湖	2	60	CH01	哈锅	2008-11-24	297.19	3.93	1.68	9.00	
107	大唐安徽马鞍山	2	66	CH01B	上锅	2008-12-30	300.82	3.44	0.16	0.00	
108	神华河北沧东	4	66	CH01B	上锅	2009-11-27	304.83	4.26	0.21	24.80	
109	国电辽宁庄河	2	60	CH01	哈锅	2007-11-05	304.32	4.83	0.47	0.00	
110	大唐安徽马鞍山	1	66	CH01B	上锅	2008-12-15	299.83	3.84	0.16	4.00	
111	华能河南沁北	2	60	CH01	东锅	2004-12-13	305.77	4.23	1.96	192.75	
112	大唐福建宁德	3	60	CH01	哈锅	2006-06-06	315.97	4.71	0.19	0.00	
113	大唐福建宁德	4	60	CH01	哈锅	2006-09-08	312.45	4.53	0.19	0.00	
114	国家电投河南姚孟	5	63	CH01	东锅	2007-10-26	308.64	5.04	2.88	208.00	
115	国家电投河南姚孟	6	63	CH01	东锅	2007-12-29	308.62	4.58	2.88	95.00	
116	大唐河南三门峡	3	63	CH01	哈锅	2006-06-29	301.27	5.09	1.64	101.09	
117	大唐河南三门峡	4	63	CH01	哈锅	2006-08-27	305.99	5.32	1.64	242.80	
118	华能河南沁北	1	60	CH01	东锅	2004-11-23	308.97	4.45	1.96	207.38	
119	华能河南沁北	3	60	CH01	东锅	2007-11-20	311.51	5.40	1.96	236.77	
120	华能河南沁北	4	60	CH01	东锅	2007-12-12	311.88	5.45	1.96	285.76	
121	华能湖北阳逻	5	60	CH01	东锅	2006-10-23	298.98	4.47	0.25	170.30	
122	华能湖北阳逻	6	60	CH01	东锅	2006-12-12	300.75	4.51	0.25	196.90	
123	大唐广东三百门	1	60	CH01	哈锅	2006-05-22	309.03	4.28	0.06	0.00	
124	大唐广东三百门	2	60	CH01	哈锅	2006-07-25	310.25	4.55	0.06	0.00	
125	华能广东汕头	3	60		东锅	2005-10-20	300.68	3.68	0.15	123.00	
126	国电吉林双辽	5	66	73AN9	哈锅	2015-07-23	309.99	5.97	2.25	44.00	

续表

序号	电厂简称	机组编号	容量（万千瓦）	汽机编号	锅炉厂家	投产日期（年–月–日）	供电煤耗（克/千瓦时）	厂用电率(%)	耗水率（千克/千瓦时）	油耗（吨/年）	备注
127	华能吉林九台	1	67	197044.00	哈锅	2009-10-26	286.52	4.50	1.47	314.16	
128	国电福建泉州	3	67		哈锅	2011-12-22	291.07	3.78	0.33	0.00	
129	国电福建泉州	4	67		哈锅	2012-04-25	297.18	3.84	0.33	0.00	
130	国家电投辽宁清河	9	60	CH01	哈锅	2010-03-16	312.25	6.18	1.88	107.00	
131	国家电投辽宁清河	1	60	CH01	哈锅	2011-11-15	313.74	6.09	1.88	10.00	
132	国电龙江双鸭山	5	60		哈锅	2007-12-24	308.43	5.35	2.69	115.00	
133	国电龙江双鸭山	6	60		哈锅	2008-01-27	308.49	5.40	2.69	114.00	
134	华能内蒙古伊敏	5	60	197066.00	哈锅	2011-01-13	301.44	4.46	2.04	112.14	
135	华能内蒙古伊敏	6	60	197067.00	哈锅	2010-12-03	301.64	4.36	2.04	320.13	
136	大唐浙江乌沙山	3	60	CH01-10	哈锅	2006-09-30	297.72	4.56	0.10	1.40	
137	华能吉林九台	2	67	197045.00	哈锅	2009-12-06	297.15	4.84	1.47	235.88	
纯凝式机组平均值							306.43	5.17	1.16	87.44	
总平均值							305.30	5.05	1.15	86.69	
其他汽轮机厂											
138	中电投安徽平圩	3	64	DKY4	哈尔滨锅炉厂(哈锅)	2007-03-19	299.97	5.00	1.96	112.00	
139	中电投安徽平圩	4	64	DKY4	哈尔滨锅炉厂(哈锅)	2007-12-24	298.02	4.96	1.97	52.00	
140	国家电投湖北黄冈	1	64	DKY4	哈尔滨锅炉厂(哈锅)	2008-05-24	297.95	4.05	1.88	148.42	
141	国家电投湖北黄冈	2	64	DKY4	哈尔滨锅炉厂(哈锅)	2008-09-27	296.10	3.71	1.88	105.88	
142	神华山西王曲	1	60	TC4F	英国三井巴布科克能源有限公司	2006-08-09	303.05	4.77	2.44	84.66	

续表

序号	电厂简称	机组编号	容量（万千瓦）	汽机编号	锅炉厂家	投产日期（年-月-日）	供电煤耗（克/千瓦时）	厂用电率(%)	耗水率（千克/千瓦时)	油耗（吨/年）	备注
143	神华山西王曲	2	60	TC4F	英国三井巴布科克能源有限公司	2006-08-31	304.07	4.90	2.46	266.41	
144	华能上海石洞口二	1	60	TC4F	SULZER	1992-06-12	306.19	4.39	0.33	154.80	
145	华能上海石洞口二	2	60	TC4F	SULZER	1992-12-26	312.61	4.31	0.33	100.53	
146	申能上海外二	5	90	HMNN	阿尔斯通	2004-04-20	300.44	4.03	0.36	342.32	
147	申能上海外二	6	90	HMNN	阿尔斯通	2004-09-22	298.29	4.07	0.36	347.33	
148	国家电投江西贵溪	2	64	DKY4-80302.00	哈锅	2011-07-15	298.75	3.09	1.38	1.60	
149	国家电投江西贵溪	1	64	DKY4-80302.00	哈锅	2012-12-11	298.48	3.23	1.38	0.00	
总平均值							302.74	4.10	1.13	162.21	

附录 17

2016年全国60万千瓦级亚临界湿冷火电机组能效指标

序号	电厂简称	机组编号	容量（万千瓦）	汽机编号	锅炉厂家	投产日期（年-月-日）	供电煤耗（克/千瓦时）	厂用电率（%）	耗水率（千克/千瓦时）	油耗（吨/年）	备注
东方汽轮机厂											
1	神华山西河曲	1	60	D600B	哈锅	2004-10-26	313.12	6.72	1.78	0.00	
2	神华山西河曲	2	60	D600B	哈锅	2005-01-12	312.74	6.61	1.77	0.00	
3	大唐内蒙古托克托	3	60	D600B	北京巴威	2004-07-14	304.53	5.61	1.51	28.00	
4	华能云南滇东	2	60	D600F	北京巴威	2006-07-17	319.02	5.76	2.03	84.93	
5	华能云南滇东	3	60	D600F	北京巴威	2006-11-17	319.55	5.58	2.02	61.84	
6	华能云南滇东	4	60	D600F	北京巴威	2007-05-16	319.67	5.63	2.02	244.34	
7	浙能浙江嘉兴二	3	66	D600B	北京巴威	2004-07-08	308.18	4.98	0.30	44.70	
8	浙能浙江嘉兴二	4	66	D600B	北京巴威	2004-12-22	309.01	4.96	0.30	183.40	
9	大唐内蒙古托克托	4	60	D600B	北京巴威	2004-09-14	303.08	5.47	1.51	150.02	
10	国电四川金堂	1	60	D600F	东锅	2007-05-23	324.62	5.37	1.85	137.93	
11	国电四川金堂	2	60	D600F	东锅	2007-10-27	324.82	5.39	1.86	144.27	
12	华能云南滇东二	1	60	D600F	北京巴威	2009-07-11	320.09	5.64	2.01	163.31	
13	国家电投贵州黔东	2	60	D600B NO.18	东锅	2009-01-13	323.96	6.21	1.64	564.91	
14	国家电投贵州黔东	1	60	D600B NO.16	东锅	2008-08-30	322.13	6.37	1.66	369.51	
15	华能云南滇东二	2	60	D600F	北京巴威	2010-02-09	318.14	5.65	2.01	85.12	
				平均值			316.18	5.73	1.62	150.82	
哈尔滨汽轮机厂											
16	华能内蒙古伊敏	3	60	117019.00	哈锅	2007-12-05	318.04	5.16	2.03	273.15	

续表

序号	电厂简称	机组编号	容量（万千瓦）	汽机编号	锅炉厂家	投产日期（年–月–日）	供电煤耗（克/千瓦时）	厂用电率（%）	耗水率（千克/千瓦时）	油耗（吨/年）	备注
17	大唐天津盘山	3	60	75A No. 1	哈锅	2001-12-31	310.98	4.38	2.01	0.00	
18	大唐天津盘山	4	60	75A No. 2	哈锅	2002-06-05	313.17	5.13	2.01	0.00	
19	华电龙江哈三	4	60	75	哈锅	1999-11-30	298.88	5.18	2.47	50.00	供热
20	大唐龙江七台河	3	60	75D	哈锅	2008-08-24	311.51	4.59	1.44	98.00	
21	大唐河北王滩	1	60	117006.00	哈锅	2005-12-07	308.99	5.10	0.20	0.00	
22	大唐河北王滩	2	60	117007.00	哈锅	2005-12-28	313.43	5.20	0.20	0.00	
23	国电内蒙古元宝山	3	60	75	哈锅	1998-12-08	319.50	7.33	2.02	93.83	
24	华电龙江哈三	3	60	75	哈锅	1996-01-27	298.94	5.50	2.51	66.00	供热
25	中电投安徽平圩	2	63	71.00	哈锅	1992-12-24	318.62	5.13	0.40	154.00	
26	大唐龙江七台河	4	60	75D	哈锅	2008-12-19	295.52	4.74	1.40	113.60	供热
27	中电投安徽平圩	1	63	71.00	哈锅	1989-11-04	321.04	5.27	0.40	236.00	
28	华能重庆珞璜	5	60	75D	东锅	2006-12-08	311.98	5.64	2.07	711.21	
29	华能重庆珞璜	6	60	75D	东锅	2007-01-26	310.39	5.59	2.07	826.92	
30	华能内蒙古伊敏	4	60	117020.00	哈锅	2007-06-19	316.68	5.29	2.03	48.60	
31	国电内蒙古元宝山	4	60	75	哈锅	2007-09-06	318.74	6.99	2.03	88.82	
纯凝式湿冷机组平均值							314.85	5.45	1.45	194.66	
总平均值							311.65	5.39	1.58	172.51	
上海汽轮机厂											
32	国电山东聊城	1	60	157	英国三井巴	2002-09-11	315.36	5.00	2.01	112.70	
33	国电山东聊城	2	60	157	英国三井巴	2003-08-02	315.46	5.01	2.03	149.10	
34	神华河北沧东	1	60	B157	上锅	2006-06-28	302.02	4.84	0.23	155.80	
35	神华河北定州	1	60	157.00	上锅	2004-04-26	303.83	5.12	1.86	0.00	

续表

序号	电厂简称	机组编号	容量（万千瓦）	汽机编号	锅炉厂家	投产日期（年-月-日）	供电煤耗（克/千瓦时）	厂用电率（%）	耗水率（千克/千瓦时）	油耗（吨/年）	备注
36	京能内蒙古岱海	1	60	157	北京巴威	2005-10-19	308.50	5.89	0.21	55.87	
37	京能内蒙古岱海	2	60	157	北京巴威	2006-01-21	308.62	6.17	0.21	80.01	
38	大唐贵州发耳	4	60	B0600SH07091	上锅	2010-06-10	313.04	5.74	1.99	154.38	
39	浙能浙江嘉兴二	5	66	157.00	上锅	2005-05-13	322.87	6.46	0.30	50.56	
40	浙能浙江嘉兴二	6	66	157.00	上锅	2005-10-18	322.65	5.58	0.30	41.01	
41	神华浙江宁海	1	60	157	上锅	2006-08-21	310.21	5.13	0.39	38.36	
42	神华浙江宁海	2	60	157	上锅	2005-12-31	311.42	5.55	0.39	43.28	
43	神华浙江宁海	3	60	157	上锅	2006-05-31	324.22	5.20	0.39	36.05	
44	神华浙江宁海	4	60	157	上锅	2006-11-20	308.78	5.03	0.39	15.98	
45	神华河北沧东	2	60	B157	上锅	2006-12-16	298.90	4.48	0.22	60.00	
46	神华河北定州	2	60	157.00	上锅	2004-09-10	304.98	4.91	2.45	0.00	
47	申能上海吴泾	2	60	157	上锅	2001-05-06	333.30	5.71	3.03	53.00	
48	神华广东台山	1	60	157-5-7	上锅	2003-12-09	327.59	6.43	0.17	141.33	
49	神华广东台山	2	60	157-5-8	上锅	2004-04-09	333.04	6.24	0.17	276.17	
50	神华广东台山	3	60	157-7-11	上锅	2006-01-21	328.43	5.99	0.17	261.32	
51	神华广东台山	4	60	157-7-12	上锅	2006-01-27	323.50	5.98	0.17	332.78	
52	神华广东台山	5	60	157-10-17	上锅	2006-11-28	312.44	6.04	0.17	137.91	
53	大唐贵州发耳	1	60	B0600SH05063	上锅	2008-06-21	312.08	5.59	1.98	169.29	
54	大唐贵州发耳	2	60	B0600SH06073	上锅	2008-11-26	314.22	5.79	2.00	95.43	
55	大唐贵州发耳	3	60	B0600SH06082	上锅	2009-11-10	314.00	5.24	1.99	116.11	
56	申能上海吴泾	1	60	157	上锅	2000-07-10	338.84	6.06	3.03	76.00	

续表

序号	电厂简称	机组编号	容量（万千瓦）	汽机编号	锅炉厂家	投产日期（年-月-日）	供电煤耗（克/千瓦时）	厂用电率（%）	耗水率（千克/千瓦时）	油耗（吨/年）	备注
平均值							316.33	5.57	1.05	106.10	
进口汽轮机厂											
57	华电山东邹县	5	60	TC4F	美国福斯特	1997-01-17	305.32	5.15	1.03	86.00	
58	华能山东德州	5	70	TC4F	德国巴布科克	2002-06-29	310.80	5.05	2.08	316.00	
59	华能山东德州	6	70	TC4F	德国巴布科克	2002-10-13	307.27	5.01	2.08	195.00	
60	国信江苏扬州	1	63	TC4F	美国巴威	1998-08-19	314.05	4.92	0.42	94.00	
61	华能河北邯峰	2	66	HMN	美国福斯特	2001-09-01	313.34	5.08	1.67	704.00	
62	大唐内蒙古托克托	2	60	TC4F	哈锅	2003-07-29	310.84	5.05	1.51	100.84	
63	国电内蒙古元宝山	2	60		德国斯坦缪勒	1985-12-15	318.56	6.77	2.02	195.94	
64	华电山东邹县	6	60	TC4F	美国福斯特	1997-11-05	307.17	5.08	1.03	86.00	
65	国信江苏扬州	2	63	TC4F	美国巴威	1999-04-09	315.47	4.81	0.41	99.10	
66	国电浙江北仑	3	66	XCH03	日本石川岛	2000-09-28	313.79	5.31	0.31	242.04	
67	华能河北邯峰	1	66	HMN	美国福斯特	2001-03-26	314.62	5.35	1.67	577.00	
68	大唐内蒙古托克托	1	60	TC4F	哈锅	2003-06-09	316.85	5.46	1.51	109.15	
69	国电浙江北仑	1	60	TC4F-XCH01	美国燃烧	1991-10-30	321.54	5.00	0.31	249.00	供热
70	国电浙江北仑	2	60	TC4F-UNI002983	加拿大巴布	1994-11-18	321.24	4.32	0.31	734.00	
71	大唐陕西韩城二	1	60	TC4F	哈锅	2005-08-15	309.82	6.97	1.86	19.90	
72	大唐陕西韩城二	2	60	TC4F	哈锅	2005-11-18	320.82	7.00	1.86	63.20	
73	粤电广东沙角C	1	66	T2A	美国ABB-CE	1996-06-24	323.59	7.62	0.29	270.41	
74	粤电广东沙角C	2	66	T2A	美国ABB-CE	1996-06-28	323.78	8.10	0.29	209.72	
75	粤电广东沙角C	3	66	T2A	美国ABB-CE	1996-06-06	322.31	8.38	0.29	540.56	
76	粤电广东珠海	1	70	TC4F	日本三菱	2001-02-05	319.75	5.90	0.26	544.56	

续表

序号	电厂简称	机组编号	容量（万千瓦）	汽机编号	锅炉厂家	投产日期（年-月-日）	供电煤耗（克/千瓦时）	厂用电率（%）	耗水率（千克/千瓦时）	油耗（吨/年）	备注
77	粤电广东珠海	2	70	TC4F	日本三菱	2000-04-03	319.59	6.19	0.26	428.20	
78	国电浙江北仑	4	66	TC4F-XCH04	日本石川岛	2000-07-08	316.49	4.78	0.31	360.23	供热
79	国电浙江北仑	5	66	TC4F-XCH05	日本石川岛	2000-07-28	315.90	4.49	0.31	528.81	供热
纯凝式湿冷机组平均值							315.45	5.88	1.06	280.78	
总平均值							315.78	5.73	0.96	293.64	

附录 18

2016年全国60万千瓦级超（超）临界空冷火电机组能效指标

序号	电厂简称	机组编号	容量（万千瓦）	汽机编号	锅炉厂家	投产日期（年–月–日）	供电煤耗（克/千瓦时）	厂用电率（%）	耗水率（千克/千瓦时）	油耗（吨/年）	备注
超临界											
东方汽轮机厂											
1	陕西华电榆横	2	66	D600HN	东锅	2014-07-07	309.17	8.86	0.24	31.85	
2	华能河北上安	6	60	D600H	东锅	2008-07-16	314.61	4.28	0.54	121.39	
3	华能河北上安	5	60	D600H	东锅	2008-06-01	310.68	5.41	0.53	50.23	
4	大唐陕西彬长	2	63	D600H	上锅	2009-08-24	315.91	4.08	0.34	15.23	
5	华能陕西秦岭	7	66	D600H	东锅	2011-12-26	310.68	4.54	0.29	145.88	
6	神华山西河曲	3	60	D600H	哈锅	2012-12-18	317.11	6.09	0.45	0.00	
7	神华山西河曲	4	60	D600H	哈锅	2012-12-18	317.71	6.04	0.48	0.00	
8	省投河北沙河	2	60	N600H N24	北京巴布可·威尔科可斯锅炉厂(北京巴威)	2013-04-29	322.33	6.43	0.40	42.00	
9	华能山西左权	1	67.3	D600H	东锅	2012-12-15	314.82	5.15	0.34	185.91	
10	华能山西左权	2	67.3	D600H	东锅	2012-01-21	310.59	5.69	0.34	421.97	供热
11	华能陕西秦岭	8	66	D600H	东锅	2014-07-07	314.55	4.62	0.29	135.79	
12	省投河北沙河	1	60	N600H N23	北京巴布可·威尔科可斯锅炉厂(北京巴威)	2013-03-30	319.02	6.46	0.40	74.00	
13	神华宁夏鸳鸯湖	2	66	D600H	上锅	2011-06-23	320.81	8.98	0.31	0.00	

续表

序号	电厂简称	机组编号	容量（万千瓦）	汽机编号	锅炉厂家	投产日期（年-月-日）	供电煤耗（克/千瓦时）	厂用电率（%）	耗水率（千克/千瓦时）	油耗（吨/年）	备注
14	华能内蒙古上都	5	66	D600H	哈锅	2011-09-20	314.94	5.14	0.32	303.31	
15	华能内蒙古上都	6	66	D600H	哈锅	2011-11-20	314.17	5.12	0.32	201.37	
16	大唐陕西彬长	1	63	D600H	上锅	2009-09-10	311.09	4.31	0.34	18.11	
17	神华宁夏鸳鸯湖	1	66	D600H	上锅	2010-12-30	321.19	8.92	0.31	0.00	
18	国电山西霍州	1	60	D600H-N18	东锅	2012-04-29	327.14	6.29	0.42	0.00	
19	国电山西霍州	2	60	D600H-N22	东锅	2012-09-05	324.19	5.69	0.42	0.00	
20	华电陕西蒲城	5	66	D600H	东锅	2008-12-05	324.31	8.73	0.32	78.57	
21	华电陕西蒲城	6	66	D600H	东锅	2008-12-29	319.21	9.17	0.32	41.71	
22	陕西华电榆横	1	66	D600HN11	东锅	2013-11-30	308.24	9.07	0.24	26.50	
纯凝机组平均值							316.76	6.35	0.36	70.09	
总平均值							316.48	6.32	0.36	86.08	
哈尔滨汽轮机厂											
23	中电建甘肃崇信	1	66	187034	哈锅	2011-01-08	318.88	7.61	2.76	0.00	
24	中电建甘肃崇信	2	66	187035	哈锅	2010-12-23	323.62	8.49	2.76	0.00	
25	大唐甘肃景泰	1	66		上锅	2009-12-06	325.08	5.85	0.33	77.96	
26	大唐甘肃景泰	2	66		上锅	2009-12-30	315.49	5.49	0.33	43.00	
27	国电山西大同	9	66	187030	东锅	2009-05-27	295.79	6.34	0.52	29.00	供热
28	国电山西大同	10	66	187031	东锅	2009-10-22	296.96	6.31	0.52	29.00	供热
29	国家电投吉林白城	1	66	CHKA	哈锅	2010-09-24	321.98	8.83	0.68	63.30	
30	国家电投吉林白城	2	66	CHKA	哈锅	2010-11-01	327.97	9.23	0.67	155.18	供热
31	国家电投辽宁燕山湖	1	60		哈锅	2012-03-21	303.29	8.46	0.16	96.00	供热
32	国家电投辽宁燕山湖	2	60		哈锅	2012-01-01	308.25	9.46	0.16	221.00	供热

续表

序号	电厂简称	机组编号	容量（万千瓦）	汽机编号	锅炉厂家	投产日期（年-月-日）	供电煤耗（克/千瓦时）	厂用电率（%）	耗水率（千克/千瓦时）	油耗（吨/年）	备注
33	同煤山西同华	1	66	CHKA	东锅	2010-06-19	326.56	8.23	0.23	0.00	
34	同煤山西同华	2	66	CHKA	东锅	2010-07-03	328.58	7.95	0.23	0.00	
35	神华河北定州	3	66	CHKA	上锅	2009-09-03	321.66	8.31	0.30	539.99	
36	神华河北定州	4	66	CHKA	上锅	2009-12-22	321.86	8.59	0.29	0.00	
37	京能宁夏宁东	1	66	187050.00	哈锅	2011-03-28	323.28	4.82	0.24	22.85	
38	京能宁夏宁东	2	66	187051.00	哈锅	2011-06-20	322.94	4.89	0.24	29.52	
纯凝机组平均值							322.72	7.19	0.76	70.60	
总平均值							317.64	7.43	0.65	81.68	
上海汽轮机厂											
39	神华内蒙古呼伦贝尔	1	60	193.00.01G01	哈锅	2010-11-20	321.62	8.71	0.16	236.00	供热
40	国电陕西宝鸡二	5	66	193.00	上锅	2011-01-12	313.06	4.79	0.50	24.35	
41	神华内蒙古呼伦贝尔	2	60	193.00.01G02	哈锅	2010-12-01	321.94	8.45	0.18	234.00	供热
42	国电陕西宝鸡二	6	66	193.00	上锅	2014-12-20	317.86	4.92	0.50	42.90	
纯凝机组平均值							321.78	8.58	0.17	235.00	
总平均值							318.62	6.72	0.34	134.31	
其他汽轮机厂											
43	国家电投山西神头一	1	60		北京巴布可•威尔科可斯锅炉厂(北京巴威)	2013-06-18	317.48	5.09	0.32	184.00	
44	国家电投山西神头一	2	60		北京巴布可•威尔科可斯锅炉厂(北京巴威)	2013-09-21	317.26	4.67	0.32	134.39	

续表

序号	电厂简称	机组编号	容量（万千瓦）	汽机编号	锅炉厂家	投产日期（年-月-日）	供电煤耗（克/千瓦时）	厂用电率（%）	耗水率（千克/千瓦时）	油耗（吨/年）	备注
45	华能甘肃平凉	5	60		哈锅	2010-02-07	314.61	4.69	0.45	11.66	
46	华能甘肃平凉	6	60		哈锅	2010-03-21	312.05	4.65	0.45	8.99	
总平均值							315.35	4.78	0.39	84.76	
超超临界											
上海汽轮机厂											
47	国电新疆哈密	1	66	B06600SH30C030	哈锅	2015-12-16	298.08	5.23	0.69	0.00	
48	国电新疆哈密	2	66	B06600SH30C030	哈锅	2016-02-02	301.53	4.86	0.70	0.00	
49	国电内蒙古布连	2	66		北京巴布可·威尔科可斯锅炉厂(北京巴威)	2013-06-27	298.32	4.51	0.32	0.00	
50	国电内蒙古布连	1	66		北京巴布可·威尔科可斯锅炉厂(北京巴威)	2013-03-09	299.93	4.74	0.33	0.00	
总平均值							299.47	4.84	0.51	0.00	

附录 19

2016年全国60万千瓦级亚临界空冷火电机组能效指标

序号	电厂简称	机组编号	容量（万千瓦）	汽机编号	锅炉厂家	投产日期（年-月-日）	供电煤耗（克/千瓦时）	厂用电率(%)	耗水率（千克/千瓦时）	油耗（吨/年）	备注
东方汽轮机厂											
1	大唐内蒙古托克托	8	60	D600D	东锅	2006-08-22	340.06	5.25	0.38	45.86	
2	大唐内蒙古托克托	7	60	D600D	东锅	2006-06-19	332.27	5.16	0.38	9.58	
3	大唐内蒙古托克托	6	60	D600D	东锅	2005-11-22	337.09	5.44	0.38	28.03	
4	大唐内蒙古托克托	5	60	D600D	东锅	2005-09-28	335.76	5.62	0.38	31.08	
5	华能内蒙古上都	4	60	D600D	哈锅	2007-11-09	333.97	7.73	0.32	257.25	
6	华能内蒙古上都	3	60	D600D	哈锅	2007-08-31	324.34	7.42	0.32	404.80	
7	华能内蒙古上都	2	60	D600D	哈锅	2006-08-25	324.30	6.87	0.32	174.69	
8	华能内蒙古上都	1	60	D600D	哈锅	2006-08-03	336.24	7.83	0.32	122.34	
9	大唐陕西韩城二	4	60	D600D	东锅	2008-08-07	339.69	6.74	0.38	48.80	
10	大唐陕西韩城二	3	60	D600D	东锅	2008-06-27	339.12	6.59	0.38	66.50	
11	神华陕西府谷	2	60	D600D	东锅	2008-11-01	324.26	7.26	0.19	0.00	
12	神华陕西府谷	1	60	D600D	哈锅	2008-07-28	322.12	7.02	0.18	0.00	
13	华能陕西铜川	2	60	D600D	哈锅	2007-12-12	325.91	6.00	0.26	48.60	
14	华能陕西铜川	1	60	D600D	哈锅	2007-11-08	325.86	5.88	0.26	60.67	
15	大唐宁夏大坝	5	60		东锅	2009-04-28	329.39	5.92	0.44	20.76	
16	大唐宁夏大坝	6	60		东锅	2010-03-31	332.09	6.26	0.41	6.43	
总平均值							331.40	6.44	0.33	82.84	
上海汽轮机厂											

续表

序号	电厂简称	机组编号	容量（万千瓦）	汽机编号	锅炉厂家	投产日期（年-月-日）	供电煤耗（克/千瓦时）	厂用电率(%)	耗水率（千克/千瓦时）	油耗（吨/年）	备注
17	京能山西漳山	3	60		上锅	2008-04-21	330.75	8.53	0.62	350.30	
18	京能山西漳山	4	60		上锅	2008-05-31	333.12	8.91	0.62	185.18	
19	神华陕西锦界	1	60	C157	上锅	2006-09-30	323.30	8.16	0.19	0.00	
20	神华陕西锦界	2	60	C157	上锅	2007-05-01	324.52	8.00	0.19	0.00	
21	神华陕西锦界	3	60	C157	上锅	2007-12-22	324.91	7.82	0.19	0.00	
22	神华陕西锦界	4	60	C157	上锅	2008-05-16	323.32	7.60	0.19	0.00	
23	华电宁夏灵武	2	60	C157	上锅	2007-09-22	332.18	9.75	0.38	0.00	
24	华电宁夏灵武	1	60	C157	上锅	2007-06-08	326.32	9.38	0.38	0.00	
25	华能内蒙古达拉特	7	60		上锅	2006-12-17	332.14	7.84	0.48	162.91	
26	华能内蒙古达拉特	8	60		上锅	2007-06-16	335.14	7.56	0.48	160.36	
27	京能内蒙古岱海	3	60	C157	上锅	2007-10-04	327.86	7.86	0.21	124.91	
28	京能内蒙古岱海	4	60	C157	上锅	2007-11-23	328.71	8.36	0.21	77.52	
29	山西格盟华光	3	60	157.00	上锅	2007-12-30	331.80	7.95	0.29	204.17	
30	山西格盟华光	4	60	157.00	上锅	2008-02-07	331.29	7.86	0.29	201.30	
总平均值							328.95	8.26	0.34	104.76	
哈尔滨汽轮机厂											
31	国家电投内蒙古通辽二	5	60		哈锅	2007-07-11	317.20	7.06	0.22	79.40	供热
32	国家电投内蒙古霍林河	2	60	K01A	哈锅	2008-07-23	320.19	8.00	0.22	64.67	
33	国家电投内蒙古霍林河	1	60	K01A	哈锅	2008-07-18	316.67	7.78	0.22	68.02	
34	大唐山西阳城二	8	60	187008.00	东锅	2007-08-30	335.60	8.55	0.18	358.57	
35	大唐山西阳城二	7	60	187007.00	东锅	2007-09-20	331.18	8.56	0.18	79.80	
36	国电山西大同	8	60	K01A-187002	东锅	2005-07-22	341.72	9.79	0.52	36.00	供热

续表

序号	电厂简称	机组编号	容量（万千瓦）	汽机编号	锅炉厂家	投产日期（年-月-日）	供电煤耗（克/千瓦时）	厂用电率(%)	耗水率（千克/千瓦时）	油耗（吨/年）	备注
37	国电山西大同	7	60	K01A-187001	东锅	2005-04-21	320.03	9.11	0.52	36.00	供热
38	大唐山西运城	2	60	K01A	哈锅	2007-11-14	330.23	4.41	0.47	38.30	
39	大唐山西运城	1	60	K01A	哈锅	2007-09-28	335.11	4.28	0.47	76.80	
40	山西漳电塔山	2	60	K01B	哈锅	2008-10-05	328.85	8.03	0.25	54.58	
41	山西漳电塔山	1	60	K01B	哈锅	2008-07-05	327.22	8.30	0.25	45.43	
42	国家电投内蒙古大板	2	60		北京巴威	2013-07-26	327.14	7.69	0.23	115.40	
43	国家电投内蒙古大板	1	60		北京巴威	2013-07-26	328.91	8.55	0.24	138.85	
44	华电内蒙古白音华	2	60	K01B	北京巴威	2010-09-01	322.20	7.67	0.28	113.80	
45	华电内蒙古白音华	1	60	K01B	北京巴威	2010-08-08	324.64	7.68	0.28	79.61	
纯凝式湿冷机组平均值							327.33	7.46	0.27	102.82	
总平均值							327.13	7.70	0.30	92.35	
北京重型电机厂											
46	国电河北龙山	1	60	T2A-GM2355	北京巴威	2007-01-16	326.04	8.34	0.59	330.21	
47	国电河北龙山	2	60	T2A-GM2356	北京巴威	2007-07-24	328.31	8.29	0.59	369.02	
总平均值							327.18	8.32	0.59	349.62	

附录 20

2016年全国60万千瓦级俄（东欧）制火电机组能效指标

序号	电厂简称	机组编号	容量（万千瓦）	汽机编号	锅炉厂家	投产日期（年-月-日）	供电煤耗（克/千瓦时）	厂用电率（%）	耗水率（千克/千瓦时）	油耗（吨/年）	备注
1	神华辽宁绥中	2	88	K-800	俄罗斯	2000-10-19	320.36	6.13	0.34	89.54	
2	神华辽宁绥中	1	88	K-800	俄罗斯	2000-07-06	323.73	6.45	0.34	190.72	
3	神华天津盘山	2	53	K-500	俄罗斯	1996-05-01	310.34	5.46	1.76	65.00	供热
4	神华天津盘山	1	53	K-500	俄罗斯	1995-12-30	310.71	5.36	1.76	70.00	供热
5	华能内蒙古伊敏	2	50	z957	俄罗斯	1999-11-09	312.12	5.58	2.05	180.59	供热
6	华能内蒙古伊敏	1	50	z95701	俄罗斯	1998-09-14	312.98	5.50	2.05	183.13	供热
平均值							315.04	5.75	1.38	129.83	

附录 21

2016年发布的电力国家标准汇总表（含工程建设国家标准）

编号	标准编号	标准名称	归口标委会	标准性质	标准类别	代替标准号
1	GB/T 5075-2016	电力金具名词术语	全国架空线路标准化技术委员会	推荐	方法	GB/T 5075-2001
2	GB/T 12145-2016	火力发电机组及蒸汽动力设备水汽质量	中电联标准化中心	推荐	基础	GB/T 12145-2008
3	GB/T 31960.9-2016	电力能效监测系统技术规范　第9部分：系统检验规范	中电联标准化中心	推荐	方法	
4	GB/T 31960.10-2016	电力能效监测系统技术规范　第10部分：电力能效监测终端检验规范	中电联标准化中心	推荐	方法	
5	GB/T 31960.11-2016	电力能效监测系统技术规范　第11部分：电力能效信息集中与交互终端检验规范	中电联标准化中心	推荐	方法	
6	GB/T 32506-2016	抽水蓄能机组励磁系统运行检修规程	电力行业水电站自动化标准化技术委员会	推荐	方法	
7	GB/T 32508-2016	绝缘油中腐蚀性硫（二苄基二硫醚）定量检测方法	全国电气化学标准化技术委员会	推荐	方法	
8	GB/T 32510-2016	抽水蓄能电厂标识系统（KKS）编码导则	中电联标准化中心	推荐	方法	
9	GB/T 32512-2016	光伏发电站防雷技术要求	中电联标准化中心	推荐	方法	
10	GB/T 32518.1-2016	超高压可控并联电抗器现场试验技术规范　第1部分：分级调节式	中电联标准化中心	推荐	产品	
11	GB/T 32574-2016	抽水蓄能电站检修导则	中电联标准化中心	推荐	方法	
12	GB/T 32575-2016	发电工程数据移交	中电联标准化中心	推荐	管理	
13	GB/T 32576-2016	抽水蓄能电站厂用电继电保护整定计算导则	中电联标准化中心	推荐	方法	
14	GB/T 32672-2016	电力需求响应系统通用技术规范	中电联标准化中心	推荐	方法	
15	GB/T 32673-2016	架空输电线路故障巡视技术导则	全国架空线路标准化技术委员会线路运行分技术委员会	推荐	方法	
16	GB/T 32594-2016	抽水蓄能电站保安电源技术导则	中电联标准化中心	推荐	方法	
17	GB/T 32823-2016	电网节能项目节约电力电量测量和验证技术导则	中电联标准化中心	推荐	方法	
18	GB/T 32826-2016	光伏发电系统建模导则	中电联标准化中心	推荐	方法	

续表

编号	标准编号	标准名称	归口标委会	标准性质	标准类别	代替标准号
19	GB/T 32878-2016	可逆式水泵水轮机调节系统运行规程	电力行业水电站自动化标准化技术委员会	推荐	方法	
20	GB/T 32879-2016	电动汽车电池更换用电池箱电联接器通用技术要求	能源行业电动汽车充电设施标准化技术委员会	推荐	产品	
21	GB/T 32890-2016	继电保护IEC 61850工程应用模型	中电联标准化中心	推荐	方法	
22	GB/T 32892-2016	光伏发电系统模型及参数测试规程	中电联标准化中心	推荐	方法	
23	GB/T 32894-2016	抽水蓄能机组工况转换技术导则	中电联标准化中心	推荐	方法	
24	GB/T 32895-2016	电动汽车快换电池箱通信协议	能源行业电动汽车充电设施标准化技术委员会	推荐	方法	
25	GB/T 32896-2016	电动汽车动力舱总成通信协议	能源行业电动汽车充电设施标准化技术委员会	推荐	方法	
26	GB/T 32897-2016	智能变电站保护测控一体化装置通用技术条件	中电联标准化中心	推荐	产品	
27	GB/T 32898-2016	抽水蓄能发电电动机变压器组继电保护配置导则	电力行业水电站自动化标准化技术委员会	推荐	方法	
28	GB/T 32899-2016	抽水蓄能机组静止变频启动装置试验规程	电力行业水轮发电机及电气设备标准化技术委员会	推荐	方法	
29	GB/T 32900-2016	光伏发电站继电保护技术规范	中电联标准化中心	推荐	方法	
30	GB/T 32901-2016	智能变电站继电保护通用技术条件	中电联标准化中心	推荐	方法	
31	GB/T 33341-2016	电动汽车快换电池箱架通用技术要求	能源行业电动汽车充电设施标准化技术委员会	推荐	产品	
32	GB/T 33342-2016	分布式光伏发电并网接口技术规范	中电联标准化中心	推荐	方法	
33	GB 50150-2016	电气装置安装工程 电气设备交接试验标准	中电联标准化中心	强制	工程建设	
34	GB 50169-2016	电气装置安装工程 接地装置施工及验收规范	中电联标准化中心	强制	工程建设	GB50169-1992
35	GB 50287-2016	水力发电工程地质勘察规范	中电联标准化中心	强制	工程建设	GB50287-2006
36	GB 51101-2016	太阳能发电站支架基础技术规范	中电联标准化中心	强制	工程建设	
37	GB/T 51189-2016	火力发电厂海水淡化工程调试及验收规范	中电联标准化中心	推荐	工程建设	
38	GB/T 51190-2016	海底电力电缆输电工程设计规范	中电联标准化中心	推荐	工程建设	

续表

编号	标准编号	标准名称	归口标委会	标准性质	标准类别	代替标准号
39	GB/T 51191-2016	海底电力电缆输电工程施工及验收规范	中电联标准化中心	推荐	工程建设	
40	GB/T 51200-2016	高压直流换流站设计规范	中电联标准化中心	推荐	工程建设	

附录 22

2016年发布的电力行业标准汇总表

序号	标准编号	标准名称	被代替标准号	采标号	批准日期	实施日期
1	DL/T 183-2016	斗轮堆取料机技术条件	SD 183-1986		2016-02-05	2016-07-01
2	DL/T 362-2016	火力发电厂环保设施运行状况评价技术	DL/T 362-2010		2016-02-05	2016-07-01
3	DL/T 390-2016	县域配电自动化技术导则	DL/T 390-2010		2016-01-07	2016-06-01
4	DL/T 402-2016	高压交流断路器	DL/T 402-2007	IEC 62271 100:2008, MOD	2016-02-05	2016-07-01
5	DL/T 424-2016	发电厂用工业硫酸试验方法	DL/T 424-1991		2016-12-05	2017-05-01
6	DLT 429.2-2016	电力用油颜色测定法	DL 429.2-1991		2016-01-07	2016-06-01
7	DL/T 438-2016	火力发电厂金属技术监督规程	DL/T 438-2009		2016-08-16	2016-12-01
8	DL/T 443-2016	水轮发电机组及其附属设备出厂检验导则	DL/T 443-1991		2016-01-07	2016-06-01
9	DL/T 448-2016	电能计量装置技术管理规程	DL/T 448-2000		2016-12-05	2017-05-01
10	DL/T 460-2016	智能电能表检验装置检定规程	DL/T 460-2005		2016-12-05	2017-05-01
11	DL/T 496-2016	水轮机电液调节系统及装置调整试验导则	DL/T 496-2001		2016-01-07	2016-06-01
12	DL/T 505-2016	汽轮机主轴焊缝超声波检测规程	DL/T 505-2005		2016-08-16	2016-12-01
13	DL/T 513-2016	电子称重式给煤机	DL/T 513-93		2016-02-05	2016-07-01
14	DL/T 518.1-2016	电力生产事故分类与代码 第1部分：人身事故	DL/T 518.1-1993、 DL/T 518.2-1993、 DL/T 518.3-1993		2016-08-16	2016-12-01
15	DL/T 518.2-2016	电力生产事故分类与代码 第2部分：设备事故	DL/T 518.4-1993、 DL/T 518.5-1993		2016-08-16	2016-12-01
16	DL/T 531-2016	电站高温高压截止阀闸阀技术条件	DL/T 531-1994		2016-12-05	2017-05-01
17	DL/T 556-2016	水轮发电机组振动监测装置设置导则	DL/T 556-1994		2016-01-07	2016-06-01
18	DL/T 563-2016	水轮机电液调节系统及装置技术规程	DL/T 563-2004		2016-01-07	2016-06-01

续表

序号	标准编号	标准名称	被代替标准号	采标号	批准日期	实施日期
19	DL/T 567.3-2016	火力发电厂燃料试验方法　第3部分：飞灰和炉渣样品的采取和制备	DL/T 567.3-1995、DL/T 926-2005、DL/T 567.4-1995		2016-12-05	2017-05-01
20	DL/T 567.6-2016	火力发电厂燃料试验方法　第6部分：飞灰和炉渣可燃物测定方法	DL/T 567.6-1995		2016-08-16	2016-12-01
21	DL/T 567.8-2016	火力发电厂燃料试验方法　第8部分：燃油发热量的测定	DL/T 567.8-1995		2016-08-16	2016-12-01
22	DL/T 567.9-2016	火力发电厂燃料试验方法　第9部分：燃油中碳和氢元素的测定	DL/T 567.9-1996		2016-08-16	2016-12-01
23	DL/T 582-2016	发电厂水处理用活性炭使用导则	DL/T 582-2004		2016-01-07	2016-06-01
24	DL/T 587-2016	继电保护和安全自动装置运行管理规程	DL/T 587-2007		2016-12-05	2017-05-01
25	DL/T 593-2016	高压开关设备和控制设备标准的共用技术要求	DL/T 593-2006	IEC 62271-1：2007, MOD	2016-02-05	2016-07-01
26	DL/T 595-2016	六氟化硫电气设备气体监督导则	DL/T 595-1996		2016-01-07	2016-06-01
27	DL/T 599-2016	城市中低压配电网改造技术导则	DL/T 599-2005		2016-01-07	2016-06-01
28	DL/T 611-2016	300MW～600M级机组煤粉锅炉运行导则	DL/T 611-1996		2016-12-05	2017-05-01
29	DL/T 634.5601-2016	远动设备及系统第5-601部分:DL/T 634.510配套标准一致性测试用例		IEC/TS 60870-5-601:2006, IDT	2016-01-07	2016-06-01
30	DL/T 639-2016	六氟化硫电气设备、试验及检修人员安全防护导则	DL/T 639-1997		2016-01-07	2016-06-01
31	DL/T 642-2016	隔爆型电动执行机构	DL/T 642-1997		2016-01-07	2016-06-01
32	DL/T 656-2016	火力发电厂汽轮机控制及保护系统验收测试规程	DL/T 656-2006、DL/T 1012-2006		2016-02-05	2016-07-01
33	DL/T 659-2016	火力发电厂分散控制系统验收测试规程	DL/T 659-2006		2016-02-05	2016-07-01
34	DL/T 664-2016	带电设备红外诊断应用规范	DL/T 664-2008		2016-12-05	2017-05-01
35	DL/T 698.52-2016	电能信息采集与管理系统　第5-2部分：远程通信协议一致性测试	DL/T 698-1999		2016-01-07	2016-06-01

续表

序号	标准编号	标准名称	被代替标准号	采标号	批准日期	实施日期
36	DL/T 698.44-2016	电能信息采集与管理系统 第4-4部分：通信协议——微功率无线通信协议	DL/T 698-1999		2016-08-16	2016-12-10
37	DL/T 698.46-2016	电能信息采集与管理系统 第4-6部分：通信协议——采集终端远程通信模块接口协议	DL/T 698-1999		2016-08-16	2016-12-01
38	DL/T 698.51-2016	电能信息采集与管理系统 第5-1部分：测试技术规范——功能测试	DL/T 698-1999		2016-08-16	2016-12-01
39	DL/T 746-2016	电站蝶阀选用导则	DL/T 746-2001		2016-12-05	2017-05-01
40	DL/T 748.10-2016	火力发电厂锅炉机组检修导则 第10部分：脱硫系统检修	DL/T 748.10-2001		2016-12-05	2017-05-01
41	DL/T 748.2-2016	火力发电厂锅炉机组检修导则 第2部分：锅炉本体检修	DL/T 748.2-2001		2016-12-05	2017-05-01
42	DL/T 748.4-2016	火力发电厂锅炉机组检修导则 第4部分：制粉系统检修	DL/T 748.4-2001		2016-12-05	2017-05-01
43	DL/T 750-2016	回转式空气预热器运行维护规程	DL/T 750-2001		2016-12-05	2017-05-01
44	DL/T 773-2016	火电厂用12Cr1MoV钢球化评级标准	DL/T 773-2001		2016-08-16	2016-12-01
45	DL/T 788-2016	全介质自承式光缆	DL/T 788-2001		2016-01-07	2016-06-01
46	DL/T 795-2016	电力系统数字调度交换机	DL/T 795-2001		2016-12-05	2017-05-01
47	DL/T 805.2-2016	火电厂汽水化学导则 第2部分：锅炉炉水磷酸盐处理	DL/T 805.2-2004		2016-01-07	2016-06-01
48	DL/T 805.4-2016	火电厂汽水化学导则 第4部分：锅炉给水处理	DL/T 805.4-2004		2016-02-05	2016-07-01
49	DL/T 809-2016	发电厂水质浊度的测定方法	DL/T 809-2002		2016-12-05	2017-05-01
50	DL/T 832-2016	光纤复合架空地线	DL/T 832-2003		2016-01-07	2016-06-01
51	DL/T 836.1-2016	供电系统供电可靠性评价规程 第1部分：通用要求	DL/T 836-2012		2016-01-07	2016-06-01

续表

序号	标准编号	标准名称	被代替标准号	采标号	批准日期	实施日期
52	DL/T 836.2-2016	供电系统供电可靠性评价规程 第2部分：高中压用户			2016-01-07	2016-06-01
53	DL/T 836.3-2016	供电系统供电可靠性评价规程 第3部分：低压用户			2016-01-07	2016-06-01
54	DL/T 840-2016	高压并联电容器使用技术条件	DL/T 840-2003		2016-12-05	2017-05-01
55	DL/T 846.1-2016	高电压测试设备通用技术条件 第1部分：高电压分压器测量系统	DL/T 846.1-2004		2016-12-05	2017-05-01
56	DL/T 846.4-2016	高电压测试设备通用技术条件 第4部分：脉冲电流法局部放电测量仪	DL/T 846.4-2004		2016-12-05	2017-05-01
57	DL/T 846.7-2016	高电压测试设备通用技术条件 第7部分：绝缘油介电强度测试仪	DL/T 846.7-2004		2016-12-05	2017-05-01
58	DL/T 849.6-2016	电力设备专用测试仪器通用技术条件 第6部分：高压谐振试验装置	DL/T 849.6-2004		2016-12-05	2017-05-01
59	DL/T 852-2016	锅炉启动调试导则	DL/T 852-2004		2016-08-16	2016-12-01
60	DL/T 860.81-2016	电力自动化通信网络和系统 第8-1部分：特定通信服务映射(SCSM)—映射到MMS(ISO 9506-1和ISO 9506-2)及ISO/IEC 8802-3	DL/T 860.81-2006	IEC 61850-81:2011, IDT	2016-01-07	2016-06-01
61	DL/T 860.92-2016	电力自动化通信网络和系统 第9-2部分：特定通信服务映射（SCSM)-基于ISO/IEC 8802-3的采样值	DL/T 860.92-2006	IEC 61850-9-2:2011, IDT	2016-01-07	2016-06-01
62	DL/T 860.801-2016	电力自动化通信网络和系统 第80-1部分：应用DL/T 634.5101或DL/T 634.5104交换基于CDC的数据模型信息导则		IEC/TS 61850-80-1:2008, IDT	2016-01-07	2016-06-01
63	DL/T860.7410-2016	电力自动化通信网络和系统 第7-410部分：基本通信结构水力发电厂监视与控制用通信		IEC 61850-7-410:2012, IDT	2016-01-07	2016-06-01
64	DL/T 860.7510-2016	电力自动化通信网络和系统 第7-510部分：基本通信结构 水力发电厂建模原理与应用指南		IEC 61850-7-510:2012, IDT	2016-01-07	2016-06-01

续表

序号	标准编号	标准名称	被代替标准号	采标号	批准日期	实施日期
65	DL/T 862-2016	水电厂自动化元件（装置）安装和验收规程	DL/T 862-2004		2016-01-07	2016-06-01
66	DL/T 863-2016	汽轮机启动调试导则	DL/T 863-2004		2016-08-16	2016-12-01
67	DL/T 872-2016	小电流接地系统单相接地故障选线装置技术条件	DL/T 872-2004		2016-12-05	2017-05-01
68	DL/T 875-2016	架空输电线路施工机具基本技术要求	DL/T 875-2004		2016-01-07	2016-06-01
69	DL/T 890.301-2016	能量管理系统应用程序接口（EMS-API） 第301部分：公共信息模型（CIM）基础	DL/T 890.301-2004	IEC 61970-301:2013, IDT	2016-01-07	2016-06-01
70	DL/T 890.456-2016	能量管理系统应用程序接口（EMS-API） 第456部分：电力系统状态解子集		IEC 61970-456:2013, IDT	2016-01-07	2016-06-01
71	DL/T 905-2016	汽轮机叶片、水轮机转轮焊接修复技术规程	DL/T 905—2004		2016-08-16	2016-12-01
72	DL/T 911-2016	电力变压器绕组变形的频率响应分析法	DL/T 911-2004		2016-02-05	2016-07-01
73	DL/T 922-2016	火力发电用钢制通用阀门订货、验收导则	DL/T 922-2005	ASME B16.34, E101,MOD	2016-12-05	2017-05-01
74	DL/T 923-2016	火力发电用止回阀技术导则	DL/T 923-2005		2016-12-05	2017-05-01
75	DL/T 924-2016	火力发电厂厂级监控信息系统技术条件	DL/T 924-2005		2016-02-05	2016-07-01
76	DL/T 939-2016	火力发电厂锅炉受热面管监督技术导则	DL/T 939—2005		2016-08-16	2016-12-01
77	DL/T 955-2016	火力发电厂水、汽试验方法 铜、铁的测定 原子吸收分光光度法	DL/T 955—2005		2016-08-16	2016-12-01
78	DL/T 986-2016	湿法烟气脱硫工艺性能检测技术规范	DL/T 986-2005		2016-01-07	2016-06-01
79	DL/T 995-2016	继电保护和电网安全自动装置检验规程	DL/T 995-2006		2016-12-05	2017-05-01
80	DL/T 998-2016	石灰石-石膏湿法烟气脱硫装置性能验收试验规范	DL/T 998-2006		2016-01-07	2016-06-01
81	DL/T 1009-2016	水电厂计算机监控系统运行及维护规程	DL/T 1009-2006		2016-01-07	2016-06-01
82	DL/T 1014-2016	水情自动测报系统运行维护规程	DL/T 1014-2006		2016-01-07	2016-06-01
83	DL/T 1011-2016	电力系统继电保护整定计算数据交换格式规范	DL/T 1011-2006		2016-12-05	2017-05-01

续表

序号	标准编号	标准名称	被代替标准号	采标号	批准日期	实施日期
84	DL/T 1033.10-2016	电力行业词汇 第10部分：电力设备	DL/T 1033.10-2006		2016-08-16	2016-12-01
85	DL/T 1033.1-2016	电力行业词汇 第1部分：动力工程	DL/T 1033.1-2006		2016-08-16	2016-12-01
86	DL/T 1033.4-2016	电力行业词汇 第4部分：火力发电	DL/T 1033.4-2006		2016-08-16	2016-12-01
87	DL/T 1034-2016	135MW级循环流化床锅炉运行导则	DL/T 1034-2006		2016-08-16	2016-12-01
88	DL/T 1037-2016	煤灰成分分析方法	DL/T 1037-2007		2016-12-05	2017-05-01
89	DL/T 1039-2016	发电机内冷水处理导则	DL/T 1039-2007		2016-12-05	2017-05-01
90	DL/T 1050-2016	电力环境保护技术监督导则	DL/T 1050-2007		2016-01-07	2016-06-01
91	DL/T 1052-2016	电力节能技术监督导则	DL/T 1052-2007		2016-12-05	2017-05-01
92	DL/T 1058-2016	交流架空线路用复合相间间隔棒技术条件	DL/T 1058-2007		2016-02-05	2016-07-01
93	DL/T 1069-2016	架空输电线路导地线补修导则	DL/T 1069-2007		2016-02-05	2016-07-01
94	DL/T 1075-2016	保护测控装置技术条件	DL/T 1075-2007		2016-12-05	2017-05-01
95	DL/T 1079-2016	输电线路张力放线用防扭钢丝绳	DL/T 1079-2007		2016-02-05	2016-07-01
96	DL/T 1080.1-2016	电力企业应用集成 配电管理的系统接口 第1部分：接口体系与总体要求	DL/T 1080.1-2008	IEC 61968-1:2012, IDT	2016-01-07	2016-06-01
97	DL/T 1098-2016	间隔棒技术条件和试验方法	DL/T 1098-2009	IEC 61854:1998, MOD	2016-01-07	2016-06-01
98	DL/T 1230-2016	电力系统图形描述规范	DL/T 1230-2013		2016-12-05	2017-05-01
99	DL/T 1432.2-2016	变电设备在线监测装置检验规范 第2部分：变压器油中溶解气体在线监测装置			2016-01-07	2016-06-01
100	DL/T 1432.3-2016	变电设备在线监测装置检验规范 第3部分：电容型设备及金属氧化物避雷器绝缘在线监测装置			2016-01-07	2016-06-01
101	DL/T 1473-2016	电测量指示仪表检定规程	SD 110-1983		2016-01-07	2016-06-01

续表

序号	标准编号	标准名称	被代替标准号	采标号	批准日期	实施日期
102	DL/T 1492.1-2016	火力发电厂优化控制系统技术导则 第1部分：基本要求			2016-01-07	2016-06-01
103	DL/T 1492.2-2016	火力发电厂优化控制系统技术导则 第2部分：协调及汽温优化控制系统验收测试			2016-01-07	2016-06-01
104	DL/T 1493-2016	燃煤电厂超净电袋复合除尘器			2016-01-07	2016-06-01
105	DL/T 1494-2016	燃煤锅炉飞灰中氨含量的测定 离子色谱法			2016-01-07	2016-06-01
106	DL/T 1495-2016	火力发电厂脱硫石膏及浆液中水溶性氟离子的测定			2016-01-07	2016-06-01
107	DL/T 1496-2016	电能计量封印技术规范			2016-01-07	2016-06-01
108	DL/T 1497-2016	电能计量用电子标签技术规范			2016-01-07	2016-06-01
109	DL/T 1498.1-2016	变电设备在线监测装置技术规范 第1部分：通则			2016-01-07	2016-06-01
110	DL/T 1498.2-2016	变电设备在线监测装置技术规范 第2部分：变压器油中溶解气体在线监测装置			2016-01-07	2016-06-01
111	DL/T 1498.3-2016	变电设备在线监测装置技术规范 第3部分：电容型设备及金属氧化物避雷器绝缘在线监测装置			2016-01-07	2016-06-01
112	DL/T 1499-2016	电力应急术语			2016-01-07	2016-06-01
113	DL/T 1500-2016	电网气象灾害预警系统技术规范			2016-01-07	2016-06-01
114	DL/T 1501-2016	数字化继电保护试验装置技术条件			2016-01-07	2016-06-01
115	DL/T 1502-2016	厂用电继电保护整定计算导则			2016-01-07	2016-06-01
116	DL/T 1503-2016	变压器用速动油压继电器检验规程			2016-01-07	2016-06-01
117	DL/T 1504-2016	弧光保护装置通用技术条件			2016-01-07	2016-06-01
118	DL/T 1505-2016	大型燃气轮发电机组继电保护装置通用技术条件			2016-01-07	2016-06-01

续表

序号	标准编号	标准名称	被代替标准号	采标号	批准日期	实施日期
119	DL/T 1506-2016	高压交流电缆在线监测系统通用技术规范			2016-01-07	2016-06-01
120	DL/T 1507-2016	数字化电能表校准规范			2016-01-07	2016-06-01
121	DL/T 1508-2016	架空输电线路导地线覆冰监测装置			2016-01-07	2016-06-01
122	DL/T 1509-2016	电力系统光传送网(OTN)技术要求			2016-01-07	2016-06-01
123	DL/T 1510-2016	电力系统光传送网(OTN)测试规范			2016-01-07	2016-06-01
124	DL/T 1511-2016	电力系统移动作业PDA终端安全防护技术规范			2016-01-07	2016-06-01
125	DL/T 1512-2016	变电站测控装置技术规范			2016-01-07	2016-06-01
126	DL/T 1513-2016	柔性直流输电用电压源型换流阀 电气试验			2016-01-07	2016-06-01
127	DL/T 1514-2016	火力发电厂袋式除尘器用滤料寿命管理与评价方法			2016-01-07	2016-06-01
128	DL/T 1515-2016	电子式互感器接口技术规范			2016-01-07	2016-06-01
129	DL/T 1516-2016	相对介损及电容测试仪通用技术条件			2016-01-07	2016-06-01
130	DL/T 1517-2016	二次压降及二次负荷现场测试技术规范			2016-01-07	2016-06-01
131	DL/T 1518-2016	变电站噪声控制技术导则			2016-01-07	2016-06-01
132	DL/T 1519-2016	交流输电线路架空地线接地技术导则			2016-01-07	2016-06-01
133	DL/T 1520-2016	火电厂烟气中细颗粒物($PM_{2.5}$)测试技术规范 重量法			2016-01-07	2016-06-01
134	DL/T 1521-2016	火力发电厂微米级干雾除尘装置			2016-01-07	2016-06-01
135	DL/T 1522-2016	发电机定子绕组内冷水系统水流量超声波测量方法及评定导则			2016-01-07	2016-06-01
136	DL/T 1523-2016	同步发电机进相试验导则			2016-01-07	2016-06-01
137	DL/T 1524-2016	发电机红外检测方法及评定导则			2016-01-07	2016-06-01
138	DL/T 1525-2016	隐极同步发电机转子匝间短路故障诊断导则			2016-01-07	2016-06-01

续表

序号	标准编号	标准名称	被代替标准号	采标号	批准日期	实施日期
139	DL/T 1526-2016	柔性直流输电工程系统试验规程			2016-01-07	2016-06-01
140	DL/T 1527-2016	用电信息安全防护技术规范			2016-01-07	2016-06-01
141	DL/T 1528-2016	电能计量现场手持设备技术规范			2016-01-07	2016-06-01
142	DL/T 1529-2016	配电自动化终端设备检测规程			2016-01-07	2016-06-01
143	DL/T 1530-2016	高压绝缘光纤柱			2016-01-07	2016-06-01
144	DL/T 1531-2016	20kV配电网过电压保护与绝缘配合			2016-01-07	2016-06-01
145	DL/T 1532-2016	接地网腐蚀诊断技术导则			2016-01-07	2016-06-01
146	DL/T 1533-2016	电力系统雷区分布图绘制方法			2016-01-07	2016-06-01
147	DL/T 1534-2016	油浸式电力变压器局部放电的特高频检测方法			2016-01-07	2016-06-01
148	DL/T 1535-2016	10kV-35kV干式空心限流电抗器使用导则			2016-01-07	2016-06-01
149	DL/T 1536-2016	电站调节阀选用导则			2016-01-07	2016-06-01
150	DL/T 1537-2016	电站止回阀选型及使用规程			2016-01-07	2016-06-01
151	DL/T 1538-2016	电力变压器用真空有载分接开关使用导则			2016-01-07	2016-06-01
152	DL/T 1539-2016	电力变压器（电抗器）用高压套管选用导则			2016-01-07	2016-06-01
153	DL/T 1540-2016	油浸式交流电抗器（变压器）运行振动测量方法			2016-01-07	2016-06-01
154	DL/T 1541-2016	电力变压器中性点直流限（隔）流装置技术规范			2016-01-07	2016-06-01
155	DL/T 1542-2016	电子式电流互感器选用导则			2016-01-07	2016-06-01
156	DL/T 1543-2016	电子式电压互感器选用导则			2016-01-07	2016-06-01
157	DL/T 1544-2016	电子式互感器现场交接验收规范			2016-01-07	2016-06-01
158	DL/T 1545-2016	燃气发电厂噪声防治技术导则			2016-01-07	2016-06-01
159	DL/T 1546-2016	火力发电厂锅炉袋式除尘器清灰装置技术条件			2016-01-07	2016-06-01

续表

序号	标准编号	标准名称	被代替标准号	采标号	批准日期	实施日期
160	DL/T 1547-2016	智能水电厂技术导则			2016-01-07	2016-06-01
161	DL/T 1548-2016	水轮机调节系统设计与应用导则			2016-01-07	2016-06-01
162	DL/T 1549-2016	可逆式水泵水轮机调节系统技术条件			2016-01-07	2016-06-01
163	DL/T 1550-2016	矿物绝缘油中金属铜、铁含量测定法旋转圆盘电极发射光谱法		ASTM D6728-2011	2016-01-07	2016-06-01
164	DL/T 1551-2016	六氟化硫气体中二氧化硫、硫化氢、氟化硫酰、氟化亚硫酰的测定方法-气质联用法			2016-01-07	2016-06-01
165	DL/T 1552-2016	变压器油储存管理导则			2016-01-07	2016-06-01
166	DL/T 1553-2016	六氟化硫气体净化处理工作规程			2016-01-07	2016-06-01
167	DL/T 1555-2016	六氟化硫气体泄漏在线监测报警装置运行维护导则			2016-01-07	2016-06-01
168	DL/T 1556-2016	火力发电厂PROFIBUS现场总线控制系统技术规程			2016-01-07	2016-06-01
169	DL/T 1557-2016	电动振冲器			2016-01-07	2016-06-01
170	DL/T 1558-2016	大坝安全监测系统运行维护规程			2016-01-07	2016-06-01
171	DL/T 1559-2016	水电站水工技术监督导则			2016-01-07	2016-06-01
172	DL/T 1560-2016	解体运输电力变压器现场组装与试验导则			2016-01-07	2016-06-01
173	DL/T 1561-2016	避雷器监测装置校准规范			2016-01-07	2016-06-01
174	DL/T 1562-2016	容性设备在线监测装置校准规范			2016-01-07	2016-06-01
175	DL/T 1563-2016	中压配电网可靠性评估导则			2016-01-07	2016-06-01
176	DL/T 1554-2016	接地网土壤腐蚀性评价导则			2016-02-05	2016-07-01
177	DL/T 1564-2016	垂线装置			2016-02-05	2016-07-01
178	DL/T 1565-2015	引张线装置			2016-02-05	2016-07-01
179	DL/T 1566-2016	直流输电线路及接地极线路参数测试导则			2016-02-05	2016-07-01

续表

序号	标准编号	标准名称	被代替标准号	采标号	批准日期	实施日期
180	DL/T 1567-2016	开合无功补偿设备测试装置通用技术条件			2016-02-05	2016-07-01
181	DL/T 1568-2016	换流阀现场试验导则			2016-02-05	2016-07-01
182	DL/T 1569-2016	750kV及以上交流输电线路绝缘子串分布电压测量导则			2016-02-05	2016-07-01
183	DL/T 1570-2016	架空输电线路涉鸟故障风险分级及分布图绘制			2016-02-05	2016-07-01
184	DL/T 1571-2016	机器人检测劣化盘形悬式瓷绝缘子技术规范			2016-02-05	2016-07-01
185	DL/T 1572.1-2016	变电站和发电厂直流辅助电源系统短路电流第一部分:短路电流计算		IEC 61660-1：1997,IDT	2016-02-05	2016-07-01
186	DL/T 1572.2-2016	变电站及发电厂直流辅助电源系统短路电流第2部分:效应计算		IEC 61660-2:1997,IDT	2016-02-05	2016-07-01
187	DL/T 1572.3-2016	变电站和发电厂直流辅助电源系统短路电流第3部分:算例		IEC 61660-3：2000,IDT	2016-02-05	2016-07-01
188	DL/T 1573-2016	电力电缆分布式光纤测温系统技术规范			2016-02-05	2016-07-01
189	DL/T 1574-2016	基于以太网方式的无源光网络(EPON)系统技术条件			2016-02-05	2016-07-01
190	DL/T 1575-2016	6kV~35kV 电缆振荡波局部放电测量系统			2016-02-05	2016-07-01
191	DL/T 1576-2016	6kV~35kV 电缆振荡波局部放电测试方法			2016-02-05	2016-07-01
192	DL/T 1577-2016	直流设备不拆高压引线试验导则			2016-02-05	2016-07-01
193	DL/T 1578-2016	架空输电线路无人直升机巡检系统			2016-02-05	2016-07-01
194	DL/T 1579-2016	棒形悬式复合绝缘子用端部装配件技术规范			2016-02-05	2016-07-01
195	DL/T 1580-2016	交、直流棒形悬式复合绝缘子用芯棒技术规范			2016-02-05	2016-07-01
196	DL/T 1581-2016	直流系统用盘形悬式瓷或玻璃绝缘子金属附件加速电解腐蚀试验方法			2016-02-05	2016-07-01
197	DL/T 1582-2016	直流输电阀冷系统仪表检测导则			2016-02-05	2016-07-01
198	DL/T 1583-2016	交流输电线路工频电气参数测量导则			2016-02-05	2016-07-01

续表

序号	标准编号	标准名称	被代替标准号	采标号	批准日期	实施日期
199	DL/T 1584-2016	1000kV串联电容器补偿装置现场试验规程			2016-02-05	2016-07-01
200	DL/T 1585-2016	电能质量监测系统运行维护规范			2016-02-05	2016-07-01
201	DL/T 1586-2016	12kV固体绝缘金属封闭开关设备和控制设备			2016-02-05	2016-07-01
202	DL/T 1587-2016	环式给煤机			2016-02-05	2016-07-01
203	DL/T 1588-2016	圆形料场堆取料机技术条件			2016-02-05	2016-07-01
204	DL/T 1589-2016	湿式电除尘技术规范			2016-02-05	2016-07-01
205	DL/T 1590-2016	燃煤电厂烟囱用钛/钢复合板			2016-02-05	2016-07-01
206	DL/T 1591-2016	螺旋卸车机			2016-02-05	2016-07-01
207	DL/T 1592-2016	电能信息采集终端检测装置技术规范			2016-08-16	2016-12-01
208	DL/T 1593-2016	电能信息采集终端可靠性验证方法			2016-08-16	2016-12-01
209	DL/T 1594-2016	循环流化床锅炉滚筒冷渣机技术条件			2016-08-16	2016-12-01
210	DL/T 1595-2016	循环流化床锅炉受热面防磨喷涂技术规范			2016-08-16	2016-12-01
211	DL/T 1596-2016	循环流化床锅炉风机技术条件			2016-08-16	2016-12-01
212	DL/T 1597-2016	电力行业数据灾备系统存储监控技术规范			2016-08-16	2016-12-01
213	DL/T 1598-2016	信息机房（A级）综合监控技术规范			2016-08-16	2016-12-01
214	DL/T 1599-2016	油中酚类及胺类抗氧化剂含量测定法 伏安线性扫描法			2016-08-16	2016-12-01
215	DL/T 1600-2016	循环流化床锅炉燃烧系统技术条件			2016-08-16	2016-12-01
216	DL/T 1601-2016	光纤复合架空相线施工、验收及运行规范			2016-08-16	2016-12-01
217	DL/T 1602-2016	发电厂纯水脱气氢电导率在线测量方法		ASTMD 4519-2010	2016-08-16	2016-12-01
218	DL/T 1603-2016	奥氏体不锈钢锅炉管内壁喷丸层质量检验及验收技术条件			2016-08-16	2016-12-01
219	DL/T 1604-2016	燃煤电厂碎煤机耐磨件技术条件			2016-08-16	2016-12-01

续表

序号	标准编号	标准名称	被代替标准号	采标号	批准日期	实施日期
220	DL/T 1605-2016	联合循环电站气态燃料热值、压缩系数和相对密度的计算方法		ISO 6976:1995，ISO 122132:2006	2016-08-16	2016-12-01
221	DL/T 1606-2016	燃气轮机烟气排放测量与评估		ISO 11042-1:1996	2016-08-16	2016-12-01
222	DL/T 1607-2016	六氟化硫分解产物的测定 红外光谱法			2016-08-16	2016-12-01
223	DL/T 1608-2016	电能质量数据交换格式规范			2016-08-16	2016-12-01
224	DL/T 1609-2016	架空输电线路除冰机器人作业导则			2016-08-16	2016-12-01
225	DL/T 1610-2016	变电站机器人巡检系统通用技术条件			2016-08-16	2016-12-01
226	DL/T 1611-2016	输电线路铁塔钢管对接焊缝超声波检测与质量评定			2016-08-16	2016-12-01
227	DL/T 1612-2016	发电机定子绕组手包绝缘施加直流电压测量方法及评定导则			2016-08-16	2016-12-01
228	DL/T 1613-2016	光纤复合架空相线及相关附件			2016-08-16	2016-12-01
229	DL/T 1614-2016	电力应急指挥通信车技术规范			2016-08-16	2016-12-01
230	DL/T 1615-2016	碳纤维复合材料芯架空导线运行维护技术导则			2016-08-16	2016-12-01
231	DL/T 1616-2016	火力发电机组性能试验导则			2016-08-16	2016-12-01
232	DL/T 1617-2016	变压器油腐蚀性硫处理设备技术条件			2016-08-16	2016-12-01
233	DL/T 1618-2016	袋式除尘器离线移动清灰技术规范			2016-08-16	2016-12-01
234	DL/T 1619-2016	火力发电厂袋式除尘器用滤袋技术要求			2016-08-16	2016-12-01
235	DL/T 1620-2016	架空输电线路山火风险预报技术导则			2016-08-16	2016-12-01
236	DL/T 1621-2016	发电厂轴瓦巴氏合金焊接技术导则			2016-08-16	2016-12-01
237	DL/T 1622-2016	钎焊型铜铝过渡设备线夹超声波检测导则			2016-08-16	2016-12-01
238	DL/T 1623-2016	智能变电站预制光缆技术规范			2016-08-16	2016-12-01
239	DL/T 846.10-2016	高电压测试设备通用技术条件 第10部分：暂态地电压局部放电检测仪			2016-12-05	2017-05-01

续表

序号	标准编号	标准名称	被代替标准号	采标号	批准日期	实施日期
240	DL/T 846.11-2016	高电压测试设备通用技术条件　第11部分：特高频局部放电检测仪			2016-12-05	2017-05-01
241	DL/T 846.12-2016	高电压测试设备通用技术条件　第12部分：电力电容测试仪			2016-12-05	2017-05-01
242	DL/T 1399.2-2016	电力试验/检测车　第2部分：电力互感器检测车			2016-12-05	2017-05-01
243	DL/T 1624-2016	电力系统厂站和主设备命名规范	SD 240-1987		2016-12-05	2017-05-01
244	DL/T 1625-2016	梯级水电厂集中监控系统基本技术条件			2016-12-05	2017-05-01
245	DL/T 1626-2016	700MW及以上机组水电厂计算机监控系统基本技术条件			2016-12-05	2017-05-01
246	DL/T 1627-2016	水轮发电机励磁系统晶闸管整流桥技术条件			2016-12-05	2017-05-01
247	DL/T 1628-2016	水轮发电机励磁变压器技术条件			2016-12-05	2017-05-01
248	DL/T 1629-2016	火电机组供电煤耗率构成分析技术导则　基于热力学第二定律方法			2016-12-05	2017-05-01
249	DL/T 1630-2016	气体绝缘金属封闭开关设备局部放电特高频检测技术规范			2016-12-05	2017-05-01
250	DL/T 1631-2016	并网风电场继电保护配置及整定技术规范			2016-12-05	2017-05-01
251	DL/T 1632-2016	输电线路钢管塔用法兰技术要求			2016-12-05	2017-05-01
252	DL/T 1633-2016	紧凑型高压并联电容器装置技术规范			2016-12-05	2017-05-01
253	DL/T 1634-2016	高海拔地区输电线路带电作业技术导则			2016-12-05	2017-05-01
254	DL/T 1635-2016	耐热导线输电线路带电作业技术导则			2016-12-05	2017-05-01
255	DL/T 1636-2016	电缆隧道机器人巡检技术导则			2016-12-05	2017-05-01
256	DL/T 1637-2016	变电站机器人巡检技术导则			2016-12-05	2017-05-01
257	DL/T 1638-2016	风力发电机组单元变压器保护测控装置技术条件			2016-12-05	2017-05-01
258	DL/T 1639-2016	变电站继电保护信息以太网103传输规范			2016-12-05	2017-05-01

续表

序号	标准编号	标准名称	被代替标准号	采标号	批准日期	实施日期
259	DL/T 1640-2016	继电保护定值在线校核及预警技术规范			2016-12-05	2017-05-01
260	DL/T 1641-2016	磁保持继电器可靠性试验通则			2016-12-05	2017-05-01
261	DL/T 1642-2016	环形混凝土电杆用脚扣			2016-12-05	2017-05-01
262	DL/T 1643-2016	电杆用登高板			2016-12-05	2017-05-01
263	DL/T 1644-2016	电力企业合同能源管理技术导则			2016-12-05	2017-05-01
264	DL/T 1645-2016	火力发电厂吸收式热泵工程验收规范			2016-12-05	2017-05-01
265	DL/T 1646-2016	采用吸收式热泵技术的热电联产机组技术指标计算方法			2016-12-05	2017-05-01
266	DL/T 1647-2016	防火电力电容器使用技术条件			2016-12-05	2017-05-01
267	DL/T 1648-2016	发电厂及变电站辅机变频器高低电压穿越技术规范			2016-12-05	2017-05-01
268	DL/T 1649-2016	配电网调度控制系统技术规范			2016-12-05	2017-05-01
269	DL/T 1650-2016	小水电站并网运行规范			2016-12-05	2017-05-01
270	DL/T 1651-2016	继电保护光纤通道检验规程			2016-12-05	2017-05-01
271	DL/T 1652-2016	电能计量设备用超级电容器技术规范			2016-12-05	2017-05-01
272	DL/T 1653-2016	磷酸酯抗燃油氯含量的测定　能量色散X射线荧光光谱法			2016-12-05	2017-05-01
273	DL/T 1654-2016	磷酸酯抗燃油氧化安定性和腐蚀性试验方法		BS EN 14832：2005, MOD	2016-12-05	2017-05-01
274	DL/T 1655-2016	火电厂烟气脱销装置技术监督导则			2016-12-05	2017-05-01
275	DL/T 1656-2016	火电厂粉煤灰及炉渣中汞含量的测定			2016-12-05	2017-05-01
276	DL/T 1657-2016	活性焦干法脱硫技术规范			2016-12-05	2017-05-01
277	DL/T 1658-2016	35kV及以下固体绝缘管型母线			2016-12-05	2017-05-01
278	DL/T 1659-2016	电力作业用软梯技术要求			2016-12-05	2017-05-01

续表

序号	标准编号	标准名称	被代替标准号	采标号	批准日期	实施日期
279	DL/T 1660-2016	电力系统消息总线接口规范			2016-12-05	2017-05-01
280	DL/T 1661-2016	智能变电站监控数据与接口技术规范			2016-12-05	2017-05-01
281	DL/T 1663-2016	智能变电站继电保护在线监视和智能诊断技术导则			2016-12-05	2017-05-01
282	DL/T 1664-2016	电能计量装置现场检验规程	SD 109-83		2016-12-05	2017-05-01
283	DL/T 1665-2016	数字化电能计量装置现场检测规范			2016-12-05	2017-05-01
284	DL/T 1666-2016	水电站水调自动化系统技术条件			2016-12-05	2017-05-01
285	DL/T 1667-2016	变电站不锈钢复合材料耐腐蚀接地装置			2016-12-05	2017-05-01
286	DL/T 1668-2016	火电厂燃煤管理技术导则	SD 322-1989		2016-12-05	2017-05-01
287	DL/T 1669-2016	±800kV直流设备现场直流耐压试验实施导则			2016-12-05	2017-05-01
288	DL/T 1670-2016	火力发电厂直接空冷系统排汽管道施工及验收标准			2016-12-05	2017-05-01
289	DL/T 1671-2016	火力发电厂空冷岛钢结构安装及验收标准			2016-12-05	2017-05-01
290	DL/T 1672-2016	火力发电厂铝制间接空冷管束			2016-12-05	2017-05-01
291	DL/T 1673-2016	换流变压器阀侧套管技术规范			2016-12-05	2017-05-01
292	DL/T 1674-2016	35kV及以下配网防雷技术导则			2016-12-05	2017-05-01
293	DL/T 1675-2016	高压直流接地极馈电元件技术条件			2016-12-05	2017-05-01
294	DL/T 1676-2016	交流输电线路用避雷器选用导则			2016-12-05	2017-05-01
295	DL/T 1677-2016	电力工程用降阻接地模块技术条件			2016-12-05	2017-05-01
296	DL/T 1678-2016	电力工程接地降阻技术规范			2016-12-05	2017-05-01
297	DL/T 1679-2016	高压直流接地极用煅烧石油焦炭技术条件			2016-12-05	2017-05-01
298	DL/T 1680-2016	大型接地网状态评估技术导则			2016-12-05	2017-05-01
299	DL/T 1681-2016	高压试验仪器设备选配导则			2016-12-05	2017-05-01

续表

序号	标准编号	标准名称	被代替标准号	采标号	批准日期	实施日期
300	DL/T 1682-2016	交流变电站接地安全导则			2016-12-05	2017-05-01
301	DL/T 5115-2016	混凝土面板堆石坝接缝止水技术规范	DL/T 5115-2008		2016-12-05	2017-05-01
302	DL/T 5168-2016	110-750kV架空输电线路施工质量检验及评定规程	DL/T 5168-2002		2016-02-05	2016-07-01
303	DL/T 5178-2016	混凝土坝安全监测技术规范	DL/T 5178-2003		2016-02-05	2016-07-01
304	DL/T 5205-2016	电力建设工程工程量清单计算规范　输电线路工程	DL/T 5205-2011		2016-12-05	2017-05-01
305	DL/T 5214-2016	水电水利工程振冲法地基处理技术规范	DL/T 5214-2005		2016-12-05	2017-05-01
306	DL/T 5341-2016	电力建设工程工程量清单计算规范 变电工程	DL/T 5341-2011		2016-12-05	2017-05-01
307	DL/T 5363-2016	水工碾压式沥青混凝土施工规范	DL/T 5363-2006		2016-12-05	2017-05-01
308	DL/T 5369-2016	电力建设工程工程量清单计算规范 火力发电工程	DL/T 5369-2011		2016-12-05	2017-05-01
309	DL/T 5400-2016	水工建筑物滑动模板施工技术规范	DL/T 5400-2007		2016-01-07	2016-06-01
310	DL/T 5727-2016	绝缘子用常温固化硅橡胶防污闪涂料现场施工技术规范			2016-01-07	2016-06-01
311	DL/T 5728-2016	水电水利工程控制性灌浆施工规范			2016-01-07	2016-06-01
312	DL/T 5729-2016	配电网规划设计技术导则			2016-01-07	2016-06-01
313	DL/T 5730-2016	水电水利工程施工机械安全操作规程　振捣机械			2016-02-05	2016-07-01
314	DL/T 5731-2016	水电水利工程施工机械安全操作规程　振动碾			2016-02-05	2016-07-01
315	DL/T 5732-2016	架空输电线路大跨越工程施工质量检验及评定规程			2016-02-05	2016-07-01
316	DL/T 5733-2016	架空输电线路接地模块施工工艺导则			2016-02-05	2016-07-01
317	DL/T 5734-2016	电力通信超长站距光传输工程设计技术规程			2016-02-05	2016-07-01
318	DL/T 5735-2016	1000kV可控并联电抗器设计技术导则			2016-08-16	2016-12-01

续表

序号	标准编号	标准名称	被代替标准号	采标号	批准日期	实施日期
319	DL/T 5736-2016	火力发电厂烟囱（烟道）防腐蚀工程施工技术规程			2016-08-16	2016-12-01
320	DL/T 5737-2016	火力发电厂圆形贮煤仓施工技术规范			2016-08-16	2016-12-01
321	DL/T 5738-2016	电力建设工程变形缝施工技术规范			2016-08-16	2016-12-01
322	DL/T 5739-2016	火力发电工程消防施工技术导则			2016-08-16	2016-12-01
323	DL/T 5740-2016	智能变电站施工技术规范			2016-08-16	2016-12-01
324	DL/T 5741-2016	水电水利工程截流施工技术规范			2016-12-05	2017-05-01
325	DL/T 5742-2016	水电水利地下工程施工测量规范			2016-12-05	2017-05-01
326	DL/T 5743-2016	水电水利工程土工合成材料施工规范			2016-12-05	2017-05-01
327	DL/T 5744.1-2016	额定电压66～220kV交联聚乙烯绝缘电力电缆敷设规程　第1部分：直埋敷设			2016-12-05	2017-05-01
328	DL/T 5744.2-2016	额定电压66～220kV交联聚乙烯绝缘电力电缆敷设规程　第2部分：排管敷设			2016-12-05	2017-05-01
329	DL/T 5744.3-2016	额定电压66～220kV交联聚乙烯绝缘电力电缆敷设规程　第3部分：隧道敷设			2016-12-05	2017-05-01
330	DL/T 5745-2016	电力建设工程工程量清单计价规范			2016-12-05	2017-05-01
331	NB/T 31075-2016	风电场电气仿真模型建模及验证规程			2016-01-07	2016-06-01
332	NB/T 31076-2016	风力发电场并网验收规范			2016-01-07	2016-06-01
333	NB/T 31077-2016	风电场低电压穿越建模及评价方法			2016-01-07	2016-06-01
334	NB/T 31078-2016	风电场并网性能评价方法			2016-01-07	2016-06-01
335	NB/T 31079-2016	风电功率预测系统测风塔数据测量技术要求			2016-01-07	2016-06-01
336	NB/T 31080-2016	海上风力发电机组钢制基桩及承台制作技术规范			2016-01-07	2016-06-01

续表

序号	标准编号	标准名称	被代替标准号	采标号	批准日期	实施日期
337	NB/T 31081-2016	风力发电场仿真机技术规范			2016-01-07	2016-06-01
338	NB/T 31082-2016	风电机组塔架用高强度螺栓连接副			2016-01-07	2016-06-01
339	NB/T 31083-2016	风电场控制系统功能规范			2016-01-07	2016-06-01
340	NB/T 31084-2016	风力发电工程建设施工监理规范			2016-01-07	2016-06-01
341	NB/T 31085-2016	风电场项目经济评价规范			2016-01-07	2016-06-01
342	NB/T 31086-2016	风电场工程水土保持方案编制技术规范			2016-01-07	2016-06-01
343	NB/T 31087-2016	风电场项目环境影响评价技术规范			2016-01-07	2016-06-01
344	NB/T 31088-2016	风电场安全标识设置设计规范			2016-01-07	2016-06-01
345	NB 31089-2016	风电场设计防火规范			2016-01-07	2016-06-01
346	NB/T 31090-2016	并网型风力发电机组售后服务规范			2016-01-07	2016-06-01
347	NB/T 31091-2016	并网型风力发电机组成套供应规范			2016-01-07	2016-06-01
348	NB/T 31092-2016	微电网用风力发电机组性能与安全技术要求			2016-01-07	2016-06-01
349	NB/T 31093-2016	微电网用风力发电机组主控制器技术规范			2016-01-07	2016-06-01
350	NB/T 31094-2016	风力发电设备　海上特殊环境条件与技术要求			2016-01-07	2016-06-01
351	NB/T 31095-2016	风电电气设备　安全通用要求			2016-01-07	2016-06-01
352	NB/T 31099-2016	风力发电场无功配置及电压控制技术规定			2016-08-16	2016-06-01
353	NB/T 31100-2016	电励磁同步风力发电机技术条件			2016-08-16	2016-12-01
354	NB/T 31101.1-2016	风力发电机组　板式冷却器　第1部分：技术条件			2016-08-16	2016-12-01
355	NB/T 31101.2-2016	风力发电机组　板式冷却器　第2部分：试验方法			2016-08-16	2016-12-01
356	NB/T 31102.1-2016	风力发电机组　发电机用烧结电磁线　第1部分：技术条件			2016-08-16	2016-12-01

续表

序号	标准编号	标准名称	被代替标准号	采标号	批准日期	实施日期
357	NB/T 31102.2-2016	风力发电机组　发电机用烧结电磁线　第2部分：试验方法			2016-08-16	2016-12-01
358	NB/T 31103-2016	直驱永磁风力发电机组主控制系统软件功能技术规范			2016-08-16	2016-12-01
359	NB/T 31104-2016	陆上风电场工程预可行性研究报告编制规程			2016-12-05	2017-05-01
360	NB/T 31105-2016	陆上风电场工程可行性研究报告编制规程			2016-12-05	2017-05-01
361	NB/T 31106-2016	陆上风电场工程安全文明施工规范			2016-12-05	2017-05-01
362	NB/T 33024-2016	电动汽车用动力锂离子蓄电池检测规范			2016-02-05	2016-07-01
363	NB/T 33025-2016	电动汽车快速更换电池箱通用要求			2016-02-05	2016-07-01
364	NB/T 33026-2016	电动汽车模块化电池仓技术要求			2016-02-05	2016-07-01
365	NB/T 33027-2016	电动汽车模块化充电仓技术要求			2016-02-05	2016-07-01
366	NB/T 25043.5-2016	核电厂常规岛及辅助配套设施建设施工技术规范　第5部分：水处理及制氢系统			2016-01-07	2016-06-01
367	NB/T 25043.7-2016	核电厂常规岛及辅助配套设施建设施工技术规范　第7部分：采暖通风与空气调节			2016-01-07	2016-06-01
368	NB/T 25044.5-2016	核电厂常规岛及辅助配套设施建设施工质量验收规程　第5部分：水处理及制氢系统			2016-01-07	2016-06-01
369	NB/T 25044.7-2016	核电厂常规岛及辅助配套设施建设施工质量验收规程　第7部分：采暖通风与空气调节			2016-01-07	2016-06-01
370	NB/T 25047-2016	核电厂发电机运行维护导则			2016-01-07	2016-06-01
371	NB/T 25048-2016	核电厂汽轮机仿真调试技术导则			2016-01-07	2016-06-01
372	NB/T 25049-2016	压水堆核电厂凝结水泵选型技术条件			2016-01-07	2016-06-01
373	NB/T 25050-2016	压水堆核电厂给水泵选型技术条件			2016-01-07	2016-06-01

续表

序号	标准编号	标准名称	被代替标准号	采标号	批准日期	实施日期
374	NB/T 25051-2016	压水堆核电厂常规岛疏水泵选型技术条件			2016-01-07	2016-06-01
375	NB/T 25052-2016	核电厂常规岛热力性能试验导则			2016-01-07	2016-06-01
376	NB/T 25053-2016	核电厂发电机出口断路器技术条件		IEEEStdC37.013:1997,MOD	2016-02-05	2016-07-01
377	NB/T 25054-2016	压水堆核电厂高压电动机技术条件			2016-02-05	2016-07-01
378	NB/T 25016.13-2016	核电厂常规岛设备监造技术导则　第13部分：高压电动机			2016-02-05	2016-07-01
379	NB/T 25055-2016	核电厂汽轮机焊接转子检验规程			2016-02-05	2016-07-01
380	NB/T 25044.8-2016	核电厂常规岛及辅助配套设施建设施工质量验收规程　第8部分：保温及油漆			2016-08-16	2016-12-01
381	NB/T 25056-2016	核电厂常规压力容器焊接修复技术规程			2016-08-16	2016-12-01
382	NB/T 25057-2016	核电厂常规岛有色金属焊接工艺规程			2016-08-16	2016-12-01
383	NB/T 25058-2016	核电厂常规岛阀门焊接修复技术规程			2016-08-16	2016-12-01
384	NB/T 25059-2016	核电厂常规岛焊接热处理技术规程			2016-08-16	2016-12-01
385	NB/T 25060-2016	压水堆核电厂冷机修厂房技术要求			2016-08-16	2016-12-01
386	NB/T 25061-2016	压水堆核电厂汽轮机技术条件			2016-08-16	2016-12-01
387	NB/T 25062-2016	核电厂除氧器技术条件			2016-08-16	2016-12-01
388	NB/T 25043.4-2016	核电厂常规岛及辅助配套设施施工技术规范第4部分：热工仪表及控制装置			2016-12-05	2017-05-01
389	NB/T 25043.6-2016	核电厂常规岛及辅助配套设施建设施工技术规范　第6部分：管道			2016-12-05	2017-05-01
390	NB/T 25043.8-2016	核电厂常规岛及辅助配套设施建设施工技术规范　第8部分：保温及油漆			2016-12-05	2017-05-01

续表

序号	标准编号	标准名称	被代替标准号	采标号	批准日期	实施日期
391	NB/T 25044.4-2016	核电厂常规岛及辅助配套设施建设施工质量验收规程 第4部分:热工仪表及控制装置			2016-12-05	2017-05-01
392	NB/T 25044.6-2016	核电厂常规岛及辅助配套设施建设施工质量验收规程 第6部分:管道			2016-12-05	2017-05-01
393	NB/T 25063-2016	核电厂安全防范工程安装技术规范			2016-12-05	2017-05-01
394	NB/T 25064-2016	核电厂常规岛及辅助配套设施建设施工质量评价导则			2016-12-05	2017-05-01
395	NB/T 25065-2016	核电厂地质钻探岩芯保管技术规程			2016-12-05	2017-05-01
396	NB/T 42089-2016	电化学储能电站功率变换系统技术规范			2016-08-16	2016-12-01
397	NB/T 42090-2016	电化学储能电站监控系统技术规范			2016-08-16	2016-12-01
398	NB/T 42091-2016	电化学储能电站用锂离子电池技术规范			2016-08-16	2016-12-01

附录 23

2016年发布的中电联标准汇总表

序号	标准编号	标准名称	代替标准	采标号	批准日期	实施日期
1	T/CEC 101.1-2016	能源互联网 第1部分：总则			2016-10-21	2017-01-01
2	T/CEC 102.1-2016	电动汽车充换电服务信息交换 第1部分：总则			2016-10-21	2017-01-01
3	T/CEC 102.2-2016	电动汽车充换电服务信息交换 第2部分：公共信息交换规范			2016-10-21	2017-01-01
4	T/CEC 102.3-2016	电动汽车充换电服务信息交换 第3部分：业务信息交换规范			2016-10-21	2017-01-01
5	T/CEC 102.4-2016	电动汽车充换电服务信息交换 第4部分：数据传输及安全			2016-10-21	2017-01-01
6	T/CEC 103-2016	新型城镇化配电网发展评估规范			2016-10-21	2017-01-01
7	T/CEC 104-2016	电力企业能源管理系统设计导则			2016-10-21	2017-01-01
8	T/CEC 105-2016	电力企业能源管理系统验收规范			2016-10-21	2017-01-01
9	T/CEC 106-2016	微电网规划设计评价导则			2016-10-21	2017-01-01
10	T/CEC 107-2016	直流配电电压			2016-10-21	2017-01-01
11	T/CEC 108-2016	配网复合材料电杆			2016-10-21	2017-01-01
12	T/CEC 109-2016	10kV～66kV油浸式并联电抗器技术要求			2016-10-21	2017-01-01
13	T/CEC 110-2016	配电线路串联调压装置技术规范			2016-10-21	2017-01-01
14	T/CEC 111-2016	柱上变压器一体化成套设备技术条件			2016-10-21	2017-01-01
15	T/CEC 112-2016	饱和铁心型高温超导限流电抗器预防性试验规程			2016-10-21	2017-01-01
16	T/CEC 113-2016	电力检测型红外成像仪校准规范			2016-10-21	2017-01-01
17	T/CEC 114-2016	闪络定位仪校准规范			2016-10-21	2017-01-01
18	T/CEC 115-2016	电能表用外置断路器技术规范			2016-10-21	2017-01-01
19	T/CEC 116-2016	数字化电能表技术规范			2016-10-21	2017-01-01

续表

序号	标准编号	标准名称	代替标准	采标号	批准日期	实施日期
20	T/CEC 117-2016	160kV～500kV挤包绝缘直流电缆系统运行维护与试验导则			2016-10-21	2017-01-01
21	T/CEC 118-2016	额定电压35kV(Um=40.5kV)及以下冷缩电缆附件技术规范			2016-10-21	2017-01-01
22	T/CEC 119-2016	额定电压35kV(Um=40.5kV)及以下热缩电缆附件技术规范			2016-10-21	2017-01-01
23	T/CEC 120-2016	额定电压35kV(Um=40.5kV)及以下预制电缆附件技术规范			2016-10-21	2017-01-01
24	T/CEC 121-2016	高压电缆接头内置式导体测温装置技术规范			2016-10-21	2017-01-01
25	T/CEC 122.1-2016	电、水、气、热能源计量管理系统 第1部分：总则			2016-10-21	2017-01-01
26	T/CEC 122.2-2016	电、水、气、热能源计量管理系统 第2部分：系统功能规范			2016-10-21	2017-01-01
27	T/CEC 122.31-2016	电、水、气、热能源计量管理系统 第3-1部分：集中器技术规范			2016-10-21	2017-01-01
28	T/CEC 122.32-2016	电、水、气、热能源计量管理系统 第3-2部分：采集器技术规范			2016-10-21	2017-01-01
29	T/CEC 122.41-2016	电、水、气、热能源计量管理系统 第4-1部分：主站远程通信协议			2016-10-21	2017-01-01
30	T/CEC 122.42-2016	电、水、气、热能源计量管理系统 第4-2部分：低功耗微功率无线通信协议			2016-10-21	2017-01-01
31	T/CEC 123-2016	断路器选相控制器通用技术条件			2016-10-21	2017-01-01
32	T/CEC 124-2016	断路器操作箱通用技术条件			2016-10-21	2017-01-01
33	T/CEC 125-2016	矿物绝缘油中总腐蚀性硫含量检测方法			2016-10-21	2017-01-01
34	T/CEC 126-2016	六氟化硫气体分解产物检测仪校验方法			2016-10-21	2017-01-01
35	T/CEC 127-2016	变压器油、涡轮机油运动黏度测定法 胡隆黏度计法			2016-10-21	2017-01-01
36	T/CEC 128-2016	绝缘纸中酸值测定法			2016-10-21	2017-01-01
37	T/CEC 129-2016	地区（县）太阳能发电规划编制导则			2016-10-21	2017-01-01
38	T/CEC 130-2016	10kV～110kV干式空心并联电抗器技术要求			2016-10-21	2017-01-01
39	T/CEC 131.1-2016	铅酸蓄电池二次利用 第1部分：总则			2016-10-21	2017-01-01

续表

序号	标准编号	标准名称	代替标准	采标号	批准日期	实施日期
40	T/CEC 131.2-2016	铅酸蓄电池二次利用　第2部分：电池评价分级及成组技术规范			2016-10-21	2017-01-01
41	T/CEC 131.3-2016	铅酸蓄电池二次利用　第3部分：电池修复技术规范			2016-10-21	2017-01-01
42	T/CEC 131.4-2016	铅酸蓄电池二次利用　第4部分：电池维护技术规范			2016-10-21	2017-01-01
43	T/CEC 131.5-2016	铅酸蓄电池二次利用　第5部分：电池贮存与运输技术规范			2016-10-21	2017-01-01
44	T/CEC 5001-2016	水电水利工程砂砾石料压实质量密度桶法检测技术规程			2016-10-21	2017-01-01
45	T/CEC 5002-2016	水工碾压混凝土工艺试验规程			2016-10-21	2017-01-01

附录 24

2016年电网企业生产经营数据

指标名称		单位	国家电网公司		中国南方电网有限责任公司		内蒙古电力公司		陕西省地方电力（集团）有限公司	
			2015年	2016年	2015年	2016年	2015年	2016年	2015年	2016年
资产总额		亿元	31074	34041	6400	6891	792	946	233	256
主营业务收入		亿元	20520	20750	4682	4737	590	549	178	186
其中	国内主营业务收入	亿元	20387	20626			590	549	178	186
	国际主营业务收入	亿元	133	124						
电网建设完成投资		亿元	4518	4977	674	775	118	147	23	31
主营业务利润总额		亿元	1117	1165	192	213	1	-7	7	10
其中	国内主营业务利润总额	亿元	1074	1126			1	-7	7	10
	国际主营业务利润总额	亿元	42	40						
公司合并净利润		亿元	672	660	145	161	6	2	17	16
上缴税金		亿元	1394	1502	364	401	23	22	9	10
所有者权益		亿元	13890	15027	2464	2712	347	355	103	121
资产负债率		%	55.30	55.90	61.49	60.64	56.22	62.47	55.81	52.76
资本保值增值率		%	105.9	107	106.05	106.5	101.9	100.64	120.4	117.39
全员劳动生产率		万元/人•年	65.3	70.9	50.74	53.47	44.57	57.01	37.4	48.69
可控发电装机容量		万千瓦	3405	3683	704	800	5622	6364	692	745
其中	1. 水电	万千瓦	3049	3321	704	800	186	186	49	51
	其中：抽水蓄能	万千瓦	1648	1918	512	608	120	120		
	2. 火电	万千瓦					3456	3959	542	536
	其中：气电	万千瓦					67	67		
	生物质能发电	万千瓦					7	11		
	3. 风电	万千瓦					1498	1604	55	70
	4. 太阳能发电	万千瓦					410	538	45	88

续表

指标名称		单位	国家电网公司		中国南方电网有限责任公司		内蒙古电力公司		陕西省地方电力（集团）有限公司	
			2015年	2016年	2015年	2016年	2015年	2016年	2015年	2016年
可控发电装机的发电量		亿千瓦时	591	781	157.56	148	1994	2099	327	354
年售电量		亿千瓦时	34506	36051	8297	7822	1367	1464	335	361
跨区送电能力		万千瓦	6756	7165	369	369	262	266		
综合电压合格率	城市	%	99.989	99.993	98.730	99.124	98.630	97.990	98.550	98.560
	农村	%	99.065	99.491	97.449	97.825	95.060	95.890	98.550	98.560
供电线路损失率		%	6.78	6.75	6.72	6.38	4.42	4.70	6.26	5.69
供电可靠率（RS-1）	城市	%	99.957	99.946	99.963	99.949	99.850	99.879	99.956	99.968
	农村	%	99.844	99.782	99.873	99.7711	99.829	99.635	99.830	99.840

附录 25

2016年部分大型发电企业生产经营数据

单位名称	年份	资产总额（亿元）	收入		利润总额			公司合并净利润(亿元)	上缴税金(亿元)	所有者权益(亿元)	所有者权益收益率(%)	资产负债率(%)	资本保值增值率（%）	全员劳动生产率（万元/人·年）
			综合业务收入（亿元）	电力业务收入（亿元）	综合利润总额（亿元）	电力业务利润总额（亿元）	火电业务利润总额（亿元）							
中国华能集团公司	2015	9719	2682	2130	306	280	224	206	357	1696	12.39	82.55	106.76	76.64
	2016	10029	2461	1886	139	161	114	68	293	1756	3.96	82.49	96.47	68.28
中国大唐集团公司	2015	7295	1662	1490	173	258	189	100	257	1326	7.57	81.83	108.50	
	2016	7063	1586	1356	107	185	119	84	221	1306	6.40	81.51	104.02	
中国华电集团公司	2015	7613	1976	1561	255	254	166	189	239	1403	13.00	81.57	123.70	79.20
	2016	7791	1873	1452	131	101	28	86	244	1439	6.03	81.53	106.00	65.00
中国国电集团公司	2015	7863	1918	1604	227	268	199	150	282	1423	10.93	81.90	111.19	68.20
	2016	7965	1815	1527	132	164	74	79	264	1456	5.52	81.72	104.51	68.70
国家电力投资集团公司	2015	7705	1921	1368	138	161	103	83	230	1329	6.75	82.75	106.45	58.34
	2016	8761	1959	1336	132	90	32	87	217	1553	6.05	82.27	106.58	58.44
中国核工业集团公司	2015	2715	268	266	83	82		72	54	680	12.23	74.95	114.53	156.87
	2016	2913	308	305	93	91		81	64	745	11.44	74.44	112.38	171.68
中国三峡集团公司	2015	5634	635	510	345	247	1	288	198	3094	9.19	45.08	108.62	312.89
	2016	6601	783	661	380	311	5	239	218	3503	7.25	46.93	110.83	294.81
神华集团有限责任公司	2015	9314	2364	1038	319	232	198	200	474	4946	4.03	46.90	102.89	54.29
	2016	9793	2479	985	361	128	109	259	497	5155	5.13	47.36	104.57	60.65
中国广核集团有限公司	2015	4327	506	361	112	109	12	91	59	1292	7.40	70.10	106.30	96.30
	2016	5205	658	501	126	117	19	110	78	1473	8.00	71.70	109.70	123.60

续表

单位名称	年份	资产总额（亿元）	收入		利润总额			公司合并净利润（亿元）	上缴税金（亿元）	所有者权益（亿元）	所有者权益收益率（%）	资产负债率（%）	资本保值增值率（%）	全员劳动生产率（万元/人·年）
			综合业务收入（亿元）	电力业务收入（亿元）	综合利润总额（亿元）	电力业务利润总额（亿元）	火电业务利润总额（亿元）							
广东粤电集团有限公司	2015	1291	467	435					77	667	11.09	48.32	108.08	332.00
	2016	1269	400	377					63	674	5.48	46.87	104.60	277.00
浙江省能源集团有限公司	2015	1796	680	388	146	68	64	115	76	949	12.10	47.17	108.75	306.55
	2016	1805	662	395	116	54	47	93	64	1000	9.29	44.58	105.44	295.30
华润电力控股有限公司	2015	2081	714	681	163			105	99	837	14.15	59.76	100.17	
	2016	2001	662	626	130			86	109	746	11.02	62.74	97.33	
北京能源投资（集团）有限公司	2015	2339	598	298	73	70	65	60	59	930	5.45	60.26	106.52	37.13
	2016	2426	590	286	47	49	42	35	54	980	2.73	59.60	103.36	33.28
河北省建设投资集团有限责任公司	2015	1241	209	158	51	50	44	42	25	522	10.33	57.96	111.35	
	2016	1393	213	155	51	42	37	43	25	597	8.88	57.13	110.52	
甘肃省电力投资集团公司	2015	700	44	36	-5	0	0	-5	3	309	-1.70		93.90	31.73
	2016	729	41	34	-10	0	0	-10	6	349	-2.90		112.99	24.17
国投电力控股股份有限公司	2015	1835	313	309	110	108	19	101	61	514	21.47	72.00	123.15	253.10
	2016	2033	293	289	89	93	5	79	52	567	14.54	72.10	113.55	227.51
四川省能源投资集团有限责任公司	2015	707	211	49	17	4	0	15	8	239	7.40	66.30	110.50	
	2016	994	341	59	70	1	0	67	12	337	30.20	66.10	123.60	
晋能集团有限公司	2015	341	52	52	6	4	3	5	3	88	5.49	74.32	111.72	93.65
	2016	415	55	54	0	0	-2	0	7	93	0.12	77.73	105.74	92.59
山西漳泽电力股份有限公司	2015	332	91	78	9	14	13	6	10	74	8.95	77.57	125.06	96.70
	2016	462	82	62	4	2	1	2	9	106	2.16	77.07	142.28	109.04

续表

单位名称	年份	资产总额（亿元）	收入		利润总额			公司合并净利润（亿元）	上缴税金（亿元）	所有者权益（亿元）	所有者权益收益率（%）	资产负债率（%）	资本保值增值率（%）	全员劳动生产率（万元/人·年）
			综合业务收入（亿元）	电力业务收入（亿元）	综合利润总额（亿元）	电力业务利润总额（亿元）	火电业务利润总额（亿元）							
安徽省能源集团有限公司	2015	228	113	89	25	21	21	20	14	131	8.83	42.00	104.69	
	2016	271	106	75	15	9	9	12	10	149	12.89	45.00	113.57	
广州发展集团有限公司	2015	349	211	70	24	21	19	18	16	184	9.09	47.26	109.37	101.78
	2016	353	220	70	15	17	15	10	15	185	4.51	47.75	104.54	84.37
新力能源开发有限公司	2015	120	65	63	20	19	19	15	12	57	25.59	52.33	122.66	313.63
	2016	118	65	61	14	13	13	11	9	54	19.66	54.58	93.63	228.25

附录 26

2016年电力建设企业生产经营数据

指标名称		单位	中国电力建设集团有限公司		中国能源建设集团有限公司	
			2015年	2016年	2015年	2016年
资产总额		亿元	5026	6024	2717	3070
营业总收入		亿元	2866	3247	2088	2254
其中	国内业务营业收入	亿元	2175	2473	1806	1966
	国际业务营业收入	亿元	691	771	281	288
当年签订的合同额		亿元	4450	5120	3527	4161
年底合同存量		亿元	8193	9669	6548	8353
利润总额		亿元	116	121	80	92
其中	国内业务利润	亿元	83	86	55	73
	国际业务利润	亿元	33	35	26	19
公司合并净利润		亿元	92	96	61	72
上缴税金		亿元	153	174	104	102
所有者权益		亿元	917	1121	623	788
所有者权益收益率		%	10.92	9.28	11.42	10.24
资产负债率		%	81.75	81.39	77.06	74.32
资本保值增值率		%	113.37	111.87	109.40	109.12
全员劳动生产率		万元/(人•年)	151.90	172.00	25.07	27.19
可控发电装机容量		万千瓦	1065	1213	128	136
其中	水电	万千瓦	555	620	82	80
	火电	万千瓦	161	161	32	32
	风电	万千瓦	308	369	14	15
	太阳能发电	万千瓦	41	63		10
可控发电装机的发电量		亿千瓦时	295	322	39	37
权益发电装机容量		万千瓦	841	961	184	190
其中	水电	万千瓦	368	411	105	103
	火电	万千瓦	143	143	70	70
	风电	万千瓦	295	354	9	10
	太阳能发电	万千瓦	34	53		9
权益发电装机的发电量		亿千瓦时	233	255	51	51

附录 27

2016年电力板块上市公司基本情况一览

证券代码	证券简称	总股本(亿股)	总市值(亿元)	A股流通市值(不含限售股)(亿元)	类型
000027.SZ	深圳能源	39.6449	272.36	272.36	火电
000037.SZ	*ST南电A	6.0276	67.57	37.99	火电
000301.SZ	东方市场	12.1824	65.18	65.18	火电
000531.SZ	穗恒运A	6.8508	78.58	78.58	火电
000539.SZ	粤电力A	52.5028	279.32	135.87	火电
000543.SZ	皖能电力	17.9040	136.25	136.25	火电
000591.SZ	太 阳 能	13.6686	185.35	32.72	其他发电
000600.SZ	建投能源	17.9163	159.10	96.80	火电
000601.SZ	韶能股份	10.8055	92.82	92.76	水电
000690.SZ	宝新能源	21.7589	201.70	159.28	火电
000720.SZ	新能泰山	8.6346	54.92	54.92	火电
000722.SZ	湖南发展	4.6416	65.96	65.96	水电
000767.SZ	漳泽电力	22.5374	86.77	86.77	火电
000791.SZ	甘肃电投	9.7113	116.34	86.51	水电
000875.SZ	吉电股份	14.6061	95.96	73.30	火电
000883.SZ	湖北能源	65.0745	298.04	244.85	火电
000899.SZ	赣能股份	9.7568	90.64	51.58	火电
000939.SZ	凯迪生态	19.6480	252.87	136.60	其他发电
000958.SZ	东方能源	5.5114	80.08	36.39	火电
000966.SZ	长源电力	11.0828	66.94	66.94	火电
000993.SZ	闽东电力	3.7300	53.00	53.00	水电
001896.SZ	豫能控股	8.5528	85.61	66.26	火电
002039.SZ	黔源电力	3.0540	50.09	50.08	水电
600011.SH	华能国际	152.0038	1071.63	740.25	火电
600021.SH	上海电力	21.3974	259.76	259.76	火电
600023.SH	浙能电力	136.0069	738.52	738.52	火电
600027.SH	华电国际	98.6298	488.22	335.84	火电
600098.SH	广州发展	27.2620	305.88	305.88	火电
600101.SH	明星电力	3.2418	39.06	39.06	电网
600116.SH	三峡水利	9.9301	93.84	83.92	电网
600131.SH	岷江水电	5.0413	54.40	42.88	电网
600167.SH	联美控股	6.8015	113.04	35.07	火电

续表

证券代码	证券简称	总股本(亿股)	总市值(亿元)	A股流通市值(不含限售股)(亿元)	类型
600236.SH	桂冠电力	60.6337	369.87	219.87	水电
600310.SH	桂东电力	8.2778	75.33	75.33	电网
600396.SH	金山股份	14.7271	76.73	57.77	火电
600452.SH	涪陵电力	1.6000	66.69	66.69	电网
600483.SH	福能股份	15.5183	171.79	31.94	火电
600505.SH	西昌电力	3.6457	37.00	37.00	电网
600509.SH	天富能源	9.0570	67.66	67.66	火电
600578.SH	京能电力	46.1732	193.93	193.93	火电
600642.SH	申能股份	45.5204	267.20	267.20	火电
600644.SH	乐山电力	5.3840	49.32	29.91	电网
600674.SH	川投能源	44.0214	382.99	382.99	水电
600719.SH	大连热电	4.0460	32.93	32.93	火电
600726.SH	华电能源	19.6668	97.35	75.97	火电
600744.SH	华银电力	17.8112	93.69	43.53	火电
600780.SH	通宝能源	11.4650	63.40	63.40	火电
600795.SH	国电电力	196.5040	622.92	622.92	火电
600863.SH	内蒙华电	58.0775	178.88	178.88	火电
600868.SH	梅雁吉祥	18.9815	114.46	114.46	水电
600886.SH	国投电力	67.8602	452.63	452.63	火电
600900.SH	长江电力	220.0000	2785.20	1233.84	水电
600969.SH	郴电国际	2.6432	50.38	50.38	电网
600979.SH	广安爱众	9.4789	75.07	56.86	电网
600982.SH	宁波热电	7.4693	41.08	37.19	火电
600995.SH	文山电力	4.7853	63.98	63.98	电网
601016.SH	节能风电	20.7778	183.88	98.92	其他发电
601985.SH	中国核电	155.6543	1098.92	299.43	其他发电
601991.SH	大唐发电	133.1004	508.44	381.78	火电
板块合计			14321.48	9999.47	
市场合计			556458	390632	
板块占比			2.6%	2.6%	

资料来源:Wind资讯、中信证券研究部。

后 记

在《中国电力行业年度发展报告2017》的编撰过程中，政府相关部门给予了大力支持和帮助。国家电网公司、中国南方电网有限责任公司、中国华能集团公司、中国大唐集团公司、中国华电集团公司、中国国电集团公司、国家电力投资集团公司、中国长江三峡集团公司、神华集团有限责任公司、中国核工业集团公司、中国广核集团有限公司、中国电力建设集团公司、中国能源建设集团公司、广东省粤电集团有限公司、浙江省能源集团有限公司、内蒙古电力（集团）有限责任公司、北京能源投资（集团）有限公司、申能股份有限公司、陕西省地方电力（集团）有限公司、河北建设投资集团有限责任公司、华润电力控股有限公司、国投电力控股股份有限公司、晋能集团有限公司、山西漳泽电力股份有限公司、新力能源开发有限公司、甘肃省电力投资集团公司、安徽省皖能股份有限公司、江苏省国信资产管理集团有限公司、广州发展集团有限公司、深圳能源集团股份有限公司、四川能投电力开发有限公司等中电联理事单位及有关大型电力企业为报告提供了详实的资料；全球能源互联网发展合作组织、阳光电源股份有限公司、新疆金风科技股份有限公司、中国机械工业联合会、中国可再生能源学会风能专业委员会也为报告提供了相关资料；中信证券高超同志整理并提供了上市公司数据。王芸、王明月、王晓茜、王勉、刘猛、张大伟、张明霞、张鹏、张宪丽、张志文、吴海明、沈俊花、陈丽、陈剑锋、邹江、罗莉、周德发、郑海茹、杨光军、杨小红、郭坚、郭晋杰、郜俊秀、要建华、高坚、徐小炜、顾青、梁建红、程岭、彭亚玲、潘洁、魏华山等中电联相关理事单位和有关电力企业的同志为本单位资料整理、汇总、提供做了大量的协调工作，冉莹、王信茂、雷晓蒙、沙亦强、董军、张长源等资深专家审核了报告，在此一并表示衷心感谢！

中电联本部于明、王冬、王茁、王洪奎、王鹏、王秀娜、王艳波、尹琳琳、叶静、石丽娜、孙昶辉、许光滨、李露、刘贵元、刘伟涛、刘志强、刘旭龙、刘冬野、伊永权、汪萍、汪毅、陈旦、陈勇、陈渤、陈瑞卿、杜洋、吴立强、张卫东、段云肖、杨娟、杨帆、杨迪、周丽波、周宏、周慧、郑媛媛、范幼林、侯勇、侯春杰、姜锐、徐纯毅、郭培堂、盛建华、靳坤坤等同志分别承担了相关章节的撰稿或文稿资料整理任务；中电联行业发展与环境资源部牵头负责报告的组织编制、统稿、审议等工作。

受编撰时间、资料收集和编者水平所限，报告难免存在疏漏，恳请读者谅解并批评指正。我们将不断总结经验，进一步提高编撰质量，使《中国电力行业年度发展报告》成为研究、了解、记录电力行业发展的工具，在立足行业、联系政府、服务企业、沟通社会中发挥更大的作用。